FRANCO

SERIE MAYOR

JULIÁN CASANOVA

FRANCO

CRÍTICA

Obra editada en colaboración con Editorial Planeta - España

Franco
Julián Casanova

Iconografía: DAU, Grupo Planeta

Bajo el sello editorial CRÍTICA M.R.
Avenida Presidente Masarik núm. 111,
Piso 2, Polanco V Sección, Miguel Hidalgo
C.P. 11560, Ciudad de México
www.planetadelibros.com.mx
www.paidos.com.mx

Primera edición impresa en España: febrero de 2025
ISBN: 978-84-9199-716-0

Primera edición impresa en México: julio de 2025
ISBN: 978-607-639-018-4

Impreso en los talleres de Impregráfica Digital, S.A. de C.V.
Av. Coyoacán 100-D, Valle Norte, Benito Juárez
Ciudad De Mexico, C.P. 03103
Impreso en México - *Printed in Mexico*

Para Lourdes y Miguel

Prólogo

FRANCISCO FRANCO, LLAMADO EL CAUDILLO

RÉQUIEM

A las 14.15 horas del domingo 23 de noviembre de 1975 una losa de granito de 1.500 kilos cubrió la fosa preparada para dar sepultura al Caudillo en la basílica de la Santa Cruz del Valle de los Caídos, junto a la tumba de José Antonio Primo de Rivera.

El NO-DO y TVE inmortalizaron esos tres días con imágenes y sonidos de la época. Cuando se conoció la noticia del fallecimiento, las banderas ondearon a media asta en todos los edificios públicos. Hubo luto oficial durante treinta días. Se suspendieron todas las clases y actividades académicas en los centros docentes, los espectáculos y actos públicos, las bolsas y las operaciones bancarias con moneda extranjera. Los diarios lanzaron varias ediciones. En las tiendas de confección de Madrid se agotaron las existencias de corbatas negras. A media mañana del 20 de noviembre, el féretro que contenía el cuerpo de Franco fue trasladado desde la Residencia Sanitaria de La Paz hasta el palacio de El Pardo. El cadáver, vestido con su uniforme de capitán general, fue velado de manera privada por su viuda, su hija y sus nietos, miembros del Consejo de Regencia, el presidente del Gobierno y los príncipes de España. Destacaba su cabeza embalsamada, el rostro sereno de un anciano, con las manos cubiertas con guantes blancos.

En la madrugada del día siguiente, fue conducido al salón de columnas del Palacio Real donde se instaló la capilla ardiente abierta al público. Desde las siete de la mañana «una muchedumbre incalculable» hizo cola «en respetuoso silencio» para verlo unos segundos. Decenas de miles de personas, «de todas las edades, clase y condición rindieron su último homenaje de admiración y cariño al jefe del Estado». Muchos, más mujeres que hombres, lloraban, como si su muerte fuera una catástrofe. Otros, lejos de allí, la vivieron como una liberación y lo celebraron. El desfile ante el cadáver se prolongó hasta las primeras horas de la mañana siguiente. Para quienes no estaban en Madrid, la televisión les brindó la oportunidad de observar todo el largo ritual de despedida.

El 22 de noviembre, a las 12.35 horas, los acordes del himno nacional anunciaron la entrada del príncipe Juan Carlos de Borbón y Borbón, vestido con el uniforme de capitán general, en el hemiciclo de las Cortes. Después de ocupar el sitio de honor dispuesto para la ocasión, donde estaban también la princesa Sofía y sus tres hijos, Alejandro Rodríguez Valcárcel, presidente de las Cortes y de los consejos del Reino y de Regencia, procedió a tomar juramento al nuevo rey según lo dispuesto en la Ley de Sucesión de la Jefatura del Estado: «Juro por Dios y sobre los Evangelios cumplir y hacer cumplir las Leyes Fundamentales del Reino y guardar lealtad a los principios que informan el Movimiento Nacional». A continuación, Juan Carlos I pronunció su primer mensaje dirigido a la nación, un discurso de apenas doce minutos, muy aplaudido cuando recordó con gratitud y respeto la figura de Francisco Franco y cuando mencionó la lucha «por restaurar la integridad de nuestro solar patrio». Al terminar su discurso, todos los procuradores y consejeros nacionales se volvieron hacia la tribuna de invitados para ovacionar durante veinte segundos a Carmen Franco Polo, «un último homenaje al Generalísimo Franco».

Al día siguiente, en la misa de cuerpo presente en la plaza de Oriente presidida por los reyes, el arzobispo de Toledo y cardenal primado, Marcelo González Martín, recordó la comunión de la espada que Franco entregó un día al cardenal Gomá y la cruz que iba a coronar su tumba, dos símbolos que habían protagonizado «medio siglo de la historia de nuestra patria», y subrayó el deber de conservar la «civilización cristiana, a la que quiso servir Francisco Franco, sin la cual la libertad es una quimera» y el hombre muere «ahogado por un materialismo que envilece». Entre los mandatarios extranjeros, destacaba la capa gris del general Augusto Pinochet, junto a su esposa, Lucía Hiriart; el rey Huséin de Jordania; Rainiero de Mónaco y la primera dama filipina, Imelda Marcos.

Ausentes las autoridades de las democracias europeas, el gran amigo americano estuvo representado por el vicepresidente Nelson Rockefeller: «España contará con la firme amistad y el apoyo de Estados Unidos al entrar en esa nueva era de su larga historia». El dictador chileno alabó al «Caudillo que nos ha mostrado el camino a seguir en la lucha contra el comunismo», contra «el marxismo que siembra el odio y pretende cambiar los valores espirituales por un mundo materialista y ateo». Desde el golpe de Estado que derrocó a Salvador Allende el 11 de septiembre de 1973, Pinochet y Franco habían intercambiado correspondencia en la que mostraron admiración mutua. No se vieron nunca, aunque el 18 de septiembre de 1975 el teniente general Emilio Villaescusa, jefe del Estado Mayor del ejército español, impuso a Pinochet en Santiago de Chile la Gran Cruz al Mérito Militar otorgada por Franco.

El recuerdo permanente de la guerra civil presidió el funeral del Generalísimo. El cortejo fúnebre que salió del palacio de Oriente con el ataúd de Franco colocado en un vehículo militar Pegaso 3050, escoltado por la Guardia Real y una guardia de honor de los tres ejércitos, llegó hasta el Arco de la Victoria de la Ciudad Universitaria y desde allí, flanqueado por un escuadrón motorizado de la Guardia Civil, emprendió el camino hacia la basílica de la Santa Cruz del Valle de los Caídos. La multitud congregada en la explanada exterior saludó el féretro con gritos de «¡Franco! ¡Franco! ¡Franco!» y coreó el *Cara al sol*, el *Oriamendi* y el himno de la Legión, con la presencia destacada de grupos de excombatientes, que iban a ser recibidos por el nuevo rey en su primera recepción oficial. Fue el último adiós al hombre que dio a España «el más largo período de paz, orden y progreso de su historia».

Con la losa de granito que cubrió el sepulcro acabó el ritual de tres días que había comenzado con el embalsamamiento del cuerpo y su exposición pública. «De los tres dictadores fascistas de Europa del siglo XX, uno había muerto en su propio búnker de Berlín, otro fue colgado boca abajo en una plaza italiana, y el tercero se había hecho enterrar a la manera de un antiguo faraón», escribió el periodista australiano John Pilger en su crónica del 24 de noviembre para *The Daily Mirror.*

Ninguno de los crueles dictadores a los que Franco tuvo la oportunidad de saludar en vida había tenido un funeral y entierro tan grandioso y espectacular y con tanto culto a su personalidad. La mayoría de los jefes de Gobierno de la Segunda República española y sus dos presidentes habían muerto en el exilio, lejos de su patria, pero la España de Franco se convirtió en un cementerio de tiranos de diferentes países. Algunos de ellos podrían competir en la macabra carrera de quién fue más malvado y dejó por el camino un mayor número de víctimas. Como Ante Pavelić, el «*Führer* ustacha», responsable de provocar una carnicería de judíos y serbios en Croacia, que murió en Madrid el día de los Santos Inocentes de 1959, enterrado en el cementerio de San Isidro. En ese mismo camposanto fueron a reposar los restos de Fulgencio Batista, el dictador cubano que agasajó a Carmen Franco Polo y Cristóbal Martínez-Bordiú en junio de 1954 y tras su derrocamiento por Fidel Castro se instaló finalmente en Marbella, donde murió en agosto de 1973.

Un lugar de honor en esa historia de crímenes lo ocupaba el presidente dominicano Rafael Leónidas Trujillo Molina, «el Chivo», por su fama de depredador sexual, que fue recibido en Madrid con sonrisas y abrazos por el Caudillo en junio de 1954, y su esposa, María Martínez Alba, por doña Carmen y la marquesa de

Villaverde, y que fue enterrado en el cementerio de Mingorrubio en noviembre de 1970, nueve años después de ser asesinado en Ciudad Trujillo. En aquel viaje a Madrid, Franco lo presentó como «Benefactor de su Patria», «paladín del anticomunismo en el mar de las Antillas», y en su honor hubo cacerías, corridas de toros, espectáculos de danza española y demostraciones militares. El alcalde de Madrid declaró fiesta escolar el día de su llegada.

«Dios nos ha concedido la inmensa gracia de un Caudillo excepcional a quien solo podemos juzgar como uno de esos dones que, para un propósito realmente grande, la Providencia concede a las naciones cada tres o cuatro siglos», declaró en las Cortes Carrero Blanco en 1957. Esa adulación la compartían miles de personas, un entramado jerárquico de cargos civiles, militares y eclesiásticos, hipnotizadas por el héroe salvador y agradecidas por los favores y privilegios recibidos. Parcelas enteras de la administración política quedaron en manos de militares y excombatientes. Desde el primer Gobierno de enero de 1938 hasta su muerte, Franco nombró a 119 ministros. Los designó y cesó a su voluntad, orientado en ocasiones por sus consejeros más inmediatos, y se sintió libre y poderoso para tomar decisiones y promulgar leyes sin consultarles. No los elegía por su particular pericia en el ámbito del ministerio al que accedían, sino como piezas apropiadas del tablero político que él manipulaba. Nunca toleró a quien podía o intentaba construir un poder personal e independiente y premió por encima de todo la lealtad, la virtud que perdonaba errores y corruptelas.

Carrero Blanco fue el ministro que más duró, más de veinte años; seguido de Girón de Velasco, casi dieciséis; Blas Pérez González, catorce y medio; y otros que estuvieron en sus cargos entre doce y trece años, como Iturmendi, Castiella, Alonso Vega, Solís Ruiz y Fernández-Cuesta. Treinta nacieron en Madrid y ocho en El Ferrol, entre quienes se encontraban los tres amigos en los que siempre confió: Juan Antonio Suanzes, para quien creó en 1960 un marquesado, Pedro Nieto Antúnez y Camilo Alonso Vega. Como casi todos fueron muy leales e incondicionales, al ser cesados Franco los recompensaba con suculentos destinos en consejos de administración de empresas públicas y privadas donde aparecían también los miembros de su familia y los Martínez-Bordiú. Eran potentados que alababan y decían seguir la austeridad del Caudillo.

Las decisiones políticas, con la excepción de un pequeño círculo alrededor de doña Carmen que fue ganando influencia conforme su marido envejecía, las tomaban los hombres.

La compañía de Franco en la política, en el ocio o en los juegos era masculina, un amplio club, desde la administración local hasta la cúspide, que compartía la idea de la prevalencia absoluta del hombre sobre la mujer y en el caso de los africanistas y militares forjados en la guerra civil, una percepción extrema de la masculinidad, la camaradería y la violencia. Franco pensaba como Hitler, a quien le producían «horror» las mujeres que se metían en política: «Y si además se inmiscuyen en las cosas militares, entonces resultan completamente insoportables». El *Führer* tuvo cuatro secretarias personales, que han dejado relatos de sus audiencias, pero no tenemos constancia de conversaciones de Franco con mujeres. Cuando se reunía con su séquito en cacerías o en viajes para comer, no había mujeres. Ellas, esposas de gobernadores civiles, ministros y otras autoridades, permanecían en otro espacio. Después de las comidas jugaban al parchís y a las cartas, vigiladas por guardaespaldas. La asturiana Ramona Rodríguez Bustelo, esposa de Camilo Alonso Vega, era una de las asiduas acompañantes de doña Carmen en esas sobremesas.

La política en la España de Franco fue cosa de hombres, caballeros respetables y católicos. Nadie ponía en entredicho ese mundo de mentiras, corrupción, felicidad y doble moral. El espacio de las mujeres, como en el mundo fascista italiano, estaba en la organización de la casa, en la cocina y el dormitorio, aunque aparecían en las fiestas, galas, misas y celebraciones. También tuvieron cierta relevancia como procuradoras en las Cortes a partir de los años sesenta en los cauces de representación «familia, municipio y sindicato». La presencia de esas mujeres en la política nacional, trece en todas las legislaturas, fue reivindicada por la propaganda de la dictadura como un elemento de modernidad. «Hemos incorporado a la mujer a la vida política, dándole [...] de manera efectiva la igualdad de derechos», declaró el Caudillo en la Inauguración del XI Consejo Nacional del Movimiento, el 28 de noviembre de 1967.

Ascenso

Cuando tomó la decisión de sumarse a la sublevación, Franco era un militar altamente dotado, ambicioso, reservado, calculador y movido por un extremado sentido del deber y de la disciplina. Había incorporado a su formación la experiencia de la brutal guerra colonial y la idea de una España traicionada por los políticos desde la humillación del desastre de 1898 y acosada por los enemigos irreconciliables con su mentalidad autoritaria. Entre ellos destacaban primero los socialistas y anarquistas, pacifistas y hostiles a la guerra en Marruecos, a los que sumó en los años veinte bolcheviques y su convicción paranoica de que la masonería internacional era la principal responsable de la subversión del orden y de los males que afligían a España.

Los sublevados españoles tenían donde fijarse porque a la altura de julio de 1936 todas las repúblicas surgidas en las dos décadas anteriores, salvo la de Checoslovaquia y la de Irlanda, habían sucumbido ante dictadores con poderes absolutos. No había presagios en la Alemania imperial o en la Italia liberal de lo que sucedió después bajo Hitler y Mussolini. La primera guerra mundial, las revoluciones en Rusia y la profunda crisis posterior hicieron posible a personajes como Hitler, Mussolini o Stalin, de la misma forma que Franco no se explicaba a sí mismo, ni a sus compañeros de armas, sin África. Allí recibió su formación básica, aunque se doctoró en la guerra de casi mil días que siguió al golpe de Estado de 1936. Aquellos líderes carismáticos surgieron en tiempos de crisis políticas y sociales profundas. Mucha gente que anhelaba soluciones radicales, simples y extremas encontró en ellos a redentores que prometían poner fin a la bancarrota del orden.

El Franco de julio de 1936 era un jefe militar sin experiencia política que, con sus compañeros de armas, forjados en las batallas en África, decidieron abordar de forma violenta la profunda crisis político-social y ofrecer una alternativa autoritaria puesta ya en marcha por Mussolini, Hitler y otros fascistas en Europa. Franco comenzó el asalto al poder con una sublevación militar y lo consiguió a sangre y fuego en una guerra civil. Las alabanzas e incienso que recibió a partir de ese momento derivaron de su éxito militar, no del talento político o del carisma como movilizador de masas. El soldado valiente que llegó a África en febrero de 1912, general en 1926, Generalísimo en otoño de 1936, era en abril de 1939 el Caudillo redentor al que Dios había confiado la misión de salvar a España del comunismo, el separatismo y la masonería.

El mito de Franco y la propaganda influyeron mucho para que a partir de ese momento se viera la guerra civil como inevitable y el «Alzamiento» como un movimiento popular de la parte de España que no quería perecer. Los grupos de poder tradicionales habían minado a la República, pero fueron incapaces de imponerse a ella por medios políticos y necesitaron de Franco y de los militares, en un pacto de sangre establecido en una cruel guerra civil, para destruir lo que tanto aborrecían.

Así comenzó la historia de Franco dictador, que durante años corrió paralela a la de Mussolini, Stalin y Hitler, los tres dictadores que cambiaron el destino de Europa durante el siglo XX.

«A Franco le será fácil gobernar, si antes consigue un éxito militar completo», le dijo el *Duce* a su yerno Ciano a comienzos de 1939, porque «el prestigio de un jefe victorioso en la guerra es siempre indiscutido». Prestigio, crédito dado por la victoria y necesario para mostrar su poder. Surgió entonces un Franco ufano y seguro de sí mismo, cubierto de oropeles y galones para celebrar su triunfo histórico. Se veía a sí mismo casi como un mesías que con la ayuda de

Dios podía controlar el curso de los acontecimientos y corregir la crisis secular que afectaba a la nación española. Creía que la victoria en la guerra inauguraba una nueva época de la historia de España en la que volvería a ser grande, con un importante sitio entre las potencias del mundo. La autoridad que le otorgaron las armas era mayor que la que había tenido cualquier rey de los Austrias o Borbones. Comenzó a reinar en España con un control militar absoluto y con el dominio directo sobre el partido único. La Ley de Jefatura del Estado, publicada el 9 de agosto de 1939, le concedía «el poder supremo para dictar leyes de carácter general». Una dictadura personal en la que Franco dominaba a otros jerarcas y colaboradores que siempre consideraban sus medidas apropiadas.

Tenía detrás, con adhesión incondicional, a todos los grupos que le habían ayudado a llegar al poder, a ganar la guerra y a librar a España de sus enemigos. No tuvo, como Hitler, que dominar al ejército para que aceptase su jefatura. No necesitó, como Mussolini, convencer a la gente de orden de la legitimidad de la violencia. A Mussolini y Hitler los habían designado los jefes de Estado italiano —un rey— y alemán —un presidente de república—. A Franco lo aclamaron como Caudillo quienes habían forjado sus lazos en una batalla sangrienta contra la República y la revolución. El apoyo a su autoridad, bendecida por la Iglesia, era extraordinario, guiado por la mano de la providencia. Era una autoridad despótica, cuyas decisiones no llegaban ni beneficiaban a todos los estratos sociales, pero nadie entre los vencedores quería volver a los «malos» tiempos de la democracia republicana.

El cruel destino de los vencidos se presentó como un castigo necesario impuesto solo a delincuentes que tenían las manos manchadas de sangre. Las «hordas rojas», como las llamaba Franco en un manuscrito en diciembre de 1939, no eran, sin embargo, una minoría marginal de delincuentes. Pertenecían a partidos políticos importantes que estaban en todas las instituciones antes del golpe de Estado, contaban con sindicatos fuertes de cientos de miles de afiliados, tenían amplios lazos asociativos en fábricas, barrios y en centros culturales. Muchos eran parlamentarios que habían ganado las elecciones en febrero de 1936, ministros, gobernadores civiles, autoridades locales y provinciales a quienes asesinaron durante la guerra y posguerra, castigaron con la Ley de Responsabilidades Políticas e incautaron sus bienes. La lealtad de varios millones de españoles a la República y a sus instituciones la rompieron los vencedores liderados por Franco con ensañamiento y coacción.

El Generalísimo acumuló en unos años una descomunal hambre de poder, una confianza plena en su talento para salvar a la nación. Como lo conquistó por medio de la violencia, lo tuvo que mantener con la misma brutalidad, primero en los años de dominio fascista de Hitler y Mussolini durante la segunda guerra mundial y después, atemperado el salvajismo, en el largo período de reparto del mundo entre Estados Unidos y la Unión Soviética, las dos principales superpotencias victoriosas.

Todo lo que sucedió dentro de España en aquellos años decisivos entre 1939 y 1945 parecía estar en manos de Franco, pero la opción de jugar a las cartas a la vez con los nazis de Alemania y con los «plutócratas» de Gran Bretaña y de Estados Unidos se acabó con la derrota de Hitler. Desde ese momento cedió a todas las exigencias anglo-americanas, decidido a sobrevivir al fascismo en Europa, y comenzó a reescribir su historia. La propaganda se encargó de presentar al Caudillo como un estadista neutral, católico y antisoviético, que había sabido librar a la nación del desastre de la segunda guerra mundial. La entrevista con Hitler en Hendaya «demostró al mundo que Franco no era un peón en manos de los países totalitarios».

Afianzamiento

El Caudillo era consciente de la apremiante necesidad de sobrevivir a la tempestad que se avecinaba. En aquella primavera tan peligrosa de 1945, dio los pasos necesarios para desvincularse de los fascismos derrotados, neutralizar a la oposición monárquica, hacer creer a los españoles que les había librado de los horrores de la segunda guerra mundial y convencer a sus enemigos exteriores de que lo que él gobernaba era una «democracia católica y orgánica». La defensa del catolicismo como un componente básico de la historia de España sirvió a Franco y a su dictadura de pantalla en ese período crucial para su supervivencia.

«Yo soy el centinela que nunca se releva, el que recibe los telegramas ingratos y dicta las soluciones, el que vigila mientras otros duermen.» Todo fluía en la dirección del Caudillo y por si alguien quería romper esa unidad, les recordaba permanentemente los riesgos de volver al caos. «Si lograran derribar al portero, iríamos cayendo todos uno a uno», le previno a finales de 1945 al general José Enrique Varela, alto comisario de Marruecos y el más influyente de los militares monárquicos. Centinela, portero, él no se iba, le dijo a Alfredo Kindelán, otro significado general partidario de don Juan: «De aquí al cementerio».

Diez años después de la victoria en la guerra, quedaban pocas cosas que perturbaban la vida de Franco. Había controlado las ambiciones de poder de otros militares y jerarcas falangistas. Tras el encuentro en agosto de 1948, don Juan ya sabía que iba a ser muy difícil reinar en una monarquía instaurada por Franco. En la «lucha de la Patria contra la Anti-Patria», la «canalla de la conspiración judeo-masónica-comunista» estaba en los cementerios, en las cárceles o en el exilio. El cerco diplomático de las democracias estaba a punto de abrirse. El culto y veneración a Franco crecía en las instituciones, en la propaganda y en las escuelas. Viajaba por España recibido por multitudes y manifestaciones de júbilo organizadas por su maquinaria propagandística. Era, en expresión del diario falangista *Arriba* del 1 de octubre de 1949, «el hombre de Dios», al que le pertenecían los «títulos de Caudillo, Monarca, Príncipe y Señor de los Ejércitos».

Él y su dictadura no peligraban y menos todavía desde que consiguió en los años cincuenta la integración de España en diferentes organizaciones internacionales. A partir de 1953, cuando dispuso de la bendición y ayuda económica, técnica y militar de Estados Unidos, Franco supero «los años más difíciles», se benefició del excepcional escenario internacional y pudo dar a su poder absoluto una relevancia no solo limitada a la política interior. Dwight D. Eisenhower fue el primer presidente de Estados Unidos que llegó a España en visita oficial, en diciembre de 1959, la primera vez que el Caudillo saludaba a un mandatario de un país democrático. Habían pasado más de dos décadas del abril victorioso.

El Plan de Estabilización de ese año cambió el rumbo de la economía española, que inició un fuerte crecimiento económico y un acelerado proceso de industrialización, tránsito desde el hambre, la escasez y la penuria hasta el piso, el coche y el televisor. En la atmósfera triunfalista de los veinticinco años de paz y progreso, Franco era el cerebro y artífice del gran cambio económico y él, tan acostumbrado a llevarse los triunfos, se sumó a esa idea con fervor. El Caudillo fue a partir de ese momento el gran modernizador de España y así quedó en la memoria de una multitud de súbditos. A los lazos de sangre sellados con la victoria, que habían permitido destruir a los enemigos de España, se sumaba la legitimidad aportada por el desarrollo económico, el progreso y «el bienestar de los trabajadores». El culto no paraba de crecer.

Desde la victoria en la guerra civil, disfrutaba del prestigio de un libertador mesiánico, cuyas palabras eran órdenes y su voluntad era la ley. La imagen que de él había construido su corte de vasallos, militares, ministros o eclesiásticos, estaba en consonancia con la de un caudillo que todo lo hacía para el mejor servicio a Dios y a la patria, con entrega ejemplar. Buen cristiano, austero, humilde, a quien no le deslumbraban los títulos ni la riqueza. El retrato de Franco creado en África servía para el Generalísimo, para el héroe que había sabido mantener a España fuera de la segunda guerra mundial y para el centinela de Occidente. «La política ha de ser entendida no como poder, sino como servicio, como misión, y ha de ser realizada y servida con entereza, sencillez y humildad», les dijo a los españoles en el mensaje de fin de año de 1958. Sobre sus espaldas pesaban todos los problemas de España.

Apogeo

Era normal que alguien que tenía una misión tan elevada, una figura casi divina, mereciera regalos, prebendas, privilegios, fincas. Todo resultaba natural, obsequios por sus grandes logros, que habían comenzado ya en años de guerra y extrema violencia.

Franco y su amplia familia en ascenso desde 1950, cuando Nenuca, su hija de veintitrés años, contrajo matrimonio con Cristóbal Martínez-Bordiú, usaron el patrimonio nacional como propiedad privada. Eso incluía palacios, jardines y edificios históricos, lugares exclusivos antes reservados a la familia real. Los jerarcas militares, altos mandatarios, políticos y las clases subalternas o de servicio que trabajaban en la dirección del Caudillo se aprovechaban de su posición, sin necesidad de que el jefe supremo tuviera conocimiento. Franco, como Hitler y otros dictadores, sabía que la corrupción a escala masiva garantizaba la lealtad y fidelidad personal. Los oficiales del ejército, los ministros y altos dirigentes del Movimiento serían fieles mientras los asuntos del bolsillo, los favores, las prebendas y privilegios dieran buenos frutos. Por eso permitió un enriquecimiento sin límites de los grupos de poder. La corrupción, como en la Alemania del Tercer Reich, proliferaba en todos los ámbitos del régimen. Una de las más beneficiadas, su hija Carmen, declaró años después de su muerte que «todo lo que fuera corrupción le molestaba muchísimo».

Franco era popular, adorado por una buena parte de la población y había muchos que lo deificaban como defensor del orden, la autoridad, la concepción tradicional de la familia, los sentimientos españolistas, la hostilidad beligerante contra el comunismo y un inflexible catolicismo reaccionario. No todo se debía al miedo, a la represión y a la propaganda. Una parte importante de la población, desmovilizada y apática, compartía los éxitos de Franco, caudillo primero del orden, después de la paz y finalmente del progreso. A toda esa gente le inquietaba que esa tranquilidad duradera pudiera quebrarse con una vuelta a los tiempos del desorden y la guerra. Les parecía que todo eso era obra de un hombre.

El Generalísimo estaba cada vez más alejado de los complejos y variados asuntos que esa década de desarrollo había provocado en la administración, en la economía y en la sociedad. Aparecieron grietas, fricciones, importantes conflictos en fábricas y universidades, incluidos curas y católicos que hablaban de democracia, socialismo y libertades, y que provocó la alarma en la jerarquía eclesiástica y una reacción indignada de dirigentes y servidores de Franco acostumbrados a una Iglesia sumisa y entusiasta.

Frente a esa tempestad, la figura de Franco aportó, como siempre había ocurrido ante las dificultades, un contrapeso: el caudillo nacional que mostraba el gran logro de haber acabado con el caos y resucitado a la patria. Que eso se resquebrajara, que se pusieran en peligro todos los éxitos que tantos privilegios habían traído, inquietaba a su círculo familiar, a los militares, a los arquitectos del desarrollo sin democracia y a las decenas de miles de cargos del Movimiento y de los diferentes niveles de la administración. La apreciación de que las energías de Franco disminuían hizo tomar posiciones a muchos de ellos ante las consecuencias que tendría su irremediable desaparición. El deterioro de su salud, el declive físico y los indicios de senilidad eran evidentes, pese a la operación propagandística de exhibirlo como un deportista entregado a la caza de rebecos y venados y a la pesca de gigantescos atunes y ballenas. De 1966 a 1969, se culminó el programa de institucionalización del sistema político de Franco con la Ley Orgánica del Estado y la designación de un sucesor a título de rey.

El 5 de enero de 1968, el príncipe Juan Carlos cumplió treinta años, la edad establecida por la Ley de Sucesión para poder reinar. Franco hacía tiempo que había descartado a don Juan como sucesor. En ese asunto esencial, el Caudillo permitía que Carrero Blanco, Alonso Vega y los tecnócratas del Opus Dei liderados por López Rodó, cada vez más impacientes, le aconsejaran nombrar a Juan Carlos, y escuchaba al mismo tiempo a un grupo de ultras que se reunía en El Pardo alrededor de doña Carmen y de Cristóbal Martínez-Bordiú y le presionaban para que no lo hiciera. Era un momento transcendental, la decisión más personal que iba a tomar en aquellos años de abuelo hogareño y jefe de Estado de vacaciones, prueba evidente de su poder soberano de decisión. El lunes 21 de julio de 1969, se lo comunicó a sus ministros: «Los años pasan. Tengo ya 76, voy a cumplir 77. Mi vida está en manos de Dios. He querido enfrentarme a esta realidad». Al día siguiente presentó a Juan Carlos como sucesor ante las Cortes.

Juan Carlos juró, en nombre de Dios y sobre los santos Evangelios, «lealtad a su Excelencia el Jefe del Estado y fidelidad a los Principios del Movimiento Nacional y demás Leyes Fundamentales del Reino». Iturmendi, presidente de las Cortes, sentenció: «Si así lo hiciereis que Dios os lo premie; y si no, os lo demande». En su discurso, Juan Carlos afirmó que recibía del jefe de Estado y Generalísimo Franco «la legitimidad política surgida el 18 de julio de 1936».

Con esa resolución tan esperada, Franco pasaba a la futura monarquía su legado político y al mismo tiempo rompía la línea dinástica de los Borbones. Una vez más, como en todas las decisiones importantes que tomó, el Caudillo disipó cualquier duda o contratiempo con una alusión al momento fundador de su poder. En el transcendental instante del verano de 1969 unió el pasado con el futuro y aprovechó el mensaje de fin de año para recordarlo: «Respecto a la sucesión a la Jefatura del Estado, sobre la que tantas maliciosas especulaciones hicieron quienes dudaron de la continuidad de nuestro Movimiento, todo ha quedado atado, y bien atado».

El futuro estaba asegurado. Además de por «la permanencia inalterable de los principios del Movimiento» y por «la lealtad y amor a la Patria» de la que había dado «sobradas pruebas» el príncipe de España, porque la fidelidad del ejército a su Generalísimo era incondicional. A medida que iba haciéndose mayor, cuando alguien de su círculo más próximo le expresaba su preocupación e inquietud por los peligros que acechaban la continuidad, la respuesta siempre apuntaba a las fuerzas armadas.

Agonía

Nadie abandonó la nave en aquellos duros años finales cuando ETA asesinó a Carrero Blanco, «el último lazo que me unía al mundo», y cayeron la dictadura portuguesa, la más longeva de Europa occidental, gran aliada de Franco desde julio de 1936, y la Junta de los Coroneles griega. En España no se iba a repetir el abril de Portugal ni el derrumbe y encarcelamiento del dictador y de sus adictos como en Grecia. Los conflictos y el temor que suscitaba su muerte agitaron, no obstante, el búnker, aquellos que defendían el sistema de valores impuesto a sangre y fuego por los vencedores de la guerra, con las acciones violentas de sus organizaciones neofascistas, para defender las esencias, bloquear las medidas «aperturistas» y denunciar a los «infiltrados», «traidores», «en la administración o en las esferas de poder». A Franco todavía le dio tiempo de ajustar cuentas con la aprobación de cinco penas de muerte y pensar en el lugar que quería ocupar en la historia.

A finales de octubre de 1975, tras una serie de paros cardíacos menores, pidió a su hija que se hiciera cargo de su «testamento político» y se lo pasara a Arias Navarro, presidente del Gobierno, «cuando yo falte». La agonía duró varios días en la Residencia Sanitaria de La Paz, rodeado de máquinas, tubos y goteros, junto a un manto de la Virgen del Pilar, por la que siempre mostró una especial devoción, y la reliquia del brazo de santa Teresa. Un final muy diferente al de Hitler en su búnker o al de Mussolini colgado cabeza abajo en la *piazzale* Loreto de Milán. Murió oficialmente a las 5.25 horas de la madrugada del 20 de noviembre de 1975, el mismo día y mes en que había sido fusilado José Antonio Primo de Rivera en 1936. Horas después, Arias Navarro, entre sollozos, leyó en televisión el testamento de un «hijo fiel de la Iglesia» que solo había tenido por enemigos «aquellos que lo fueron de España».

Franco murió rico, con una fortuna millonaria, enriqueció a sus familiares, a quienes permitió un desenfrenado saqueo, y concedió un gratificante retiro a los cientos de colaboradores que ya habían disfrutado en el poder de sinecuras y grandes beneficios. El 26 de noviembre de 1975, el rey Juan Carlos I concedió a su viuda la Merced Nobiliaria del Señorío de Meirás y a su hija, el título de duquesa de Franco, ambos con Grandeza de España. La Señora, como la llamaba el servicio, abandonó el palacio de El Pardo el sábado 31 de enero de 1976. En los últimos veinticinco años de gobernanta de ese hogar le había dado tiempo a dirigir por buen camino los destinos de su hija y de sus siete nietos, «modelo y ejemplo de la gran familia española», como la presentó siempre el NO-DO. El abuelo encontró su «más pura e indecible alegría» en la contemplación y compañía de sus nietecitos: «Es esta expresión de ternura y el encanto infantil lo que compensa a nuestro jefe de Estado de toda su ardua labor y su desvelo constante en el trabajo de regir y gobernar nuestro pueblo».

La huella

Ninguno de los jerarcas y cómplices de Franco fue arrestado, encarcelado o procesado. Todos escaparon al castigo. A muchos les costó tiempo y labor resignarse a su muerte, aunque quienes pensaban en labrarse un futuro político sin el Caudillo dejaron de la noche a la mañana el uniforme azul y se pusieron la chaqueta democrática.

En el caso de Franco no hay que preguntar, algo que los historiadores han hecho con Hitler, cómo fue posible que un pretendiente al poder tan impropio lo consiguiera de forma absoluta y fuera obedecido sin apenas oposición. Franco no comenzó de la nada, no era un antiguo cabo, o un exsocialista como Mussolini que no tenía relación alguna con las clases dominantes, sino un general que asaltó el poder por las armas, lo logró en una brutal guerra de exterminio y lo consolidó en un pacto de sangre sellado desde abril de 1939. A partir de ese principio, nadie le iba a pedir habilidad intelectual o perspectiva sofisticada en asuntos políticos y diplomáticos.

Comparado con Mussolini, Hitler o Stalin, crueles conquistadores, Franco no sobresalió como un personaje influyente en la política europea del siglo XX. Pero no fue un dictador débil o menor. Utilizó con habilidad las circunstancias históricas que le permitieron relacionarse con las potencias del Eje y obtener al mismo tiempo un gran rédito de la diplomacia y del espionaje británico, incluidos los sobornos con grandes sumas de dinero a varios de sus generales, para el mantenimiento de la neutralidad durante la segunda guerra mundial. Tras el derrumbe de los fascismos, Estados Unidos y Europa occidental consideraron durante un tiempo a Franco un paria, por su sintonía ideológica con Hitler y Mussolini, pero todo cambió a partir del estallido de la guerra en Corea en 1950. Franco, por muy represor y autoritario que fuera, era preferible al comunismo. Logró la aceptación internacional, mientras que incrementaba su poder. Las circunstancias históricas que lo colocaron en la marginación internacional y después en la rehabilitación tuvieron poco que ver con su personalidad o carisma, pero logró sobrevivir y aumentar el culto. La propaganda hizo creer a los españoles que había librado al país de los horrores de la guerra mundial y jaleó los acuerdos de 1953 con la mayor potencia económica y militar del mundo como un triunfo más del Caudillo. En el escenario internacional fue siempre un dictador dependiente. En España mantuvo sus excepcionales poderes hasta el final.

Franco simbolizaba los logros y éxitos del régimen. Estuvo acompañado incondicionalmente de las élites políticas y militares.

No obstante, por mucho que se quiera difuminar su figura, poner énfasis en el entramado complejo de intereses y apoyos de la prolongada dictadura, siempre sale a la luz su papel central en las decisiones fundamentales. Mientras él vivió, fue imposible acometer transformaciones políticas reales y en las casi cuatro décadas de su mandato no hubo fricciones importantes en los pilares básicos de apoyo. Tuvo tiempo de contemplar cómo desaparecieron sus aliados fascistas, el abrazo del amigo americano, la liberalización de la economía tras años de hambre y pobreza absoluta, el desarrollo de la década de los sesenta y el crecimiento de su amplia familia corrupta. Desde el 1 de octubre de 1936 hasta el 20 de noviembre de 1975, fue ungido de una autoridad sobrenatural, basada primero en su misión redentora y después en los constantes y continuos logros. Bajo esa aureola mesiánica, el Caudillo fue objeto de obediencia y nunca tuvo necesidad de reconocer sus errores porque creía que sus motivos siempre eran puros y guiados por la providencia. Se vio a sí mismo como un corrector de la historia desviada de España, a la que había sacado de una larga enfermedad.

Franco y sus compañeros de armas iniciaron en julio de 1936 un golpe de Estado que provocó una sangrienta guerra civil. Durante esos años y en la posguerra decenas de miles de «enemigos» fueron eliminados. La paz de Franco destruyó familias enteras e impregnó la vida cotidiana de miedo, coerción y castigo. Su España fue un Estado policial, un omnipresente sistema de control y vigilancia que necesitó en los primeros años el derramamiento de sangre y los pelotones de fusilamiento. Una vez organizada la trama de lealtades, propaganda y miedo, el terror podría dirigirse a grupos pequeños y no amenazaba a la mayoría de los españoles. Eso es lo que decía Franco, que solo se perseguía a delincuentes, comunistas, masones y separatistas.

El círculo argumental de la represión destacaba que Franco sustentaba el poder de forma legítima, conseguido en una cruzada de salvación patriótica. Consolidada la victoria, la inmensa mayoría de la población aceptó vivir bajo la paz magnánima del Caudillo. La combinación de la represión y el culto a la personalidad consolidaron su poder. El peso de la ley se encargó del resto.

Nada sabía Franco de los miles de asesinatos arbitrarios, de la tortura. Un castigo necesario, en todo caso, para las «hordas rojas». Por su cargo, Generalísimo, Caudillo, jefe de Estado, debía tener conocimiento inexcusable de lo que ocurría en las cárceles y cementerios, de la tragedia de la escasez y del hambre, resultados directos de la corrupción y de la ineficacia. Mantenía el control de la política interior y exterior, pero no participaba en las tareas sucias y mundanas, en el derramamiento de sangre. Él se presentó como el máximo defensor de la lucha contra la corrupción y el estraperlo y así lo creía una buena parte de la población. Cuando sus allegados le susurraban cómo otros se aprovechaban de sus cargos para enriquecerse, no solía prestar atención y cambiaba de conversación. Su visión era distante, como su figura. El distanciamiento era una forma de acotar su poder, de separarse del resto de los humanos, como lo había sido en Hitler o Stalin. Distante con sus subordinados y cruel con sus enemigos.

Los años más oscuros de su dictadura fueron los primeros, un sempiterno e imborrable legado de sufrimiento humano, de costes sociales y culturales. Mussolini y Hitler activaron los procesos más sangrientos, de radicalización, terror y destrucción al final de sus tiranías. Franco, al inicio. Si su vida hubiera acabado también en 1945, habría menos discusión sobre su acción fascista y criminal. Fue en las tres décadas siguientes cuando pudo moldearse su imagen de dictador modernizador y benévolo, un tirano «menor» comparado con los «grandes» asesinos de la historia.

Una de sus aspiraciones fue ser responsable solo ante Dios y ante la historia. En eso coincidía en parte con el deseo mostrado por otros personajes de su tiempo. «La historia nos juzgará con benevolencia», dijo Winston Churchill a Franklin D. Roosevelt y Iósif Stalin en su encuentro en Teherán, a finales de 1943. Cuando le preguntaron cómo podía estar tan seguro, contestó: «porque yo escribiré la historia». El político británico lo hizo en seis volúmenes sobre la segunda guerra mundial. Franco, en su papel de héroe mesiánico, ponía además a Dios como testigo.

Pero los historiadores no somos miembros de un jurado que acomoda a los actores en una sala de juicio, con potestad para sentenciar. En nuestras investigaciones, que difundimos en enseñanzas y escritos, dialogamos sobre el significado de la historia y su relevancia para el presente, hacemos preguntas y encontramos nuevos significados. Franco, en sus casi cuarenta años de mando, fue golpista, caudillo salvador, criminal de guerra, abrazó el fascismo, que abandonó paulatinamente tras su hundimiento, buscó y encontró la respetabilidad internacional, fue abanderado de la lucha contra el comunismo durante la guerra fría, «centinela de Occidente» y campeón de las dictaduras desarrollistas.

Eso no son opiniones, donde unos pueden atribuirle su larga duración en el poder a las políticas represivas y otros a sus cualidades personales excepcionales, sino el resultado de numerosas y diversas investigaciones que han tenido que lidiar también con memorias divididas sobre ese pasado infame. Las guerras y tiranías del siglo XX, desde Rusia hasta España, pasando por Hungría o Alemania, han fraccionado durante mucho tiempo a las sociedades europeas. Es la imagen lúgubre del gulag, del nazismo, de los campos de exterminio, de la persecución de los judíos, de las limpiezas étnicas o de las políticas represivas de Franco. Es una estructura compleja de usos y abusos del pasado que ha sido simplificada por el interés de algunos historiadores, gobernantes y grupos políticos en destacar la parte más positiva de aquellos tiranos y convertirlos en modernizadores y santos.

Este libro es una biografía de Franco, quien contó, y de quien han contado muchas veces y de muchas maneras, sus hazañas. Resulta difícil, sin embargo, escribir una historia de Francisco Franco, llamado el Caudillo, que sea útil a la vez para quienes lo admiran, lo aman, lo odian, sienten un enorme rechazo hacia lo que representó e hizo y para quienes tratan siempre de corregir o adaptar el pasado para celebrar con mentiras su presente. El relato de ese pasado reciente aparece sometido a diferentes opiniones y puntos de vista, siempre bajo sospecha de subjetivismo y parcialidad. Y así se cruzan los mitos, las historias y las memorias.

He investigado la vida y conducta personal de un hombre que dejó una huella indeleble en la España del siglo XX, las circunstancias políticas y sociales que le permitieron llegar al poder y ejercerlo durante tanto tiempo. Dejo ahora mis conocimientos y mi forma de narrarlos en manos de los lectores.

Primera parte

«SIN ÁFRICA, YO APENAS PUEDO EXPLICARME A MÍ MISMO»

Capítulo 1

EL OCASO DE ESPAÑA

El 18 de julio de 1936, Carmen Polo y su hija Carmencita Franco se subieron en el puerto de Las Palmas al transatlántico alemán *Waldi* rumbo a la ciudad francesa de El Havre. Carmencita vio a sus padres despedirse en silencio, aunque a los nueve años no captó la trascendencia que ese extraño adiós tenía. Todo tan rápido, sin tiempo para entretenerse.

A las cinco de la madrugada de ese sábado de verano, su padre, Francisco Franco Bahamonde, comandante militar de las islas Canarias, había firmado una declaración de estado de guerra, con la intención de volar después a Marruecos y tomar allí el mando de la sublevación militar contra la República.

Por si esa arriesgada apuesta no salía bien, mandó a su mujer y a su hija a Francia. En El Havre las esperaba el comandante Antonio Barroso, agregado militar español en el país vecino, que las llevó después a Bayona, a la casa de la antigua institutriz de la familia Polo en Oviedo, madame Claverie. Allí pasaron casi dos meses protegidas por el comandante Lorenzo Martínez Fuset, un abogado militar que había entablado amistad con los Franco en su estancia en Canarias.

Franco no volvió a verlas hasta el 23 de septiembre. Cuando se encontraron ese día en Cáceres, en el palacio de los Golfines de Arriba, la vida de Franco había dado un vuelco radical. Y también la de millones de españoles.

La sublevación militar convirtió a España en campo de batalla de un sangriento conflicto armado. Dos meses y medio después, sus compañeros golpistas nombraron a Franco comandante en jefe. El 1 de abril de 1939, Franco ganó la guerra y comenzó una dictadura de treinta y seis años.

Fueron tres momentos decisivos en su vida: sumarse a un golpe militar que él no lideraba, convertirse en Generalísimo y máxima autoridad de la España que combatía a la Segunda República, y comenzar a ejercer un poder absoluto.

Carmen y Franco se conocieron en Oviedo, en una romería, en el verano de 1917: «Me fue muy simpático —recordó años después en la revista *Estampa*— y como él parecía interesarse por mí con preferencia de todas las otras, y... yo no había tenido todavía novio...». María del Carmen Polo y Martínez-Valdés, nacida el 11 de junio de 1900, era hija de una rica familia local. Se casaron el 22 de octubre de 1923 en la iglesia de San Juan el Real de la capital asturiana. Vivieron juntos cincuenta y dos años, envueltos la mayoría de ellos en una atmósfera todopoderosa, él como hombre modesto y austero, siempre al servicio de España, «hasta el último aliento de mi vida», y ella cubierta de joyas y favores.

La vida de Franco, en realidad, fue un continuo desvelo amoroso por España, desde su juventud como héroe en el Rif hasta la vejez en la que le gustaba interpretar el papel de protector de un pueblo que lo veneraba.

En contraste con su espectacular e impresionante entierro en noviembre de 1975, sus orígenes fueron humildes, de clase media baja, en una familia que llevaba más de un siglo vinculada a la intendencia en la base naval de El Ferrol. Cuando nació Franco, el 4 de diciembre de 1892, la ciudad tenía veinte mil habitantes. Su padre, Nicolás Franco Salgado-Araujo, estuvo de joven destinado en Cuba y Filipinas, y aunque ascendió con el tiempo a intendente general de la Armada, tenía fama de llevar una vida disoluta, de ocio y juergas. Su madre, María del Pilar Bahamonde y Pardo de Andrade, era conservadora y piadosa. Tuvieron cinco hijos —Nicolás, Francisco,

Pilar, Ramón y Paz, quien murió de niña en 1903— y el padre abandonó el hogar en 1907.

Con esa infancia de desprecio y abandono paterno, los valores positivos heredados por Francisco procedían de su madre, amable y estoica. Se suele escribir mucha psicología acerca de la infancia de los dictadores, de las de Iósif Stalin y Adolf Hitler han corrido ríos de tinta, y Franco no ha sido una excepción. A Franco, como a Stalin, no le gustaba hablar de su niñez, «no era la época de su vida que recordaba con más afecto», diría su hija Carmen, y Hitler fue descuidado e impreciso en sus recuerdos sobre los primeros años de su vida. Los tres tuvieron padres autoritarios y violentos en el hogar. Tampoco el padre fue un espejo para Benito Mussolini. Lo que está fuera de duda en el caso de Franco es que posteriormente trató de reconstruir sus orígenes de forma idealizada, en su diario del primer año en la Legión y especialmente en su ficción autobiográfica *Raza*, escrita bajo el seudónimo de Jaime de Andrade, donde corregía los aspectos menos gloriosos y heroicos de su historia familiar. Su padre era allí un valiente oficial de la Marina fallecido en Cuba, en vez del hombre mujeriego y adicto a la bebida. Biógrafos y apologetas se encargaron también posteriormente, con Franco ya Caudillo y Generalísimo, de subrayar la serenidad y madurez que ya mostraba desde pequeño: «Paquito es de una quietud infantil, reposado, no exento de alegría, con un ensueño perenne en las pupilas, feble, de extraordinario atractivo».

El desastre imperial de 1898 con el que comienza *Raza* —«la torpeza de aquellos hombres que abandonaron al extranjero la mitad del territorio patrio», palabras de 1941, acabada ya la cruzada salvadora de España— le causó un profundo y amargo efecto.

Franco tenía cinco años y medio, pero la rendición y entrega de armas ante las tropas estadounidenses el 17 de julio de aquel año en Santiago de Cuba simbolizaba el fin de una época, la del Imperio español, y el comienzo de otra para un país que unas décadas después iba a imponer su supremacía en todo el mundo.

España era entonces una nación de 18,6 millones de habitantes, «moribunda», si aceptamos el término utilizado por lord Salisbury, primer ministro británico, en el discurso pronunciado en el Albert Hall de Londres el 4 de mayo de 1898. Frente a las naciones «vivas», que aumentaban su poder, riqueza y fuerza militar, las «moribundas» «década tras década cada vez son más débiles, más pobres». Y esa decadencia, pobreza y mala administración es lo que destacaron muchos periodistas, intelectuales, escritores y políticos cuando se conoció en la Península la dura derrota.

El triunfalismo infundado, la fiereza del «león» español frente al «cerdo» yanqui, dieron paso al desengaño, la protesta y la exigencia de responsabilidades. «Parecía que los españoles —escribió Manuel Azaña años después— vomitaban las ruedas de molino que durante siglos estuvieron tragando.» Joaquín Costa, con su denuncia de la oligarquía y el caciquismo, apelaba a las «masas neutras» para hacer una «honda revolución». Pese a los rumores, no hubo movimiento en los cuarteles, ni insurrecciones republicanas, ni barricadas en las calles, aunque el Gobierno, como prevención, suspendió las garantías constitucionales.

Para los militares, y así lo recordó Franco, la rendición que liquidó los últimos restos de la grandeza imperial fue humillante y vergonzosa y muchos de ellos la atribuyeron a la traición de los políticos que no alimentaban a las fuerzas armadas con suficientes recursos. Traicionar a las fuerzas armadas era lo mismo que traicionar a la patria, porque el ejército era el garante corporativo de la monarquía y del orden jerárquico que querían destruir los políticos liberales, los obreros republicanos y socialistas y los nacionalismos periféricos. «El siglo XIX que nosotros hubiéramos querido borrar de nuestra historia —repetiría Franco a menudo después desde su poder absoluto como dictador— es la negación del espíritu español [...] la denegación de nuestra unidad [...] La consecuencia del liberalismo fue el ocaso de España [...] Mientras las demás potencias mundiales de aquellos tiempos lograban forjar sus fuerzas, nos hemos sepultado en un sueño de más de cien años.»

El malestar militar y la constante intervención de Alfonso XIII, quien accedió al trono de España en la primavera de 1902, al alcanzar la mayoría de edad, se situaron durante los años siguientes al «desastre» en el primer plano de la política nacional. En noviembre de 1905, varios grupos de suboficiales asaltaron las oficinas del semanario satírico catalán *¡Cu-Cut!*, que había publicado una caricatura sobre el ejército, e hicieron lo mismo con la sede del diario catalanista *La Veu de Catalunya.* El capitán general de Cataluña no condenó esa acción violenta y poco después, en marzo de 1906, el Gobierno de Segismundo Moret cedió a las exigencias militares y a los deseos de la Corona y aprobó la Ley para la Represión de los Delitos contra la Patria y el Ejército, conocida como la ley de jurisdicciones, que incluía los ataques de la prensa dentro del fuero militar.

La identificación del rey con los militares y la tolerancia de la indisciplina en nombre del orden público y la unidad de la patria demostró a algunos sectores del ejército que la violencia era una estrategia que podía utilizarse siempre que percibieran amenazados sus intereses corporativos. La distancia entre el ejército y la sociedad civil se agrandó y creció también el sentimiento antimilitarista de una parte importante de la población frente al injusto sistema de reclutamiento, que permitía evadir a las clases altas el servicio militar de sus hijos.

Ese era el bagaje político e ideológico del ejército que Franco aprendió y asumió en sus años de formación como cadete en Toledo: «Allí fue donde yo me hice hombre».

Capítulo 2

«SOY MILITAR»

Candidato por tradición familiar a ingresar en la Academia Naval para llegar a oficial de Marina, algo que ya había hecho su hermano mayor Nicolás, Francisco vio frustrado su deseo porque el desastre colonial de 1898 inauguró una época de restricciones presupuestarias y de acceso limitado a la Armada.

A finales del siglo XIX y comienzos del XX las principales naciones imperialistas compartían la idea de que su grandeza estaba directamente relacionada con el poderío naval que poseían. Las buenas familias aristocráticas de Europa buscaban influencia para que sus hijos accedieran a una de esas plazas tan prestigiosas y caras de conseguir en las academias. El padre de Miklós Horthy intercedió ante el primer ministro húngaro y el emperador Francisco José I para que lo admitieran en la Academia Naval en 1882. Estaba en la ciudad adriática de Fiume y la formación era muy rígida y dura, como en otras escuelas militares de Austria-Hungría y Alemania. Horthy, célebre por su agilidad física, aprendió allí italiano y croata, idiomas requeridos para los oficiales de la Armada. Décadas más tarde, en la posguerra turbulenta de Hungría, estableció en 1920 la primera dictadura de corte derechista en Europa.

Ante la imposibilidad de hacer carrera en la Armada, Franco abandonó El Ferrol y viajó a Toledo para realizar los exámenes de ingreso en la Academia Militar de Infantería de Toledo. Los aprobó y entró en ella el 29 de agosto de 1907, a los catorce años, junto a otros adolescentes que se convertirían en compañeros de armas durante los años decisivos de 1936-1939, como Juan Yagüe Blanco y Emilio Esteban-Infantes. Y allí compartió también formación con dos amigos ferrolanos que serían amigos fieles hasta la muerte: Camilo Alonso Vega y su primo hermano Francisco Franco Salgado-Araujo, «Pacón», un año menor que él. Ese mismo año, 1907, Adolf Hitler suspendió el examen de ingreso en la Academia de Bellas Artes de Viena y su vida tomó un rumbo de ocio e indolencia, nada que ver con la que Franco emprendió en Toledo.

Estuvo allí hasta junio de 1910 y no fueron los mejores años de su vida. Aquella figura pequeña, de baja estatura y extrema delgadez, rostro aniñado e imberbe, con voz de falsete, sufrió novatadas y algunas burlas, «un calvario» en su memoria, que alimentaron su resentimiento. Carmen Franco explicó años después de la muerte de su padre que en la Academia «no lo pasó demasiado bien [...] porque como era muy pequeñajo [...] y por su corta edad no lo dejaban llevar un mosquetón de verdad; el mosquetón que llevaba era de madera y eso lo sentía como una humillación horrorosa». La versión del protagonista, recogida casi al final de su vida se refería a la «triste acogida que ofrecía a quienes veníamos llenos de ilusión a incorporarnos a la gran familia militar».

Poco antes de que Franco entrara en la Academia, España consiguió una franja de territorio en el norte del sultanato marroquí, de lo poco que quedaba tras el reparto de África por los grandes poderes en la Conferencia de Berlín (1884-1885). Entre ese gran reparto del pastel africano y el inicio de la primera guerra mundial en 1914 las posesiones coloniales europeas aumentaron de forma espectacular, como creció también la creencia de la superioridad de Europa y de la raza blanca sobre los «salvajes».

La jerarquía entre naciones dominantes, en declive, y grupos étnicos subyugados era muy evidente en la Europa de comienzos del siglo XX, resultado de decenios de guerras internacionales con vencedores y vencidos. Mientras que España era un viejo imperio en retirada tras su «desastre» final, británicos, franceses y alemanes estaban en su momento cumbre, con austriacos y rusos manteniendo todavía mucho de su esplendor. Y la imagen tópica de la decadencia e inmovilismo tan extendida en España contrastaba con el orgullo que mostraban los imperios que aumentaban su poder, riqueza y fuerza militar.

La presencia española en el norte de África había quedado fijada por el acuerdo secreto firmado con Francia en 1904 y por la Conferencia de Algeciras en 1906. Un espacio de influencia no muy relevante en el contexto internacional, limitado a la zona montañosa del Rif. España, como potencia de segundo orden, entró en el escenario africano de la mano de los franceses y porque Gran Bretaña no quería que ese territorio tan cerca de Gibraltar lo pudiese ocupar Alemania y su Marina Imperial. Para España, el interés de ese territorio, protectorado español de Marruecos a partir de 1912, poco rico y fértil comparado con el francés, estaba motivado más que por su situación estratégica o por sus posibles beneficios económicos, por una cuestión de prestigio nacional, maltrecho desde la pérdida de las colonias.

La guerra en Marruecos marcó la historia de España durante más de medio siglo y tuvo un impacto extraordinario en Franco en sus dos primeras décadas como militar. Ningún país europeo dedicó tantos recursos durante tanto tiempo para asegurar un territorio irrelevante. Y si tenemos en cuenta la gravedad de los acontecimientos posteriores, desde el conflicto abierto en 1921 con el desastre de Annual hasta la rebelión de julio de 1936 y su brutal y larga época de represión posterior, protagonizada por los militares africanistas, una parte de la sociedad española lo pagó carísimo.

Los altercados y enfrentamientos con las cabilas vecinas, visibles ya desde 1908, se hicieron más frecuentes en 1909, sobre todo alrededor de las minas de hierro explotadas cerca de Melilla. La chispa que hizo estallar el primer gran conflicto comenzó como consecuencia de las presiones económicas y militares para incrementar la presencia española en Marruecos. Antonio Maura, presidente del Gobierno, aprovechó un ataque de las cabilas rifeñas en la primavera de 1909 para organizar una fuerza expedicionaria de castigo.

Los reservistas fueron llamados a filas el 11 de julio, eligiendo Barcelona como puerto de embarque. La tensión creció el domingo 18 de julio. Un comité obrero decidió la huelga general que comenzó el lunes 26. Se extendió «como una traca», según dijo el gobernador civil de la provincia, Ángel Ossorio y Gallardo, triunfó en varias ciudades catalanas y los enfrentamientos violentos conocidos como *La Semana Trágica* alcanzaron al menos a diecinueve provincias. El capitán general de Cataluña, Luis de Santiago, proclamó el estado de guerra. Ya en la noche del lunes al martes ardieron los dos primeros edificios religiosos, algo que a partir de ese momento caracterizaría a aquellas jornadas: varias decenas de iglesias, conventos, escuelas y residencias religiosas fueron pasto de las llamas; además, se profanaron tumbas, aunque no hubo víctimas entre el clero.

El jueves 29 llegaron tropas desde Valencia y Zaragoza, que reconquistaron la ciudad, con bastantes resistencias en los barrios obreros, donde incluso fue necesario utilizar cañones de asalto. El lunes 2 de agosto todo había acabado. Hubo alrededor de dos mil detenidos, de los cuales seiscientos serían condenados, cincuenta y nueve a cadena perpetua y diecisiete a muerte, aunque finalmente solo se ejecutó a cinco. El primero que cayó fusilado, José Miguel Baró, era el único que tenía algo que ver con la dirección de la insurrección popular. El último en morir ante el piquete de ejecución fue Francisco Ferrer i Guardia, el 13 de octubre, creador de la Escuela Moderna, considerado como «autor y jefe de la rebelión» por un tribunal militar carente de las mínimas garantías legales.

La versión de los hechos que recibieron los cadetes de Toledo reafirmaba la distancia que separaba al ejército de la sociedad civil. Mientras que los revolucionarios pretendían subvertir el orden, los militares españoles se jugaban la vida en Marruecos ante un poder político débil e incompetente. Y el adolescente Franco vio ya la mano alargada de la masonería detrás de las manifestaciones internacionales de apoyo a Ferrer i Guardia. Su obsesión con la masonería no pararía de crecer hasta el final de sus días y la compartió con bastantes militares de alta graduación, como su compañero de promoción Juan Yagüe.

La Academia de Infantería estaba ubicada desde 1875 en el alcázar, una fortificación sobre roca en la parte más alta de Toledo, construida, sobre la ya existente, bajo el reinado de Carlos V a mediados del siglo XVI. El método de formación militar que conoció allí Franco se basaba en las lecciones de la guerra franco-prusiana y se daba más importancia a la disciplina, la historia militar y a los valores de la obediencia y lealtad a los superiores que a la evolución del pensamiento y tácticas militares que los grandes imperios estaban experimentando en las fuerzas coloniales. Cuando Franco llegó unos años después al protectorado, el ejército español era una fuerza armada pobremente equipada y mal organizada, con oficiales que habían aprendido muchas cosas con poca aplicación práctica en el campo de batalla.

Ese culto del heroísmo, del valor y de las virtudes morales le sirvió a Franco para cubrir sus necesidades afectivas, arruinadas por el comportamiento de su padre durante la infancia. El ejército fue desde 1907 su vocación y profesión. «¿Es usted político?», le preguntaron en un reportaje junto a su esposa en la revista ilustrada madrileña *Estampa*, en mayo de 1928: «Soy militar, afirma rotunda y definitivamente». Y eso es lo que siempre dijeron de él compañeros de armas, las escasas personas a quienes dejó entrar en su círculo íntimo y los ministros que le sirvieron. «Era militar por encima de todo. Toda su manera de ser y de pensar fue con la milicia, siempre fue militar», recordó Carmen Franco décadas después de la desaparición de su padre.

Franco asumió desde aquellos tres años en la Academia un ardiente nacionalismo español, nostálgico de la gloria imperial ya pasada y hostil a los movimientos nacionalistas periféricos. El resentimiento despertado entre los oficiales por la derrota de 1898, el progresivo aumento del antimilitarismo, del movimiento obrero anarquista y socialista acompañaron a Franco durante sus primeros años de formación en las fuerzas armadas. En un país en el que la monarquía había salido indemne del «desastre» y el sistema político de turno funcionaba con la precisión acostumbrada desde 1881.

En la Corte española imperaban todavía los usos y hábitos del Antiguo Régimen. Alfonso XIII nació siendo rey y fue educado como tal en un ambiente aristocrático, clerical y militar, en el escenario sobrio y profundamente religioso recreado por su madre, M.ª Cristina, alejado de la realidad exterior. Sus compañeros de juegos habían sido los hijos de los nobles; sus instructores eran palaciegos de conocida militancia confesional y militares tradicionales con una concepción castrense de la vida pública. De esa formación vendrían sus convicciones católicas, su afición por los uniformes y desfiles y el agrado con el que representaba su papel de rey-soldado, siempre pendiente del bienestar del ejército.

Alfonso XIII era el comandante en jefe de las fuerzas armadas, con amplia potestad para nombramientos, ceses y condecoraciones de militares, como quiso dejar claro desde el primer consejo de ministros que presidió. Los poderes que le confería la Constitución de 1876 no terminaban ahí. Su persona era «sagrada e inviolable», irresponsable frente al Parlamento. Elegía al presidente del Gobierno, podía nombrar y separar libremente a los ministros, designaba senadores vitalicios, compartía el poder legislativo con las Cortes, a las que convocaba y disolvía, cuidaba de la administración de justicia y dirigía las relaciones diplomáticas. Consciente de sus amplias competencias, pronto mostró su voluntad de no renunciar a ellas, de intervenir en la política como un rey gobernante, no como un monarca relegado a un mero papel de moderación y representación.

Franco completó sus estudios en Toledo en junio de 1910, y el 13 de julio ingresó formalmente en el cuerpo de oficiales del ejército como alférez. La ciudad de Toledo, símbolo de la grandeza de la España imperial, se mantuvo muy presente en su vida, en sus relatos de juventud, y ya durante la guerra civil en la visita a las ruinas del alcázar liberado del asedio republicano.

Su primer destino fue el Regimiento de Zamora n.º 8, en su ciudad natal de El Ferrol, donde permaneció en servicio desde agosto de 1910 hasta febrero de 1912. Allí exhibió por primera vez su uniforme, cerca de su madre, y consolidó su amistad con Camilo Alonso Vega y su primo Franco Salgado-Araujo. La ambición de los tres amigos pasaba por ir a luchar a África, donde era posible ascender con rapidez. Consiguieron pronto su propósito y tras un largo viaje llegaron a Marruecos el 17 de febrero de 1912.

Aunque el paso de Franco por Toledo no había sido nada extraordinario —acabó el número 251 de una promoción de 312 cadetes—, gracias a África ascendió de forma fulgurante e hizo una de las carreras militares más rápidas del ejército español en el primer tercio del siglo XX: el 13 de junio, cuatro meses después de desembarcar en Melilla, fue nombrado teniente; el 1 de febrero de 1914 ascendió a capitán; en 1917, a comandante; en 1923, a teniente coronel; en 1925, a coronel; y en 1926, el 3 de febrero, con treinta y tres años, era ya general de brigada.

Entre 1912 y 1926, Franco pasó en África diez años y medio. Todos sus ascensos fueron «por méritos de guerra». No resulta difícil explicar por qué aquellos años siempre vivieron en él «con indecible fuerza». «Allí nació la posibilidad del rescate de la España grande» le dijo al periodista Manuel Aznar a finales de 1938. En palabras de su hija: «Adoraba Marruecos».

Capítulo 3

LA HUELLA INDELEBLE DE ÁFRICA

La conquista militar de esa parte septentrional de Marruecos ofreció al ejército español la posibilidad de superar el trauma de la pérdida de las colonias ultramarinas arrebatadas por Estados Unidos y recuperar el prestigio humillado en 1898.

Los marroquíes nunca aceptaron el acuerdo anglo-francés de 1904 que permitió a Francia establecer formalmente un protectorado y los sucesivos arreglos políticos por los que los franceses cedieron a España un protectorado español en el norte.

Entre el primer grupo de militares que protagonizó las campañas en África había ilustres oficiales y jefes que ya habían combatido en Cuba o Filipinas, como José Sanjurjo, Francisco Gómez-Jordana y José Millán-Astray. Otros, como Emilio Mola o Dámaso Berenguer, habían nacido en esos territorios de ultramar donde estaban destinados sus padres. La idea nacional-militarista que identificaba al liberalismo con la decadencia de España se fundió con la creencia de que la guerra en Marruecos devolvería el prestigio maltrecho y abriría una nueva época dorada de patriotismo.

La guerra fue ruinosa, se cobró en menos de veinte años la vida de diecisiete mil soldados, jefes y oficiales. La hostilidad de los sectores populares y obreros hacia esas acciones bélicas no paró de crecer desde 1909. La aventura colonial solo resultó buena «para los oficiales y los contratistas», como decía un personaje de Arturo Barea en *La forja de un rebelde*. Pero no fue esa la imagen heroica confeccionada, inventada y reinventada por el grupo de militares que mostró la ambición de ascender con rapidez por méritos de guerra frente a los burócratas que se pasaban la vida tranquilamente en los cuarteles de la Península. Franco fue un excelente representante de ese militar africanista al «rescate de la España grande».

La misión no fue sencilla. El ejército español de la época era ineficaz, con equipamiento anticuado, con oficiales mediocres y en muchos casos bastante corruptos. Poco antes de llegar Franco a África, el Gobierno había creado las Fuerzas Regulares Indígenas, según el modelo de los cuerpos franceses, con personal de tropa española e indígena bajo el mando de oficiales y suboficiales del ejército español. En abril de 1913, Franco fue destinado a los Regulares, comenzó pronto a forjarse fama de valiente y a verse recompensado con medallas, cruces y distinciones. Logró trece de ellas, aunque la más prestigiosa de todas, y más alta condecoración al valor, la Gran Cruz Laureada de San Fernando se la negaron y solo la obtuvo al término de su victoriosa guerra civil en 1939.

Además de por sus dotes de mando y valor en el combate, surgió en torno a Franco la leyenda de que tenía lo que sus tropas moras llamaban «baraka», una especie de protección divina que hacía que las balas, entre tantos muertos y heridos, silbaran a su lado sin rozarle. La única herida grave que sufrió, un disparo en el estómago el 28 de junio de 1916 en la toma de El Biutz, cuando se lanzó «con sus fuerzas valientemente al ataque», le valió el ascenso a comandante. En el parte de operaciones del Ejército de África de ese día se le citaba «como muy distinguido por su insuperable valor, dotes de mando y energía desplegada en duro combate». Héroe del Rif, salvado milagrosamente, capaz de superar cualquier adversidad, incluso la muerte, lo que probaba el carácter sobrenatural de su destino: «Yo he visto pasar la muerte a mi lado muchas veces, pero, por fortuna, no me ha reconocido».

Ascendido a comandante, Franco tuvo que regresar a la Península porque en Marruecos no había en ese momento vacantes para su rango. Desde mayo de 1917 hasta septiembre de 1920, estuvo destinado en Oviedo. Allí conoció y comenzó un romance con María del Carmen Polo y Martínez-Valdés, ocho años menor que él, que se había quedado huérfana de madre poco antes y fue criada, junto a sus tres hermanos menores (Felipe, Isabel y Ramona), por institutrices y en colegios de monjas, bajo la supervisión de su tía Isabel Polo. Su padre, Felipe Polo, era un abogado acomodado y su madre, Ramona Martínez-Valdés, profundamente religiosa, pertenecía a una familia ilustre asturiana.

El noviazgo no fue fácil porque tuvo al principio la oposición frontal tanto de su padre como de su tía. Ambos creían que Franco, un joven militar perteneciente a una familia de clase media baja, solo iba a la caza de una buena dote. Si creemos a Carmen, desde que se encontraron por primera vez en una romería, el «comandantín», como lo llamaban las muchachas de Oviedo, la cortejó tenazmente.

La vida tranquila de Franco en Oviedo dio un giro radical en el verano de 1920 cuando el teniente coronel José Millán-Astray, trece años mayor que él, a quien había conocido dos años antes en un curso de tiro en Valdemoro, le ofreció el puesto de segundo jefe de la Legión Española, creada el 31 de agosto de ese año, unas unidades especiales de voluntarios que seguían el modelo colonial francés. Franco regresó a Marruecos en octubre y aplazó sus deseos de casarse con Carmen, abnegada novia, quien recordó ocho años después en la revista gráfica *Estampa*, en la sección «La mujer en el hogar de los hombres célebres», la experiencia amarga del noviazgo con un militar que arriesgaba la vida en el norte de África:

> Yo siempre había soñado que el amor sería una existencia iluminada de alegrías y risas; pero a mí más me trajo tristezas y lágrimas. La primera lágrima que he derramado en mi vida de mujer fue por él. Siendo novios, hubo de separarse de mí para marchar a África a organizar en la Legión la primera Bandera, y puede suponerse mi constante ansiedad e inquietud, aumentada terriblemente los días que los

periódicos hablaban de operaciones en Marruecos, o cuando sus cartas se hacían esperar más días de los acostumbrados.

Mientras el ejército español combatía en territorios montañosos del norte de África una pequeña guerra de guerrillas contra tribus bereberes, el destino de Europa comenzó a decidirse a partir del verano de 1914 por la fuerza de las armas en una larga Gran Guerra que costó millones de muertos y los primeros ejemplos de exterminio masivo de la historia moderna. Al no quedar reducida a los campos de batalla y causar efectos devastadores en la población civil, la guerra se convirtió en la forma más extrema de violencia política, con amplios apoyos sociales y movilizaciones en nombre de la nación, la patria, la raza o el pueblo contra un enemigo satanizado. De los uniformes tradicionales y coloridos de infantería se pasó al caqui o gris con las caras escondidas bajo cascos de acero y máscaras de gas, donde los soldados perdían su humanidad e identidad.

El reparto de África entre los principales poderes europeos significó un punto de inflexión para el nuevo imperialismo, que adquirió nuevas formas y un carácter muy diferente al viejo modelo colonial. La difusión del sentimiento imperialista contagió a amplios sectores de esas sociedades con una «poderosa mezcla de nacionalismo, militarismo y racismo».

Los avances tecnológicos y científicos, que causaron importantes cambios en los medios de producción y consumo y una segunda revolución industrial cuando el siglo XIX llegaba a su fin, modificaron también de forma radical la fabricación de armamentos y las estrategias militares. Las nuevas máquinas de matar incluían rifles que disparaban cuarenta balas por minuto, ametralladoras que arrojaban cientos de ellas en el mismo tiempo y proyectiles de alto calibre armados con nitroglicerina. En su tratado de 1892 *The Future of War in Its Technical, Economic, and Political Relations* (El futuro de la guerra en sus relaciones técnicas, económicas y políticas), el hombre de negocios ruso Iván Bloch predecía que esa maquinaria bélica, producto de los cambios en la industria y en la tecnología, mataría a millones de soldados en la siguiente guerra, arruinaría la economía europea y provocaría violentos trastornos sociales.

Antes de que eso ocurriera en el continente, esas armas fueron letales en las rápidas conquistas de los nuevos mercados y territorios, donde se desató una «orgía de violencia» que se llevó por delante millones de vidas, con un efecto rebote en Europa a partir de 1914. La superioridad armamentística de los europeos subyugó a todos los pueblos africanos y solo Italia tuvo algunas derrotas estrepitosas en Etiopía.

Esas manifestaciones de violencia esparcidas por las colonias se trasladaron a Europa entre 1914 y 1918. Los combates dejaron más de ocho millones de muertos en los diferentes frentes, la mayoría de ellos jóvenes, quienes, más allá de algunas narraciones sobre el disfrute en la batalla, la camaradería y el placer de matar, fueron reclutados y obligados a luchar por Estados que pusieron en marcha medidas severas de coerción y suprimieron la legislación laboral para mantener la producción de armas a pleno funcionamiento.

Aunque muchos testimonios han transmitido descripciones gráficas de la naturaleza brutal de los combates en las trincheras, con asaltos de bayonetas, cuchillos y objetos improvisados para embestir, la violencia contra los prisioneros de guerra y la población civil constituyó la mejor prueba de que la primera guerra mundial fue el prototipo de un nuevo conflicto que poco se parecía al tradicional entre estados. Por un lado, trasladó al continente el salvajismo de las guerras coloniales; por otro, fue la precursora y el presagio de la «guerra de treinta años», de la época de atrocidad moral que Europa vivió hasta 1945.

En la época del imperialismo, de la exaltación del nacionalismo en los estados europeos, a España le faltó un enemigo exterior definido. No tuvo empresas ni aventuras internacionales prestigiosas, como las grandes potencias, ni el temor de una posible invasión extranjera, como era el caso de países más pequeños.

Cuando estalló la guerra en el verano de 1914, la actitud de la clase política española fue la neutralidad. En eso no hubo demasiadas diferencias entre liberales y conservadores. Sus dos principales líderes del momento, Álvaro Figueroa y Torres, conde de Romanones, y Eduardo Dato, eran conscientes del limitado potencial del ejército y de la posición marginal dentro de las grandes alianzas internacionales que se enfrentaron en el campo de batalla.

España no participó en la primera guerra mundial y no sufrió, por lo tanto, la fuerte conmoción que ese conflicto provocó, con la caída de los imperios y de sus servidores, la desmovilización de millones de excombatientes y el endeudamiento para pagar las enormes sumas de dinero dedicadas al esfuerzo bélico.

Pero pese a la neutralidad, la Gran Guerra tuvo un notable impacto económico y social en la población española, al que se sumaron los problemas derivados del corporativismo del ejército, la deriva autoritaria de la Corona, el recrudecimiento del conflicto colonial marroquí y la intensidad de la movilización sindical y de las protestas populares. En esa experiencia adquirida en las campañas de Marruecos, Franco y los militares africanistas aprendieron la eficacia del terror como arma militar para someter al enemigo, una táctica que aplicarían en una guerra total a partir del verano de 1936 en la Península.

«La campaña de África es la mejor escuela práctica, por no decir la única, de nuestro Ejército, y en ella se contrastan nuestros valores y méritos positivos, y esta Oficialidad de espíritu elevada que en África combate ha de ser un día el nervio y alma del Ejército peninsular», escribió Franco en *Marruecos, diario de una bandera*, publicado en Madrid en 1922:

> En nuestra vida en Xauen nos llegan los ecos de España; el apartamiento del país de la acción del Protectorado y la indiferencia con que se mira la actuación y sacrificio del Ejército, y de esta Oficialidad abnegada que un día y otro paga su tributo de sangre entre los ardientes peñascales.

José Millán-Astray, teniente coronel y primer jefe de la Legión Extranjera, subrayaba en el prólogo que Franco tenía todas las características de un buen militar: «Valor, inteligencia, espíritu militar, entusiasmo, amor al trabajo, espíritu de sacrificio y vida virtuosa».

Esa brutal guerra colonial, que Franco describía en 1922, vio crecer a un grupo de oficiales y jefes ultramilitaristas con ambiciones ilimitadas. El ejército debía ejercer el mando sin restricciones frente a las débiles autoridades políticas de la Península. Eso significaba también no poner límites a las atrocidades cometidas por los legionarios contra los poblados que atacaban.

Juventud, compartir la experiencia de la guerra y masculinidad fueron elementos importantes de la mitología del fascismo, que sembró sus semillas al mismo tiempo que el militarismo africanista. Un movimiento nuevo que lanzaba su rebeldía frente a esa generación caduca, conservadora, socialista o liberal, que había perdido contacto con la realidad, incapaz de reconocer los méritos de esos millones de soldados y de excombatientes, mutilados muchos de ellos, que volvían del frente de guerra.

Esa «generación del frente», la de 1914, que estudió hace tiempo Robert Wohl, jóvenes radicales que habían luchado en la guerra y se adhirieron a los fascismos para regenerar la política y la patria, dirigió una buena parte de los países del centro y este de Europa, en dictaduras fascistas y ultraderechistas, hasta el hundimiento de 1945. El paramilitarismo fue un rasgo destacado de los conflictos que, primero a partir de la caída del imperio de los Románov y después del armisticio de noviembre de 1918, se extendieron por los países excombatientes.

«La guerra fue nuestra pubertad», escribió en su diario Giuseppe Bottai, nacido en 1895, parlamentario desde 1921, participante en la Marcha sobre Roma y que, como ministro de Educación desde 1936 hasta 1943, tuvo un destacado papel en la legislación antisemita. Juventud y masculinidad fueron unidas en aquellos años. El héroe, el soldado, el que había servido en las trincheras o se jugaba la vida en territorios hostiles en las colonias, exhibía siempre su virilidad en manifestaciones permitidas de violencia sexual. «La vida en Uad-Lau —relataba Franco en su diario de una bandera— tiene pocas distracciones. Solo en los paseos hacia la playa, la presencia alrededor de los pozos, de las moras de los poblados, pone una nota alegre a la calma de la tarde. Los legionarios toman estos lugares como paseo favorito [...] donde la vista se recrea con la presencia de moritas jóvenes [...] algunos de los nuestros decididos, las cortejan, y los añosos olivos del bosque sagrado, han sido muchas veces mudos testigos de la galantería legionaria.»

La mezcla de corrupción, impunidad, oportunidad por parte de algunos oficiales de llenarse los bolsillos y el recurso a la prostitución y a la cultura de la violación ha sido destacada por diferentes crónicas documentales y literarias de la época. Franco, según algunas de esas fuentes, se mantuvo siempre al margen de esas actividades, «que le repugnaban».

En realidad, tanto Franco como Millán-Astray compartieron y conservaron a lo largo de todas sus vidas la idea romántica de que la Legión ofrecía a los reclutas «la redención mediante el sacrificio, la disciplina, las penalidades, la violencia y la muerte», aunque resultaba muy beneficioso que los sacrificados fueran solo extranjeros y los integrantes de las capas más bajas y desprotegidas de la sociedad española.

Franco y los oficiales africanistas se sentían orgullosos de la brutalidad y «siniestra reputación» de sus hombres. Aprobó la muerte y mutilación de prisioneros y salió deshumanizado de la experiencia colonial, como ocurrió en otros países de Europa con la cultura de la violencia paramilitar, con los «apóstoles del militarismo», que abrieron caminos para la consolidación posterior de diferentes regímenes políticos totalitarios.

Esa generación de militares formados en Marruecos, héroes de guerra y enemigos de la burocracia militar que vivía confortablemente en los cuarteles peninsulares, tenían bastantes cosas en común con los militares que lucharon y perdieron la primera guerra mundial o que, en el caso italiano, vencedores, se sintieron agraviados, al no recibir colonias en África, lo que el poeta Gabriele D'Annunzio acuñó como «victoria mutilada». Todos ellos desarrollaron en el frente un fuerte sentido de camaradería y un desprecio hacia los políticos traidores y el pacifismo socialista. En Alemania, Erich Ludendorff, jefe de las fuerzas armadas, eludió la responsabilidad de la dirección militar en el fracaso de la conducción de la guerra y en una cínica maniobra culpó a los partidos demócratas, a los políticos que estaban en casa mientras los soldados combatían en las trincheras, de la infame *Dolchstoss*, «puñalada por la espalda».

La tensión entre políticos y militares también se vivió de forma intensa en España con el descalabro sufrido por el ejército en Annual a finales de julio y comienzos de agosto de 1921. En la primavera de ese año, después de la pausa obligada de la primera guerra mundial, la actividad de las tropas francesas en Marruecos reavivó los planes españoles de intervención militar. Los gobiernos conservadores de Antonio Maura y Joaquín Sánchez de Toca ordenaron al alto comisario, el general Dámaso Berenguer, el inicio de operaciones sobre las tribus no sometidas a su autoridad, un ambicioso plan que pretendía completar la ocupación militar de todo el territorio del protectorado. Los éxitos iniciales, debidos en parte a la utilización de tropas indígenas y de unidades de élite como la Legión, creada en 1920, animaron al general Manuel Fernández Silvestre —amigo personal de Alfonso XIII, con fama de despótico y temerario— a emprender una ofensiva desde la comandancia de Melilla hasta Alhucemas. Era una campaña arriesgada por la amplitud del terreno, la escasez de armas y suministros y el desconocimiento del enemigo. Enfrente tenía a Abd el-Krim, caudillo de la tribu Beni Urriaguel, antiguo empleado de la administración colonial, que había recorrido las montañas de la región para levantar las cabilas y organizar una harca contra el dominio español.

El rápido avance de las tropas condujo a Silvestre hasta el campamento de Annual, una posición expuesta que acabó convirtiéndose en una ratonera, un ejercicio de tiro al blanco para los fusiles de los rifeños que disparaban desde las alturas cercanas. El 21 de julio, aislado y sin defensas, el general decidió emprender la retirada, en realidad una fuga precipitada que terminó en el pánico general y el caos más absoluto y que sembró de cadáveres los más de cien kilómetros que distaban hasta los muros de Melilla. Las unidades indígenas desertaron y la catástrofe se consumó el 9 de agosto con la rendición del general Navarro y la matanza de sus tropas cercadas en Monte Arruit. Abd el-Krim, con apenas cuatro mil guerreros, llegó casi a exterminar a un ejército moderno compuesto por quince mil soldados. La catástrofe tuvo consecuencias profundas.

Pronto comenzó a conocerse la envergadura real de aquel horror narrado por los soldados supervivientes y la vergüenza de los diez mil cuerpos insepultos, entre ellos el del general Manuel Fernández Silvestre, jefe de las operaciones, diseminados por los alrededores de Annual, Dar Drius, Monte Arruit, Zeluán o Nador, nombres que quedaron asociados al recuerdo de la tragedia más sangrienta y humillante sufrida por el ejército español fuera de sus fronteras.

Los primeros testigos que en el otoño volvieron a visitar el escenario se encontraron el aire cargado «de hedor y tragedia», caminaron sobre «macabros paisajes de inverosímil realidad. Dante no vio tanto», decía Melchor Fernández Almagro. El relato estremecedor de Ramón J. Sender en *Imán* describió la huida como una pesadilla alucinante que mostraba sin tapujos los horrores de la guerra:

> Es la guerra. Esto es la guerra. La banderita en el mástil de la escuela, la «Marcha Real», la historia, la defensa nacional, el discurso del diputado y la zarzuela de éxito. Todo aquello, rodeado de condecoraciones, trae esto. Si aquello es la patria, esto es la guerra: un hombre huyendo entre cadáveres mutilados, profanados, los pies destrozados por las piedras y la cabeza por las balas.

La hostilidad de los sectores populares hacia la guerra de Marruecos, visible desde 1909, estuvo presente desde entonces en las campañas de protesta promovidas por el movimiento obrero, en innumerables mítines y manifestaciones y en casi todas las peticiones entregadas con motivo del Primero de Mayo. Los porcentajes de prófugos eran escandalosos: un 11 % en 1910, un 20 % en 1915 y un 17 % en 1920. Ese año, Romanones confesaba que el fenómeno no podía explicarse únicamente por la emigración, que la causa fundamental era de «carácter ético», la percepción de injusticia y desigualdad que el pueblo respiraba en los cuarteles, «un descontento latente, una propensión a la rebeldía poco favorable para la disciplina militar y para la seguridad del Estado».

En un principio, el Gobierno de Maura se limitó a hablar de responsabilidades militares y para ello encargó un informe oficial al general Juan Picasso, un ejemplo de rigor y eficacia intachables. Pero a finales de octubre de 1921, cuando se abrieron las Cortes, la oposición exigió hablar también de responsabilidades políticas y los debates sobre esa cuestión se sucedieron uno tras otro. Salió a relucir la incompetencia militar, la causa principal de la catástrofe, y también el absentismo de la oficialidad, la corrupción e ineficacia que reinaban en el seno del Ejército de África y el enorme agujero que su mantenimiento dejaba en la hacienda pública. Y las protestas llegaron más arriba, a los políticos gobernantes y también al monarca.

Las críticas públicas dirigidas al papel desempeñado por el rey, decidido defensor del intervencionismo colonial, deterioraron notablemente su prestigio y socavaron aún más los cimientos del régimen, ensanchando la brecha que lo distanciaba de una parte importante de las fuerzas sociales del país. Un régimen en ruinas, atacado desde fuera y minado desde dentro, al que nadie defendió cuando el general Miguel Primo de Rivera lo derribó en septiembre de 1923, poniendo fin a la larga experiencia constitucional de la Restauración.

La actuación de Franco en aquellos días aciagos del verano de 1921, sobre todo en la defensa de Melilla, mientras los cabileños sometían al ejército español a una derrota tras otra, contribuyó a elevarlo a la categoría de héroe nacional. «El comandante Franco, a caballo, va a la cabeza; los últimos "pacos" quieren oponerse al avance del Tercio, pero el comandante Franco arenga a sus bravos legionarios, que a la bayoneta se dirigen al asalto», destacaba *La Correspondencia Militar* el 21 de septiembre. Popular entre sus hombres por su valor, «va el primero de todos a cuerpo descubierto», él mismo comenzó a cultivar su imagen y a cuidarse de aparecer conectado con las hazañas de los legionarios. El 22 de febrero de 1922, el periódico *ABC* publicaba una página repleta de halagos al «"As" de la Legión», donde se difundían algunos tópicos que desde esa época en África pasarían a consolidarse en las decenas de hagiografías escritas desde 1939: valentía, talento militar, destinado por la providencia a consumar misiones supremas y modesto. Un héroe abnegado que solo se interesaba por hacer lo que debía: «Con una oficialidad como la que tenemos, y con unos hombres como los que forman la Legión, es fácil. Había que enseñarles a los moros cómo se baten los españoles y bien que lo han aprendido». Por esos mismos días, al salir de una audiencia con Alfonso XIII, dijo a los periodistas que el rey lo había abrazado y felicitado: «Lo que se ha dicho de mí ha sido algo exagerado. Yo solo cumplí con mi deber. Los soldados son unos verdaderos valientes. Con ellos puede irse a cualquier parte».

El héroe militar cada vez más famoso conseguía también rápidos ascensos y condecoraciones, una constante en esos años en África. El 23 de enero de 1923, fue nombrado gentilhombre de cámara de su majestad. En junio de ese año ascendió a teniente coronel con efectos retroactivos desde el 31 de enero de 1922 y el rey le concedió el mando de la Legión, tras morir en combate unos días antes su jefe, el teniente coronel Rafael Valenzuela. Su muerte resultó muy oportuna para Franco, como pasaría en 1936 y 1937 con las de los generales José Sanjurjo y Emilio Mola.

El 13 de septiembre de 1923, Miguel Primo de Rivera, capitán general de Cataluña, encabezó un levantamiento militar y accedió al poder con el beneplácito del rey. La dictadura que instauró no fue un hecho único, una salida original a la crisis del sistema liberal o un acontecimiento peculiar de la historia contemporánea de España, sino uno más de los regímenes militares o de corte autoritario surgidos en Europa en aquellos años. Ante el descrédito de los partidos tradicionales, y la falta de capacidad o de voluntad política de las élites para propiciar ese cambio, el ejército y la burocracia, con el apoyo de la monarquía, fueron las instituciones capaces de tomar el poder y salvaguardar el orden social amenazado por el fantasma de la revolución obrera.

Cuando Primo de Rivera dio el golpe, Franco tenía ya fecha para la boda con su prometida Carmen, pospuesta en varias ocasiones, un hecho resaltado como ejemplo del amor a la patria por encima de su vida privada: la guerra había sido «una rival celosa [...] de donde cada vez tornaba camino de las nupcias con nuevos laureles y mayor prestigio».

A mediodía del 22 de octubre de 1923, contrajeron matrimonio, él con treinta años y ella con veintitrés. Franco vistió el uniforme de campaña de la Legión y lucía el bastón de mando que le habían regalado los oficiales del Tercio; Carmen llevaba un vestido largo de color blanco. El padrino de Franco fue Alfonso XIII, representado por el general Antonio Losada, gobernador militar de Asturias, quien entró en la iglesia de San Juan el Real del brazo de Carmen. En la fotografía que captó la salida de los recién casados se les veía sonrientes, con un grupo de damas con sombreros haciéndoles el pasillo. El padre de Franco no asistió y la ceremonia y el banquete encontraron un eco importante en las páginas de sociedad de la prensa local y nacional. Eco y adulación al «bravo y popular jefe de la Legión». «Del Rey al último de los admiradores del héroe, era unánime el deseo de que esos amores tan contrariados por el azar, tuvieran la divina sanción que habría de llevarlos a la suprema dicha.» A Carmen le pareció «que estaba soñando... o leyendo una bonita novela... la mía [...] yo estaba predestinada para Paco y nada ni nadie hubiera podido hacerme cambiar de opinión».

Ya casados, Carmen siguió a su marido a África, donde pasaron dos años y medio juntos. Para ella no fue una época feliz, siempre ansiosa por «saberlo constantemente en peligro [...] ¡Mi fe ciega en nuestra bendita Virgen de Covadonga me guardó a Paco!».

La «mortal inquietud» que Carmen sentía parecía justificada. Franco intervino en esa última etapa en Marruecos en numerosas acciones y combates por las que fue ascendido muy pronto, el 7 de febrero de 1925, a coronel, a la vez que conseguía otra medalla militar. Con el desembarco en la bahía de Alhucemas el 8 de septiembre, una ofensiva conjunta con las tropas francesas que rindió a las tribus rebeldes una tras otra, Franco acumuló de nuevo elogios de excelente y valeroso jefe, «al que los éxitos han encumbrado todavía pisando los umbrales de la juventud». Unos meses después, el 3 de febrero de 1926, logró el ascenso a general de brigada, a los treinta y tres años, y la nueva graduación le obligaba a dejar la Legión. «Es un valor nacional seguro y sin duda el país y el ejército obtendrán gran provecho al hacer uso de sus notables aptitudes en cargos más altos», decía su hoja de servicios. De la Legión pasó a la Primera Brigada de la Primera División de Madrid. En el verano de 1927 se consiguió la pacificación total del protectorado, desde Larache hasta más allá de Melilla. Los años en África habían dejado en él una huella indeleble.

Capítulo 4

AQUELLOS AÑOS FELICES EN ZARAGOZA

La vida de los Franco cambió de forma notable desde el día en que abandonaron África para instalarse en Madrid, en un piso de alquiler en el refinado paseo de la Castellana. Carmen se sintió más a gusto en medio de los reiterados homenajes a su marido, con vida social entre gente importante, que rodeada de «moros» a los que recordaba, ya establecida como fiel mujer del general, con «antipatía», debido a la cantidad de vidas y familias que destrozaban en España.

El 14 de septiembre de 1926 nació su hija, a quien pusieron el nombre de María del Carmen. María del Carmen Franco Polo, también conocida desde su infancia y juventud como Carmencita y Nenuca. «Cuando nació Carmencita, creí volverme loco de alegría. Me hubiera gustado tener más hijos, pero no pudo ser», reveló Franco ya de mayor. Y Carmencita, años después de la muerte de Franco y Carmen Polo, recordaba que nunca jugó de niña con su padre, quien era «muy bueno, pero no se ocupaba de mí, porque al ser yo mujer, de mi educación estaba siempre mucho más pendiente mi madre». Sí que tenía recuerdos de él cuando de pequeña, «antes de nuestra guerra», viajaban en coche, «cantando, porque a mi padre le gustaba mucho cantar. Cantaba zarzuela». En el coche; en casa «nunca» cantaba.

A Stalin, que de niño había sido monaguillo, también le agradaban las canciones y la música, tenía voz de tenor, y en el cenit de su poder confesó al presidente estadounidense Harry S. Truman: «La música es una cosa estupenda, convierte a las bestias en hombres».

El nacimiento de su hija y el paso desde el campo de batalla en el áspero territorio del Rif al tiempo libre, a los campos de golf de Puerta de Hierro y las tertulias con algunos militares y miembros de la alta sociedad madrileña cambiaron la trayectoria vital de Franco. Fueron años felices, especialmente los que el matrimonio y la niña pasaron en Zaragoza con él de director de la Academia General Militar.

La primera Academia General Militar se había creado en Toledo en febrero de 1882, con sede en el alcázar, y apenas duró una década. Uno de los oficiales que se formaron allí, el primero en alcanzar el generalato, fue Miguel Primo de Rivera, quien tras el pronunciamiento que le alzó al poder se empeñó en una reforma de la enseñanza militar y propuso al rey la organización de una nueva Academia General Militar, aprobada el 20 de febrero de 1927. Aunque Franco sugirió al dictador que el más apto para dirigirla era Millán-Astray y que el lugar idóneo para su sede era El Escorial, la Academia se instaló en Zaragoza, en el monte de San Gregorio, y Franco fue nombrado director el 4 de marzo de 1928. Tenía entonces treinta y cinco años.

Franco se encargó de elegir a los profesores entre sus amigos y ayudantes —Francisco Franco Salgado-Araujo, Camilo Alonso Vega, Emilio Esteban-Infantes, Álvaro Sueiro o José Monasterio—, con al menos cinco años de servicio en las campañas del norte de África, que destacaban más por la experiencia en combate y por las ideas forjadas en la brutal guerra colonial que por su preparación intelectual. Casi todos tuvieron después papeles destacados en la sublevación de julio de 1936 y muchos de los 720 alféreces cadetes formados por ellos, ascendidos a tenientes durante la República, lucharon junto a Franco en la guerra. En una instrucción privada redactada por el coronel jefe de estudios Miguel Campins Aura se decía que «el militar, el soldado, está hecho para la guerra; le debe gustar la guerra, desear el momento de contrastar sus virtudes y servir a la Patria en los campos de batalla; a otros ciudadanos, políticos y diplomáticos principalmente, les correspondía el papel de sortearlas, de impedirlas; al militar no; laborioso en la paz y arrojado en la guerra, obedece si le mandan callar o estar quieto. Pero en la guerra debe estar en su elemento».

En los dos años y medio que estuvo abierta, la Academia fue visitada por gente ilustre. La inauguró Primo de Rivera el 5 de octubre de 1928 y Alfonso XIII presidió el 5 de junio de 1930 la primera jura de bandera, un acto al que acudió el general Millán-Astray y un grupo de compañeros de Franco en la Legión. Unos meses más tarde, el 26 de octubre, a André Maginot, ministro de la Guerra francés, tras pasar revista a las tropas y asistir a ejercicios de manejos del arma, le pareció «un organismo modelo, el Centro, en su género, más moderno del mundo en técnica y pedagogía militar».

En aquel escenario de halagos, agasajos, cenas y tertulias con militares y las fuerzas vivas de Zaragoza, en una armonía donde todavía la dictadura de Primo se sostenía, los Franco estaban encantados y disfrutaron de tiempo para pasarlo bien. Cada vez que había un acto importante en la Academia acudían allí las principales autoridades políticas y el arzobispo Rigoberto Doménech. Se juntaban también a menudo en El Pilar, rendían honores a la Virgen y visitaban exposiciones en La Lonja. Franco tuvo que acostumbrarse a pronunciar discursos ante civiles, muy diferentes a las arengas militares a los legionarios. Y desde Zaragoza viajó por primera vez, no serían muchas a lo largo de su vida, al extranjero: a París y a Dresde y Berlín, para conocer las escuelas militares de esos imperios coloniales. En la Academia le acompañaron dos de los pocos amigos cercanos que tuvo, entonces comandantes, que ya habían estado con él en Toledo y en África: Camilo Alonso Vega y su primo Francisco Franco Salgado-Araujo, su ayudante de campo desde 1926.

El círculo de Franco se amplió en aquellos años tan buenos. Y también la influencia de Carmen Polo. Entonces conocieron a

Ramón Serrano Suñer, nacido en Madrid en 1901, que trabajaba en Zaragoza de abogado del Estado. Trabaron amistad y Serrano conoció a la hermana menor de Carmen, Ramona («Zita»), de quien se enamoró y con quien se casó en Oviedo en febrero de 1931, un enlace en el que actuó como testigo del novio José Antonio Primo de Rivera. La relación estrecha entre ambos matrimonios apenas duró una década, pero entre 1937 y 1942 la fusión de guerras y fascismo convirtió a Serrano en un escalador sin escrúpulos al lado de quien ya detentaba un poder absoluto.

Sin embargo, Franco no estuvo en Zaragoza solo ocupado en la Academia o distraído con actos sociales y familiares. La conquista del poder por los bolcheviques a finales de 1917, en medio de la Gran Guerra, tuvo importantes repercusiones en Europa. Un año después hubo revoluciones abortadas en Hungría y Alemania y protestas sociales e intentos de insurrecciones obreras en otros países como Austria o Italia. Todas acabaron en derrota, aplastadas por las fuerzas del orden, pero sembraron el miedo y contribuyeron a generar un potente sentimiento contrarrevolucionario que movilizó a las clases conservadoras en defensa de la propiedad, el orden y la religión. Ese movimiento antiliberal y antibolchevique se manifestó muy pronto en Italia, durante la profunda crisis posbélica entre 1919 y 1922, y allanó el asalto al poder de Benito Mussolini y del primer partido fascista de la historia.

Frente a la Komintern, la Tercera Internacional Comunista creada en Moscú en marzo de 1919 por iniciativa de Vladímir Lenin, el médico antibolchevique Georges Lodygensky y Théodore Aubert, un abogado suizo, impulsaron en un congreso celebrado en París en mayo de 1924 la Entente Internationale Contre la Troisieme Internationale (o Entente Internacional Anticomunista). El principal medio de difusión de sus ideas, el *Bulletin*, llegó pronto a España y comenzó a distribuirse con suscripciones entre católicos integristas, empresarios y las fuerzas armadas. Franco lo recibió desde los últimos años de la dictadura de Primo de Rivera hasta 1936 y la lectura de esa literatura maniquea sobre el avance bolchevique afianzó en él una permanente obsesión anticomunista. Más incluso que la que cultivaron notables dictadores de aquellos años, como Miklós Horthy o Józef Piłsudski, con la sustancial diferencia que mientras en Hungría o Polonia, en los convulsos años veinte, el bolchevismo se percibía como un peligro real, en España era todavía una fantasía de mentes autoritarias.

Porque no fue el bolchevismo el que hizo caer a Primo de Rivera y un año después al rey. El dictador salvó varios intentos de derrocar su régimen por la fuerza, pero el malestar y los conflictos se dispararon desde mediados de 1929. La situación económica se había deteriorado. Alfonso XIII le retiró su confianza y maniobró, sin éxito, para encontrar apoyos que le permitieran volver a la situación anterior al golpe de Estado y salvar de paso a la Corona. El sueño de un Estado autoritario y corporativo se desvanecía. Desengañado, débil y enfermo de diabetes, Primo de Rivera realizó en enero de 1930 una consulta a los capitanes generales, que no le transmitieron su apoyo. Acudió el 27 de ese mes al Palacio Real a presentar su dimisión y se fue de España. Murió en París dos meses después, con sesenta años.

Alfonso XIII desoyó las voces que clamaban por la convocatoria de Cortes Constituyentes y nombró al general Dámaso Berenguer presidente del Gobierno con la esperanza vana de cerrar un paréntesis, como si no hubiera pasado nada y pudiera recuperarse la «normalidad» política anterior a 1923. No fue posible porque, como escribió Miguel Maura, la Constitución de 1876 estaba «hecha jirones» tras seis años de violación continuada de todos sus preceptos. Pretender, en 1930, resucitarla «era, además de una insigne torpeza, un sarcasmo que el país no podía perdonar, y quizá fue la causa principal de la repulsa a la persona del monarca, que la masa de opinión tradicionalmente monárquica mostró en los votos del 12 de abril de 1931».

Franco no culpó entonces al rey de la caída de la dictadura. En la visita que Alfonso XIII hizo a la Academia el 5 de junio de 1930, para presidir la primera jura de bandera, le acompañó el general

Berenguer y los tres compartieron la mesa presidencial en el banquete posterior. Franco se sintió halagado por el interés que el monarca mostró por la organización de la Academia y su relación seguía siendo de afecto y lealtad, pese a que ya en ese momento la hostilidad hacia la monarquía estaba extendiéndose como un huracán imparable con mítines y manifestaciones por toda España.

El tiempo pasó muy rápido. 1930 fue un año de abandonos sonados, de distanciamiento de políticos hasta entonces fieles a la Corona. Ilustres monárquicos como Miguel Maura, hijo de Antonio Maura, o Niceto Alcalá-Zamora, exministro liberal, percibieron entonces que era mejor defender dentro de una República «los principios conservadores legítimos» que dejar «el campo libre» a los partidos de izquierda y a las organizaciones obreras. En julio crearon la Derecha Liberal Republicana y poco después, el 17 de agosto, formaron una amplia coalición republicana con nacionalistas catalanes, gallegos y republicanos de izquierda, plasmada en el llamado Pacto de San Sebastián.

El Franco virtuoso, general respetado y satisfecho con sus logros, con vida conyugal tranquila, sufrió un desencuentro con su hermano Ramón, cuatro años menor, que pasó en poco tiempo de astro aclamado por ser el primer hombre en cruzar el Atlántico sur en avión en 1926 a opositor al régimen monárquico y actor destacado en las conspiraciones republicanas para derribarlo. Era una deshonra para la familia, que disgustaba especialmente a su madre. Todos los intentos de Franco para que su hermano menor volviera al redil fracasaron en ese momento, aunque posteriormente la guerra civil los uniría de nuevo. La familia y la atracción del poder del Generalísimo pesaron más que las ideas políticas.

Las elecciones municipales del 12 de abril de 1931 se convirtieron en un plebiscito entre monarquía y república. Los monárquicos pensaron hasta el último momento que lo iban a ganar, confiados en el manejo de la maquinaria gubernamental. Por eso mostraron su «consternación» y «sorpresa» cuando muy pronto supieron que los republicanos habían vencido en la mayoría de las capitales de provincia. Solo Juan de la Cierva propuso recurrir a las armas para evitar la caída de la monarquía, pero los demás ministros, encabezados por Romanones, reconocieron la derrota. El almirante Juan Bautista Aznar, presidente del Gobierno, dimitió la noche del 13. Al día siguiente, muchos municipios proclamaron la República. Alcalá-Zamora, presidente del Comité revolucionario, exigió al rey que abandonara el país. Lo hizo desde Cartagena y cuando llegó a París declaró que la República era «una tormenta que pasará rápidamente».

Capítulo 5

EL HOMBRE PRUDENTE

Ese 14 de abril, Franco permaneció en la Academia y reunió a todos los profesores, personal de tropa y cadetes, según recordó uno de ellos, Manuel Gutiérrez Mellado, para comunicarles «que se había establecido la República y hay que acatar el nuevo régimen». Franco supo por una llamada de teléfono de Millán-Astray que el rey no podía contar con la Guardia Civil, tal y como le había confirmado su director, el general Sanjurjo. Y en la orden de ese día publicada por Franco se decía que «si en todo momento ha reinado en este Centro la disciplina y exacto cumplimiento en el servicio, son aún más necesarios hoy, en que el Ejército necesita, sereno y unido, sacrificar todo pensamiento e ideología al bien de la nación y a la tranquilidad de la Patria».

Franco no manifestó en esos primeros días, de fiesta y cambio para muchos y de luto y rezos para otros, ninguna actitud, ni en contra ni conciliadora, hacia el nuevo régimen. El capitán general de Zaragoza, Enrique Fernández de Heredia, se negó a cumplir la orden de cambiar en toda la guarnición la bandera bicolor por la republicana y fue cesado en la noche del 14 de abril. Franco comunicó a sus superiores que en la Academia General Militar el cambio de insignias solo podía ordenarse por escrito y así lo hizo el nuevo capitán general, Leopoldo Ruiz Trillo. El 20 de abril fue izada la bandera tricolor republicana, un hecho que «entristeció» a los cadetes.

Más allá del cambio de bandera, la llegada de la Segunda República y las primeras medidas de Manuel Azaña irritaron a un sector importante militar. La reforma y reorganización del ejército la puso en marcha Azaña apenas unas semanas después de haber asumido el cargo de ministro de la Guerra en el Gobierno provisional. Azaña quería un ejército más moderno y eficaz, más republicano también, y sometido al orden político constitucional. Su primer decreto, de 22 de abril de 1931, obligó a los jefes y oficiales a suscribir una promesa de fidelidad a la República, algo que hizo la gran mayoría de ellos, con la fórmula: «Prometo por mi honor servir bien y fielmente a la República, obedecer sus leyes y defenderlas con las armas».

Tres días después, otro decreto, el que pretendía abordar la situación más urgente, la sobreabundancia de jefes y oficiales, permitía a los militares profesionales optar por la retirada voluntaria con la conservación del sueldo íntegro. De los 190 generales y 20.303 jefes y oficiales que se encontraban en activo, según la plantilla de 1931, se acogieron a esa medida 84 generales y 8.650 de los restantes. Franco no fue uno de ellos y aunque no le gustaron esas y otras medidas de Azaña, como la revisión de ascensos decidida por la dictadura de Primo de Rivera o la campaña por las «responsabilidades» de los militares desde el desastre de Annual, logró evitar el enfrentamiento con las nuevas autoridades políticas.

La aparente cautela y prudencia de Franco se pusieron a prueba con la orden de supresión de la Academia General Militar, todo un desafío a los tiempos felices que él y su mujer vivían en Zaragoza. El decreto fue firmado el 30 de junio de 1931 por el presidente del Gobierno provisional de la República, Niceto Alcalá-Zamora, y por el ministro de la Guerra, Manuel Azaña, y se daba un plazo para el cierre hasta el 31 de agosto, «fecha en la que habrán de estar terminadas todas las operaciones indicadas y disuelto por completo el mencionado Centro».

Franco luchó contra esa medida. Visitó al director del *Heraldo de Aragón* y a diferentes autoridades para que presionaran. Escribió a Sanjurjo para que intercediera ante Azaña y el general dijo al ministro de la Guerra que Franco «era como un chico a quien le quitan un juguete». Estaba desolado y nunca perdonaría a Manuel Azaña que le despojara de esa gran obra que sentía como suya. En opinión del general Emilio Mola, que compartían Franco y sus compañeros africanistas, «por ser un acierto del Dictador fue condenada a muerte por el Señor Azaña».

Con toda la Academia formada en el patio de armas, pronunció el 14 de julio un discurso de despedida cargado de rencor, elogios a la grandeza de la patria y llamadas a la disciplina, que a Azaña le pareció «completamente desafecto al Gobierno [...] caso de destitución inmediata si no cesase hoy en el mando».

«¡Disciplina!..., nunca bien definida ni comprendida —dijo Franco—. ¡Disciplina!..., que no encierra mérito cuando la condición del mando nos es grata y llevadera. ¡Disciplina!..., que reviste su verdadero valor cuando el pensamiento aconseja lo contrario de lo que se nos manda, cuando el corazón pugna por levantarse en íntima rebeldía, o cuando la arbitrariedad y el error van unidos a la acción del mando.»

Una semana después, el ministro de la Guerra firmó una «reprensión» que quedó anotada en la hoja de servicios de Franco, para que «en lo sucesivo se abstenga de manifestaciones semejantes y atempere su conducta a las elementales exigencias de la disciplina, de que ha hecho caso omiso en la repetida alocución».

Franco lloró tras el discurso, permaneció en la Academia hasta mediados de agosto y se retiró a la casa de campo de Carmen Polo, La Piniella, en las afueras de Oviedo. Estuvo en situación de disponible durante ocho meses, hasta que fue nombrado gobernador militar de La Coruña el 5 de febrero de 1932. Después fue comandante de Baleares entre 1933 y 1934; jefe superior de las fuerzas de Marruecos en los primeros meses de 1935; jefe del Estado Mayor Central desde el 17 de mayo de 1935 hasta febrero de 1936 y comandante general de Canarias desde ese momento hasta el 18 de julio. A finales de marzo de 1934, a propuesta de Diego Hidalgo, ministro de la Guerra del Partido Radical de Alejandro Lerroux, Franco ascendió a general de división. Un mes antes había muerto en Madrid su madre, Pilar Bahamonde, modelo de mujer por la que sentía una profunda veneración.

«Somos la contrafigura de la República», señaló Franco en el discurso del 17 de julio de 1953. «Yo nunca di un viva a la República», le dijo orgulloso a su primo Franco Salgado-Araujo en mayo de 1964. Y en 1962, en unos apuntes personales y notas autobiográficas dispersas, reconstruyó y reinventó sus actuaciones durante la República, algo que hicieron de forma más amplia sus hagiógrafos y propagandistas, para situar el desorden y caos político y social de aquel período como legitimador de la sublevación militar de julio de 1936. El futuro héroe observaba la degradación progresiva e inevitable de España, en espera del momento preciso para actuar y restablecer el orden: «El crédito de la República se desvaneció en muy pocos días. La quema de las iglesias y conventos, la persecución de las creencias religiosas, la trituración del Ejército, la entrega a la masonería, el desorden social, la anarquía en el campo».

Es posible que Franco, como muchos otros militares que le acompañaron después en la guerra y dictadura, fuera por aquel entonces un convencido antirrepublicano, escondido en su pragmatismo y obligado por la disciplina que tanto invocaba a sobrevivir en medio de aquel desorden, a la espera de tiempos mejores y del momento apropiado para intervenir. Pero el odio a la República, que convirtió después en una de las pasiones centrales de su vida, no le llevó a destacarse de forma temeraria como conspirador e instigador a la rebeldía durante aquellos años.

No secundó al general José Sanjurjo en su frustrada insurrección del 10 de agosto de 1932, cuando desde Sevilla declaró el estado de guerra y en la clásica tradición del pronunciamiento militar publicó un manifiesto redactado por el periodista Juan Pujol, en el que se anunciaba una dictadura, aunque no la restauración de la monarquía alfonsina. Fuera de Sevilla, no obstante, nadie se sumó al golpe y el general Sanjurjo, al comprobar que se había quedado solo y que sus subordinados se negaban a enfrentarse con las tropas procedentes de Madrid, abandonó la ciudad. Fue detenido en Huelva, un día después, cuando intentaba ganar la frontera portuguesa. Así acabó lo que se conoció después como *la sanjurjada*, la primera sublevación militar contra la República, poco más de un año después de su proclamación.

Cuando Franco fue requerido por Sanjurjo para defenderle en el consejo de guerra, se negó a aceptar el encargo: «No lo defenderé porque usted merece la muerte; no por haberse sublevado sino por haber perdido». Condenado a muerte, la pena fue conmutada por cadena perpetua. Estuvo preso en el penal santanderino de El Dueso, hasta que, amnistiado por el Gobierno de Alejandro Lerroux en abril de 1934, estableció su residencia en Portugal. Desde allí encabezó otro golpe contra la República, de fatales consecuencias, en julio de 1936.

Franco votó por la Confederación Española de Derechas Autónomas (CEDA) en las elecciones de noviembre de 1933 y aceptó con agrado el cambio político, con gobiernos identificados a partir de ese momento con un ideario católico y ultraconservador. Fue durante ese bienio de coalición entre el Partido Radical y la CEDA el oficial más distinguido del ejército español y el favorito de las autoridades, un estatus de privilegio y prestigio social que complacía especialmente a Carmen Polo.

Para sofocar la insurrección revolucionaria de octubre de 1934 en Asturias, una manifestación de coacción y violencia contra el legítimo poder establecido, el Gobierno recurrió a la Legión y a las tropas de Regulares de Marruecos. El ministro de la Guerra, Diego Hidalgo, prescindió del jefe del Estado Mayor Central, el general Carlos Masquelet, y escogió a Franco para coordinar las operaciones militares y la represión, lo cual le convirtió durante unos días en el auténtico jefe de ese ministerio.

La aplastante y sangrienta victoria en Asturias reforzó la convicción de Franco sobre su capacidad y la del ejército para defender el orden frente a la revolución. La prensa de derechas lo presentó como un héroe, «salvador de la República», pero tampoco los elogios y la experiencia de Asturias le convencieron entonces de la necesidad de una intervención militar en política, algo que otros generales como Joaquín Fanjul o Manuel Goded contemplaban.

El 6 de mayo de 1935, Alejandro Lerroux formó un nuevo Gobierno con cinco ministros de la CEDA, una mayoría de la derecha no republicana, la primera vez que eso sucedía desde la proclamación del nuevo régimen. Le dio el Ministerio de la Guerra a José María Gil-Robles, un joven abogado salmantino, hijo de carlistas, que había logrado muy pronto fama como parlamentario en las Cortes Constituyentes, por sus interpelaciones al Gobierno en materia religiosa, y que organizó a terratenientes y a cientos de miles de labradores católicos, de propietarios pobres y «muy pobres», bajo el paraguas político de la CEDA, creada a comienzos de 1933.

Franco, que había sido cortejado convenientemente por el Partido Radical, tenía razones para sentirse atraído por la CEDA, por la simpatía que le demostraba Gil-Robles y porque su cuñado, Ramón Serrano Suñer, había sido elegido diputado por ese partido en Zaragoza en noviembre de 1933.

A Gil-Robles, ministro hasta diciembre de 1935, no le dio tiempo a desmantelar todas las reformas de los dos primeros años de la República en materia militar, pero con su política de nombramientos reforzó el poder de los militares antiazañistas y derechizó al ejército. Al general Joaquín Fanjul, ultraderechista y antiguo diputado agrario, lo llamó para ser subsecretario. El general Emilio Mola ocupó la jefatura del ejército de Marruecos, Manuel Goded la Dirección General de Aeronáutica, y al coronel José Monasterio, profesor en la Academia General Militar, lo nombró su ayudante militar. Cuando propuso en el consejo de ministros el nombramiento de Franco como jefe del Estado Mayor, aprobado el 7 de mayo de 1935, Lerroux lo apoyó y Alcalá-Zamora, presidente de la República, se opuso, repitiendo varias veces en la reunión, según testimonio de Gil-Robles: «Los generales jóvenes son aspirantes a caudillos golpistas».

Unos meses después, en la severa crisis política de diciembre de 1935, con el Partido Radical totalmente desacreditado por los escándalos de corrupción, Alcalá-Zamora bloqueó el acceso de Gil-Robles a la jefatura del Gobierno porque nunca había hecho «una explícita declaración de plena adhesión al régimen» y hubo rumores de sublevación militar. Fanjul le dijo a Gil-Robles que si él lo ordenaba sacaría la tropa a la calle y, según el líder de la CEDA, fue Franco quien convenció a los generales Fanjul, Varela y Goded «de que no podía ni debía contarse con el Ejército, en aquellos momentos, para dar un golpe de Estado».

No pasó mucho tiempo hasta que la alarma sonó de nuevo entre los sectores militares que ansiaban destruir a la República. La coalición del Frente Popular salió victoriosa de las urnas en las elecciones de febrero de 1936 y eso significó para muchos el segundo acto de una obra iniciada en abril de 1931 e interrumpida en el otoño de 1933. Pero por mucho que retornasen sus protagonistas, con Manuel Azaña de nuevo como jefe de Gobierno, el ambiente tras ese triunfo político de la izquierda republicana y socialista poco o nada se asemejaba al de aquella primavera de 1931 que había inaugurado la República. El Partido Radical, el más histórico de los partidos republicanos, motor inicial del nuevo régimen y en el Gobierno desde septiembre de 1933 hasta diciembre de 1935, se hundió en las elecciones. La gente de orden se sintió amenazada por el nuevo empuje de las organizaciones sindicales sociales y anarquistas y de los conflictos sociales. La derecha no republicana, derrotada en las urnas, ya solo pensaba en una solución de fuerza contra la República. Un sector importante del ejército conspiró y no paró hasta derribarla.

Gil-Robles intentó convencer a Manuel Portela Valladares, político veterano del antiguo partido liberal monárquico, jefe de Gobierno desde el 14 de diciembre de 1935, de que no dimitiera y de que declarase el estado de guerra. El general Franco, jefe del Estado Mayor, telefoneó al general Sebastián Pozas, director general de la Guardia Civil y le pidió que, para prevenir el desorden y la revolución, se uniera a una acción militar que ocupara las calles. Pozas, viejo africanista fiel a la República, se negó y Franco presionó entonces al general Nicolás Molero, ministro de la Guerra. El general Goded quiso sublevar el cuartel de la Montaña de Madrid y otros dos generales que habían estado en todas las conspiraciones contra la República, Fanjul y Ángel Rodríguez del Barrio, sondearon otras guarniciones de la capital. Franco no vio la situación madura y dio un paso atrás: «El ejército no tiene aún la unidad moral necesaria para acometer esa empresa».

Capítulo 6

«¡ES LA SEÑAL!»

La historia se aceleró a partir de ese momento. El nuevo Gobierno de Azaña hizo muy pronto, a propuesta del general Carlos Masquelet, ministro de la Guerra, importantes cambios y traslados que afectaron a altos mandos de quienes se sospechaba su participación en la trama conspirativa o que habían declarado la necesidad de una intervención militar. A Franco le adjudicaron las islas Canarias como nuevo destino. Fanjul quedó en situación de disponible, al igual que otros generales antiazañistas y antirrepublicanos significados, como Luis Orgaz, Rafael Villegas y Andrés Saliquet. A Goded lo trasladaron a las islas Baleares y a Mola lo sacaron de Marruecos para mandar la XII Brigada con sede en Pamplona.

No le gustó a Franco esa orden y, como había ocurrido en 1931 con el cierre de la Academia, tuvo que dejar una posición, la jefatura del Estado Mayor, en la que se sentía compensado y satisfecho. Para él Canarias era un «destierro», una humillación más a manos de Manuel Azaña, a quien le dijo: «Hacen ustedes mal en alejarme, porque yo en Madrid podría ser más útil al Ejército y a la tranquilidad de España».

Ese cese lo convirtió en conspirador. La sombra del golpe militar empezó a proyectarse sin tregua sobre la República. De la organización de la conspiración se encargaron algunos militares de extrema derecha y la Unión Militar Española (UME), una organización semisecreta, antiizquierdista, que incluía a unos cuantos centenares de jefes y oficiales. El 8 de marzo, Francisco Franco, que partía al día siguiente para Canarias, los generales Mola, Orgaz, Villegas, Fanjul, Rodríguez del Barrio, García de Herranz, Varela, González Carrasco, Ponte, Saliquet y el teniente coronel Valentín Galarza se reunieron en Madrid, en casa de José Delgado, corredor de bolsa y amigo de Gil-Robles, «para acordar un alzamiento que restableciera el orden en el interior y el prestigio internacional de España», según se escribió en los documentos sobre «la preparación y desarrollo del Alzamiento Nacional». Y los asistentes mostraron también su acuerdo en que el general Sanjurjo, que vivía entonces en Portugal, encabezara la sublevación.

El principal protagonista de la trama, sin embargo, fue Mola. Su plan preveía que los jefes militares que en las diferentes zonas de España se sumaran a la sublevación declarasen el estado de guerra para poner en manos militares la autoridad civil y controlar o liquidar de esa forma a sus posibles adversarios. Mola había sido el último director general de Seguridad de la monarquía de Alfonso XIII. El Gobierno provisional de la República lo procesó por imprudencia temeraria y pasó una estancia breve por la prisión militar. La Ley de Amnistía de abril de 1934 lo rehabilitó y el Gobierno de centro derecha, en el que Gil-Robles era ministro de la Guerra, lo envió a Marruecos en 1935 a ocupar la jefatura del Ejército. El Gobierno de Manuel Azaña lo trasladó en marzo de 1936 a Pamplona, alejándole del vital Ejército de África, y desde esa pequeña ciudad del norte dictó, con el seudónimo de «el Director», los informes y las «instrucciones reservadas» para los diferentes jefes de la rebelión. La primera de esas instrucciones la firmó el 25 de mayo y en ella dejó sentenciada la necesidad de una acción «en extremo violenta» para que «la rebeldía pueda alcanzar completo éxito».

Aquella conspiración traspasó las fronteras porque un grupo de políticos y militares monárquicos, entre quienes se encontraban José Calvo Sotelo y Alfredo Kindelán, pusieron en marcha negociaciones con la Italia de Mussolini que se concretaron en un contrato de suministro de aviones —bombarderos, cazas e hidroaviones— firmado el 1 de julio de 1936. Franco no participó en ninguna de esas gestiones.

La respuesta de los militares a sumarse al golpe fue lenta, pero en esa última semana de mayo Mola ya sabía que las guarniciones de Marruecos estaban dispuestas a participar. A finales de junio los conspiradores se habían repartido ya los cometidos en las diferentes regiones. Las vacilaciones de Franco para comprometerse definitivamente, que colmaban la paciencia de sus amigos africanistas, procedían, según confesaría años después, del temor de que «por falta de una acción conjunta de la mayoría del ejército» se repitiera el fiasco de la insurrección de Sanjurjo de agosto de 1932. Le preocupaban mucho las consecuencias del fracaso, para él y para su familia. A mediados de junio, no obstante, ya se había decidido a participar. Aislado en Tenerife, tendría que llegar a Marruecos para ponerse al frente de las fuerzas de élite asentadas allí. La acción, pese a la dificultad, resultó rápida.

El 4 de julio, el acaudalado empresario y financiero Juan March aceptó aportar dinero para conseguir el avión que trasladaría a Franco desde Canarias hasta Marruecos. March había pasado diecisiete meses en la cárcel durante la República, se fugó, volvió a España en 1934 y apoyó sin dudarlo a quienes conspiraron contra ella. Con las dos mil libras esterlinas que proporcionó March, el avión, un De Havilland Dragon Rapide, fue alquilado dos días después en Inglaterra por Luis Antonio Bolín Bidwell, el corresponsal del periódico *ABC* en ese país, por encargo de su director, Juan Ignacio Luca de Tena. Al tanto de la operación estaba Jacobo Fitz-James Stuart y Falcó, duque de Alba, que puso el dinero para pagar la garantía del avión. El 12 de julio, el mismo día en que el Dragon Rapide aterrizó en Casablanca, Franco envió un mensaje a Kindelán, con la frase en código «geografía poco extensa», comunicándole que las circunstancias no eran todavía lo bastante favorables. Mola ya había enviado órdenes a Marruecos para empezar la insurrección el 18 de julio.

El rumbo de esa conspiración, que llevaba tramándose cinco meses, cambió con el asesinato de José Calvo Sotelo. Este acontecimiento convenció a Franco de la necesidad urgente de intervenir y sumó al golpe a muchos indecisos, que esperaban a que las cosas estuvieran muy claras para comprometer con garantías sus sueldos y vidas.

En la tarde del domingo 12 de julio, varios pistoleros de extrema derecha, tradicionalistas, asesinaron en una calle céntrica de Madrid a José del Castillo, teniente de la Guardia de Asalto, de conocida afiliación socialista. Unas horas después, en la madrugada del día siguiente, algunos de sus compañeros policías, dirigidos por un capitán de la Guardia Civil, Fernando Condés, quien, como Del Castillo, había sido antes oficial del ejército en Marruecos, fueron al domicilio de Calvo Sotelo, en el número 89 de la calle Velázquez, y cuando supuestamente lo llevaban al cuartel central de Pontejos, lo asesinaron y dejaron su cadáver abandonado en el depósito del cementerio de la Almudena.

Calvo Sotelo, dirigente del Bloque Nacional, había mantenido en los meses anteriores duros enfrentamientos dialécticos en las Cortes con la izquierda y su asesinato, cometido por miembros de las fuerzas de policía de la República, causó una lógica indignación entre sus seguidores y los políticos de la derecha. El dirigente monárquico Antonio Goicoechea pronunció en una oración fúnebre en su sepelio las palabras después tan repetidas: «Empeñamos solemne juramento de consagrar nuestra vida a esta triple labor: imitar tu ejemplo, vengar tu muerte y salvar a España».

Dos meses antes, el 4 de mayo, José Antonio Primo de Rivera había escrito desde la cárcel Modelo de Madrid una hoja clandestina en la que apelaba a los militares a intervenir:

> Jurad por vuestro honor que no dejaréis sin respuesta el toque de guerra que se avecina. Cuando hereden vuestros hijos los uniformes que ostentáis, heredarán con ellos: O la vergüenza de decir, «cuando nuestro padre vestía este uniforme dejó de existir lo que fue España». O el orgullo de recordar: «España no se hundió porque mi padre y sus hermanos de armas la salvaron en el momento decisivo».

El general Franco, al recibir la noticia en la mañana del 13 de julio le dijo al mensajero, el coronel Teódulo González Peral: «La patria ya cuenta con otro mártir. No se puede esperar más. ¡Es la señal!». Al día siguiente el Dragon Rapide llegó a Canarias.

Cuando tomó la decisión de sumarse a la sublevación, Franco era un militar altamente dotado, ambicioso, reservado, paciente, calculador y movido por un extremado sentido del deber y de la disciplina. Había incorporado a su formación la experiencia de la brutal guerra colonial y la idea de una España traicionada por los políticos desde la humillación del desastre de 1898 y acosada por los enemigos irreconciliables con su mentalidad autoritaria. Entre ellos destacaban primero los socialistas y anarquistas, pacifistas y hostiles a la guerra en Marruecos, a los que se sumaron en los años veinte bolcheviques y su convicción paranoica de que la masonería internacional era la principal responsable de la subversión del orden y de los males que afligían a España. La masonería la componían «ateos, delincuentes, defraudadores, infieles al matrimonio». Encarnaba, en suma, «el ateísmo y un espíritu anticatólico y perseguidor de las instituciones de la Iglesia». Según su hermana Pilar, «Paco desde muy joven vio algo en los masones que le repelía».

Si la apuesta de derribar a la República salía bien, Franco y sus compañeros de armas no iban a estar solos. En Italia, un nuevo movimiento paramilitar, el fascismo, había subido al poder en el otoño de 1922: destruido el Estado liberal y con Benito Mussolini de dictador desde 1925 había alcanzado en la década siguiente su punto más alto de gloria y prestigio, modelo ejemplar para los movimientos autoritarios de derecha.

Las dictaduras que se establecieron en la mayoría de los países del centro y sudeste de Europa en los años veinte y treinta, tras el derrumbe de los viejos imperios, no fueron fascistas, aunque imitaron y admiraron esa forma de gobierno. Fueron sistemas autoritarios antiparlamentarios, antiliberales y antibolcheviques que tenían elementos, estructuras organizativas e incluso símbolos del fascismo, pero carecían de un partido fascista de masas detrás de sus gobiernos. Las élites basaron su poder en el ejército, la burocracia estatal y las fuerzas paramilitares, excluyendo a las minorías étnicas nacionales, y siguieron políticas territoriales revisionistas que demandaban cambios de fronteras para acomodarse a sus visiones nacionales.

Miklós Horthy fue el primero en establecer un régimen antidemocrático que ensalzaba las virtudes del orden social, la religión y el gobierno autoritario. Viajó a Italia y se entrevistó con Mussolini, a quien veía como «un gran estadista». Poco después, Józef Piłsudski en Polonia y otros dictadores, reyes o militares, extendieron los regímenes autoritarios por todos los estados balcánicos y bálticos.

En Portugal, un golpe de Estado militar derrocó el 28 de mayo de 1926 a la Primera República, creada en 1910, y el dictador António de Oliveira Salazar tuvo la habilidad en los siguientes años de unir a todas las facciones políticas derechistas, desde los republicanos conservadores hasta monárquicos, pasando por fascistas y católicos clericalistas, el grupo al que pertenecía, para controlar completamente el Estado. Presidente del consejo de ministros desde mayo de 1932, creó un partido único (União Nacional), estableció una nueva Constitución en 1933, relanzó el nacionalismo colonialista, impuso un sistema autoritario y atrajo a la Iglesia católica a una renovada alianza con el Estado, tras la turbulenta relación con la República.

Pero las cosas cambiaron de verdad en Europa con la crisis económica de 1929, el surgimiento de la Unión Soviética como un poder militar e industrial bajo Iósif Stalin y la designación de Adolf Hitler como canciller alemán en enero de 1933. El de Hitler parecía un gabinete presidencial más, como los anteriores de Heinrich Brüning, Franz von Papen o Kurt von Schleicher. Pero no era así. El hombre que estaba ahora en el poder tenía un partido de masas completamente subordinado a él y una violenta organización paramilitar que sumaba cientos de miles de hombres armados. Nunca había ocultado su objetivo de destruir la democracia y de perseguir a sus oponentes políticos. Cuando el anciano presidente alemán Paul von Hindenburg murió el 2 de agosto de 1934, a punto de cumplir ochenta y siete años, Hitler se convirtió en el *Führer* absoluto, combinando los poderes de canciller y presidente del Reich. Creía que los grandes hombres surgían de sociedades en crisis y él mismo era el mejor ejemplo. La personalidad, y no la aptitud, la riqueza o el título, era la llave que abría las puertas al supremo liderazgo político.

La política se estaba radicalizando en toda Europa continental desde la quiebra económica de 1929. En octubre de 1932, antes de que Hindenburg hiciera lo mismo con Hitler, Horthy nombró a Gyula Gömbös, un ultraderechista cuyas afinidades ideológicas con Mussolini y Hitler eran manifiestas, primer ministro de Hungría. Y aparecieron en el Gobierno ministros que no tenían títulos nobiliarios, la primera vez que eso ocurría, una indicación del ascenso al poder de gente que nada tenía que ver con las élites tradicionales.

En apenas unos meses, Hitler y su partido, el Partido Nacionalsocialista Obrero Alemán o NSDAP (Nationalsozialistische Deutsche Arbeiterpartei), comúnmente conocido como los nazis, tomaron el control del Estado y de la sociedad a través de una combinación de cambios en las leyes y de violencia política contra sus oponentes. Las libertades democráticas y los derechos civiles fueron eliminados y la República parlamentaria de Weimar destruida. A mediados de 1933, Alemania era ya una dictadura con un único partido.

El fascismo apareció en España más tarde que en otros países y se mantuvo muy débil como movimiento político hasta la primavera de 1936. Durante los primeros años de la República, apenas pudo abrirse camino en un escenario ocupado por la extrema derecha monárquica y por la derechización del catolicismo político. Sus primeras manifestaciones empezaron como proyectos culturales y periodísticos. El primero que lo hizo fue Ernesto Giménez Caballero con su revista vanguardista *La Gaceta Literaria*, creada en 1927, aunque el primer grupo fascista organizado creció en torno a Ramiro Ledesma Ramos, joven intelectual, funcionario de correos, y su semanario *La Conquista del Estado*, fundado en marzo de 1931. Unos meses más tarde, en octubre, Ledesma Ramos y Onésimo Redondo, un abogado ultracatólico de Valladolid, apadrinaron las Juntas de Ofensiva Nacional-Sindicalista (JONS). Ledesma, que se peinó y se dejó el bigote al estilo del *Führer*, trató de infundir a las JONS un nacionalismo revolucionario de tipo fascista, con métodos de acción directa, que pudiera competir con los anarcosindicalistas entre las clases trabajadoras, pero nunca atrajo a más de varios centenares de partidarios, recluidos en el corazón de la vieja Castilla.

El triunfo de Hitler en Alemania, sin embargo, captó el interés de muchos ultraderechistas que, sin saber todavía mucho del fascismo, vieron en el ejemplo de los nazis un buen modelo para acabar con la República. En España cualquier proyecto fascista que pretendiera germinar tenía que contar con los monárquicos para conseguir recursos, y ese fue el camino que condujo en 1933 a la fundación de Falange Española (FE). José Antonio Primo de Rivera, hijo del difunto dictador, fue el vínculo de unión entre el autoritarismo monárquico y las propuestas fascistas con sello italiano.

Hasta que llegó su gran oportunidad con la violenta guerra civil, sus militantes alborotaron las calles, se enfrentaron a izquierdistas y revolucionarios y crearon el desorden necesario para que todo pareciera que iba de mal en peor. Junto con Renovación Española, el carlismo y las masas del catolicismo político, pusieron todo su empeño y utilizaron todos los mecanismos sociales y económicos a su disposición para hacer imposible el proyecto reformista republicano, la consolidación de la presencia obrera y del poder representativo obtenido por las organizaciones de izquierda. Así las cosas, aunque no arraigó un «verdadero» partido fascista de masas en la sociedad española, sí que germinó y tomó fuerza una tradición político-cultural contrarrevolucionaria capaz, como lo fue el prefascismo en Italia y el nacionalismo *völkisch* en Alemania, de ser movilizada para desempeñar un papel similar.

Los sublevados españoles tenían donde fijarse, porque a la altura de julio de 1936 todas las repúblicas surgidas en las dos décadas anteriores, salvo la de Checoslovaquia y la de Irlanda, habían sucumbido ante dictadores con poderes absolutos. No había presagios en la Alemania imperial o en la Italia liberal de lo que sucedió después bajo Hitler y Mussolini. El 30 de junio de 1934, en la llamada «noche de los cuchillos largos», la Gestapo y las Schutzstaffel (SS), la policía interna del partido nazi creada en 1925, arrestaron y asesinaron a decenas de miembros de los grupos paramilitares Sturmabteilung (SA), incluido su líder Ernst Röhm, que intentaban estar por encima de la autoridad del ejército. Al día siguiente, en un discurso en el Reichstag, Hitler dijo que las SA estaban llenas de «revolucionarios», «enemigos patológicos del Estado», que habían perdido contacto con el «orden social humano», convirtiéndose en «degenerados morales». Stalin, cuando llegó la noticia, se quedó fascinado por ese golpe de mano. «¿Te has enterado de lo que ha ocurrido en Alemania? —le dijo a su comisario Anastás Mikoyán—. ¡Menudo pájaro, ese Hitler! ¡Estupendo! ¡Una acción muy hábil!»

Nada de sorprendente tenía que Stalin elogiase ese tipo de matanzas porque por esas fechas, tras haber liquidado a cientos de miles de campesinos ricos, pequeños propietarios y a los grupos que representaban al viejo orden zarista, comenzó a eliminar, en masivas purgas, a la vieja guardia del Partido Bolchevique y a decapitar al ejército.

La primera guerra mundial y la profunda crisis posterior hicieron posible a personajes excepcionales como Hitler, Mussolini o Stalin, de la misma forma que Franco no se explicaba a sí mismo, ni a sus compañeros de armas, sin África. Allí recibió su formación básica, aunque él se doctoró en la guerra de casi mil días que siguió al golpe de Estado de 1936. Aquellos líderes carismáticos surgieron en tiempos de crisis políticas y sociales profundas. Mucha gente que anhelaba soluciones radicales, simples y extremas encontró en ellos a redentores que prometían poner fin a la bancarrota del orden.

El día que se decidió a intervenir en la sublevación, tras enterarse del asesinato de Calvo Sotelo, Franco pidió a su primo Pacón que comprara dos pasajes para su esposa y su hija para el barco alemán *Waldi* que iba a partir de Las Palmas el 18 de julio con destino al puerto francés de El Havre y Hamburgo. Para trasladarse desde Santa Cruz de Tenerife, donde tenía su cuartel general, hasta Las Palmas, Franco necesitaba la autorización del Ministerio de la Guerra. La mañana del 16 de julio, el general Amado Balmes Alonso, comandante militar de Gran Canaria, falleció de un disparo mientras, según la versión oficial, probaba unas pistolas en el campo de tiro de La Isleta, un accidente oportuno que también pudo ser un asesinato preparado por Franco y que, en cualquier caso, facilitó sus planes. Esa misma noche viajó con Carmen, Carmencita, su primo Franco Salgado-Araujo y el comandante Lorenzo Martínez Fuset en el barco correo *Viera y Clavijo.* Llegaron a Las Palmas la mañana del viernes 17 de julio. Franco presidió la comitiva fúnebre de Balmes. Al día siguiente, se despidió de su esposa e hija sabiendo que podían tardar en encontrarse o que, si las cosas salían mal, no volvería a verlas nunca.

A las 14 horas del 18 de julio, el Dragon Rapide, un bimotor de siete plazas, despegó del aeropuerto de Gando rumbo a Marruecos, pilotado por el inglés Cecil W. H. Bebb, elegido por Juan de la Cierva Codorníu, experto en aeronáutica, con Franco y Pacón a bordo. Franco llevaba un pasaporte diplomático del monárquico José Antonio de Sangróniz, se puso gafas, se afeitó el bigote y cambió el uniforme militar por un traje gris oscuro. Hicieron escala en Agadir, aterrizaron en Casablanca, donde pasaron unas horas, y el 19 de julio por la mañana el avión partió hacia Tetuán. Mientras tanto, otras muchas guarniciones militares de la Península se sumaban al golpe. Comenzaba el asalto armado a la República.

Segunda parte

«PONÉIS EN MIS MANOS A ESPAÑA»

Capítulo 7

EL MOVIMIENTO ARROLLADOR

El domingo 19 de julio, Franco instaló su cuartel general en las oficinas del Alto Comisariado de Tetuán. En ese momento, las guarniciones de Melilla, Ceuta y Tetuán, sublevadas dos días antes, estaban ya bajo control tras el arresto de Agustín Gómez Morato, comandante militar supremo de Marruecos, Arturo Álvarez-Buylla, alto comisario, y Manuel Romerales Quintero, comandante jefe de Melilla. Romerales fue fusilado unos días después y Álvarez-Buylla en marzo de 1937. Aquel movimiento patriótico no iba a permitir ninguna oposición. En la noche del 17 al 18 de julio, los sublevados asesinaron a 225 militares y civiles en Marruecos. Franco lo había avisado en el bando con el que declaró la ley marcial en Canarias: «La energía en el sostenimiento del orden estará en proporción a la magnitud de la resistencia que ofrezca». Y tuvo oportunidad de demostrar esa inflexible determinación nada más llegar a Tetuán.

Allí le informaron de que habían arrestado a su primo, el comandante Ricardo de la Puente Bahamonde, jefe de las fuerzas aéreas del norte de África, por tratar de mantener el aeródromo de Sania Ramel en poder de los republicanos. Tres años menor que Franco, habían pasado la niñez juntos en El Ferrol, «jugando como hermanos», aunque sus diferencias ideológicas los distanciaron pronto. En octubre de 1934, al mando del aeródromo de León, se había negado a bombardear a los mineros sublevados en Asturias. En la madrugada del 18 de julio de 1936, desoyó la orden de rendirse que le transmitió por teléfono el coronel Eduardo Sáenz de Buruaga, jefe de las fuerzas rebeldes de Tetuán. Los regulares cercaron el aeródromo y De la Puente tuvo que rendirse, pocas horas antes de que aterrizase allí el Dragon Rapide. Condenado a muerte, Franco no hizo nada para salvarlo y delegó en el general Luis Orgaz la firma de la sentencia. De la Puente fue fusilado el 4 de agosto junto a los muros de la fortaleza ceutí de El Hacho.

Los militares sublevados tenían muy claro lo que querían destruir y no sabían bien qué es lo que querían construir a cambio. El movimiento era nacionalista español, opuesto a la descentralización separatista, y repudiaba, con su ataque a la República, las ideologías de izquierda, el socialismo, el anarquismo o, de forma genérica, el comunismo. Lo que dominó en los primeros momentos en los territorios ocupados por los militares rebeldes era la imposición del orden castrense frente a las fuerzas que habían movilizado a las masas en nombre del socialismo y de la revolución; la forja de una mentalidad autoritaria frente al liberalismo, al parlamentarismo y al sistema representativo de partidos y elecciones libres.

La confianza en un rápido triunfo de la rebelión se desvaneció cuando los militares sublevados fueron derrotados en la mayoría de las grandes ciudades. El golpe no pudo lograr de entrada la conquista del poder, pero al ocasionar una división profunda en el ejército y en las fuerzas de seguridad, debilitó al Estado republicano y abrió un escenario de lucha armada, de rebelión militar y de revolución popular allí donde los militares no consiguieron sus objetivos. España quedó partida en dos. Y así siguió hasta el 1 de abril de 1939.

Santiago Casares Quiroga, jefe de Gobierno, incapaz de hacer frente a los acontecimientos, dimitió el 18 de julio por la noche. En la mañana siguiente aceptó la difícil tarea de formar gobierno José Giral, otro amigo y hombre de confianza de Manuel Azaña, presidente de la República desde el 10 de mayo. Giral dio el paso decisivo de autorizar el reparto de armas entre los militantes obreros y republicanos más comprometidos, que salieron a las calles a combatir a los sublevados allí donde la fidelidad de algunos militares y de las fuerzas de orden, o la indecisión de otros, lo permitió.

En Madrid se sublevó el general José Fanjul, aunque no era él la persona designada en los planes de Mola, y se hizo fuerte en el cuartel de la Montaña, con más de dos mil militares y quinientos civiles falangistas a los que había armado. Horas después, grupos de obreros armados y militares fieles a la República asaltaron el cuartel y mataron allí mismo, cuando ya se habían rendido, a más de un centenar de sublevados. Fanjul sobrevivió unos días, antes de ser juzgado y fusilado.

Tampoco la sublevación triunfó en Barcelona, bastión de los anarquistas, que se convirtió muy pronto en el símbolo de la resistencia popular y la revolución. La capital catalana tenía una guarnición muy dividida entre militares que apoyaban a la República y otros que estaban involucrados en la conspiración. El general encargado a última hora de dirigir la rebelión, Manuel Goded, comandante general de Baleares, llegó tarde, cuando ya otro general, Álvaro Fernández Burriel, se había sublevado sin planes muy precisos.

Poco pudo hacer Goded, porque un sector de la Guardia Civil, las fuerzas de orden público de la Generalitat y los grupos anarquistas más radicales, que se habían apoderado de cientos de fusiles, controlaban ya la situación. Cuando el 20 de julio se entregaron los últimos militares alzados y el general Manuel Goded, sitiado en el antiguo palacio de Capitanía General, anunciaba por radio su derrota y rendición, los enfrentamientos en Barcelona habían dejado 450 muertos. Y ni la guerra ni la revolución habían comenzado aún. Goded y Fernández Burriel fueron fusilados el 12 de agosto en el castillo de Montjuïc.

La sublevación fracasó en las mayores ciudades de España, pero tuvo éxito en otros lugares muy importantes estratégicamente, desde donde se podía controlar vastas extensiones de territorio.

Sevilla, la ciudad más importante de Andalucía, cayó muy pronto en poder del general Gonzalo Queipo de Llano, que había pasado en poco tiempo de ser uno de los militares de confianza de la República a su acérrimo enemigo. Otro general supuestamente republicano, afiliado a la masonería, Miguel Cabanellas, hizo que la sublevación se impusiera en Zaragoza, la capital de Aragón, que tenía también un potente y numeroso movimiento anarcosindicalista. El triunfo resultó clave para controlar la amplia zona de la ribera del Ebro, marchar sobre Madrid y detener al grupo de milicianos armados que avanzó desde Barcelona.

Los planes salieron muy bien para «el Director» de la conspiración. El 19 de julio se extendió por los pueblos de Navarra el rumor de que los militares bajo el mando del general Emilio Mola se habían sublevado en Pamplona. Cuando la noticia se confirmó, los carlistas de Manuel Fal Conde, alborotados, salieron a las calles, izaron la bandera bicolor y carlista en los círculos, sus organizaciones locales, y al grito de «¡Todos los hombres a la guerra!» se pusieron en marcha hacia Pamplona.

El carlismo era un movimiento popular de extrema derecha, tradicionalista y ultracatólico, que había nacido un siglo antes que la Segunda República. Bloqueado y debilitado por la presencia de la monarquía alfonsina durante el primer tercio del siglo XX, los carlistas sacaron notables frutos de la caída de Alfonso XIII y del establecimiento en España de un régimen republicano. A su antirrepublicanismo ideológico unieron durante los años treinta la reconstrucción activa del Requeté, la fuerza militar formada por sus jóvenes más guerreros, un paramilitarismo moderno que estaba preparado y en perfecta formación para auxiliar el golpe de Estado en julio de 1936.

Muchos seminaristas y curas fueron los primeros en enrolarse. Animaban al personal a que hicieran lo mismo. Tocaban las campanas buscando gente por los pueblos y colaboraban en el reclutamiento. Aquel «arrebato místico-guerrero», una auténtica «movilización de masas», ayudó al general Mola a combinar desde el principio las acciones militares con un entusiasmo y fervor religioso que se convirtió en seña de identidad de muchas zonas rurales de Castilla y León. En esos últimos días de julio acudieron más de diez mil voluntarios a Pamplona y más de mil a Vitoria.

No fue una «rebelión de generales», como divulgó posteriormente la propaganda. De los dieciocho generales de división que controlaban las unidades de intervención más importantes, solo cuatro se sublevaron: Cabanellas, Queipo de Llano, Goded y Franco. La parte más activa de la sublevación la llevó el cuerpo de oficiales y lo que inclinó en muchas ciudades el resultado de la sublevación, triunfo o fracaso, fue la actuación de las fuerzas de policía, la Guardia Civil, la Guardia de Asalto y el cuerpo de Carabineros.

Además, los militares sublevados no permitieron ninguna indecisión o resistencia de sus propios compañeros de armas y quienes lo intentaron lo pagaron, empezando por varios jefes y oficiales pasados por las armas sin dilación ni juicio en Marruecos. Eso le sucedió al general Manuel Romerales, detenido a punta de pistola en su propio despacho por algunos de sus subordinados. Igual de rápidos y expeditivos fueron con el general Miguel Núñez de Prado, director general de Aeronáutica que viajó el 18 de julio a Zaragoza para convencer a Cabanellas de que no se sublevara. Detenido por el general Eliseo Álvarez-Arenas, fue fusilado. En Galicia fueron ejecutados, tras pasar consejos de guerra, el contraalmirante Antonio Arazola, exministro de Marina con la República, el 4 de agosto en El Ferrol, y los generales Enrique Salcedo, jefe de la VII División, y Rogelio Caridad en La Coruña el 9 de noviembre.

Ni siquiera las voces de clemencia impidieron el fusilamiento de los generales Miguel Campins y Domingo Batet. Campins, gobernador militar de Granada, se negó a obedecer la petición de Queipo de Llano para que declarase la ley marcial y fue detenido por varios oficiales a punta de pistola. Conducido a Sevilla, lo juzgaron por el crimen de «rebelión militar y oposición al alzamiento» y el consejo de guerra, presidido por el general José López-Pinto, lo sentenció a muerte el 14 de agosto. Dos días después fue fusilado.

Franco, amigo de Campins desde la guerra de África, su jefe de estudios en la Academia General Militar, intercedió ante Queipo, a quien envió varios mensajes y cartas, sin éxito. Franco lamentó esa muerte y unos meses después pagó con la misma moneda a Queipo.

Domingo Batet, que había sido jefe de la IV División en octubre de 1934, restaurando la autoridad del Gobierno republicano frente a la Generalitat, era en julio de 1936 jefe de la VI División con sede en Burgos. Se negó a unirse a los sublevados, por lo que fue condenado a muerte y fusilado el 18 de febrero de 1937. Franco, ignorando el ruego de clemencia formulado por Queipo, llegó a intervenir en el proceso judicial contra Batet. Aliados para salvar a España, los militares podían ser desleales y brutales entre ellos.

En medio de esos triunfos y fracasos llegó la noticia de la muerte del general José Sanjurjo, a quien sus compañeros golpistas habían nombrado jefe de la sublevación. Mola había enviado al aviador falangista Juan Antonio Ansaldo a Estoril para que lo recogiera y trasladara a España, pero el avión, un frágil Puss Moth de dos plazas, se estrelló nada más despegar y se incendió cerca del aeródromo de Cascais. Sanjurjo murió y Ansaldo salió ileso.

Ese accidente mortal de Sanjurjo obligó a los sublevados a reorganizar sus planes. El 24 de julio, a propuesta de Mola, crearon en Burgos la Junta de Defensa Nacional, presidida por Cabanellas, el general de división de más antigüedad tras la desaparición de Sanjurjo, y de la que formaban parte, entre otros, el propio Mola y los generales Fidel Dávila y Andrés Saliquet. Mola, en la más pura tradición militar pretoriana, definió sus funciones. Eran los militares quienes asumían «todos los poderes del Estado», instauraban «el estado de guerra» y prohibían «todas las actuaciones políticas y sindicales»:

> En esa formidable empresa (de reconstrucción nacional) hemos de poner nosotros, los militares, sus cimientos; hemos de iniciarla; nos corresponde por derecho propio, porque es ese el anhelo nacional,

> porque tenemos concepto exacto de nuestro poder y porque únicamente nosotros podemos consolidar la unión del pueblo con el Ejército, distanciados hasta el 19 de julio, por las absurdas propagandas de un intelectualismo estúpido y una política de suicidas.

Fue el primer órgano de coordinación militar y de administración en la zona sublevada, aunque la dirección estratégica de las operaciones bélicas siguió repartida entre el general Queipo de Llano en el sur, con su feudo en Andalucía, Mola en el norte y Franco al frente del Ejército de África. Franco se incorporó a la junta el 3 de agosto. En ese momento ya había resuelto el problema de cómo pasar las tropas desde Marruecos hasta la Península.

Capítulo 8

CARTA A HITLER

Muerto Sanjurjo, Franco, desde su privilegiada posición de mando de la guarnición de Marruecos, comenzó a labrar su carrera hacia el poder absoluto. Tenía a sus órdenes el mejor cuerpo del ejército, el de África, con unos 1.600 jefes y oficiales y cuarenta mil hombres, incluida su tropa más afamada y mejor adiestrada, el llamado Tercio de Extranjeros, la Legión, y las Fuerzas Regulares Indígenas. Pero el primer problema al que debió enfrentarse era cómo pasar esas tropas de África a la Península, dado que el estrecho de Gibraltar estaba controlado por las tripulaciones de la escuadra republicana que se habían amotinado contra los oficiales sublevados.

Franco pidió entonces ayuda a Adolf Hitler y a Benito Mussolini. Durante esos primeros días que siguieron a la sublevación los dirigentes de la Alemania nacionalsocialista no habían dedicado especial atención al conflicto armado que había estallado en España. Con la Italia fascista, sin embargo, algunos políticos y militares monárquicos ya negociaron suministros de aviones en la primavera de 1936 y los primeros contactos se habían producido nada más proclamarse la República.

Para llegar hasta el *Führer*, Franco utilizó a un hombre de negocios alemán residente en el Marruecos español, Johannes Bernhardt, miembro del partido nazi, amigo de Mola, Yagüe y el coronel Juan Beigbeder, buen conocedor de la cultura islámica y la lengua árabe. Bernhardt viajó el 23 de julio a Alemania con un avión de la compañía Lufthansa en el que le acompañaban Adolf P. Langenheim, jefe local del partido nazi en Marruecos y el capitán de aviación Francisco Arranz. Se entrevistó con Hitler en la noche del 25 de julio en la villa Wahnfried, propiedad de los herederos del músico Richard Wagner, le informó de los acontecimientos en España, del carácter derechista y antibolchevique de la rebelión militar y le entregó la carta de uno de los generales que se habían sublevado.

La carta de Franco estaba escrita en español y Bernhardt se la tradujo a Hitler. Según recordaría Bernhardt, pedía armas para «la lucha que hemos empezado contra el caos y la anarquía». Y el hombre de negocios le informó de que en Tetuán Franco disponía solo de doce millones de pesetas y de una pequeña cantidad de francos franceses. «¡Así no puede empezarse una guerra!», exclamó Hitler. No obstante, llamó a sus ministros de la Guerra y de Aviación, Werner von Blomberg y Hermann Göring, y les dijo que iba a poner en marcha la operación Fuego Mágico para enviar armas y aviones a Franco:

> Si España llega realmente a hacerse comunista, Francia en su situación actual será bolchevizada [...] y entonces Alemania está liquidada. Emparedados entre el poderoso *bloqueo* soviético por el este y un fuerte *bloque* francoespañol por el oeste, no podríamos hacer prácticamente nada si Moscú decidiese atacarnos.

La primera remesa incluyó veinte aviones de transporte Junker Ju 52, seis cazas Heinkel, veinte cañones antiaéreos, municiones y personal de vuelo y de tierra que comenzaron a llegar a Marruecos el 29 de julio, apenas diez días después del inicio de la sublevación. El envío del material militar se mantuvo en secreto y se camufló como importación de una empresa privada hispano-alemana en Marruecos. Göring mostró entusiasmo con esa idea, la primera vez en la historia que se transportaba un ejército por vía aérea de un continente a otro. «Convoy de la victoria», «primer puente aéreo de la historia militar», lo denominó la propaganda franquista. La decisión de Hitler de enviar material a Franco y no a Mola alteró la posición de liderazgo entre los generales rebeldes. El *Führer* ordenó enviar a Franco más armas y aviones de los que este había pedido originalmente.

Antes del viaje de Bernhardt a Alemania, Franco ya había tramitado reiteradas demandas de ayuda a Benito Mussolini a través del cónsul italiano en Tánger y de su agregado militar. El 28 de julio, Galeazzo Ciano, ministro de Asuntos Exteriores italiano, confirmó el envío de una escuadrilla de doce bombarderos Savoia SA-81 y de dos buques mercantes con cazas Fiat C.R. 32. El uso de esos aviones permitió a Franco eludir el bloqueo naval de la Marina republicana, pasar las tropas desde África hasta Andalucía y comenzar así el avance sobre Madrid. El 7 de agosto, Franco estaba ya instalado en Sevilla, en el palacio de los marqueses de Yanduri. En dos meses y medio, 868 vuelos transportaron 13.952 hombres, 44 cañones, 92 ametralladoras y 500 toneladas de pertrechos.

Los fascistas italianos, al contrario que los alemanes, conocían la conspiración militar y la trama civil. El 20 de julio, el general Franco ya era considerado *capo movimento spagnolo*, el líder sublevado que tenía las mejores tropas del ejército español y que necesitaba ayuda contra los enemigos del Frente Popular.

Franco jugó sus cartas con destreza y ambición. Se presentó ante periodistas y diplomáticos como el principal general de los militares rebeldes y así informó también a alemanes e italianos, de tal forma que pocos días después se referían a la sublevación como el «movimiento de Franco». Hitler eligió como enlace con Franco al almirante Wilhelm Canaris, jefe del servicio secreto alemán, quien conocía bien España y hablaba español desde que fue agente secreto durante la primera guerra mundial. Canaris contactó con el general Mario Roatta, jefe del servicio secreto italiano, y a finales de agosto ya habían acordado que la ayuda de los dos países se canalizaría exclusivamente hacia Franco. Con la solución rápida que Franco dio al transporte del Ejército de África a la Península se aseguró que la ayuda de las potencias fascistas pasara por sus manos. Y lo que había comenzado como un golpe de Estado con desarrollo incierto se convirtió en una guerra internacional en suelo español.

A la vez que la ayuda italo-germana permitía a los sublevados continuar en su empeño, el Gobierno de la República buscó de forma urgente el auxilio en las democracias. «Hemos sido sorprendidos por un peligroso golpe militar —le dijo José Giral a Léon Blum, presidente del Gobierno de Francia, en un telegrama enviado el 19 de julio—: solicitamos que se ponga en contacto con nosotros inmediatamente para suministrarnos armas y aviones.»

La reacción del Gobierno francés fue, en palabras de Blum, «poner en marcha un plan de ayuda, en la medida de nuestras posibilidades, para proporcionar material a la República española». Pero no fue posible. Un agregado militar en la embajada española en París, agente de los sublevados, filtró la información sobre esa decisión del Gobierno francés al diario derechista *L'Écho de Paris*, que inició «una campaña fortísima revelando al público todas las decisiones tomadas de la forma más precisa y generando una conmoción considerable, particularmente en los medios parlamentarios».

La opinión pública se dividió, como iba a pasar también en Gran Bretaña, entre quienes mostraban simpatía a la causa republicana, representados por la izquierda, y la derecha política, amplios sectores católicos y de la administración, que rechazaron ese plan de ayuda por miedo a la revolución y a que el conflicto de España se extendiera a Francia.

Las noticias que los representantes diplomáticos de Gran Bretaña en España transmitían a su Gobierno tampoco iba a ayudar a la República. Desde el primer momento describieron a quienes defendían la causa republicana como comunistas al servicio de la Unión Soviética. El cónsul del Reino Unido en Barcelona, Norman King, que creía que los españoles eran una «raza sanguinaria», transmitió el 29 de julio al Foreign Office que «si el gobierno triunfa y aplasta la rebelión militar, España se precipitará en el caos de alguna forma de bolchevismo».

Los conservadores británicos, en el poder desde 1931, temían que cualquier intervención en España obstaculizase su política de apaciguamiento con Alemania. El Gobierno francés siguió los consejos de su principal aliado en Europa y el 25 de julio anunció la decisión de «no intervención de ninguna manera en el conflicto interno de España».

Ese fue el punto de partida de la política de no intervención que se pondría en marcha desde el verano de 1936, aunque la extensión del conflicto español al escenario internacional no pudo evitarse porque Hitler y Mussolini ya habían comenzado a enviar ayuda militar a Franco y además la Alemania nazi y la Italia fascista nunca respetaron esa política. En consecuencia, la República, un régimen legítimo, se quedó inicialmente sin ayuda, hasta que la Unión Soviética comenzó a intervenir en el otoño de 1936, y los militares rebeldes carentes de legitimidad recibieron casi desde el principio el auxilio indispensable para continuar con su misión salvadora.

Para lograr los apoyos exteriores, tanto el Gobierno republicano de Madrid como la Junta de Defensa Nacional de Burgos tuvieron que reconstruir y crear sus respectivos cuerpos diplomáticos. La República lo hizo con prestigiosos intelectuales y profesores universitarios, procedentes casi todos del campo socialista: Fernando de los Ríos fue embajador en Washington; Luis Jiménez de Asúa, en Praga; Marcelino Pascua, en Moscú; Luis Araquistáin, en París, y Pablo de Azcárate, el único que tenía de verdad experiencia como funcionario internacional, en Londres. Los militares rebeldes, por el contrario, pudieron contar con ilustres miembros de la aristocracia y de los círculos diplomáticos y financieros muy bien conectados con los selectos grupos de la diplomacia internacional, como Jacobo Fitz-James, duque de Alba, y Juan de la Cierva en Londres; José María Quiñones de León en París; y el marqués de Portago y el barón de las Torres en Berlín. El 4 de agosto de 1936, José María de Yanguas Messía, exministro de Estado de la dictadura de Primo de Rivera, recién nombrado director del Gabinete Diplomático de la Junta de Defensa Nacional de Burgos, informaba de que «el tono general de la situación diplomática es favorable a nuestro movimiento [...] porque en el mundo entero están hoy en plena lozanía los ímpetus arrolladores de los Estados totalitarios» y pronosticaba que «la toma de Madrid» sería «determinante para que se reconozca oficialmente la legitimidad absoluta de nuestro movimiento». Al mismo tiempo, el duque de Alba transmitía a sus interlocutores británicos que los militares rebeldes contra la República no eran fascistas, sino unos conservadores patriotas.

La combinación de triunfos y fracasos en la sublevación pronto demostró a los militares rebeldes que la lucha iba a ser dura, larga, a varios asaltos. De ahí el clima de terror, calculado, nada espontáneo, que presidió sus conquistas desde el primer día. Franco contaba para ello con las fuerzas militares de Marruecos, célebres ya por su brutalidad. Mola tenía el apoyo de miles de carlistas de Navarra y Álava con los que aplastó las resistencias y sembró esa zona norte y Aragón de cadáveres republicanos. En otras ciudades como Sevilla, Córdoba, Granada, Cáceres o León, los militares y las fuerzas de policía contaron con el entusiasmo de centenares de derechistas y falangistas que se consagraron desde entonces a tareas de limpieza, a edificar una nueva España.

El Estado republicano, al perder el monopolio del poder y de las armas no pudo impedir la quiebra del orden. Una revolución súbita y destructora se extendió como la lava de un volcán por pueblos y ciudades, con especial intensidad en Madrid, Barcelona y Valencia. Era el momento del poder de los comités, de quienes nunca lo habían tenido. Los medios políticos dejaron paso a los procedimientos armados y la obediencia a la ley fue sustituida por el culto a la violencia.

Durante el verano, las milicias socialistas y anarquistas, de trabajadores y campesinos, fueron un recurso de emergencia para responder a la rebelión militar y a la escasez de unidades regulares del ejército fieles a la República. Pronto se comprobó que esas milicias mal organizadas, peor pertrechadas y sin organización ni disciplina para combatir en campo abierto, no servían para hacer la guerra al ejército que avanzaba desde diferentes frentes hacia Madrid. Así las cosas, con esas dos formas tan diferentes de estrategia militar, en agosto y septiembre se produjeron sustanciales avances rebeldes y pérdidas republicanas, incluidas dos capitales de provincia, Badajoz y San Sebastián.

Cuando cayó esa ciudad vasca, el 13 de septiembre, las columnas de moros y legionarios de África estaban cerca de Madrid. Sus jefes, Antonio Castejón, Yagüe, Sáenz de Buruaga y Varela, forjados en la guerra colonial, pusieron en marcha tácticas de combate y de «castigo ejemplar» para vencer las resistencias, asegurar el territorio y eliminar a los rojos. En cuatro semanas habían avanzado casi quinientos kilómetros. Mataban milicianos mal armados, violaban mujeres y sembraban el terror por donde pasaban. Ahí destacó el entonces coronel Mohammed ben Mizzian, quien había entrado en 1913 en la Academia de Infantería de Toledo apadrinado por Alfonso XIII, célebre por su forma salvaje de hacer la guerra, por estimular a sus tropas al abuso y violación de mujeres y por matar con granadas de mano a los heridos del hospital toledano de San Juan Bautista. Esos legionarios y regulares arrollaron todo, «embriagados con la sangre», «con el aliento de la venganza de Dios sobre las puntas de sus machetes», según describió el sacerdote jesuita Alberto Risco en *La epopeya del Alcázar de Toledo*: «persiguen, destrozan, matan» a «malditos del Frente Popular», «hijos de rameras».

Franco, en contra de lo previsto por Mola y otros militares, avanzó hacia Madrid desde Sevilla por el itinerario más largo, por Mérida y Badajoz. De esa forma, se aseguró el flanco cubierto por la frontera con Portugal, desde donde contó con el apoyo incondicional de António de Oliveira Salazar. Cuando las columnas del teniente coronel Juan Yagüe tomaron Badajoz el 14 de agosto y tiñeron de sangre la plaza de toros y las calles, muchas personas huyeron de la ciudad. La policía salazarista no les permitió la entrada o les entregó a los militares rebeldes.

Para Salazar, desde la sublevación de julio de 1936, el apoyo a Franco constituía una ayuda esencial para frenar la expansión del comunismo en la península Ibérica. Portugal ofreció una base de operaciones para la compra de armas y en los primeros momentos de la contienda facilitó a los militares la utilización de carreteras, puertos y ferrocarriles para comunicar la zona noroccidental con Andalucía. El puerto de Lisboa fue punto de llegada de buques alemanes que transportaban material bélico, que se trasladaba desde allí hasta las zonas en poder de los militares sublevados. La ayuda de Salazar fue también muy eficaz en la defensa de la causa rebelde en el Comité de No Intervención, en la Sociedad de Naciones y en otros foros internacionales. El peligro lo constituían los «rojos», no Italia y Alemania, y así se lo dijo Armando Monteiro, ministro de Exteriores, a su homónimo británico, Anthony Eden, en una visita a Londres el 30 de julio: «Una victoria del Ejército no implicaría necesariamente una victoria de tipo italiano o alemán, en tanto que una victoria de los rojos sería fatalmente una victoria de la anarquía, con graves consecuencias para Francia y, por ende, para Europa».

En esas primeras semanas de combates, Franco consolidó su autoridad entre sus compañeros de armas con gestos que revelaban también ambición política. El 15 de agosto, sin recabar la opinión de los otros miembros de la Junta de Defensa Nacional, decidió en Sevilla adoptar, «restaurar», la bandera roja y gualda monárquica: «Ya tenéis aquí la gloriosa bandera española —dijo—. Cuando se ha pasado toda la vida con una enseña, con una religión y con un ideal, eso no puede destruirse [...] Porque sería lo mismo que si quisiéramos quitar a Dios de los altares». Franco concedió desde el principio una relevancia primordial a las representaciones plásticas del poder. Compartió el ceremonial con sus compañeros golpistas y el ejército, amparado por la Iglesia, pasó a tener una presencia notable en la pompa y simbolismo de los actos religiosos.

Al día siguiente, domingo, voló a Burgos, capital del mando militar sublevado. Tras saludar a la «valiente raza del Norte de España» que lo aclamaba, se dirigió a la catedral a oír misa. Iban con él los generales Mola, José Cavalcanti y Manuel García Álvarez. En la escalinata, «completamente abarrotada de público», según la crónica del *Diario de Burgos*, les esperaba el arcipreste Pedro Mendiguren. El arzobispo de la diócesis, Manuel de Castro, ocupó su sitial en el presbiterio. Los generales oyeron la santa misa «con unción».

Antes de acabar agosto, varios obispos ya habían aplicado explícitamente la categoría de «cruzada religiosa» a la guerra. La violencia anticlerical que se desató desde el primer momento donde el golpe fracasó corrió paralela al fervor y entusiasmo que mostró la jerarquía eclesiástica y los clérigos allá donde triunfó. El éxito de la movilización religiosa, de esa liturgia que creaba adhesiones de las masas en las diócesis de la España «liberada», animó a los militares a adornar sus discursos con referencias a Dios y a la religión, ausentes en las proclamas del golpe y en las declaraciones de los días posteriores. Franco, a partir del 1 de octubre, se apropió de ese concepto de cruzada, no solo en defensa de España, sino también de la fe católica, aunque en la justificación del «alzamiento» que dio en su discurso del primer aniversario la «defensa de la patria» constituía el principal motivo.

La sublevación fue «providencial», escribió el cardenal Isidro Gomá, primado de la Iglesia católica española, en el «Informe acerca del levantamiento cívico-militar» que envió al secretario de Estado del Vaticano, el cardenal Eugenio Pacelli, el 13 de agosto de 1936. Ahí estaba «el verdadero y tradicional pueblo español». Y desde sus primeras declaraciones, Gomá contribuyó a alimentar la fama de Franco. «Gracias al genio militar de Franco —le comunicó el 13 de septiembre al general de los jesuitas P. W. Ledóchowski—, se salvó la crisis de los primeros días y, aunque no se puede cantar victoria, la balanza se inclina sensiblemente, hace ya algunas semanas, del lado del movimiento salvador.»

El 26 de agosto, tras los éxitos de las columnas africanas en su avance por Badajoz, Franco trasladó su cuartel general a Cáceres, al palacio de los Golfines de Arriba, donde ya se dispuso de un aparato político, con José Antonio de Sangróniz en la oficina diplomática, el general Millán-Astray, recién llegado de Argentina, a cargo de la propaganda, su hermano Nicolás y, desde finales de septiembre, el comandante Lorenzo Martínez Fuset, que había regresado de Francia con Carmen Polo y Carmencita. Fue un paso más en su ascenso al mando supremo, marcado asimismo por el fervor con que la población lo recibió el 3 de septiembre, tras la toma de Talavera por Yagüe, en «una manifestación popular», «espontánea», que se congregó bajo el balcón del palacio y comenzó a gritar tres veces el nombre de Franco, la fórmula que se convirtió en ritual durante todo su mandato.

En Cáceres aparecieron también su mujer Carmen y su hija, tras dos meses de ausencia en Francia, en la casa de la antigua institutriz de la familia Polo, madame Claverie. Llegaron el 23 de septiembre. Cuando el dueño del palacio, Gonzalo López de Montenegro, anunció su presencia, Franco «levantó los ojos de alegría» y dijo: «Aún tengo que recibir varias visitas». Tuvieron que esperar más de una hora, pero Carmen llegó a tiempo para asistir, pocos días después, a la investidura de su esposo como «jefe del Gobierno del Estado español». La influencia de doña Carmen comenzó a sentirse pronto en aquel hombre adicto al trabajo y que no parecía tener vida de intimidad o preocupación por los asuntos familiares. Tenía cuarenta y tres años, y el grupo más selecto de los generales rebeldes estaba a punto de poner a España en sus manos.

Capítulo 9

GENERALÍSIMO Y ENVIADO DE DIOS

A finales del verano de 1936, tras dos meses de combate, las tropas de Franco estaban a las puertas de Madrid y algunos generales plantearon la necesidad de un mando único militar y un aparato político centralizado. Las autoridades del Tercer Reich que negociaban con Franco el préstamo de material de guerra le presionaban desde finales de agosto para que tomara las riendas. Mientras, algunos generales muy cercanos a Franco, como Kindelán, Yagüe, Luis Orgaz y Millán-Astray, acompañados de su hermano Nicolás, idearon un plan para manejar los tiempos. Alfredo Kindelán, antiguo jefe de Aeronáutica con la monarquía que había pedido la baja del ejército con la República, sugirió que se celebrase una reunión de la Junta de Defensa Nacional y otros generales para elegir un jefe supremo.

Hubo dos encuentros, el 21 y 28 de septiembre. El primero, que tuvo lugar en un barracón de un aeródromo cerca de Salamanca, lo presidió el general Miguel Cabanellas y estaban, entre otros, los generales Franco, Mola, Queipo de Llano, Fidel Dávila y Andrés Saliquet. En el almuerzo posterior, en la finca del ganadero de toros Antonio Pérez-Tabernero, todos se mostraron a favor de nombrar un jefe único, salvo Cabanellas, que defendió que siguiera una junta como la que ya estaba constituida y él presidía. En la votación, Franco salió elegido Generalísimo.

Faltaba, sin embargo, definir los poderes políticos del nuevo cargo. Y antes de que eso ocurriera, la toma del alcázar de Toledo agrandó su leyenda. El mismo día del primer encuentro las fuerzas de Yagüe ocuparon Maqueda, y Franco decidió que las columnas africanas, en vez de marchar hacia Madrid, capital de la República, una ciudad entonces con débiles defensas, se desviaran hacia Toledo, para tomar el alcázar y liberar al millar de guardias civiles y falangistas que, mandados por el coronel José Moscardó, resistían, encerrados desde el 22 de julio, el asedio republicano.

El 28 de septiembre, el general Varela entró en el alcázar y la frase de Moscardó al saludarlo, «Sin novedad en el Alcázar, mi general», fue repetida en un montaje ante Franco y numerosos periodistas dos días después. Franco era el salvador de los héroes sitiados, el símbolo de un ejército dispuesto a ganar la guerra a cualquier precio. Aunque el desvío del Ejército de África para tomar Toledo pudo ser un error militar, a Franco le proporcionó un excepcional beneficio político.

Ese lunes Franco, Kindelán, Orgaz y Yagüe volaron desde Cáceres hasta Salamanca y, en una reunión en el aeródromo, Kindelán leyó el proyecto del decreto en que se proponía que el rango de Generalísimo acarreara las funciones de jefe de Estado «mientras dure la guerra», una fórmula que no gustó a Franco y desapareció en la redacción definitiva del texto encargado al monárquico José María de Yanguas Messía, profesor de Derecho internacional.

Franco no consideró que ese nombramiento fuera el resultado de una elección, sino de una proclamación por sus compañeros de armas. No era, según la leyenda que se consolidó a partir de ese momento, ambición de poder, sino un servicio supremo a la nación. Cabanellas, sin embargo, comentó: «Ustedes no saben lo que han hecho, porque no lo conocen como yo, que lo tuve en el Ejército de África como jefe de una de las unidades de la columna a mi mando; y si, como quieren, van a darle en estos momentos España, va a creerse que es suya y no dejará que nadie lo sustituya en la Guerra ni después de ella, hasta su muerte».

El 1 de octubre fue nombrado jefe de Gobierno del Estado español en una ceremonia espectacular, orquestada por Millán-Astray y Nicolás Franco, en la que el general Cabanellas, en presencia de diplomáticos de Italia, Alemania y Portugal, le entregó el poder en nombre de la Junta de Defensa que presidía desde el 24 de julio y que fue disuelta para ser sustituida por una Junta Técnica del Estado encabezada por Fidel Dávila. «Podéis estar orgullosos —respondió Franco a sus compañeros de armas en el primer discurso público de aceptación del cargo en la Capitanía de Burgos—: recibisteis una España rota y me entregáis una España unida en un ideal unánime y grandioso [...] Ponéis en mis manos a España y yo os aseguro que mi pulso no temblará [...] Llevaré a la patria a lo más alto o moriré en el empeño.»

Franco, impulsado por una campaña de propaganda al estilo fascista, adoptó el título de Caudillo, equivalente al de *Führer* de Hitler y *Duce* de Mussolini, que lo conectaba con los guerreros medievales. La consigna más repetida desde ese momento, con obligada inclusión en la cabecera de los periódicos de la zona sublevada, fue «Una Patria, un Estado, un Caudillo». La aclamación ritual de «¡Franco! ¡Franco! ¡Franco!» resonaba con fuerza cada vez que visitaba el frente o las ciudades de la España que, como él repetía, «se alzó contra un Gobierno anticonstitucional, tiránico y fraudulento». El subdirector del Secretariado de Propaganda Nacional de Portugal, António Eça de Queiroz, destacó la devoción y admiración que había en España por el Caudillo «en grandes y chicos»: «Cuando se habla de Franco los soldados instintivamente se ponen firmes. Es lo que nos pasa en Portugal con Salazar y en Italia con Mussolini. Es el hombre que está sobre todo. El Hombre, con letra mayúscula».

El caudillaje heroico de Franco, hombre de acción militar, «firme en sus decisiones», «austero en sus costumbres», «caballero perfecto», se contraponía al sistema de partidos y gobierno parlamentario que habían provocado la decadencia de España. Esos tiempos habían pasado. «No le mueve ambición menguada, de ningún género, al general Franco, cuando se lanza a la empresa (de salvar España). Ni afanes de mando, que no apetece, ni de vanidades humanas, que desprecia, ni de ventajas materiales, que no le interesan», escribió Joaquín Arrarás Iribarren en 1937 en la primera gran hagiografía, convertida en la versión oficial de la vida del nuevo Caudillo. El militarismo africanista se impuso a partir de ese momento sobre las fuerzas políticas, aunque la guerra total requirió la movilización de las milicias de Falange y del tradicionalismo y el reclutamiento masivo de hombres.

Pero Franco no era en octubre de 1936 un dictador, sino un general que, con sus compañeros de armas, había comenzado una guerra salvadora, de exterminio para sus enemigos, la base fundacional de su poder. Franco no tenía en ese momento una ideología política definida, como la habían mostrado Mussolini o Hitler ya antes de subir al poder a través de la creación de partidos fascistas y de la movilización de masas. Encarnaba, como Horthy, Piłsudski u otros dictadores del centro de Europa, el espíritu contrarrevolucionario, el antiliberalismo, el anticomunismo y la defensa de la unidad de la patria. Pocos días después de la sublevación militar en España, el 4 de agosto, el general Ioannis Metaxás dio un golpe de Estado en Grecia, disolvió el Parlamento, suprimió la Constitución y estableció lo que él definía como un «Estado totalitario anticomunista» y algunos diplomáticos norteamericanos describieron como «reinado de terror». Metaxás no era un orador con talento, ni un demagogo o líder carismático. Se presentó como un salvador de la patria, típico de muchos dirigentes autoritarios en aquellos años.

Eran dictaduras donde los militares plantearon una alternativa al conflicto político, a la lucha de clases y a la amenaza revolucionaria. Las que surgieron en los años treinta, tras la quiebra económica de 1929 y la llegada de Hitler al poder, fueron más radicales y represivas que las implantadas en la década anterior y estuvieron también más presionadas por la aparición de movimientos fascistas de masas. A imitación del *Duce* y el *Führer*, Horthy adoptó el título de *Vezér* («Líder», en húngaro). Estaba convencido, como Franco, de que la providencia le había designado para ser el dirigente del Estado totalitario húngaro.

Un día antes de su proclamación como jefe de Estado, Enrique Pla y Deniel, obispo de Salamanca, publicó su pastoral «Las dos ciudades», donde contraponía el heroísmo de los militares rebeldes al salvajismo de la República. Hizo una apología del derecho a la rebelión por causas «justas», por el peligro comunista que amenazaba a la civilización cristiana, evocó las dos ciudades de san Agustín, la celestial y la terrenal, para simbolizar la lucha que se estaba librando y calificó de mártires a quienes morían por la religión. Pero sobre todo acuñó las frases que pasaron a la posteridad como el estereotipo doctrinal asumido por el episcopado español: «Reviste, sí, la forma de una *guerra civil*: pero, en realidad, es una *cruzada.* Fue una *sublevación*, pero no para perturbar, sino para *restablecer el orden*».

Una cruzada liderada a partir de ese momento por Franco. El cardenal Gomá le envió un telegrama de felicitación por su elección de «Jefe de Gobierno del Estado Español» y Franco le contestó que, al asumir esa jefatura «con todas sus responsabilidades, no podía recibir mejor auxilio que la bendición de Vuestra Eminencia». Rece, le pedía Franco, ruegue a Dios en sus oraciones que «me ilumine y dé fuerzas bastantes para la ímproba tarea de crear una nueva España de cuyo feliz término es ya garantía bondadosa la colaboración que tan patrióticamente ofrece Vuestra Eminencia cuyo anillo pastoral beso».

Franco era «católico práctico de toda su vida». Todos los miembros de la Junta Técnica del Estado se distinguían por sus «creencias religiosas», eran «piadosos», pero «quien tiene mejores antecedentes en este punto es el Generalísimo». Así lo veía Gomá y se lo dijo al secretario de Estado del Vaticano, cardenal Pacelli, el 24 de octubre: «Será un gran colaborador de la obra de la Iglesia desde el alto sitio que ocupa».

Los acontecimientos evolucionaban según los deseos de Franco. Por esas fechas cuidaba de pregonar su religiosidad; como algunos de sus compañeros de armas, había captado lo importante que era introducir la religión en sus declaraciones públicas y fundirse con el «pueblo» en solemnes actos religiosos. Obispos, sacerdotes y religiosos comenzaron a tratarlo como un enviado de Dios para poner orden en la «ciudad terrenal» y Franco acabó creyendo que, efectivamente, tenía una relación especial con la divina providencia. Pla y Deniel le cedió su palacio episcopal en Salamanca para que lo utilizara como centro de operaciones, el «cuartel general», como se lo conocía en la España sublevada. Allí, rodeado de la Guardia Mora, «escogidos, excelentes jinetes, gentes de una lealtad irreprochable [...] todos se harían matar por defender al Generalísimo», le rendían pleitesía el pueblo y el ejército.

Establecido como jefe de Estado, sus propagandistas moldearon una imagen de cruzado del catolicismo, «bonísimo católico», decía Gomá, y su religiosidad experimentó una notable transformación. Desde el 4 de octubre, cuando se instaló en Salamanca, hasta su muerte, durante treinta y ocho años, Franco tuvo un capellán privado, el padre José María Bulart, secretario hasta entonces de Pla y Deniel. Oía misa todos los días a las nueve y media y siempre que podía se juntaba por la tarde con su esposa a rezar el rosario. Esa imagen de «cristiano ejemplar», de compartir ritos religiosos, dentro y fuera del palacio episcopal, agradaba a doña Carmen, que asistía también a los momentos donde la religión, las armas y la política se daban la mano en ceremonias grandiosas y concentraciones de apoyo popular.

Los medios de comunicación y la propaganda seguían a la esposa del Caudillo en sus viajes, actividades y cuando había que reafirmar los valores de la familia tradicional. Ella se encargaba también de mostrar que su vida en común no había cambiado mucho con la guerra y que su marido era el mismo hombre, con las mismas costumbres: «Sobre el campo de batalla transporta parte de su biblioteca o aprovecha la menor ocasión para entregarse a la lectura». De él admiraba sus principales y «más grandes cualidades»: «El sentido de la lealtad y de la justicia [...] siempre dispuesto a mostrarse favorable a la vista de aquellos que dan prueba de valor ante él». No tenía ambición política y era sobrio en su modo de vida.

La presencia de doña Carmen se hizo visible en la celebración en Salamanca el 12 de octubre del Día de la Raza, «Fiesta de la Raza», como la llamaron en ese instante de exaltación patriótica. El acto conmemorativo del descubrimiento de América iba a celebrarse en el paraninfo de la Universidad. Miguel de Unamuno, como rector, y en nombre del general Franco, que no pudo asistir, presidió la ceremonia, acompañado de Carmen Polo y de autoridades militares y eclesiásticas.

Allí hablaron esos militares y eclesiásticos, junto con los intelectuales que los apoyaban, de las maldades de Rusia, de la anarquía, de los malos catalanes y vascos, aplaudidos por los auténticos patriotas presentes en el paraninfo que gritaban «¡España!: ¡Una! ¡Grande! ¡Libre!». El escritor José María Pemán, presidente de la Comisión de Cultura y Enseñanza de la Junta Técnica, aprovechó el momento para arengar a la juventud: «Muchachos de España: hagamos cada uno en cada pecho un Alcázar de Toledo».

Unamuno habló el último. «Están esperando mis palabras [...] Había dicho que no quería hablar, porque me conozco, pero se me ha tirado de la lengua y debo hacerlo». Y desató su lengua. Y dijo que él también había creído en eso de la «guerra internacional en defensa de la civilización cristiana». Pero no, esa era una «guerra incivil». «Vencer no es convencer [...] no puede convencer el odio que no dejar lugar para la comprensión, el odio a la inteligencia.» El general Millán-Astray, manco de brazo izquierdo, sin el ojo derecho y con una cicatriz en la mejilla izquierda, señales de viejas batallas en África, lo interrumpió: «¡Mueran los intelectuales!» y «¡Viva la muerte!», su grito favorito. Los legionarios armados se acercaron al estrado. Amenazaron e insultaron al viejo profesor. Carmen Polo, escoltada por su guardia personal, lo sacó del brazo. Antes, Unamuno aún pudo sentenciar: «Os falta razón y derecho en la lucha. Es inútil que penséis en España».

Fue su última aparición pública. Don Miguel sabía que Casto Prieto Carrasco, alcalde republicano de Salamanca, había sido asesinado en aquellos días turbulentos de julio por unos falangistas y su cadáver lo había encontrado un lechero en la carretera de Valladolid. Supo también, aunque con retraso, que habían asesinado en Granada, el 22 de octubre, a Salvador Vila Hernández, rector de la universidad de esa ciudad, discípulo suyo, a quien había visto en julio en Salamanca, antes de que lo detuvieran y lo trasladaran a la capital andaluza.

Abandonado por todos en esa atmósfera inclemente salmantina, se encerró en su casa bajo vigilancia. Murió el 31 de diciembre de 1936, a los setenta y dos años. Unos días antes habían fusilado a su amigo Atilano Coco, quien se pasó los meses anteriores en la cárcel sin saber «si estoy a disposición del juez o del Comandante Militar». Atilano Coco era pastor protestante. Y masón. ¿Cómo iba a sobrevivir en esa España tan católica?

Capítulo 10

MADRID

Aquel principio de otoño tan bueno para Franco, «este es el momento más importante de mi vida», le dijo a Antonio Pérez Tabernero, tenía que trasladarse al campo de batalla. El primer y principal objetivo era la conquista de Madrid. Como resultado de su decisión de desviar las columnas africanas hacia Toledo, la ofensiva se retrasó dos semanas.

El 19 de octubre, Franco firmó el plan de ataque en tres frentes, con unos treinta mil hombres organizados en nueve columnas. El general José Enrique Varela, un africanista simpatizante del carlismo, mandaba las tropas coloniales y atacó por la Casa de Campo y por la Ciudad Universitaria. Nadie en el Gobierno republicano, empezando por su presidente, el socialista Francisco Largo Caballero, que había sustituido al republicano José Giral el 4 de septiembre, confiaba en que Madrid pudiera resistir la embestida de las columnas africanas, reforzadas por escuadrillas de la Luftwaffe y la Aviazione Legionaria. Pero tampoco los diplomáticos y periodistas extranjeros esperaban otro resultado.

El fascismo estrechaba lazos y aumentaba su presencia en el mundo. El 23 de octubre, Hitler y Mussolini firmaron un protocolo secreto de cooperación activa frente a la hegemonía de las democracias occidentales europeas y el *Führer* cerró con Japón el Pacto Anti-Komintern que firmaron de forma solemne un mes después.

Ese mismo día, Franco usó por primera vez los aviones alemanes Junker 52 para bombardear Getafe y Madrid. Poco más tarde, los alemanes enviaron un grupo de combate bajo las órdenes del general Hugo Sperrle conocido como la Legión Cóndor, equipado con modernos bombarderos, cazas y carros de combate. En la segunda mitad de noviembre desembarcaron en Cádiz doce mil alemanes.

El 6 de noviembre, cuando las columnas franquistas tenían el objetivo a su alcance, el Gobierno republicano decidió salir de la ciudad sitiada y trasladar la capital de la República a Valencia, lejos del frente. El general José Miaja, a quien Largo Caballero confió la dirección de la Junta de Defensa de Madrid, y el teniente coronel Vicente Rojo, jefe de su Estado Mayor, contaban con veinte mil hombres. Dos días después, los milicianos y los moros luchaban cuerpo a cuerpo en la Ciudad Universitaria.

Franco y Mola se habían trasladado al frente desde sus residencias en Salamanca y Ávila. Varela, tras un avance triunfal desde el sur durante el verano, esperaba entrar en Madrid con asaltos de infantería. Se encontraron una ciudad de más de un millón de personas dispuestas a defenderse. «Destruiré Madrid antes que tener que dejárselo a los marxistas», declaró Franco a unos periodistas portugueses.

Pero el retraso del ataque para liberar antes el alcázar de Toledo permitió dar más tiempo a los republicanos para organizar la defensa y contar con las primeras entregas de ayuda soviética y con la llegada de las Brigadas Internacionales. Vicente Rojo quitó protagonismo a esas fuerzas de voluntarios que llegaron desde todas partes del mundo y subrayó la valentía y coraje de miles de ciudadanos anónimos airados por los destrozos de los bombardeos de la aviación rebelde y por sentir amenazada su libertad. Era una batalla de resistencia en la que apareció por primera vez en la guerra en el bando republicano «el cumplimiento del deber militar, que comenzó a prevalecer sobre cualquier otro tipo de deberes». Y así resistió: «¡Madrid, Madrid; qué bien tu nombre suena,/ rompeolas de todas las Españas!/ La tierra se desgarra, el cielo truena,/ tú sonríes con plomo en las entrañas», escribió Antonio Machado el 7 de noviembre.

Durante cuatro meses, en la batalla de Madrid combatieron mercenarios marroquíes, falangistas, milicianos de todas las tendencias y brigadistas internacionales. El lema «¡No pasarán!», que ya había aparecido en Francia durante la primera guerra mundial, incorporado por la dirigente del Partido Comunista de España Dolores Ibárruri, «Pasionaria», repetido en cientos de carteles y pancartas, se convirtió en símbolo de la defensa de la capital de la República.

Aunque el héroe popular de la defensa de Madrid pudo ser el general José Miaja, al que se vio por la ciudad tratando de levantar la moral de la gente, de los aspectos técnicos y militares se ocupó Vicente Rojo, un militar que se mantuvo fiel a la República porque creía que ese era su deber y que se convirtió meses después en el jefe de su ejército. Se definía siempre como «católico, militar y patriota» y se vio atrapado entre el mundo de los militares africanistas que dieron el golpe, con los que no se identificaba, y el de los milicianos armados que defendían la revolución y quemaban iglesias. Entre esos dos mundos abordó la tarea de diseñar una nueva estrategia para organizar un ejército eficaz frente al de los militares sublevados y trató de asentar la autoridad de militares profesionales como él y el funcionamiento jerárquico de la institución.

Vicente Rojo nació el 8 de octubre de 1894 en un pequeño pueblo de Valencia, Fuente de la Higuera. Tenía dos años menos que Franco. Su padre, militar que había pasado seis años en Cuba, murió tres meses antes de nacer él y a los trece años se quedó también sin madre. Para poder continuar sus estudios, entró en un internado que acogía a los huérfanos de Infantería e ingresó en la Academia de Infantería de Toledo en junio de 1916. Salió de allí convertido en segundo teniente, el número dos de una promoción de 390 alumnos.

En 1915 se fue de voluntario a África, ascendió a capitán en 1918 y desde 1922 hasta 1932 estuvo de profesor en la Academia de Toledo. Pasó luego a la Escuela Superior de Guerra para obtener el diploma de Estado Mayor y en junio de 1936, poco después de ascender a comandante, se incorporó al Estado Mayor Central. Tras el caos provocado por la sublevación militar, el primer Gobierno de Largo Caballero reorganizó el Estado Mayor y Rojo se convirtió en el segundo de a bordo a las órdenes inmediatas del teniente coronel Manuel Estrada. El 25 de octubre de 1936, Rojo fue ascendido a teniente coronel «por lealtad», pocos días antes de que Miaja recibiera la orden de designarle jefe del Estado Mayor de la defensa de Madrid. Coronel «por méritos de guerra» desde el 24 de marzo de 1937, Juan Negrín lo nombró en mayo jefe del Estado Mayor Central de la República, cargo que desempeñó hasta el final de la guerra. El 24 de septiembre de ese mismo año ascendió a general.

Franco y Rojo llevaron vidas paralelas, con personalidades, carreras y métodos para llegar a la cúspide del ejército muy diferentes. Compartían la misma obsesión por la disciplina y el cumplimiento del deber, pero los africanistas siempre despreciaron lo que percibían como la burocracia militar sedentaria y se sintieron superiores y más patriotas. Franco ganó la apuesta violenta iniciada en julio de 1936 y mantuvo el poder durante décadas. Rojo perdió la guerra, se fue al exilio y cuando volvió a España en 1957 fue juzgado por «auxilio a la rebelión». Murió en Madrid el 15 de junio de 1966.

El primer gran asalto a Madrid de las tropas de Franco fracasó, pese a los insistentes bombardeos aéreos llevado a cabo por los Junkers Ju-52. El 23 de noviembre, Franco ordenó suspender los ataques, no quería por el momento derrochar más esfuerzos en el frente de Madrid, por el cansancio de sus columnas y porque los republicanos habían conseguido armarse, con la incorporación de cazas soviéticos, y organizarse mejor. No era todavía un verdadero ejército, pero habían superado el estado de desorden inicial y la sensación de indefensión. Cinco días antes, alemanes e italianos habían reconocido a la Junta Técnica de Estado como gobierno legítimo de España, lo que ratificaba políticamente el apoyo que las potencias fascistas estaban prestando a Franco con el envío de material bélico. Mussolini y Hitler tenían muy claro de qué lado estaban en la batalla que se libraba en suelo español. Gracias a ellos, Franco mantuvo el asedio con bombardeos. Renunciaba a tomar la ciudad, pero la población lo pagaría durante meses.

Ese Madrid sitiado en noviembre de 1936, cuya imagen quedó grabada en la memoria colectiva de los republicanos y brigadistas internacionales por la resistencia heroica de su población, fue también el escenario de una terrible matanza de prisioneros, especialmente de políticos, militares, derechistas y clero. En las cárceles de Madrid había en ese momento más de cinco mil presos. Unos dos mil fueron sacados los días 7 y 8 de noviembre y trasladados en autobuses de la Sociedad Madrileña de Tranvías hasta las localidades cercanas de Paracuellos del Jarama y Torrejón de Ardoz. La mayoría fueron fusilados y enterrados en grandes fosas comunes. Las «sacas» y asesinatos se repitieron varios días y adquirieron de nuevo carácter masivo a finales de mes. El 4 de diciembre, el nuevo inspector general de Prisiones, el anarquista Melchor Rodríguez, paró las «sacas». En un mes cayeron asesinados por ese procedimiento alrededor de 2.700 presos, identificados tras la guerra, aunque en el culto que se hizo a los mártires por parte de los vencedores del 1 de abril de 1939 aparecían cerca de nueve mil.

La guerra continuaba y Madrid seguía siendo el objetivo primordial de un ejército franquista que sumó desde finales de 1936 la importante ayuda de decenas de miles de soldados italianos, organizados en el Corpo di Truppe Volontarie (CTV), con generales experimentados en la primera guerra mundial, y de varios miles de alemanes que sirvieron en la Legión Cóndor y en los refuerzos de la Wehrmacht de antitanques y artillería. Empezaba otra guerra, donde ya no habría columnas móviles ni combates entre milicianos. Cuando amanecía 1937, el ejército de Franco sumaba casi

350.000 hombres, una cifra muy similar a los efectivos del ejército republicano.

Empantanadas sus tropas frente a Madrid, Franco decidió atacar Málaga para continuar la conquista de la extensa Andalucía. La batalla, donde iban a tener por primera vez protagonismo los italianos, empezó el 5 de febrero y, el 7, las columnas motorizadas del CTV entraron en la ciudad, cubiertas desde el aire por abundantes bombarderos y cazas y por cruceros y lanchas desde el litoral. Era también el primer ensayo de la *guerra celere* (la versión italiana de la *Blitzkrieg*, la guerra relámpago), que triunfó en Málaga porque los republicanos no tenían allí defensas y apenas pudieron oponer resistencia.

Dos días antes de la entrada de los italianos, varias decenas de miles de ciudadanos, hombres, mujeres, ancianos y niños, habían emprendido una auténtica desbandada hacia Almería, para evitar las represalias y las razias de los conquistadores. Se organizó una fuerza para perseguirlos, mientras la aviación y los buques de guerra los ametrallaban. El camino se cubrió de muertos y heridos y muchas familias perdieron a sus niños en la huida. A quienes se quedaron en Málaga no les fue mejor. Un mínimo de 1.500 personas fueron asesinadas en los meses siguientes, en la cárcel, en el cementerio, «paseados» de noche. Era el retorno del «terror caliente» del verano de 1936, con cadáveres que desaparecían sin registrar y asesinatos sin juicios ni garantías previas.

Coincidiendo con la conquista de Málaga, el ejército de Franco preparó un nuevo ataque a Madrid. Se trataba de cortar la carretera a Valencia, a través del valle del río Jarama, la ruta por la que llegaban a la capital los suministros y el material militar. Esa operación debería completarse con un ataque de las tropas italianas del CTV desde Sigüenza hacia Guadalajara para cercar Madrid en un movimiento de pinza. Durante tres semanas de febrero, desde el 6 hasta final de mes, ambos bandos contendientes perdieron miles de hombres y aunque los franquistas consiguieron hacer avanzar el frente algunos kilómetros, la batalla del Jarama fue bastante estéril.

Unos días después, el 8 de marzo, la división motorizada del general Amerigo Coppi comenzó su ataque, pero se vio sorprendida por una gran tormenta de nieve y en unos pocos días sufrió una estrepitosa derrota, entre otras razones porque Franco no llevó a cabo su operación de diversión desde el Jarama y las tropas republicanas, apoyadas por el Batallón Garibaldi de las Brigadas Internacionales y los carros soviéticos, pudieron concentrar todos sus esfuerzos en detener el avance italiano.

El general Roatta ordenó la retirada. Era el final de la prolongada batalla de los rebeldes por tomar Madrid, que había durado cinco meses, sin lograr la meta, pese a su superioridad militar. Los republicanos habían podido salvar la capital y ofrecer al mundo una imagen de heroísmo y resistencia frente al fascismo internacional. Documentales republicanos filmados con prisioneros italianos trataron de mostrar al mundo que no eran voluntarios fascistas, sino soldados regulares pagados. Ninguna de esas pruebas, sin embargo, que al fin y al cabo podían considerarse como propaganda, iba a cambiar la posición del Comité de No Intervención.

La de Madrid fue la batalla rápida de Franco, con la que pensaba ganar la guerra, pero la calculó mal y se encontró con una fuerte e inesperada resistencia. Los sucesivos fracasos en el intento obsesivo de tomar la capital hicieron cambiar la estrategia de Franco, quien optó a partir de ese momento por una guerra larga, de desgaste, de aplastamiento gradual del enemigo. El general Wilhelm von Faupel, primer embajador alemán en la España rebelde, dudaba de su «aptitud» para dirigir la guerra y así lo transmitió confidencialmente a las autoridades nazis en un despacho del 10 de diciembre de 1936. A Franco, sin embargo, no le importó que los militares y estrategas italianos y alemanes dudaran de su competencia militar, porque lo que él pretendía era aniquilar totalmente al enemigo, a la anti-España, y al mismo tiempo «domesticar» a sus compañeros generales y consolidarse como único dictador.

Se lo dijo al coronel Emilio Faldella, jefe del Estado Mayor del general Roatta, que le trataba de convencer de las ventajas de la *guerra celere*: «En una guerra civil, es preferible una ocupación sistemática de territorio, acompañada por una limpieza necesaria, a una rápida derrota de los ejércitos enemigos que deje el país infestado de adversarios». Y se lo volvió a decir, de forma más elaborada, al embajador de Mussolini, Roberto Cantalupo, el 4 de abril de 1937:

> Debemos llevar a cabo la tarea necesariamente lenta de redención y pacificación, sin la cual la ocupación militar será en gran parte inútil [...] Nada me hará abandonar este programa gradual. Me dará menos gloria, pero mayor paz interior [...] No tomaré la capital ni una hora antes de lo necesario: primero debo tener la certeza de poder fundar un régimen.

Franco tenía todas las bazas y ventajas para aplicar esa estrategia militar. Disponía de abundantes hombres, facilitados por la preservación del sistema tradicional de reclutamiento y por los numerosos voluntarios marroquíes que seguían incrementando el Ejército de África. Contó, desde septiembre de 1936, con dos academias, en Burgos y Sevilla, para formar rápidamente a universitarios para el grado de alférez y creó también cuatro centros específicos para la formación de oficiales y suboficiales. Pero sobre todo podía estar seguro de que el panorama internacional de apoyo italo-germano a su causa y de abandono de la República por las democracias occidentales no iba a moverse.

Capítulo 11

LÍDER DEL PARTIDO ÚNICO

Ramón Serrano Suñer llegó a Salamanca el 20 de febrero de 1937. Había pasado la primavera de 1936 entre Zaragoza y Madrid, de enlace entre Franco y los conspiradores y ayudando a que varios miles de afiliados de la Juventud de Acción Popular, organización juvenil de la CEDA, se pasaran a Falange Española, una señal de las posiciones radicales que como diputado del partido de Gil-Robles estaba adoptando.

Fue detenido en Madrid tras el fracaso de la sublevación y vivió en primera persona los brutales desmanes de comités y milicias, en especial el ocurrido en la noche del 22 al 23 de agosto cuando un grupo de milicianos escogió a unos cuantos presos, militares, derechistas, políticos, de los dos mil amontonados en ese momento en la cárcel Modelo, y los asesinaron. Entre ellos estaban sus amigos falangistas Fernando Primo de Rivera y Julio Ruiz de Alda y el viejo y experto político Melquíades Álvarez, de setenta y dos años, adalid del reformismo durante el primer tercio del siglo XX.

Serrano Suñer supo después que sus dos hermanos, José y Fernando, habían sido «sacados» de la cárcel de Las Ventas y asesinados en las tapias del cementerio de Aravaca. Él logró escapar, llegó a Francia y desde Biarritz pasó por Hendaya hasta Salamanca. Tras su experiencia en Madrid estaba, como él mismo declaró, «traumatizado», «despersonalizado», y a partir de ese momento dio rienda suelta a su odio a todo lo que significaba la República.

La llegada a Salamanca de Serrano Suñer con su mujer, Zita, y sus hijos fue muy bien recibida por Carmen, quien le propuso a su marido que los invitara a vivir junto a ellos en un ático del palacio episcopal. A Carmen le disgustaba la vida bohemia y poco disciplinada de Nicolás Franco y sentía especial antipatía por su mujer, Isabel Pascual de Pobil, miembro de la rica familia salmantina de la Banca Coca. Las hermanas Polo formaron un influyente tándem, primero en el palacio arzobispal de Salamanca y después, a partir de julio de 1937, en el palacio de la Isla, de la familia Muguiro, en Burgos. Vidas palaciegas y de intensa actividad social en medio de una guerra.

En la España de Franco a la que llegó Serrano Suñer mandaban las autoridades militares, pero detrás había bases sociales civiles y disputas entre facciones y líderes. El reclutamiento de miles de carlistas en Navarra y Álava aumentó su peso político en los primeros meses de la contienda. Constituyeron una Junta Central de Guerra, presidida por el jefe-delegado de la Comunión, Manuel Fal Conde, con una sección militar y otra política, que en Navarra ejerció plenos poderes. En su afán por controlar militarmente esa movilización, los dirigentes carlistas crearon en diciembre de 1936 una Real Academia Militar de Requetés que chocaba frontalmente con la decisión de Franco de incorporar las milicias carlistas y falangistas al ejército regular.

Franco le manifestó a Tomás Domínguez Arévalo, conde de Rodezno y rival de Manuel Fal Conde en la dirección del tradicionalismo, su «disgusto» porque, al margen de la «jefatura del Estado», hubiera otro poder «que creaba y regulaba ejércitos, que concedía ascensos». Calificó ese acto de «delito de traición» y le dijo que Fal Conde tenía que abandonar esa empresa. El general Dávila, en nombre de Franco, le ofreció a Fal Conde cuarenta y ocho horas para abandonar España o enfrentarse a un consejo de guerra y este optó por irse a Portugal. Franco eliminó así a otro posible competidor y cortó las alas a un grupo que tenía una notable capacidad de movilización en esos momentos.

Espectacular fue también el crecimiento de FE de las JONS en esos primeros meses de la guerra civil, cuando una buena parte de sus dirigentes, algunos de ellos liberados de las cárceles por la sublevación militar, centraron sus energías en la labor de encuadramiento y recluta de nuevos miembros llegados en aluvión al partido fascista. Falange Española (FE), fundada por Alfonso García Valdecasas, Julio Ruiz de Alda y José Antonio Primo de Rivera en octubre de 1933, fusionada con las Juntas de Ofensiva Nacional Sindicalista a principios de 1934, era una organización pequeña antes de las elecciones de febrero de 1936, aunque la derrota electoral de la CEDA y la fascistización de la derecha en los meses siguientes había multiplicado sus efectivos en vísperas del golpe de Estado. Su discurso radical y estructura paramilitar, además del descrédito de las organizaciones que como la CEDA habían aceptado el juego de la legalidad republicana, hicieron de polo de atracción cuando las armas sustituyeron a la política.

José Antonio Primo de Rivera nació el 24 de abril de 1903 en el seno de una familia acomodada andaluza de militares con estrechos vínculos con la oligarquía terrateniente y creció como un aristócrata monárquico, siempre leal a la memoria de su padre, el dictador Miguel Primo de Rivera. Cuando estalló la sublevación militar, estaba en la cárcel de Alicante, a donde había sido trasladado el 5 de junio desde la prisión de Madrid. Había sido detenido, junto con otros dirigentes de la FE-JONS, el 14 de marzo, dos días después de que tres falangistas intentaran asesinar a Luis Jiménez de Asúa, catedrático de Derecho y diputado del PSOE.

La sublevación le sorprendió en la cárcel, pero confiado, tras haberla apoyado sin reservas en un manifiesto redactado el 17 de julio, en que triunfaría y al mismo tiempo le pondría en libertad. Nada de eso sucedió en Alicante y pasó unos meses en que mientras sus aliados planeaban su fuga o un canje de prisioneros, algo que consiguieron otros afamados derechistas como Ramón Serrano Suñer o Raimundo Fernández-Cuesta, el Comité de Orden Público local llegó a pensar en «pasearle» con la excusa de un traslado a la cárcel de Cartagena.

El 16 de noviembre, acompañado de su hermano Miguel, respondió ante un Tribunal Popular, de tres magistrados y un jurado de catorce miembros, las preguntas sobre sus conexiones con los conspiradores y con la preparación de la sublevación militar. José Antonio negó su participación y que la Falange fuera responsable de actos de violencia. El 18, los magistrados aceptaron la petición del fiscal de pena de muerte, mientras que la sentencia para su hermano Miguel era de cadena perpetua. A la mujer de este último, Margarita Larios, «Margot», que se había trasladado a Alicante unos días antes de la sublevación, la condenaron a seis años y un día. José Antonio fue fusilado en la madrugada del 20 de noviembre de 1936. Tenía treinta y tres años y siempre se dijo que murió con valentía y honor.

La violenta guerra civil proporcionó a Falange la oportunidad de imitar los modelos fascista y nazi desde fuera y dentro del aparato del Estado en la construcción del nuevo orden. Justo cuando tenía miles de afiliados, carecía sin embargo de una dirección sólida, de dirigentes indiscutibles o carismáticos. Presos José Antonio y su hermano Miguel, Onésimo Redondo, un abogado ultracatólico fundador con Ramiro Ledesma Ramos de las JONS, murió el 24 de julio en Labajos, Segovia, en un enfrentamiento armado con las milicias republicanas. Julio Ruiz de Alda y Fernando Primo de Rivera, hermano menor de José Antonio, fueron asesinados en agosto en la cárcel Modelo de Madrid. Dos meses después, tras unas «sacas» de la prisión de Las Ventas, le tocó el turno a Ramiro Ledesma Ramos. En la cárcel estaban también Raimundo Fernández-Cuesta, que consiguió ser canjeado en octubre de 1937, y Rafael Sánchez Mazas, que logró escapar de un fusilamiento colectivo poco antes de finalizada la guerra. Lo dijo uno de los dirigentes falangistas de segunda fila, José Luna, jefe provincial de Cáceres y capitán de Infantería: la Falange había pasado de tener «un cuerpo minúsculo con una gran cabeza a un cuerpo monstruoso sin cabeza».

Responsables falangistas de los distintos sectores de la España sublevada se reunieron en Valladolid el 2 de septiembre de 1936 y crearon una Junta de Mando provisional, presidida por Manuel Hedilla, hombre fiel a José Antonio, que estaba entonces dedicado a la formación de milicias falangistas. La junta se trasladó a Salamanca a principios de octubre, para estar cerca del cuartel general de Franco. Desde allí se planearon varias operaciones de rescate de José Antonio, dirigidas por Agustín Aznar, jefe de las milicias falangistas, pero todas ellas fracasaron y toparon con la actitud poco entusiasta de Franco. Antes de morir fusilado el 20 de noviembre en el patio de la cárcel de Alicante, José Antonio redactó su testamento, del cual nombró albaceas a sus amigos Raimundo Fernández-Cuesta y Ramón Serrano Suñer, quienes tras lograr pasar a la zona franquista tendrían un papel destacadísimo en la Falange unificada. A Salamanca llegó también Pilar Primo de Rivera, tras huir de Madrid como argentina con un pasaporte alemán. Retomó la jefatura de la Sección Femenina y se convirtió en una referencia moral y política para muchos falangistas que veneraban a su hermano. La organización femenina de Falange incorporó decenas de miles de mujeres durante la guerra y junto con las mujeres carlistas, de Renovación Española y las de las asociaciones católicas, participaron en la recaudación de fondos, en la propaganda, en actividades en hospitales, en el frente y en la retaguardia.

La noticia de la muerte de José Antonio, conocida a través de la prensa republicana y extranjera, se ocultó en la España de los sublevados. Franco utilizó el culto al «ausente» para dejar vacío el liderazgo del partido y manejar a Falange como un mecanismo de movilización política de la población civil. Un mes después, el 20 de diciembre, un decreto ponía a las milicias falangistas y a las de las restantes organizaciones bajo las órdenes de las autoridades militares. Todo el personal combatiente, el militarizado y el profesional, quedaba ya subordinado a la autoridad del Generalísimo.

Los centros autónomos de poder comenzaban a desaparecer. Faltaba crear una fuerza política única, un movimiento de masas que sirviera para identificarse con sus aliados fascistas y nazis.

Todas las fuerzas políticas que apoyaron la sublevación militar defendían a finales de 1936, asumido ya el mando supremo de Franco, algún tipo de unificación, aunque el problema residía en dilucidar quién ocuparía más cotas de poder. Franco pensaba en un partido que le ayudara a concentrar todavía más el poder en su persona. También le presionaban en esa dirección los fascistas italianos. En febrero de 1937, un enviado de Mussolini, Roberto Farinacci, que desde las posiciones más radicales y violentas de los *squadristi* se había aupado a la secretaría del Partito Fascista Italiano, instó a Franco a que creara, «con las fuerzas que han dado combatientes», un Partido Nacional Español, con un auténtico programa fascista y corporativo.

Serrano Suñer, experto en derecho administrativo, parecía la persona idónea para sentar las bases de un régimen de partido único, una labor para la que no habían mostrado estar capacitados ni Nicolás Franco ni el monárquico autoritario José Antonio de Sangróniz. El hermano mayor de Franco, sibarita y «un tanto en la vida alegre», en palabras de su hermana Pilar, acumuló influencia sin talento y sin conocimientos jurídicos, con hábitos de trabajo perezosos y vida social de potentado. Pero había demostrado gran habilidad y astucia en la operación de colocar a su hermano en la jefatura del Ejército y del Estado. Hasta que llegó la familia Serrano-Polo, Nicolás y su esposa, Isabel, habían creado una minicorte.

Serrano Suñer le explicó a Franco que lo que él dirigía era un «Estado campamental», poco eficaz y de mentalidad cuartelera, que tenía que ser sustituido por una maquinaria política permanente, un nuevo Estado similar al de los fascismos. El plan de Serrano Suñer consistía en crear un movimiento político de masas a partir de la unión de Falange y la Comunión Tradicionalista Carlista. Él fue el cerebro visible del partido único, el encargado de diseñar la política de lo que sería el «franquismo» de los primeros años.

Franco convocó primero a Rodezno y a otros dirigentes tradicionalistas navarros para comunicarles su decisión: no habría negociaciones entre los dos grupos, algo que podría reproducir los enfrentamientos partidistas de la democracia, y sería él quien decretaría la unificación. La Falange le preocupaba más, porque era un partido mayor, con ambiciones totalitarias, y desde la muerte de José Antonio sus dirigentes estaban enzarzados en una lucha por el poder.

La disputa desembocó el 16 de abril de 1937 en una reyerta sangrienta entre dos grupos rivales que dejó dos muertos, hasta que fue controlada por el ejército. Tres días después apareció firmado por Franco el decreto de unificación, elaborado por Serrano Suñer y pactado con los generales Queipo de Llano y Mola. Falange y los carlistas se unían bajo la jefatura de Franco en una «sola entidad política nacional», Falange Española Tradicionalista y de las JONS, «enlace entre el Estado y la sociedad», donde la «espiritualidad católica» de los requetés, la «fuerza tradicional», se integraba «en la fuerza nueva», el fascismo, como había pasado en otros regímenes totalitarios. En el preámbulo Franco «exigía» la unificación «en el nombre de España y en el nombre sagrado de los que por ella cayeron —héroes y mártires— a los que todos y siempre guardaremos fidelidad». El saludo romano fascista se institucionalizó como saludo oficial en la Nueva España, con la boina roja carlista y la camisa azul falangista como uniforme. El decreto de unificación del 19 de abril fue, según escribió el célebre falangista Dionisio Ridruejo, «un golpe de Estado a la inversa». Al contrario de lo sucedido en Italia y Alemania, «no era un partido mesiánico el que se había apoderado del Estado, sino el Estado —su jefe— el que se había apoderado de los partidos fundiéndolos para acomodarlos a sus propósitos».

Manuel Hedilla, quien pasaba de ser jefe a un simple vocal de la Junta Política, no aceptó ser relegado y comunicó a los jefes provinciales que obedecieran únicamente sus órdenes. El 25 de abril fue arrestado junto con otros falangistas disidentes. Dos meses después, compareció ante un consejo de guerra sumarísimo que lo condenó a muerte por «adhesión a la rebelión» y resistencia al cumplimiento del decreto de unificación. Franco desatendió al principio las peticiones y súplicas para que no se ejecutara esa sentencia. Pilar Primo de Rivera, líder de la Sección Femenina, visitó a Carmen Polo, quien le contestó que se quedase tranquila, porque «estando aquí Ramón (Serrano Suñer) los falangistas tienen un defensor bien seguro». El embajador Von Faupel le dijo que «el fusilamiento de Hedilla, único representante auténtico de los trabajadores, causaría una mala impresión» y advirtió que «en los momentos actuales es muy peligroso crear mártires». Franco, a petición de Serrano Suñer, lo indultó finalmente, pero pasó cuatro meses en la cárcel y ya nunca volvió a la actividad política.

El nuevo partido nació desde arriba, dominado desde el principio por Franco, ya instalado en la jefatura del Estado, que culminaba así la eliminación de cualquier rival político. Monárquicos, carlistas y católicos lo aceptaron sin reservas. Antonio Goicoechea, contacto de Mussolini con España durante los años republicanos, disolvió Renovación Española y la posición de Gil-Robles no mejoró, aunque aceptó entusiastamente la unificación y dio desde Lisboa las instrucciones para la disolución de Acción Popular, el núcleo más importante de la CEDA. Los falangistas nunca le perdonaron el paso por el Gobierno de la República y Franco tampoco tenía mucho interés en incorporar a un representante de la vieja política que había sido además su superior como ministro de la Guerra.

Por si el camino no lo tuviera Franco suficientemente despejado, apenas un mes y medio después de la unificación desapareció también el único competidor que quedaba con alguna posibilidad de hacerle sombra. El 3 de junio de 1937, el bimotor que llevaba al general Emilio Mola a inspeccionar el frente, en plena campaña para la conquista del norte, se estrelló cerca de Alcocero, un pueblecito de la provincia de Burgos. Según la versión oficial, el avión chocó contra una colina a causa de la niebla, aunque se levantaron rumores de sabotaje y también de que al aparato, un Airspeed A.S. 6

Envoy de construcción británica, le dispararon por error los aviones de su propio bando.

Franco se sintió «aliviado por la muerte del general Mola», escribió poco después Von Faupel. No tenía necesidad de asesinar a rivales, como hacían Hitler o Stalin, porque desaparecían de la escena por accidente o ejecutados por sus enemigos: Calvo Sotelo, Sanjurjo, José Antonio, Mola. Tras los accidentes de Sanjurjo y Mola, dejó de viajar en avión y comenzó a visitar el frente de guerra en coche. Hitler también tardó varios años en subirse a un avión, después de un accidentado viaje en abril de 1932. El coche era su «debilidad» y a él le debía «algunas de las más bellas horas» de su vida.

Mientras que Franco encontró pocos obstáculos en su ruta al dominio absoluto, conseguida en menos de un año, la República tuvo en el mismo tiempo tres jefes de Gobierno: José Giral, Francisco Largo Caballero y Juan Negrín. Y el presidente, Manuel Azaña, vivió la guerra civil como un desgarro, angustiado por la destrucción de la legalidad republicana, horrorizado por las matanzas de las diferentes políticas de exterminio, consciente de que el abandono de las naciones democráticas equivalía a la derrota. En octubre de 1936, dejó Madrid y se trasladó a Barcelona, donde vivió alejado de las grandes decisiones políticas y militares. «Nosotros hacemos la guerra porque nos la hacen», dijo en un discurso en el Ayuntamiento de Valencia el 21 de enero de 1937. La fuerza de las armas le dio el poder a Franco y se lo quitó a Azaña. Soplaban en Europa vientos fascistas y de violencia indómita.

Capítulo 12

EL CUMPLIMIENTO DEL DEBER

El 14 de marzo de 1946, Hermann Göring, ministro de Aviación del Tercer Reich, declaró ante el Tribunal Militar Internacional de Núremberg que él había instado a Hitler a intervenir en favor de Franco «primero para contrarrestar en ese lugar la expansión del comunismo y, en segundo lugar, para someter a prueba mi joven aviación [...] cazas, bombarderos y cañones antiaéreos, y así tuve la posibilidad de comprobar si el material había sido desarrollado de acuerdo con sus fines». Los nazis utilizaron el territorio español como campo de pruebas y los voluntarios de la Legión Cóndor, tanto si eran oficiales como soldados rasos, recibían salarios elevados por combatir en España.

Al mando del general Hugo von Sperrle y después del coronel y barón Wolfram von Richthofen, oficiales ambos de la Luftwaffe, su fuerza constaba de unos 140 aviones distribuidos en cuatro escuadrillas de cazas formados por Heinkel 51 biplanos y otras cuatro de bombarderos Junker 52, apoyadas por un batallón de 48 tanques y otro de 60 cañones antiaéreos. La Legión Cóndor contó con diecinueve mil hombres, sumando pilotos, tanquistas y artilleros, aunque nunca hubo más de cinco mil a la vez, porque se les reemplazaba frecuentemente para que adquiriera experiencia el mayor número posible de soldados. Participó desde finales de noviembre de 1936 en casi todas las operaciones militares desarrolladas durante la guerra y 371 de sus miembros perdieron la vida en combate.

Tras los sucesivos fracasos en el intento de tomar Madrid, Franco miró al norte, un sector débil desde el punto de vista defensivo, aislado del resto de la zona republicana, y que concentraba una buena parte de la industria y de la minería españolas. Los alemanes presionaban también a favor de ese cambio de rumbo en la guerra, porque pensaban que la obtención del carbón y del acero de la zona cantábrica ayudaría al programa de rearme acelerado de Hitler. Y el general Emilio Mola, que tenía sus tropas bien cerca del objetivo, quería conquistar esas tierras y dar un buen escarmiento a los vascos: «Si la rendición no es inmediata, arrasaré Vizcaya hasta sus cimientos, comenzando por sus industrias de guerra».

Mola emprendió su campaña a final del mes de marzo con masivos bombardeos de la Legión Cóndor parar romper la moral de la población civil y destruir las comunicaciones terrestres. Primero le tocó a Durango, el 31 de marzo; después a Gernika, el 26 de abril. El 19 de junio, la ciudad de Bilbao, que estaba protegida por un perímetro defensivo de ochenta kilómetros, construido por el Gobierno vasco, «el cinturón de hierro», inservible frente a la aviación que lo sobrevolaba, se rindió «reintegrada a la civilización y al orden», según se decía en el parte de guerra de los ocupantes.

Unos días después, en la toma de posesión de la alcaldía, el falangista José María de Areilza se sumaba con fervor al ambiente patriotero español y antivasco:

> Que eso quede bien claro: Bilbao ha sido conquistado por las armas. Nada de pactos y agradecimientos póstumos. Ha triunfado la España una, grande y libre. Ha caído para siempre esa horrible pesadilla siniestra que se llama Euskadi [...] Vizcaya es otra vez un trozo de España *por pura y simple conquista militar*.

Un decreto del 23 de junio derogó el Estatuto de Autonomía, que había sido aprobado por las Cortes de la República en octubre del año anterior, y al considerar a Vizcaya y Guipúzcoa «provincias traidoras» las privó del régimen especial de competencias económicas y fiscales del que disfrutaban desde finales del siglo XIX.

Tras el bombardeo de Durango, que mató a más de cien civiles, entre ellos a catorce monjas y dos sacerdotes, Franco declaró:

> Los demás quizás piensen que cuando mi aviación bombardea ciudades rojas estoy haciendo una guerra como cualquier otra, pero no es así: Mis generales y yo somos españoles y sufrimos en el cumplimiento del deber que la Patria nos ha asignado.

En la mañana del lunes 26 de abril, Wolfram von Richthofen, tras un encuentro con el coronel Juan Vigón, jefe del Estado Mayor de Mola, organizó un bombardeo sobre las carreteras, el puente y el pueblo de Gernika: «Las cosas deben dejarse bien atadas, es necesario asegurar definitivamente un triunfo sobre el personal y el material enemigo».

Gernika era un símbolo de identidad vasca, y Vigón y Mola lo sabían. Aquel lunes 26 de abril era día de mercado. Entre habitantes, refugiados y campesinos que acudieron al mercado había en la antigua capital de los vascos unas diez mil personas. La ciudad no tenía defensas antiaéreas. Fue atacada a mitad de tarde durante tres horas por la Legión Cóndor y por la italiana Aviazione Legionaria.

Los servicios de prensa y propaganda de Franco buscaron imágenes «probatorias» de que la destrucción había sido obra de dinamiteros republicanos. El documental *Frente de Vizcaya y 18 de julio*, con producción de Falange, fue el primero que, bajo la dirección de Joaquín Reig, difundió esa idea en el cine, aunque apareció después en *España heroica* (1938), un extraordinario documental que sentó las bases de la versión franquista de la República y de la guerra civil.

Pero hubo otros testigos del bombardeo, entre ellos cuatro periodistas y el sacerdote vasco Alberto Onaindía. Dos días después, George Steer, corresponsal de *The Times* publicó en su periódico y en *The New York Times* un relato de la matanza que daría la vuelta al mundo. Gernika había sido destruido por bombas explosivas e incendiarias. La iniciativa partió del Estado Mayor de Mola y los alemanes la pusieron en marcha. Gracias a Pablo Picasso, además, Gernika se convirtió en el símbolo de las atrocidades de la guerra.

Bombas explosivas sobre una indefensa población civil. La noticia parecía confirmar lo que unos pocos intelectuales católicos, como François Mauriac o Jacques Maritain, estaban ya difundiendo en el extranjero: que en la España cristiana de Franco se asesinaba sin piedad. El Generalísimo, preocupado por las repercusiones que esas informaciones pudieran tener en algunas cancillerías europeas, llamó al cardenal Isidro Gomá a una entrevista, que se celebró el 10 de mayo de 1937. Según la versión del propio Gomá, Franco le pidió que «el Episcopado español [...] publique un escrito que, dirigido al Episcopado de todo el mundo, con ruego de que procure su reproducción en la prensa católica, pueda llegar a poner la verdad en su punto, haciendo a un mismo tiempo obra patriótica y de depuración histórica, que podría redundar en gran bien para la causa católica de todo el mundo».

El 15 de mayo, Gomá envió una carta «reservada» a todos los obispos explicándoles el ruego de Franco. Todos respondieron afirmativamente menos el arzobispo de Tarragona, Francesc Vidal i Barraquer, quien detenido por milicianos anarquistas en julio de 1936 se había librado del asesinato gracias a la intervención de las autoridades de la Generalitat y se encontraba desde entonces en Italia. Vidal le dijo a Gomá en una carta el 30 de mayo que un «documento colectivo» no era la manera más «eficaz, oportuna y discreta», aunque estaba de acuerdo en que urgía «hacer una intensa propaganda a favor de nuestra desgraciada España, en particular en lo referente a la persecución religiosa».

La «Carta colectiva del Episcopado español a los obispos del mundo entero», fechada el 1 de julio de 1937, la firmaron 43 obispos y cinco vicarios capitalinos, todos menos Vidal i Barraquer y

Mateo Múgica, obispo de Vitoria, que se encontraba en Roma desde octubre de 1936 y a última hora excusó su firma por no encontrarse en su puesto «con todas las garantías de libertad e independencia».

El escrito consiguió la adhesión de los episcopados de 32 países y de novecientos obispos. «Debemos felicitarnos de haber contribuido con dicho Documento a disipar los equívocos y a poner en buena luz los hechos e ideas que con la guerra actual se ventilan en España», le escribía Gomá a Pacelli el 12 de octubre de 1937. El respaldo a la causa de Franco sirvió de argumento para los católicos y gentes de orden del mundo entero, se transmitía la idea de la justicia que reinaba en el territorio «nacional» y nada se decía de la extrema violencia que los militares habían puesto en marcha desde el primer momento de la sublevación.

La carta demonizaba al enemigo, al que solo movía la voluntad de persecución religiosa, y codificaba definitivamente el apadrinamiento de la guerra como cruzada santa y justa contra la disgregación patriótica-religiosa realizada por el comunismo. El entonces director de Propaganda, Javier Conde, le transmitió al jesuita Constantino Bayle, redactor de *Razón y Fe* y hombre de confianza de Gomá, lo satisfechos que estaban en los círculos políticos y militares franquistas con aquel milagroso documento: «Diga Ud. al señor Cardenal que se lo digo yo, práctico en estos menesteres: que más ha logrado él con la Carta Colectiva que los demás con todos nuestros afanes».

«El general Franco es magnánimo», solía decir el cardenal Gomá a quienes lo dudaban. Porque él lo conocía de verdad y había intercedido ante él para que, tras la conquista de Bilbao, «la represión fuera lo más suave posible», especialmente con el clero, que no se repitiera de nuevo esa «horrenda» escena de sacerdotes católicos asesinados por militares católicos que había seguido a la ocupación de Guipúzcoa a comienzos de septiembre de 1936.

La conquista de la provincia vasca por militares rebeldes fue acompañada de una limpieza a fondo de izquierdistas y nacionalistas vascos. Un millar de personas fueron «paseadas» y ejecutadas en los meses siguientes. Con cifras más altas o bajas, esa violencia aniquiladora se convirtió en la seña de identidad del modelo de conquista iniciado por militares, carlistas y falangistas en el verano de 1936. El detalle peculiar en Guipúzcoa fue, sin embargo, que entre los asesinados por los abanderados de la guerra «santa y justa» se encontraban dieciséis sacerdotes, trece diocesanos y tres religiosos.

El cardenal Isidro Gomá se enteró de las ejecuciones el 26 de octubre por una breve nota informativa que le entregó José Ángel Lizasoain Palacios, presidente de la Junta de Acción Católica de San Sebastián. Unos días después, se entrevistó con el general Franco en Salamanca, ante quien hizo valer «las razones de justicia, de antipatía que se engendraba contra el ejército, de aumento de aflicción de la Iglesia ya tan afligida por tanta desgracia».

Las autoridades militares, «y particularmente el Generalísimo Franco, Jefe de Estado», se mostraron «desagradablemente sorprendidas por la noticia de un hecho que desconocían y reprobaron». Franco le dijo a Gomá: «Tenga su eminencia la seguridad de que esto queda cortado inmediatamente». Y José Antonio de Sangróniz, entonces jefe del Gabinete Diplomático, le confirmó que efectivamente «se habían ya tomado medidas rápidas y enérgicas para que no se reprodujera lo ocurrido».

Todo eso lo contaba el primado de los obispos españoles en un parte a la Santa Sede el 8 de noviembre de 1936. Por informes posteriores de Gomá al cardenal Pacelli salieron a la luz más cosas. Tras conquistar San Sebastián el 12 de septiembre, se quiso aplicar una justicia «rápida y ejemplar». Y a algunos sacerdotes se les midió «según el rasero de todos los posibles culpables». A los dieciséis se les tomó declaraciones en juicio sumarísimo antes de la ejecución. Los fusilaron «vestidos de paisano», de noche, «para evitar publicidad», «avisados poco antes para evitarles sufrimientos morales». Los jesuitas José María Lacoume y Juan Urriza estuvieron con ellos en un automóvil «que servía de confesionario».

El cardenal Gomá no era el único que resaltaba la «magnanimidad» de Franco. En su círculo más próximo el Generalísimo era por encima de todo un «cristiano y militar» que estudiaba los casos de ejecución con el coronel jurídico Lorenzo Martínez Fuset y, después de ser juzgados por los tribunales competentes, daba el «enterado». Y solo se juzgaba a quienes tenían delitos de sangre. Su hija y hermana alimentaron también esa leyenda. Según Nenuca, su padre «se sumó a la guerra con poca gana», «la toma del poder por los militares no era una cosa que a él le atrajera mucho». El bombardeo de Gernika «le sentó fatal. Mi padre no quería que tiraran en las poblaciones civiles». Para Pilar, «Paco era un hombre pacífico, enemigo de la guerra», un «buen cristiano»: «A mi hermano el Generalísimo lo único que le sacaba de quicio eran las injusticias».

El retrato que un agente británico remitía a Londres en enero de 1938 lo describía como un «general apacible», prudente, incluso con encanto «en sus ojos, que son de un castaño amarillento, inteligentes, vivaces y tienen una marcada bondad expresiva». Franco sabía utilizar diferentes máscaras para relacionarse con las potencias fascistas o con las democracias, reinventando la historia cuando hacía falta: «Expresó sus sentimientos de amistad hacia Inglaterra, mencionando la buena relación que había unido a ambos países en el pasado».

La guerra como escenario de «brutalización» propició en esas décadas del siglo XX el ascenso al mando supremo de personajes variopintos en países muy diferentes. Sin la primera guerra mundial, Mussolini o Hitler posiblemente hubieran pasado desapercibidos en la historia. Sin ese conflicto bélico y la revolución que provocó y destruyó el aparato del Estado zarista en marzo de 1917, Lenin y Stalin no hubieran podido conquistar el poder unos meses después y consolidarlo por medio de una guerra civil. Y otra guerra civil fue la que facilitó el abanico de opciones que se le presentó a Franco para pasar de un militar prominente a Generalísimo y Caudillo indiscutible.

Esas guerras llevaron con ellas dosis extremas de violencia, y la crueldad fue un mérito para conseguir el objetivo de derrotar y exterminar al enemigo. Los crímenes se justificaron en nombre de la patria, la religión, el orden, la raza o la revolución. Franco consideró que el papel histórico que le correspondía en ese proceso de destrucción de los enemigos de España era extraordinario, cumplimiento del deber a causa de un designio divino y destino de salvación ineludible. Una crisis tan profunda como la que atravesaba la nación requería la aparición de un líder mesiánico. Y quienes estaban a su lado le quitaron siempre protagonismo en las ejecuciones extrajudiciales y procesos sumarísimos de decenas de miles de personas, del bombardeo sistemático de ciudades, de la tortura y muerte en las cárceles y campos de concentración que tuvieron que crearse para cumplir con las políticas de venganza. Franco tenía un poder omnímodo en todo, menos en las políticas de terror y venganza. Ese trabajo sucio, imprescindible dada la magnitud de la empresa redentora, siempre lo hacían otros, de la misma forma que en la Alemania nazi no se podía relacionar a Hitler con las mayores atrocidades y el exterminio de los judíos. Así, el fundamento de la autoridad de Franco no era el miedo, la brutalidad con la que condujo la guerra y la represión, sino su talento militar y haber sido elegido por la providencia para guiar a los españoles por el buen camino.

Soplaban vientos fascistas en Europa, Italia y Alemania sostenían a Franco en la guerra contra la República, pero ese proceso de fascistización en la España sublevada nunca pudo poner en cuestión el poder del ejército y tuvo que convivir siempre con la presencia de la Iglesia católica como una fuerza social y cultural muy influyente. Así, menos de un año después del golpe de Estado, la dictadura personal de Franco se asentaba ya sobre los tres pilares que la iban a acompañar hasta su muerte cuatro décadas después: el ejército, la Iglesia católica y el partido único.

Militarismo, fascismo y catolicismo eran los componentes esenciales del nuevo Estado que emergió conforme la guerra avanzaba.

Por un lado, era evidente el sello falangista en la incorporación de algunos símbolos, se exaltaba al líder, Caudillo, como el *Führer* o el *Duce*, se imponía el saludo romano, brazo en alto, como saludo nacional, el himno *Cara al sol*, la camisa azul, el emblema del yugo y las flechas de los Reyes Católicos; por otro, aparecían los ritos y las manifestaciones religiosas, las procesiones, misas de campaña y las ceremonias político-religiosas de tipo medievalizante. Las jerarquías eclesiásticas asistían a las celebraciones oficiales con las autoridades políticas y los mandatarios ocupaban un lugar preferente en el boato religioso. No había dudas, sin embargo, en la concentración del mando supremo en una sola persona, sin límites. Serrano Suñer lo expresó de forma terminante en el discurso en la conmemoración del segundo aniversario del 18 de julio: «¡El poder civil! ¡El poder militar! ¡Aquí no hay sino un Poder único, total, indivisible y sagrado de la España unida!».

España «seguirá la estructura de los regímenes totalitarios, como Italia o Alemania», declaró Franco a la agencia United Press en julio de 1937 y los nuevos estatutos de Falange, aprobados poco después, proclamaban la doctrina del caudillaje: «El jefe supremo asume en su eterna plenitud la más absoluta autoridad. El Jefe responde ante Dios y ante la historia».

En ese mismo verano, el general monárquico Francisco Gómez-Jordana y Sousa sustituyó a otro general, Fidel Dávila, en la presidencia de la Junta Técnica del Estado, un hombre que mostró su ineficacia en los meses en que estuvo al frente de ese órgano de poder. El conde de Jordana lamentó el caos y «maremágnum» que se encontró y junto con Serrano Suñer intentó poner orden en el aparato administrativo. Ambos creían que lo que necesitaba la España sublevada era un gobierno y no una junta técnica. Y así se lo dijeron a Franco.

El 30 de enero de 1938, el Caudillo nombró su primer Gobierno. Los diferentes ministerios fueron repartidos entre militares, carlistas, falangistas y monárquicos, buscando un equilibrio entre todos los sectores de la coalición reaccionaria que se había levantado en armas contra la República. Era una alianza del tradicionalismo católico, de la nueva derecha autoritaria y del fascismo. Serrano Suñer se convirtió en ministro de Gobernación y motor de las políticas totalitarias que Franco anunciaba. Nicolás Franco y José Antonio de Sangróniz salieron del círculo de influencia del Generalísimo, enviados como embajadores a países amigos, a Portugal e Italia. El Gobierno, como declaró Franco, se ocuparía de la «organización nacional-sindicalista del Estado», aunque más que construir lo que hizo fue destruir la obra legislativa de la República. El Servicio Nacional de Reforma Económica y Social de la Tierra se encargó de deshacer la reforma agraria y devolver las fincas a sus antiguos propietarios. Muchos de ellos las recuperaron directamente sin proceso legal y sin control del nuevo Estado. Ese primer Gobierno había «nacido por la guerra y en la guerra» y por eso, para ganarla, necesitó de gestos políticos para satisfacer el compromiso adquirido con la Italia de Mussolini y la Alemania de Hitler.

Capítulo 13

«LOS DELINCUENTES Y SUS VÍCTIMAS NO PUEDEN VIVIR JUNTOS»

Todo iba bien en la España de Franco, más unida política e ideológicamente que la República, con la marcha de la guerra siempre victoriosa, sin apenas reveses. Desde la ocupación total del norte a finales de octubre de 1937, el ejército de Franco demostró una abrumadora superioridad material en Teruel, tomada por los republicanos durante unas semanas y reconquistada por las tropas mandadas por el general Juan Vigón, y en el frente de Aragón, liquidado en unos pocos días de marzo de 1938. El 3 de abril, el cuerpo marroquí de Yagüe entró en Lérida, la primera capital catalana que conquistaban las tropas franquistas, que habían ocupado también las centrales eléctricas que proporcionaban energía a Barcelona. La campaña acabó el 15 de abril en el mar Mediterráneo. «La espada victoriosa de Franco», podía leerse en el periódico *ABC* de Sevilla al día siguiente, «partió en dos la España que aún detentan los rojos».

El dominio aéreo fue fundamental para esa rápida conquista de un frente tan amplio. Entre el 9 y 31 de marzo, los aviones rebeldes realizaron 285 bombardeos, por solo ocho de los republicanos. En ese escenario intervino por primera vez el avión alemán Stuka, que adquirió fama después en la segunda guerra mundial. La guerra de trincheras, que George Orwell narró en ese mismo frente de Aragón para los primeros meses de la contienda, con fusiles y escasa artillería, dio paso a la guerra relámpago de 1938, con el uso de toda la artillería y tanques de las tropas italianas y de la Legión Cóndor. Los bombardeos afectaron a numerosas poblaciones, destacando el de la aviación italiana sobre la localidad turolense de Alcañiz el 3 de marzo de 1938, que dejó en medio de los escombros más de 250 muertos.

El avance de los militares rebeldes por Cataluña parecía que iba a ser imparable, el objetivo más próximo y acertado dado el estado en que habían quedado las tropas republicanas tras el derrumbe del frente de Aragón. Pero Franco, en vez de lanzar un rápido ataque contra Barcelona, como le pedían algunos de sus compañeros, los italianos y los alemanes, ordenó el avance desde Teruel hasta Castellón, Sagunto y Valencia. Ocuparon Castellón el 13 de junio, aunque la ofensiva sobre Valencia, la meta principal de esa campaña, fue bloqueada a menos de cincuenta kilómetros de la que había sido durante un año la capital de la República.

Franco seguía con la idea de una guerra larga, de desgaste, en la que pudiera machacar para siempre a la República. Poco después, en la batalla del Ebro, la más larga y dura de la contienda, la República perdió lo mejor de su ejército. La batalla pareció al principio una victoria táctica de los republicanos, pero fue, en casi todo su desarrollo, un combate defensivo que buscaba más cansar al adversario, obligarle a negociar una victoria menos incondicional, que derrotarlo, algo imposible. Lucharon durante casi cuatro meses, desde el 24 de julio hasta el 16 de noviembre, 250.000 hombres. Los franquistas perdieron más de treinta mil y los republicanos el doble.

Fuera de España, las cosas no iban mejor porque el 20 de febrero de 1938 Anthony Eden, el único que no manifestaba abiertamente un odio a la República en el Gobierno de Neville Chamberlain, dimitió como ministro de Asuntos Exteriores de Gran Bretaña. Su sucesor en el Foreign Office, Edward Wood, lord Halifax, firmó el 16 de abril un acuerdo con Italia en el que los británicos hacían una vez más la vista gorda sobre la intervención fascista en el bando de Franco. En Francia, después de un Gobierno efímero del socialista León Blum, que duró solo treinta días, el radical Édouard Daladier se hizo cargo de la presidencia en ese mismo mes y en junio cerró de nuevo la frontera con España.

Los Acuerdos de Múnich, firmados el 29 de septiembre de 1938 entre los dirigentes de Gran Bretaña y Francia y los dictadores de Alemania e Italia, permitieron a Hitler avanzar libremente sobre Checoslovaquia, quebraron la estrategia de resistencia de Juan Negrín y demostraron que las democracias no querían cambiar su política de apaciguar a las potencias fascistas. Para Winston Churchill, Múnich fue «una derrota total y sin paliativos [...] solo el primer sorbo, el primer sabor de una copa amarga que se nos ofrecerá año tras año a menos que, mediante una recuperación suprema de la salud moral y el vigor marcial, nos levantemos de nuevo y tomemos partido por la libertad como en los viejos tiempos». Franklin Delano Roosevelt, que comenzaba por esas fechas a mostrar más simpatía por la causa republicana que en los primeros meses de la guerra, percibió el pacto como una traición de Gran Bretaña y Francia a los estados más pequeños. Si Franco ganaba, se alinearía con Alemania e Italia en un futuro conflicto europeo.

El Caudillo dejó claro desde mediados de 1937 que no iba a aceptar ninguna mediación para acabar la guerra, «sino rendición sin condiciones». Ya se lo dijo al cardenal Gomá en junio de 1937, para que el primado lo transmitiera a la Santa Sede. Ni aceptaría un pacto ni tenía que rectificar nada sobre la supuesta dureza con que los militares trataban al enemigo «porque nadie era condenado sin los trámites previos y según las normas del código militar».

Un año después, la opinión de Franco no ofrecía dudas:

> Cuantos desean la mediación, consciente o inconscientemente, sirven a los rojos y a los enemigos encubiertos de España [...] Nuestra justicia no puede ser más serena ni más noble; su generosidad encuentra solo el valladar del interés supremo de la Patria; ninguna clase de mediaciones podría hacerla más benigna.

El 18 de octubre y a comienzos de noviembre de 1938, a punto de concluir la batalla del Ebro, declaró al corresponsal de la agencia Reuters:

> La victoria rotunda y definitiva de nuestro ejército es la única solución para que subsista España [...] no hay, no puede haber otro final para la guerra que la entrega sin condiciones de los vencidos a la generosidad pródigamente demostrada de los vencedores.

Y se lo dijo de forma categórica el 7 de noviembre a James Miller, vicepresidente de United Press: «No habrá mediación porque los delincuentes y sus víctimas no pueden vivir juntos». Unos días antes, el 28 de octubre, su hermano Ramón, que había enmendado su pecado de ser republicano y masón y se había unido muy pronto a los militares rebeldes, falleció en accidente aéreo en Mallorca. Franco envió un telegrama a la aviación nacional, «siento el orgullo de que la sangre de mi hermano [...] se una a la de tantos aviadores caídos», pero no asistió al entierro.

Ni mediación ni perdón. Todos los militares hablaban de un proceso de «depuración», como si hubiera que purificar España de los «cuerpos enfermos». Muchos eclesiásticos, obispos, religiosos y sacerdotes, proporcionaban savia para esas acciones despiadadas. De los púlpitos salían voces atronadoras pidiendo el exterminio del contrario. El obispo de Madrid-Alcalá, Leopoldo Eijo y Garay, que pasó la guerra en su Galicia natal, escribió que la mediación era «inadmisible», porque «transigir con el liberalismo democrático, absolutamente marxista, sería traicionar a los mártires».

La entrada de las tropas franquistas en las ciudades conquistadas a los republicanos, desde Málaga en febrero hasta Madrid a finales de marzo de 1939, fue celebrada con tedeums, rituales católicos que dotaban de unidad a todas las fuerzas contrarrevolucionarias. Los obispos levantaban el brazo con el saludo fascista en los actos cívico-militares, bendecían las armas, enardecían a las tropas, alentaban a la persecución de los vencidos. En el último año de guerra, Franco dirigió un gran ejército de varios cientos de miles de hombres en diferentes frentes, victoria tras victoria, a la vez que gobernaba la retaguardia con mano de hierro.

El final de la República estaba marcado desde los Acuerdos de Múnich y el desenlace de la batalla del Ebro, pero sus tres últimos meses de vida fueron agónicos, con protestas y malestar por la falta de víveres en la retaguardia. A comienzos de enero de 1939, el *Duce* animó por carta a Franco a que siguiera adelante «hasta la liquidación total de la guerra, sin aceptar compromisos ni mediaciones». En marzo del año anterior había habido intensos bombardeos italianos sobre Barcelona. Se los ordenó Mussolini al general Giuseppe Valle, subsecretario de Aeronáutica y según reflejó Ciano en su diario, «Franco no sabía nada y ayer me pidió que los suspendiera debido a complicaciones con el extranjero. Mussolini piensa que estos bombardeos son muy útiles para doblegar la moral de los rojos mientras las tropas avanzan en Aragón». El ministro de Asuntos Exteriores fascista transmitió semanas después la irritación que había en la prensa internacional y en Francia y en Gran Bretaña por las víctimas y destrozos causados.

Toda Cataluña cayó rendida a los pies de las fuerzas de ataque del ejército de Franco en apenas un mes, en medio de la exaltación patriótica y religiosa. A mediados de enero de 1939 entraron en Tarragona y el 26, en Barcelona. Tres días después, el domingo 29 de enero, se celebró en la plaza de Cataluña una masiva misa de campaña presidida por el general Juan Yagüe. «Esta es una ciudad que ha pecado en gran medida, y que ahora debe ser santificada. Hay que instalar altares en todas las calles de la ciudad y decir misa continuamente», le dijo a Dionisio Ridruejo el nuevo gobernador militar, el general Eliseo Álvarez-Arenas.

Luis Antonio Bolín expresó allí su horror por «la basura que los rojos dejaban en legado en cada ciudad que ocupaban». «La sombría esclavitud de la ciudad había terminado», sentenciaba Francisco Lacruz en su relato sobre «la revolución y el terror» en Barcelona. Aquello no tenía nada del paraíso terrenal que había pintado George Orwell. Era un «gigantesco pudridero» sobre el que había pasado «el sovietismo como un espanto milenario». Había que saciar el hambre de los famélicos, recuperar el «ansia de vivir», el «afán laborioso, tenaz y perdurable de esta gran ciudad española de historia gloriosa» y castigar a todos los responsables de la «dictadura roja».

Víctor Ruiz Albéniz —que firmaba con el seudónimo de Tebib Arrumi—, médico y amigo de Franco de los tiempos de la guerra de Marruecos, recomendaba en el *Heraldo de Aragón* del 4 de febrero de 1939 un «castigo bíblico (Sodoma y Gomorra) [...] para purificar la ciudad roja, la sede del anarquismo y del separatismo [...], como único remedio para extirpar esos dos cánceres mediante el termocauterio destructor implacable». Y Ramón Serrano Suñer sabía también cómo tratar el «virus secesionista», la enfermedad del nacionalismo catalán: «Tenemos hoy a Cataluña en la punta de nuestras bayonetas —declaraba al *Noticiero Universal* el 24 de febrero de 1939—: La cuestión de dominio material es cosa de poco tiempo. Estoy seguro de que la incorporación moral de Cataluña a España se producirá tan rápidamente como la incorporación militar».

Ciano le comunicó esos mismos días a Mussolini que la situación en Cataluña era buena, «Franco la mejora con una cuidada y severa limpieza», y que habían sido detenidos muchos italianos anarquistas y comunistas. El *Duce* le contestó que hiciera fusilar a todos porque «los muertos no cuentan la historia».

En Alemania, la noticia de la caída de Barcelona agradó también a Joseph Goebbels, ministro de Propaganda del Tercer Reich, que le dijo a Hitler que «una España nacionalista garantizará que en cualquier conflicto venidero el país se mantenga al menos neutral. Y también, si Franco será capaz de hacer frente a los elementos reaccionarios y clericales».

Barcelona era entonces una ciudad poblada con decenas de miles de refugiados hambrientos procedentes de toda España, familias enteras que, aterrorizadas, emprendieron el camino hacia el norte, con las pocas pertenencias que les quedaban. Militares y civiles se retiraron hacia la frontera francesa de forma desorganizada. Según la descripción de Manuel Azaña, «la desbandada cobró una magnitud inmensurable. Una muchedumbre enloquecida atascó la carretera y los caminos, se desparramó por los atajos, en busca de la frontera [...] El tapón humano se alargaba quince kilómetros por la carretera [...] Algunas mujeres malparieron en las cunetas. Algunos niños perecieron de frío o pisoteados...». Las bombas y los ametrallamientos de la aviación franquista causaron numerosos muertos y heridos. El barón Wolfram von Richthofen, al ver a las tropas republicanas cruzar desarmadas el paso fronterizo, escribió en su diario de guerra: «Las armas alemanas han desempeñado un papel decisivo en esta victoria».

La República agonizaba. Los gobiernos de Gran Bretaña y de Francia reconocieron por fin oficialmente al de Franco y al día siguiente, 27 de febrero, Manuel Azaña, que había pasado ya a Francia tres semanas antes, dimitió como presidente de la República. Y abandonó también cualquier actividad política, alejado de las disputas de los exiliados. «Paz, piedad y perdón», había pedido en vano el 18 de julio del año anterior en su discurso en el Ayuntamiento de Barcelona.

El 1 de febrero se reunieron algo más de sesenta diputados en la última sesión de las Cortes republicanas en el castillo de San Fernando de Figueras, «los últimos tizones de una fe que agonizaba», según Juan Negrín. A Julián Zugazagoitia, el grupo de parlamentarios, en las caballerizas de piedra a media noche, le pareció «una ceremonia religiosa y entrañable de una secta perseguida». El presidente del Gobierno pidió como condición para la rendición que no hubiera persecuciones ni represalias, algo imposible en los planes de Franco y de sus compañeros de guerra. El 6 de marzo, tras el golpe del coronel Segismundo Casado contra su Gobierno, Negrín voló desde Alicante rumbo a Francia.

Negrín tenía todavía la esperanza de resistir hasta el estallido de una guerra europea que parecía próxima. Cuando no había pasado ni un mes desde los Acuerdos de Múnich, Hitler ordenó a sus fuerzas armadas que se prepararan para la «liquidación pacífica» de lo que quedaba de Checoslovaquia. A mediados de marzo de 1939, las tropas alemanas entraban en Praga y el *Führer* planeó lanzar una guerra de castigo contra Polonia por no querer negociar el retorno a Alemania del puerto báltico de Dánzig. La seguridad europea comenzó a derrumbarse ante la Alemania nazi.

Hitler entraba en Praga y Franco en Madrid. En la gran ciudad, el hambre, el mercado negro y la desmoralización cundían desde los últimos meses de 1938. El 4 de marzo de 1939, el coronel Segismundo Casado, comandante del ejército republicano del Centro, creó una junta de defensa, con algunos anarquistas como Cipriano Mera y el socialista Julián Besteiro, contra la política de resistencia de Negrín y con la esperanza de llegar a un acuerdo ventajoso de cese de las armas con Franco. El general Miaja accedió también a unirse a la junta y fue nombrado presidente.

El golpe inauguró una desesperada y costosa lucha fratricida en esa República agonizante, con ramificaciones en otras partes de la zona central y en la base naval de Cartagena. No consiguió una «paz honrosa», sino una «rendición incondicional», lo que Franco, los militares, las autoridades civiles y la Iglesia habían anunciado insistentemente.

Las intenciones de Franco habían quedado impresas con la Ley de Responsabilidades Políticas firmada en Burgos el 9 de febrero para «liquidar las culpas [...] contraídas por quienes contribuyeron con actos u omisiones graves a forjar la subversión roja, a mantenerla viva durante más de dos años y a entorpecer el triunfo providencial e históricamente ineludible del Movimiento Nacional».

Casado y los miembros de la junta pudieron huir, excepto Besteiro, que se quedó en Madrid, en el Ministerio de Hacienda, en la calle de Alcalá, donde vivía y trabajaba, creyendo que era posible pactar con Franco y ayudar a otros a escapar. Tras su detención, que se produjo en el momento de la entrada de las tropas nacionales, fue sometido a un consejo de guerra dos días después y condenado por «rebelión militar» a treinta años de cárcel. El fiscal Felipe Acedo Colunga pidió la pena de muerte para el que había sido su profesor «porque a los únicos que redime la revolución es a sus dirigentes». El presidente de las Cortes Constituyentes de la República murió enfermo, a los sesenta y ocho años, en la cárcel de Carmona, el 27 de septiembre de 1940.

El 28 de marzo, las fuerzas armadas de Franco entraron en Madrid, sin encontrar oposición. Las calles se llenaron de hombres y mujeres montados en coches y camiones que ondeaban banderas falangistas. «Se desgañitaban en una histeria triunfal a plena luz del día», escribió O'Dowd Gallagher, corresponsal de *The Daily Express*. Los soldados republicanos abandonaron sus posiciones y tiraron las armas. Ese mismo día, el obispo Leopoldo Eijo y Garay publicó la pastoral «La hora presente». Era «la hora de la liquidación de cuentas de la humanidad con la filosofía política de la Revolución Francesa». La guerra había sido necesaria e inevitable porque «por los caminos ordinarios España no podía salvarse».

Franco estaba en la cama, con faringitis aguda y fiebre, en el instante del hundimiento republicano, cuando se emitió el último parte oficial desde su cuartel general: «En el día de hoy, cautivo y desarmado el Ejército rojo, nuestras tropas victoriosas han alcanzado sus últimos objetivos militares. La guerra ha terminado».

El último parte oficial fue el único de toda la contienda firmado de puño y letra por Franco. Corrigió la primera versión, redactada por el coronel Antonio Barroso, jefe de operaciones del cuartel general, tachó algunas palabras y añadió otras. El propio Barroso lo llevó rápidamente desde el palacio de la Isla hasta los estudios de Radio Nacional de España, el medio de información y propaganda creado por Franco el 19 de enero de 1937. Allí fue emitido para toda España con la voz del «locutor soldado», el actor Fernando Fernández de Córdoba. Eran las 23.15 del 1 de abril de 1939, «Año de la Victoria», que sustituyó a partir de entonces en los textos oficiales a «III Año Triunfal», una nomenclatura que imitaba a la Italia de Mussolini.

«La guerra civil no es una cosa artificial —había declarado Franco a la agencia Havas en agosto de 1938—: es la coronación de un proceso histórico, es la lucha de la Patria con la antipatria, de la unidad con la secesión, de la moral con el crimen, del espíritu contra el materialismo, y no tiene otra solución que el triunfo de los principios puros y eternos sobre los bastardos y antiespañoles.» Era el resumen preciso de las razones para levantarse en armas en julio de 1936 y un claro aviso de lo que esperaba a los derrotados en esa maniquea batalla.

Pocas horas después de anunciar que el Ejército rojo estaba cautivo y desarmado, el Generalísimo recibió un telegrama de Pío XII, el antes cardenal Pacelli, que había sido elegido papa el 2 de marzo de ese año, tras la muerte inesperada de su antecesor, Pío XI, el 10 de febrero: «Levantando nuestro corazón al Señor, agradecemos sinceramente, con V.E., deseada victoria católica España».

Atrás había quedado una guerra de casi mil días que dejó cicatrices duraderas en la sociedad española. Doscientas mil personas muertas en combates y operaciones militares; cien mil víctimas de la represión desencadenada por los militares sublevados, 55.000 por la violencia en la zona republicana; y una sobremortalidad por enfermedades o inanición que sumaría 350.000 fallecidos durante la guerra y en años posteriores. Hubo en torno a trescientos mil exiliados permanentes y en cárceles y campos de concentración se hacinaban más de 270.000 presos políticos. El coste de la guerra equivalía a algo más del producto interior bruto de 1935. La red de transportes quedó en muchas zonas destruida. La producción agrícola cayó de forma abrupta.

Los militares sublevados en julio de 1936 ganaron la guerra porque tenían las tropas mejor entrenadas del ejército español, con una reserva de hombres aptos para el servicio, el poder económico, estaban más unidos que el bando republicano y los vientos internacionales soplaban a su favor. Después de la primera guerra mundial y del triunfo de la revolución bolchevique en Rusia, ninguna guerra civil podía ser ya solo «interna». Cuando se produjo el golpe de Estado en España, los poderes democráticos estaban intentando a toda costa «apaciguar» a los fascismos, sobre todo a la Alemania nazi, en vez de oponerse a quien realmente amenazaba el equilibrio de poder. «Italia y Alemania hicieron mucho por España en 1936 [...] Sin la ayuda de ambos países no existiría Franco hoy», le dijo Adolf Hitler a Galeazzo Ciano, ministro de Asuntos Exteriores italiano y yerno de Benito Mussolini, en septiembre de 1940.

Hitler manifestó un juicio similar en sus conversaciones privadas durante la segunda guerra mundial: «Si en 1936 no hubiera decidido enviarle nuestro primer avión Junker, Franco nunca hubiera sobrevivido». Antes, en vísperas del final de la guerra civil, el embajador alemán en España había explicado, en uno de sus informes remitido a Berlín, que «la decisiva victoria de Franco reside en la mejor moral de las tropas que luchan por la causa nacionalista, así como en su gran superioridad en el aire y en su mejor artillería y otro material de guerra». El agregado militar británico en España, poco sospechoso de simpatía por la causa republicana, insistió también en «la persistente superioridad material de las fuerzas tradicionalistas en tierra y en el aire [...] La ayuda material de Rusia, México y Checoslovaquia (a la República) nunca se ha equiparado en cantidad o calidad con la de Italia y Alemania (a Franco)». El balance que hizo Ciano de la intervención italiana fue concluyente: «Franco había declarado que si recibía 12 aviones o bombarderos tendría la guerra ganada en pocos días. Esos 12 aviones se convirtieron en más de 1.000 aviones, 6.000 muertos y 14.000 millones de liras».

Antes de la guerra, Franco no tenía base de apoyo social y político. Su conquista de poder poco tuvo que ver con la forma en que lo consiguieron en sus países los líderes fascistas con los que confraternizaría hasta 1945. Benito Mussolini subió al poder en octubre de 1922 con una combinación de violencia paramilitar y maniobras políticas, sin necesidad de tomarlo militarmente o ganar unas elecciones. No fue una toma del poder por procedimientos armados, ni una revolución, pese el mito forjado después por el fascismo victorioso. Fue el rey Víctor Manuel III quien nombró a Mussolini jefe de Gobierno, una decisión que aplaudieron muchos, que esperaban que el socialismo, sus representantes políticos y su poder sindical dejaran de amenazar a las clases acomodadas y al orden social durante un tiempo.

El nombramiento de Hitler como canciller del Reich el 30 de enero de 1933, porque Paul von Hindenburg, presidente de la República así lo decidió, fue el resultado del pacto entre el movimiento de masas nazi y los grupos conservadores, con los militares y los intereses de terratenientes e industriales a la cabeza, que querían la destrucción del sistema republicano de Weimar y de la democracia. No tuvo nada de inevitable que un «don nadie», «soldado desconocido», como lo habían llamado, accediera al poder en uno de los principales países de Europa. Aunque había avisado de sus intenciones, Hindenburg y la derecha conservadora entregaron la democracia sin lucha.

Unos años después, Franco comenzó el asalto al poder con una sublevación militar y lo consiguió a sangre y fuego en una guerra civil. Las alabanzas e incienso que recibió a partir de ese momento derivaron de su éxito militar, no del talento político o del carisma como movilizador de masas. El soldado valiente que llegó a África en febrero de 1912, general en 1926, Generalísimo en otoño de 1936, era en abril de 1939 el Caudillo al que Dios había confiado la misión de salvar a España del comunismo, el separatismo y la masonería. «Caudillo de la nueva Reconquista/ Señor de la España que en su fe renace», escribió Manuel Machado en 1938 en su devocionario político *Horas de oro*. Fue la guerra civil la escuela del fascismo en España, la que señaló a Franco y sus generales la gloria del poder, la despiadada forma de gobernar, la gestión de ese pasado de muerte y liberación como parte de la grandeza nacional. Desde entonces hasta el final de su vida el Caudillo disfrutó de la plenitud de poderes sin control institucional y sin límites a su autoridad, solo responsable «ante Dios y ante la Historia».

El mito de Franco y la propaganda influyeron mucho para que a partir de ese momento se viera la guerra civil como inevitable y el «Alzamiento» como un movimiento popular de la parte de España que no quería morir. Los grupos de poder tradicionales habían minado a la República, pero fueron incapaces de imponerse a ella por medios políticos y necesitaron de Franco y de los militares, en un pacto de sangre establecido en una cruel guerra civil, para destruir lo que tanto aborrecían.

Así comenzó la historia de Franco dictador, que durante años corrió paralela a la de Mussolini, Stalin y Hitler, los tres dictadores que cambiaron el destino de Europa durante el siglo XX.

Tercera parte

«CASTIGO QUE DIOS IMPONE A UNA VIDA TORCIDA, A UNA HISTORIA NO LIMPIA»

Capítulo 14

CAUDILLO DE LA VICTORIA

La primavera había llegado. El 1 de abril de 1939 era Sábado de Pasión, el día anterior al Domingo de Ramos, y la Semana Santa fue una extraordinaria ocasión para restaurar en algunas grandes ciudades recién conquistadas, como Madrid, Valencia o Barcelona, la liturgia de fechas tan señaladas. Había que disfrutar la victoria, manifestada en un entramado simbólico de ritos, fiestas, monumentos y recuerdo y culto a los mártires. Ciudades y pueblos se llenaron de desfiles, regreso de las vírgenes a sus lugares sagrados, reposición de crucifijos en las escuelas, actos de desagravios y procesiones.

La combinación de símbolos fascistas y religiosos produjo durante un tiempo la fascistización de lo sagrado y la sacralización de la política fascista. En la España rendida quedaban las huellas de los bombardeos infernales, ciudades devastadas, edificios destruidos por la metralla, centenares de refugios construidos para esconderse durante las incursiones aéreas, centrales hidroeléctricas dañadas para paralizar la industria. Decenas de miles de hombres, mujeres y niños que no llevaban un fusil entre sus manos o un uniforme militar, cuerpos enfermizos, escondían su pánico de quienes celebraban y exhibían la gloria militar.

«A Franco le será fácil gobernar, si antes consigue un éxito militar completo», le dijo el *Duce* a su yerno Ciano a comienzos de 1939, porque «el prestigio de un jefe victorioso en la guerra es siempre indiscutido». Prestigio, crédito dado por la victoria y necesario para mostrar su poder. Surgió entonces un Franco ufano y seguro de sí mismo, cubierto de oropeles y galones para celebrar su triunfo histórico.

Cuando el año victorioso de 1939 se abría paso, le dijo en una entrevista a Manuel Aznar que sería imposible prescindir de España como un poder en el Mediterráneo y que haría del protectorado del norte de África «la provincia más floreciente del Imperio Marroquí», restaurando la grandeza imperial española iniciada por Carlos V y Felipe II. Meses antes, había adoptado la corona y el escudo del hijo de Juana I de Castilla como armas del Estado español y mantuvo, como símbolos de la expansión global, la columna y el lema *plus ultra.*

Franco creía que la victoria en la guerra inauguraba una nueva época de la historia de España en la que volvería a ser una gran nación con un importante sitio entre las potencias del mundo. La autoridad que le otorgaron las armas era mayor que la que había tenido cualquier rey de los Austrias o los Borbones. Comenzó a reinar en España con un control militar absoluto y con el dominio directo sobre el partido único. La Ley de Jefatura del Estado, publicada el 9 de agosto de 1939, le concedía «el poder supremo para dictar leyes de carácter general». Una dictadura personal en la que Franco dominaba a otros jerarcas y colaboradores que siempre consideraban sus medidas apropiadas. «Hemos derramado la sangre de nuestros muertos para hacer una Nación y forjar un Imperio», declaró el 17 de julio de 1940.

Para satisfacer las ambiciones imperiales necesitaba no enemistarse con las democracias, que habían reconocido ya oficialmente su Gobierno, y tener al lado a Hitler y Mussolini. Un día antes de entrar en Madrid, el general Francisco Gómez-Jordana, ministro de Asuntos Exteriores, firmó en Burgos un documento de adhesión al Pacto Anti-Komintern, en el que estuvieron presentes los embajadores de Italia y Alemania, Guido Viola y Eberhard von Stohrer, y el ministro plenipotenciario de Japón en España, Makoto Yano. El doble juego con las democracias y las potencias fascistas iba a necesitar a partir de ese momento mucha retórica y malabarismos diplomáticos.

Recuperado ya de la gripe, Franco dedicó las primeras semanas de la victoria a presidir espectaculares celebraciones, desfiles y ceremonias en algunas de las principales ciudades españolas. Su porte era altanero y su prominente barriga y calvicie se alejaban de la imagen del joven oficial de África. Viajaba por carretera, en coches potentes y caravanas escoltadas. Sanjurjo, Mola y su hermano Ramón habían muerto en accidente de aviación y el coche, que también agradaba a su esposa, Carmen, permitía contemplar masas entusiastas que gritaban «¡Franco, Franco, Franco!». Le gustaban los descapotables, que usó mucho en los primeros años hasta el asesinato de John F. Kennedy en noviembre de 1963. En 1941, Eberhard von Stohrer, embajador de la Alemania nazi en España, le entregó un Mercedes W31 G4 de seis ruedas regalo de Hitler, quien obsequió con el mismo modelo a Mussolini. También utilizó en aquellos años de amistad con los líderes fascistas un Mercedes 770 Pullman Limousine blindado. Posteriormente tuvo a su disposición varios modelos Cadillac Fleetwood, Buick Eight, Rolls-Royce Phantom IV y Chrysler Imperial.

El Departamento de Ceremonial y Plástica preparaba eventos de masas de estilo fascista, celebraciones, desfiles, actos patrióticos, con todo tipo de detalles sobre el recorrido, engalanamiento de las calles y la erección de arquitecturas efímeras —arcos, altares, tribunas—, barrocas y fascistas, con ornamentación de banderas, escudos y colgaduras que conformaban la escenografía del poder.

«Radiante de júbilo patriótico», según la crónica de *ABC* del 16 de abril, Sevilla recibió «enfervorizada al generalísimo Franco, Caudillo de los españoles». Fue en una procesión extraordinaria con el arzobispo Pedro Segura en la que la Virgen de los Reyes, patrona de la ciudad, apareció engalanada con fajín de general, junto al pendón de san Fernando, cuya espada llevaba Ramón Serrano

Suñer. Acompañaban a Franco su esposa; Raimundo Fernández-Cuesta, secretario general de FET y de las JONS; el ministro de Defensa Nacional, Fidel Dávila, y el general Queipo de Llano.

La «gran jornada de la Victoria» en Valencia comenzó el 3 de mayo cuando «las campanas voltearon jubilosas» para anunciar la llegada del Generalísimo y de su esposa. Al día siguiente, tras asistir desde el balcón del ayuntamiento a una misa de campaña celebrada en la plaza de San Francisco «en memoria de los caídos por Dios y por España», Franco presidió un gran desfile militar de sesenta mil hombres, con fuerzas de los ejércitos de Levante, Castilla, Aragón y Galicia. Flores y «mujeres bonitas», «heroicas enfermeras», dieron «realce» al acto «como una decoración maravillosa». Esto es el «Movimiento Nacional», dijo Franco en su «sentidísima arenga». Pero «para llegar a este momento, ¡cuánto sacrifico, cuánto dolor, cuantos hermanos muertos!», caídos en la lucha «por una Patria mejor».

Aquel «clamor delirante» que siguió a las palabras del Caudillo en Valencia no fue nada comparable a la suntuosidad de la celebración militar y religiosa que tuvo lugar días después en Madrid. El 18 de mayo, Franco viajó desde Burgos hasta Madrid y se hospedó en el palacio de la Huerta, de la marquesa de Argüelles, en la calle Serrano. El 19 llovía. Franco llegó a las nueve de la mañana a la tribuna que se situó en la Castellana, en coche descapotable, acompañado del general Saliquet, escoltado por la Guardia Mora. La tribuna era una gran construcción con un arco bajo el que se encontraba un tapiz con el águila de san Juan coronada por la palabra «Victoria». En el centro aparecía el distintivo del víctor triunfal y en los lados los pendones de Lepanto, del Gran Capitán, de las Navas, del Cid Campeador, de los Reyes Católicos, recuerdos de días históricos de victoria que convertían al Caudillo en su heredero. Se habían repartido más de cien mil banderas y veinte kilómetros de colgaduras con los colores rojo y amarillo. Quinientas mil personas, «enfervorecidas», se congregaron desde las primeras horas de la mañana en los paseos de Castellana, Recoletos y El Prado.

Antes del desfile, el general José Enrique Varela, «en nombre de la Patria», impuso al Generalísimo la Gran Cruz Laureada de San Fernando, la máxima condecoración instituida durante la guerra de la Independencia de 1808 bajo el patrocinio de esa orden militar. El general Gómez-Jordana leyó el texto del decreto en el que se justificaba esa concesión de los máximos honores al Caudillo, «quien con sobriedad magnífica dio cuenta de la terminación de la campaña en el histórico parte». Franco obtuvo así, finalmente, la más preciada condecoración que le habían negado por dos veces en sus años heroicos en África. A partir de ese momento, siempre la llevó prendida al pecho de su uniforme.

Durante cinco horas, 120.000 soldados desfilaron ante su Caudillo como «Ejército triunfador y pueblo hecho armada milicia», en una apoteósica ceremonia en la que España, según el resumen de *ABC*, mostró «al mundo el poderío de las armas forjadoras del nuevo Estado», de la «segunda reconquista».

Franco vestía uniforme militar, con la camisa azul de Falange y la boina roja de los carlistas. El desfile lo encabezó el general Andrés Saliquet. Por allí pasaron todos los que habían contribuido a forjar la victoria y a llenar de sangre el suelo español: los camisas negras italianos, los falangistas, los carlistas con sus crucifijos, las tropas regulares, la Legión Extranjera y los mercenarios moros. Tampoco faltó la exhibición simbólica de señoritos andaluces montados a caballo. Cerró el desfile el coronel Von Richthofen, de la Legión Cóndor. Varios aviones formaron en el cielo las letras «¡Viva Franco!». En el brindis del vino de honor que tuvo lugar después en el palacio del Banco de España, Franco dejó bien clara su determinación de «cerrar la frivolidad de un siglo [...] desterrar hasta los últimos vestigios del espíritu de la Enciclopedia» y de estar siempre alerta contra «el espíritu judaico que permitió la alianza del gran capital con el marxismo».

El ejército, la aristocracia y el «pueblo hecho armada milicia», reminiscencia del tradicionalismo católico, pero reflejo también de la ideología fascista, se daban la mano en la glorificación de

Franco. Ese día triunfal fue también venerado en todas las escuelas con «conferencias patrióticas» que, según la orden del Ministerio de Educación Nacional, debían versar sobre «la necesidad y significado de la Cruzada española», sobre «los hechos culminantes de la Guerra de Liberación» y «sobre el Caudillo de España, como artífice de la Victoria y salvador de la Patria».

La cruzada y el Caudillo se unieron al día siguiente en la ceremonia medievalizante que tuvo lugar en la iglesia de Santa Bárbara, hecha construir en el siglo XVIII por Bárbara de Braganza, esposa del rey Fernando VI, un templo regio con lujosos mármoles y mosaicos, en el centro de Madrid, en un barrio en el que entonces vivían la aristocracia y las clases medias altas.

Franco llegó a las once de la mañana a la plaza de las Salesas al son del repique de campanas. Iba acompañado por la Guardia Mora, vestido con uniforme de capitán general sobre el que relucía la Gran Cruz Laureada de San Fernando, camisa azul y boina roja. Le esperaban en la puerta las autoridades militares y religiosas, el Gobierno, obispos, el cardenal primado Isidro Gomá y numerosos embajadores, entre quienes se encontraba el nuncio del Vaticano, monseñor Gaetano Cicognani. Le recibió Leopoldo Eijo y Garay, que le dio a besar su anillo y un crucifijo. Una vez dentro, mientras sonaba el himno nacional, Franco se acercó al altar bajo palio, llevado por miembros del Gobierno, un honor reservado hasta entonces al Santísimo Sacramento, a los obispos y a los reyes.

Acompañado de un público selecto, con trajes de etiqueta y señoras y señoritas con mantillas españolas, Franco y las autoridades oyeron el tedeum. En la oración y bendición que siguieron a los cánticos, Franco fue exaltado como caudillo-rey, victorioso y salvador. Segundos después, entró en el presbiterio y depositó su espada a los pies del santo Cristo de Lepanto, transportado expresamente para la ceremonia desde la catedral de Barcelona.

La ceremonia finalizó con la «imploración» de Franco y la bendición de Gomá, consumadas por un «efusivo abrazo» entre las dos potestades. Franco reafirmó la «guerra santa y justa» contra «el enemigo de la verdad de este siglo». Gomá pidió para él la protección divina, «así como al pueblo cuyo régimen ha sido confiado».

El Caudillo abandonó la iglesia bajo palio. Ya en la plaza, los fotógrafos captaron su rostro emocionado, que «no pudo contener el llanto». Salía de la ceremonia revestido de poder absoluto, artífice de una segunda reconquista que enlazaba en el túnel del tiempo con las victorias épicas de la primera. Así lo transmitió el comentarista de *Arriba*:

> Estamos en la gran infancia dichosa, victoriosa, de un Estado nuevo, de una Patria resucitada, de una historia rejuvenecida. La infancia comprende perfectamente a César, Carlomagno, a nuestro Emperador. Después de la Victoria, la Iglesia, el Ejército, el Pueblo, han consagrado a Franco Caudillo de España.

En los años posteriores la imagen del invicto Caudillo se hizo omnipresente, como guerrero clásico y estadista que construía la paz.

En el triunfo en la guerra habían participado de forma notable las unidades combatientes de la Alemania nazi y de la Italia fascista y Franco las quiso despedir como merecían. El 23 de mayo, les dijo a Von Richthofen y a los integrantes de la Legión Cóndor: «He sentido el orgullo más grande al tener bajo mis órdenes a jefes, oficiales y hombres alemanes». Dos días después la Legión Cóndor desfiló por el centro de Vigo antes de embarcar en los cinco transatlánticos alemanes que la condujeron a Hamburgo, donde fue objeto de un apoteósico recibimiento encabezado por Hermann Göring, ministro de Aviación de la Alemania nazi.

Serrano Suñer acompañó a las tropas italianas que salieron de Cádiz el 1 de junio de 1939 y se dio un baño de pompa y ceremonia fascistas en Nápoles y Roma. Serrano le dijo a Ciano y a Mussolini que España necesitaba tiempo para estar lista para una guerra internacional, pero que si estallaba «estará al lado del Eje, porque le guiará el sentimiento y la razón». Admiraba a Mussolini, «uno de los pocos genios que la historia crea cada dos o tres mil años». Según apuntó Ciano en su diario el 13 de junio, «Serrano Suñer, en su visita de despedida, me pide que haga vigilar constantemente por la policía, durante su permanencia en Roma, al general de la aviación española Kindelán, a quien acusa de manejos monárquicos. Quiere tener en su mano las pruebas para denunciarlo a Franco».

La plaza Mayor de Salamanca fue testigo el 4 de junio de un homenaje a los cerca de diez mil «viriatos» que se trasladaron desde Portugal a luchar al lado de Franco. No eran voluntarios, aunque se los presentó como tales para no comprometer a Salazar con el Comité de No Intervención. Con ese nombre, homenaje al caudillo lusitano que combatió contra los romanos, los «heroicos viriatos», como los llamó Millán-Astray, dieron «vidas y sangre por Dios, por la Humanidad y por España».

Para recordar siempre su victoria en la guerra, para que nadie olvidara sus orígenes, la dictadura de Franco llenó de lugares de memoria el suelo español, con un culto obsesivo al recuerdo de los caídos, que era el culto a la nación, a la patria, a la verdadera España frente a la anti-España, una manera de unir con lazos de sangre a las familias y amigos de los mártires frente a la memoria oculta de los vencidos, cuyos restos quedaron abandonados en cunetas, cementerios y fosas comunes.

«Mártires de la Cruzada» fueron desde el principio los combatientes del ejército franquista muertos en la batalla, los sacerdotes que caían en el frente «alabando a Dios y vitoreando a España», los católicos y los derechistas y, especialmente, los casi siete mil miembros del clero asesinado, todos aquellos, en fin, cuyo «martirio» significaba «odio religioso y persecución a la Iglesia».

El recuerdo comenzó ya antes de finalizar la guerra, cuando un decreto de la jefatura del Estado del 16 de noviembre de 1938 proclamaba «día de luto nacional» el 20 de noviembre, en memoria de José Antonio Primo de Rivera, y establecía, «previo acuerdo con las autoridades eclesiásticas», que «en los muros de cada parroquia figurará una inscripción que contenga los nombres de los Caídos, ya en la presente Cruzada, ya víctimas de la revolución marxista».

Ese fue el origen de la colocación en las iglesias de placas e inscripciones conmemorativas de los «caídos por Dios y por la Patria», pegadas o esculpidas en viejas piedras de singulares monumentos artísticos. Y aunque no aparecía en el decreto, la mayoría de esas inscripciones acabaron encabezadas con el nombre de José Antonio, sagrada fusión de los muertos por causa política y religiosa, que generó a veces tensiones entre militares, eclesiásticos y falangistas. A imitación del fascismo y del nazismo, se construyeron en las dos décadas siguientes decenas de monumentos dedicados a «perpetuar la memoria y el heroísmo» de los caídos, inaugurados con rituales y ceremonias en presencia de Franco y las autoridades militares, civiles y eclesiásticas.

Acabada la guerra, los espacios sacros que habían sido profanados por los «rojos» se convirtieron en símbolo del resurgimiento moral y católico. Las tierras de muchos cementerios y extrarradios donde habían sido asesinados los clérigos se vallaron «por ser tierra santificada y regada con la sangre de los mártires». Obispos y sacerdotes celebraron durante mucho tiempo en catedrales e iglesias actos religiosos y ceremonias fúnebres en su memoria. Bajo aquellos días luminosos de la paz de Franco, sus restos fueron exhumados y trasladados en cortejos que recorrían con gran solemnidad numerosos pueblos y ciudades, desde los cementerios y lugares de martirio hasta las capillas e iglesias elegidas para su descanso eterno. Eran signos de la victoria, una compensación simbólica para los muertos de los vencedores que nunca se extendió a los de los vencidos.

Calles, plazas, colegios y hospitales de cientos de pueblos y ciudades llevaron desde entonces los nombres de militares sublevados, dirigentes fascistas, políticos católicos y acontecimientos heroicos de la guerra civil. Se colocaron placas conmemorativas de la victoria y se erigieron monumentos en honor de los «caídos por Dios y por España» decorados con los nuevos símbolos oficiales, el yugo y las flechas y el víctor dedicado a Franco.

Ninguna faceta de la vida política y social quedó al margen de esa construcción simbólica de la dictadura. El calendario de fiestas, instaurado oficialmente por una orden de Ramón Serrano Suñer de 9 de marzo de 1940, aunque algunas de ellas habían comenzado a celebrarse durante la guerra civil, resumía la voluntad y el universo conmemorativos de los vencedores y garantizaba que la exaltación carismática de Franco, jefe y personificación del Estado, estuviera siempre visible, con rituales definidos. Se restauraron, en primer lugar, las fiestas religiosas suprimidas por la República, desde la Epifanía hasta la Navidad. Junto a las religiosas, se subrayaban las de carácter tradicional de la verdadera España: el Dos de Mayo y el 12 de octubre, reinventada con ideas de imperio, nación, raza y religión. La Virgen del Pilar tomó el nuevo atributo de reina de la hispanidad. Pero las que definían ese nuevo universo simbólico de la dictadura eran las creadas para celebrar los nuevos valores e ideas puestos en marcha con el golpe de Estado y la guerra: el 1 de abril, Día de la Victoria; el 18 de julio, Día del Alzamiento; el 1 de octubre, Día del Caudillo; y el 20 de noviembre, para recordar el fusilamiento del líder falangista José Antonio Primo de Rivera. Los lazos entre el Generalísimo y el pueblo se reforzaban en cada celebración, desfile y recuerdo de los horrores del terror rojo.

Francesc Vidal i Barraquer, arzobispo de Tarragona, quien pudo huir de la violencia anticlerical por intercesión de la Generalitat el 30 de julio de 1936 y a quien Franco prohibió la entrada en territorio español acabada la guerra, percibió desde su exilio particular los riesgos del abuso de «actos aparatosos de catolicismo», de un catolicismo «belicoso» que había cambiado «el espíritu de caridad, suavidad y mansedumbre evangélicas por la violencia, represalias y castigo». Así se lo expresó en varios escritos al papa Pío XII en 1939 y 1940. Esas manifestaciones externas de culto constituían «una reacción política contra el laicismo perseguidor de antes, con lo cual será muy efímero el fruto que consiga, y en cambio se corre el peligro de acabar de hacer odiosa la religión a los indiferentes y partidarios de la situación anterior».

El tercer aniversario de la ejecución de José Antonio brindó a Franco la oportunidad de recordar sus vínculos con el fascismo, cultivar la leyenda del «ausente», apoderarse del héroe difunto y avivar la adhesión incondicional de los camaradas falangistas. El 20 de noviembre de 1939, los restos de José Antonio fueron exhumados del cementerio de Alicante para volver a inhumarlos diez días después a los pies del altar mayor del monasterio de El Escorial, lugar de enterramiento de los reyes y reinas de España.

El féretro, envuelto en un paño de terciopelo negro bordado por la Sección Femenina de Madrid, recorrió a pie casi quinientos kilómetros, escoltado por una procesión de antorchas, iluminado por llamaradas de hogueras, y llevado a hombros en relevos por cientos de falangistas de todas las provincias por donde pasaban. En algunos de esos turnos llevaron las andas los jerarcas más ilustres del partido fascista: Ramón Serrano Suñer, el general Muñoz Grandes, Pedro Gamero del Castillo o Rafael Sánchez Mazas. Cada relevo era saludado por salvas de descarga de fusilería y tañido de campanas. El féretro entró en pueblos ornamentados, iglesias abarrotadas de gente emocionada que alzaban el brazo con el saludo fascista y gritaban «José Antonio ¡Presente!». Aviones militares arrojaban desde el aire flores y laurel.

En Madrid, el cortejo fue recibido por altos mandos de los tres ejércitos y jerarcas militares de la Italia fascista y de la Alemania nazi. En la lonja del monasterio de El Escorial les esperaban cientos de abanderados de Falange, un partido al que acudían en masa aprovechados y arribistas, con sus hermanos, Pilar y Miguel Primo de Rivera, acompañados de Dionisio Ridruejo, José Ibáñez Martín, ministro de Educación Nacional, y Ramón Serrano Suñer. Franco, vestido con el uniforme negro, acompañado en la ceremonia por los generales Varela, Yagüe y Moscardó, depositó una corona de flores en el nicho de piedra y repitió las palabras que José Antonio había pronunciado ante el primer caído de Falange: «Que Dios te conceda el descanso y a nosotros nos lo niegue hasta que se recoja la cosecha que siembre tu muerte».

El Generalísimo dejaba atrás la guerra e iniciaba una nueva etapa en que lo fundamental para él era consolidar el régimen que había proyectado desde el campo de batalla a partir de octubre de 1936. Carmen Polo y Franco llevaban casados dieciséis años. Desde que se encontraron en Cáceres en septiembre de 1936 habían residido en elegantes palacios, tras vivir en pisos, antes de la sublevación militar, en Madrid, Melilla, Zaragoza, Baleares y Canarias. Carmen había acompañado a su marido a la guerra y el Caudillo de la victoria merecía una residencia que hiciera juego con su poder absoluto. No tenía intención de «restaurar» la monarquía, algo que ya le había desaconsejado Mussolini a comienzos de marzo de 1939 —«El rey es un hombre más que desacreditado [...] y sus hijos unos incapaces completamente entregados a Inglaterra y Francia»—, pero le agradaban los ritos de la realeza y que le concedieran trato y privilegios tradicionalmente reservados a los reyes de España.

Tardaron unos meses en decidirse y permanecieron en el palacio de la Isla de Burgos hasta el 17 de octubre de 1939. En la despedida de la ciudad, el alcalde identificó a Franco con el Cid, «el caballero de Vivar». En Burgos había instalado durante más de dos años su cuartel general y Franco había comenzado a vivir la gloria de un Caudillo distanciado del resto de los humanos, que admiraba su propia figura, dispuesto a ganar la guerra para cambiar la historia.

Pese a que disfrutaba de las mieles del caudillo-rey victorioso y salvador, la extravagancia no estaba todavía demasiado extendida. Frente a la ambición de Carmen Polo de residir en el Palacio Real, Serrano Suñer convenció a Franco de que esos aires de grandeza no serían bien recibidos por los monárquicos y el matrimonio aceptó la idea de trasladarse al palacio de El Pardo, en las inmediaciones de Madrid, antigua fundación de Enrique III de Castilla, ampliado por Carlos III y decorado con tapices de Ramón Bayeu y Francisco de Goya. Allí murió Alfonso XII, y tras ser incorporado al patrimonio de la República estaba destinado a convertirse en residencia de sus presidentes. Por una ley del 7 de marzo de 1940, Franco dispuso que todos los bienes constitutivos del antiguo patrimonio de la Corona, entre ellos el monte y palacio de El Pardo, pasaran a formar parte del patrimonio nacional. Franco nombró administrador a Julio Muñoz y Rodríguez de Aguilar, casado con una nieta de la familia Muguiro, gobernador civil de La Coruña que había organizado en 1938 la suscripción pública para regalarle el pazo de Meirás.

No era la Casa Blanca, donde ya se había instalado aire acondicionado en 1940 en seis de las habitaciones ocupadas por los Roosevelt, pero El Pardo tenía pasado regio y disponía de un amplio monte ideal para la caza y los paseos a caballo. Mientras se ejecutaban las obras de acondicionamiento para los tres nuevos inquilinos, la familia se alojó en el castillo de Viñuelas, de los duques del Infantado. Llegaron a El Pardo en marzo de 1940, asentados con toda la pompa y fastuosidad de los potentados, con la vigilancia de la Guardia Mora. Carmen Polo se convirtió en la «Señora», siempre con sus collares de perlas, recibida con los acordes de la *Marcha Real* en los actos oficiales, rodeada de una corte de fieles y aduladores.

A finales de 1940 y comienzos de 1941, instalado ya en la nueva residencia, mientras negociaba con los jerarcas nazis y fascistas las condiciones de entrada en la segunda guerra mundial, Franco escribió *Raza*, una obra literaria en forma de guion de cine, aunque publicada como novela, con el seudónimo de Jaime de Andrade. La dictó en su despacho a su taquígrafo Manuel Lozano Sevilla, «de un tirón», y el texto pasó después a los periodistas Manuel Aznar y Manuel Halcón para la corrección de estilo. El argumento contaba las experiencias de una familia gallega, los Churruca, desde el desastre colonial de 1898 hasta el final de la guerra civil. La modesta familia Franco se convertía en la ficción en una noble saga de hidalgos. El héroe y su clan representaban la esencia de la raza española frente a los enemigos liberales, masones y comunistas.

La película, bastante fiel al libro, dirigida por José Luis Sáenz de Heredia, primo de José Antonio Primo de Rivera, se filmó desde el 5 de agosto hasta el 22 de noviembre de 1941. La adaptación cinematográfica contó con abundantes recursos por parte del Estado, a través del Consejo de la Hispanidad, cuyo máximo responsable, Jesús Fontán Lobé, era en ese momento jefe de la Casa Militar del Caudillo y de los servicios secretos. Antes de su estreno se proyectó en El Pardo y a Franco le gustó. «La vimos Franco y yo delante, y su señora y demás gente, detrás —recordó el director—: yo le observaba de reojo, y con la luz de la pantalla veía que estaba emocionado y con los ojos húmedos, y muy atento [...] Al concluir me dijo exactamente esto: *Muy bien, Sáenz de Heredia, usted ha cumplido*».

Se presentó el 5 de enero de 1942 en el Palacio de la Música de Madrid, estrenada en las salas a principios de mayo y se exhibió en el Vaticano en una sesión organizada por el embajador José de Yanguas, a la que asistieron el cuerpo diplomático de la Alemania nazi y de la Italia fascista, varios cardenales y nuncios, miembros de las congregaciones religiosas y los embajadores de Argentina, Chile y Portugal. Según el informe del embajador, todos se mostraron «muy complacidos por el ejemplo de religiosidad y altas virtudes patrióticas que encierra el argumento de la obra». Fontán había cedido la película para que antes la viera el Santo Padre, Pío XII, «que quedó altamente complacido por el alto espíritu que la informa, a pesar de que solo presenció las escenas de más alta emoción religiosa y dramática».

Raza finalizaba, tras unas sobreimpresiones de documentales de la entrada de las tropas de Franco en Madrid, con el desfile militar de la victoria en el que intervenía el protagonista, José Churruca, montado sobre un caballo blanco.

En esa nueva España mandaron a partir del 1 de abril Franco y su ejército. En el primer Gobierno nombrado por el Caudillo tras la guerra, el 9 de agosto de 1939, los militares ocuparon seis de los trece puestos, entre ellos, como iba a ser habitual durante toda la dictadura, los entonces creados ministerios del Ejército, de la Marina y del Aire. El general falangista Agustín Muñoz Grandes, veterano de la guerra de Marruecos, ocupó la Secretaría General de FET y de las JONS con carácter de ministro; Ramón Serrano Suñer era el ministro de la Gobernación, con control del aparato de propaganda y la censura. El monárquico y anglófilo Gómez-Jordana fue sustituido en el Ministerio de Asuntos Exteriores por el coronel Juan Luis Beigbeder, quien tenía un sólido currículum de africanista y de agregado militar en las embajadas de París y Berlín y compartía con Franco el sueño imperial en el norte de África. Juan Yagüe, admirador entonces de la política social nazi, ocupó el Ministerio del Aire, una maniobra con la que Franco desplazó al popular general falangista del mando operativo del ejército español en Marruecos. En ese Gobierno entró como ministro de Educación Nacional José Ibáñez Martín, quien permaneció al mando hasta 1951, doce años en los que tuvo tiempo de culminar la depuración del magisterio y de favorecer con generosas subvenciones a las escuelas de la Iglesia. Según Nenuca, a Ibáñez Martín su padre «lo quería muchísimo, le tenía un gran afecto, aparte de que su mujer (María de los Ángeles Mellado y Pérez de Meca) era muy amiga de mi madre y tenían más trato personal que las cuestiones de despacho».

Aunque se mantuvo el estado de guerra hasta 1948, el ejército ya no fue el principal encargado del orden público, como había ocurrido desde el siglo XIX, porque se crearon nuevas fuerzas armadas con poderosos mecanismos de represión. La Guardia Civil fue reorganizada en marzo de 1940, con la expulsión de cinco mil guardias por su apoyo a la República o su tibia adhesión al Movimiento y la incorporación de cientos de guardias que habían destacado en la guerra como alféreces provisionales. Dirigida entre

1943 y 1955 por el general Camilo Alonso Vega, veterano de la guerra de África y amigo incondicional de Franco, la Guardia Civil se convirtió en un cuerpo rígidamente disciplinado y militarizado que se encargó en esos difíciles años cuarenta de la lucha contra la guerrilla.

El Cuerpo de Seguridad y Asalto, establecido por la República y que había sido dirigido en los primeros años por Muñoz Grandes, fue disuelto y la Ley de 8 de marzo de 1941 creó la Policía Gubernativa, compuesta por el Cuerpo General de Policía y la Policía Armada y de Tráfico. A las primeras promociones de esa Policía Armada acudieron excombatientes seleccionados «entre los mejores de la guerra de liberación», muy leales al Caudillo, falangistas y requetés. El Cuerpo General de Policía, del que dependía la Brigada Social, y la Policía Armada fueron, junto con la Guardia Civil, los encargados de reprimir y vigilar la disidencia y mantener el nuevo orden que, según esa ley, «en los estados totalitarios» se lograba «merced a una combinación de técnica perfecta y de lealtad». La Gestapo, la policía política de la Alemania nazi, asesoró en esos primeros años sobre cómo vigilar y tratar a los elementos subversivos.

Militares, falangistas y excombatientes procedente de la extrema derecha republicana ocuparon los cargos de mayor responsabilidad en las dos décadas que siguieron a la victoria. Desde la cúspide del poder hacia abajo, Franco necesitaba hombres leales. Los gobernadores civiles eran las personas encargadas de aplicar sus órdenes, garantizar el orden público y controlar la administración. Solían ser personas ajenas a la provincia y en las más importantes y conflictivas el propio Franco intervenía directamente en el nombramiento. De ellos dependían todos los grupos armados que no pertenecían a los tres ejércitos.

Porque además de las fuerzas policiales, en la posguerra los falangistas vencedores formaron una trama de informantes y matones que desde la Delegación Nacional de Información y de Investigación trabajaban «en la dirección de Franco», actuaban como una policía paralela de varios miles de personas que redactaron cientos de miles de informes y abrieron millones de fichas personales y expedientes. La Falange tuvo también un cuerpo paramilitar propio, organizado en milicias, hasta que fueron desarmadas por el decreto del 2 de julio de 1942. Y en julio de 1944 se creó la Guardia de Franco, organización encuadrada militarmente y armada. Según su primer lugarteniente general, el médico falangista Luis González Vicén, era «la vanguardia más avanzada de la revolución nacional-sindicalista». En 1962 tenía ochenta mil miembros.

Había en esa España resucitada miles de personas armadas sin pertenecer a la policía, con las manos manchadas de sangre en las hazañas realizadas durante la guerra civil, que vigilaron, delataron y encontraron pocos límites para saciar su sed de venganza. El miedo de los vencidos se convirtió en uno de los fundamentos del poder de Franco. El temor y la obediencia ciega, como recordaba el 18 de julio de 1940:

> Si la vida de España ha de ser milicia, necesita de las virtudes militares y del espíritu de disciplina [...] Uno que manda, con su empleo responsable ante las jerarquías superiores, cuando no ante el supremo juicio de la Historia y otros que, ciegos, le siguen y obedecen.

Capítulo 15

LAZOS DE SANGRE

Franco tenía detrás, con adhesión incondicional, a todos los grupos que le habían ayudado a llegar al poder, a ganar la guerra y a librar a España de sus enemigos. No requirió, como Hitler, dominar al ejército para que aceptase su jefatura. No necesitó, como Mussolini, convencer a la gente de orden de la legitimidad de la violencia. A Mussolini y Hitler los habían designado los jefes de Estado italiano —un rey— y alemán —un presidente de república—. A Franco lo aclamaron como Caudillo quienes habían forjado sus lazos en una batalla sangrienta contra la República y la revolución. El apoyo a su autoridad, bendecida por la Iglesia, era extraordinario, guiado por la mano de la providencia. Nadie quería volver a los «malos» tiempos de la democracia republicana. En ese pacto de sangre como elemento unificador residía también la autoridad indiscutible de Franco. Así se lo transmitió Fernando Martín-Sánchez Juliá, presidente de la Acción Católica Nacional de Propagandistas:

> Nosotros creemos en una Justicia providencial, que rige a la Humanidad y que premia siempre en otro mundo las virtudes personales, privadas, familiares y públicas de los hombres, pero algunas veces también empieza a premiarlas en éste, entregándoles el mando de los pueblos. Tal es vuestro caso, Señor.

Fue la de Franco una justicia de excepción, acoplada para reprimir con efectos retroactivos las actividades que eran legales en el momento de producirse, la resistencia a la rebelión militar y el apoyo durante la guerra a la España republicana. Estaba organizada desde arriba, basada en la jurisdicción militar, que prácticamente suplantó a la ordinaria. Aunque la explosión de venganza en las últimas ciudades conquistadas fue acompañada todavía de «paseos» y fusilamientos sin juicios, pronto se impondría el monopolio de la violencia del nuevo Estado, que puso en marcha mecanismos extraordinarios de terror sancionados y legitimados por leyes. Hasta el final del estado de guerra en abril de 1948 pasaron nueve años de terror, de justicia militar arbitraria y consejos de guerra sumarísimos que ejecutaron a cerca de cincuenta mil personas. Fue una violenta contrarrevolución del orden de los propietarios, de ocupación de fincas, negocios y viviendas, que se inició ya durante la guerra en el momento de la «liberación» de los pueblos por las tropas de Franco. El objetivo era acabar con todos los «enemigos». Al fin y al cabo, ¿quién se acordaría de ellos en unos años?

La farsa de los juicios, la inexistencia de abogados defensores y el cinismo de los fiscales se lo contaban con detalle los condenados a muerte a Gumersindo de Estella, el padre capuchino que los auxiliaba espiritualmente en la cárcel de Zaragoza.

Muchos familiares removían Roma con Santiago para salvar a sus seres queridos. Y lo que encontraban era dilación, falsas promesas, macabros engaños. Como le sucedió a aquella madre que fue el 12 de febrero de 1940 a hablar con el padre Gumersindo. Estaba contenta porque había sido muy bien recibida en Madrid y confiaba en que su hijo iba a ser indultado. «¡Infeliz!», anotó en su diario el capuchino. No sabía que su hijo, Juan García Jariod, un escribiente de Caspe de veintidós años, tenía la sentencia de muerte firmada por Franco y había sido remitida a Zaragoza para su ejecución. Fue fusilado al día siguiente, el 13 de febrero, junto a otros ocho condenados. La causa de la muerte: «herida arma fuego». Tres días después de su ejecución, llegó el indulto.

Infeliz de verdad esa madre, como otras muchas más, que ignoraban la sencillez con la que Franco despachaba las sentencias de muerte: el tristemente famoso «enterado» del Generalísimo, contado posteriormente por ilustres vencedores como Ramón Serrano Suñer o Pedro Sainz Rodríguez. Una vez dictadas las sentencias por consejos de guerra, el auditor del cuartel general, el teniente coronel Lorenzo Martínez Fuset, le presentaba a Franco la relación de las condenas para el «enterado». La fórmula era: «SE el Jefe del Estado, noticiada que le ha sido la sentencia [...] se da por ENTERADO de la pena impuesta». Allí estaba a menudo, con su Caudillo, el capellán José María Bulart, que se permitía la licencia de bromear sobre el asunto: «¿Qué?, ¿enterrado?». A Bulart le llegaban muchas cartas de petición de clemencia, pero él tenía por costumbre arrojarlas a la papelera. Las conmutaciones de las penas de muerte se tramitaron desde la Asesoría Jurídica del Cuartel General del Generalísimo hasta su disolución en agosto de 1939, cuando pasaron a la Asesoría Jurídica del Ejército, desde donde se comunicaban a las distintas Capitanías Generales y Auditorías. En la prensa diaria podían seguirse muchos de esos juicios sumarísimos de la «justicia de Franco», equivalente a una justicia divina, inapelable frente a «asesinos convictos y confesos», que ponía orden en el nuevo Estado.

La paz de Franco transformó la sociedad, destruyó familias enteras, rompiendo las redes básicas de solidaridad social, e impregnó la vida cotidiana de miedo, prácticas coercitivas y de castigo. «No es un capricho el sufrimiento de una nación en un punto de su historia —dijo el Caudillo en un discurso en Jaén el 18 de marzo de 1940—: es el castigo espiritual, castigo que Dios impone a una vida torcida, a una historia no limpia.» La guerra había sido una forma violenta de Cuaresma en la que los españoles habían expiado sus pecados y la victoria significaba la resurrección. Todas las generaciones «tienen que pasar en algún momento por la experiencia de la guerra», había manifestado Hitler cuando se disponía a destruir a Checoslovaquia: «Viva la guerra».

La amenaza de ser perseguido, humillado, la necesidad de disponer de avales y buenos informes para sobrevivir, podía alcanzar a cualquiera que no acreditara una adhesión inquebrantable al Movimiento o un pasado limpio de pecado republicano. La cultura política de la violencia, de la división entre vencedores y vencidos, «patriotas y traidores», «nacionales y rojos», se impuso en la sociedad española al menos durante dos décadas después del final de la guerra civil. Era el triunfo de los valores eternos sobre el marxismo degenerado. La diferencia entre el éxito y la derrota la recordó Agustín de Foxá el 28 de mayo de 1939 en *ABC*, pocos días después del monumental desfile del ejército que llevaba «el viento de la Victoria en su espalda», en su artículo «Los Homeros rojos»:

> Alberti, Cernuda, Miguel Hernández, Altolaguirre, en el verso, son los tristes Homeros de una *Ilíada* de derrotas. Porque solo fulge el soneto como un diamante cuando lo talla una espada victoriosa. La poesía roja es químicamente pura, deshumanizada, son unos poemas de laboratorio, sin fuerza ni hermosura [...] cobardes y llorones.

El primer asalto de la violencia vengadora sobre la que se asentó el franquismo empezó el 9 de febrero de 1939 con la Ley de Responsabilidades Políticas. En ella se declaraba «la responsabilidad política de las personas, tanto jurídicas como físicas», que con efectos retroactivos desde el 1 de octubre de 1934 «contribuyeron a crear o a agravar la subversión de todo orden de que se hizo víctima a España» y a partir del 18 de julio de 1936 «se hayan opuesto o se opongan al Movimiento Nacional con actos concretos o con pasividad grave».

A partir de ese momento se abrieron decenas de miles de causas para «liquidar las culpas» de quienes contribuyeron «a forjar la subversión roja». Un 9,5 % de los españoles sufrieron la fuerza de esa justicia. Dada la imposibilidad de dar salida a esos montones de expedientes, la ley fue modificada parcialmente en 1942 y quedó derogada el 13 de abril de 1945.

De acuerdo con esta norma, el juez instructor debería pedir informes sobre el presunto responsable «al Alcalde, Jefe Local de Falange Española Tradicionalista y de las JONS, Cura Párroco y Comandante del Puesto de la Guardia Civil del pueblo en que aquel tenga su vecindad o su último domicilio». La ley marcaba así el círculo de autoridades poderoso y omnipresente, de ilimitado poder coercitivo e intimidatorio, que iba a controlar durante los largos años de la paz de Franco haciendas y vidas de los ciudadanos.

La mayoría de los expedientes se incoaron a obreros y campesinos con recursos económicos escasos, pero también a clases medias republicanas con rentas más elevadas. A los políticos más destacados de la República, desde Manuel Azaña hasta Indalecio Prieto, pasando por Diego Martínez Barrio, se les impusieron multas de cien millones de pesetas. Al historiador y archivero zaragozano José Ignacio Mantecón, nombrado por Juan Negrín gobernador general de Aragón en agosto de 1937, le incautaron casi dos mil libros considerados subversivos, y el auditor de guerra, Ramiro Fernández de la Mora, le impuso una multa de diez millones de pesetas, más alta que la de Niceto Alcalá-Zamora e igual a la de la dirigente socialista Margarita Nelken o a la del embajador republicano en Londres, Pablo de Azcárate.

Afectara a ricos, pobres, mujeres u hombres, la puesta en marcha de ese engranaje represivo y confiscador causó estragos entre los vencidos y los rojos, abriendo la veda para una persecución arbitraria y extrajudicial que en la vida cotidiana desembocó muy a menudo en el saqueo y en el pillaje. Los afectados, condenados por los tribunales y señalados por los vecinos, quedaban hundidos en la más absoluta miseria. En muchos casos, las sentencias se impusieron a personas que habían sido ya castigadas con la muerte y recaían sobre sus mujeres, madres o hermanas.

El primer presidente del Tribunal Nacional de Responsabilidades Políticas fue Enrique Suñer, catedrático de Medicina Pediátrica en la Universidad de Madrid. Como vicepresidente de la Comisión de Educación y Cultura de la Junta Técnica del Estado que presidió José María Pemán había comenzado ya en la guerra una obsesiva persecución contra maestros, profesores e intelectuales, «hijos» de la Institución Libre de Enseñanza (ILE), «máximos responsables» de la «tragedia española», autores de una «infernal labor antipatriótica que pretendía desarraigar del alma española la fe de Cristo y el amor a nuestras glorias nacionales».

A su sustituto, Wenceslao González Oliveros, catedrático de Filosofía del Derecho en la Universidad de Salamanca, responsable de la Dirección General de Enseñanza Superior y Secundaria durante la dictadura de Primo de Rivera y primer gobernador civil de Barcelona tras la entrada de las tropas de Franco, tampoco le gustaba la ILE, «la vulpeja burladora». Y aunque González Oliveros mostró abierta simpatía por la causa nazi, creía que el fascismo español no necesitaba importar tradiciones ajenas, porque la guerra y la paz la había ganado una nueva «Falange Imperial Hispánica». Además de presidente del Tribunal de Responsabilidades Políticas, fue nombrado vicepresidente del Tribunal de Represión de la Masonería y el Comunismo y, posteriormente, hasta 1962, sumó a su currículum la presidencia del Consejo Nacional de Educación.

La mayoría de quienes no habían ganado un sitio en esa «Falange Imperial Hispánica» fueron a parar con sus huesos a cárceles, campos de concentración, destacamentos penitenciarios y colonias de trabajadores forzosos, la espina dorsal del sistema represivo implantada por la dictadura. El momento con mayor número de presos, según el *Anuario Estadístico de España*, que solo contemplaba «la población penitenciaria», fue a finales de 1939 y comienzos de 1940, exactamente 270.719, de los cuales 23.232 eran mujeres. Existían más de cien campos de concentración estable con quinientos mil prisioneros de guerra en espera de ser clasificados, reeducados y castigados. Otros noventa mil estaban recluidos en más de un centenar de Batallones de Trabajadores y casi cincuenta mil en los Batallones Disciplinarios de Soldados Trabajadores, condenados a trabajos forzosos y humillaciones. Mano de obra barata para las empresas y el Estado, para construir carreteras, obras hidráulicas, edificios públicos y vías ferroviarias.

La necesidad de mano de obra, la amenaza de colapso administrativo y la evolución de la segunda guerra mundial, hasta la derrota de los fascismos, hizo descender de forma acusada, a través de una política de excarcelaciones e indultos, el número de personas privadas de libertad. Aun así, los que lograban salir recibían una tarjeta de libertad vigilada y cuando pasaban por las Comisiones de Exámenes de Penas, creadas el 25 de enero de 1940, necesitaban informes favorables de las autoridades políticas, militares y eclesiásticas.

Los campos de concentración en la España de Franco no fueron de exterminio, sino que se utilizaron para clasificar, reeducar, vigilar y «doblegar» a los prisioneros. El modelo partió de la guerra, «purgatorios de la República», y cuando fue creado no existía todavía en ningún sitio de Europa ese sistema de eliminación directa y masiva que pusieron en marcha los nazis a partir del verano de 1941 con la operación Barbarroja de invasión de la Unión Soviética, que necesitaba un enemigo racial, algo que faltaba en España. Una cosa era un Estado policial, como el de la Alemania nazi de antes de la segunda guerra mundial o el construido por Franco, y otra el genocidio. Tampoco los campos soviéticos, por los que pasaron entre 1934 y 1947 cerca de siete millones de personas, fueron designados ni utilizados como centros de exterminio.

Mantener en la cárcel durante tanto tiempo a tantos prisioneros, torturarlos, dejarles morir de hambre y de epidemias, no fue, como la dura represión de posguerra en general, algo inevitable. «Terminó el frente de la guerra, pero sigue la lucha en otro campo», dijo el Caudillo en su discurso de la victoria. Era el castigo necesario para los rojos vencidos. Católicos, falangistas y militares admiraban en aquellos años, aunque lo tuvieran que ocultar después, la limpieza moral y política llevada a cabo por Hilter en Alemania. El jurista Vicente Gay y Forner, catedrático de Economía en la Universidad de Valladolid, delegado de Prensa y Propaganda de Franco de la Junta Técnica del Estado, expresó su ferviente admiración por la Alemania nazi y consideraba el campo de concentración de Dachau «un verdadero establecimiento educativo», una «aldea higienizada», ideal para los prisioneros.

Todos esos reclusos eran, así lo decía el jesuita Antonio Pérez del Pulgar, «criminales empedernidos, sin posible solución dentro del orden humano. No podían retornar a la sociedad: que expíen sus culpas alejados de ella». El triunfo conseguido con las armas se malograría «si dejásemos en libertad de acción a los eternos disidentes, a los rencorosos, a los egoístas —afirmó Franco—: El espíritu de los vencidos no se extirpa en un día, y aletea en el fondo de muchas conciencias». Los arrepentidos de corazón podían formar parte de la Nueva España, «pero si ayer pecaron, no esperen les demos el espaldarazo mientras no se hayan redimido con sus obras».

Lo repetía Pérez del Pulgar en *La solución que España da al problema de los presos*, un panfleto publicado en 1939 para airear las virtudes del Patronato Central de Redención de Penas, del que era su principal instigador: a quienes eran capaces de arrepentirse, «a los adaptables a la vida social del patriotismo», había que redimirlos mediante el trabajo. Tanto el inspirador de este patronato como sus principales defensores, el sacerdote capellán de la cárcel Modelo de Barcelona, Martín Torrent García, y Máximo Cuervo Radigales, director general de Prisiones, atribuyeron la creación de ese régimen de redención de penas a una nueva concepción «cristianísima» auspiciada por el Caudillo, «que lo sigue, lo vigila y lo tutela día a día con amorosa solicitud». Era la continuación de las «leyes de Indias, inspiradas por nuestros grandes teólogos». Desde el día de la victoria, el Gobierno encargó a las congregaciones religiosas dedicadas a actividades asistenciales y hospitalarias y a las mujeres de Acción Católica la atención de las presas y de sus niños. El 6 de noviembre de 1941 se creó el Patronato de Protección a la Mujer, cuyo objetivo era «la dignificación moral de la mujer, especialmente de las jóvenes, para impedir su explotación, apartarlas del vicio y educarlas con arreglo a la religión católica».

Esa violencia organizada desde arriba, basada en la jurisdicción militar, en juicios y consejos de guerra sin las mínimas garantías, requería, sin embargo, una amplia participación «popular», de informantes, denunciantes, delatores, entre quienes no solo se encontraban los beneficiarios naturales de la victoria, la Iglesia, los militares, la Falange y la derecha tradicional. La purga era, por supuesto, tanto social como política y los poderosos de la comunidad, la gente de orden, las autoridades, aprovecharon la oportunidad para deshacerse de los «indeseables», «animales» y revoltosos. Pero lo que esa minoría quería lo aprobaban muchos más, que veían políticamente necesario el castigo de sus vecinos, a quienes acusaban o no defendían si otros los acusaban.

Colaborar mediante la delación significaba implicarse también en la incoación de la amplia gama de procesos sumariales desplegada por los vencedores. Por eso se insistía tanto en la participación activa y se perseguía y se sancionaba la pasividad. El terror exigía también romper los lazos de amistad y de solidaridad social, impedir cualquier germen de resistencia. Porque denunciar «delitos», señalar a los «delincuentes», era cosa de los «buenos patriotas», de quienes estaban forjando la «Nueva España». La denuncia se convirtió así en el primer eslabón de la justicia de Franco, una forma estimulada de poder saltar la barrera construida entre los rojos y los vencedores.

Los odios, las venganzas y el rencor alimentaron el afán de rapiña sobre los miles de puestos que los asesinados y represaliados habían dejado libres en la administración del Estado, en los ayuntamientos e instituciones provinciales y locales. Una ley de 10 de febrero de 1939 institucionalizó la depuración de los funcionarios públicos, un proceso que los militares rebeldes habían iniciado sin necesidad de leyes en el verano de 1936. Otra, de 25 de agosto de ese mismo año, asignó hasta un 80 % de los empleos públicos a mutilados, excombatientes, excautivos y familiares de las víctimas del terror rojo. Detrás de esas leyes, y en general de todo el proceso de depuración, había un doble objetivo: privar de su trabajo y medios de vida a los «desafectos al régimen», un castigo ejemplar que condenaba a los inculpados a la marginación; y, en segundo lugar, asegurar el puesto de trabajo a todos los que habían servido a la causa nacional durante la guerra civil y mostraban su fidelidad al Movimiento. Ahí residía una de las bases de apoyo duradero a la dictadura de Franco, la «adhesión inquebrantable» de todos aquellos beneficiados por la victoria. «Después de a Dios es al Generalísimo Franco y a su valeroso Ejército a quienes debemos la terminación de nuestro cautiverio y la conservación de nuestros hogares y la recuperación de nuestro patrimonio industrial», recordó Manuel Gorina, presidente del Gremio de Fabricantes de Sabadell, con motivo de la visita de Franco a esa ciudad en 1942.

Un año después de acabada la guerra, el Caudillo puso en marcha un sistema de denuncia legal, un instrumento estatal para estimular la delación. La «Causa General informativa de los hechos delictivos y otros aspectos de la vida en la zona roja desde el 18 de julio de 1936 hasta la liberación» fue creada por el decreto del Ministerio de Justicia de 26 de abril de 1940, con el fin de «investigar cuanto concierne al crimen, sus causas y efectos, procedimientos empleados en su ejecución, atribución de responsabilidades, identificación de las víctimas y concreción de los daños causados».

En la práctica, la Causa General, que recopiló montañas de documentos, consiguió varias metas. Aireó y marcó en la memoria de muchos ciudadanos las diferentes manifestaciones del «terror rojo» durante la guerra civil. Compensó a las familias de las víctimas de esa violencia, confirmando la división social entre vencedores y vencidos. Y, sobre todo, se convirtió en el instrumento de delación y persecución de ciudadanos que nada tenían que ver con los hechos.

Todos esos informes de las fuerzas de seguridad, de los clérigos, de los falangistas, de la gente común, los avales y salvoconductos necesarios para vivir, daban testimonio del grado de implicación de la población en esa trama despiadada de persecución, pero también de que el régimen de Franco no solo perduró con la violencia desde arriba. Sin esa participación ciudadana, el terror hubiera quedado reducido a fuerza y coerción. La vigilancia era casi una obligación frente al «liberalismo, la democracia, el judaísmo, la masonería, el capitalismo, el marxismo y el separatismo», los siete enemigos de España según propagaron los dominicos Albino G. e Ignacio Menéndez-Reigada en el *Catecismo patriótico español.*

En el transcurrir cotidiano había, no obstante, más enemigos. La carestía de productos básicos en las ciudades desató una verdadera hambruna, debida más a la política autárquica y a la corrupción que a la pasada guerra y a la «pertinaz sequía». Para la mayoría de la población urbana la vida se contaba en gramos y cupones, los de las cartillas de racionamiento, con el pan negro de cada día, implantadas en mayo de 1939 y vigentes hasta 1952. Especialmente para las mujeres, las encargadas de alimentar a sus familias en tiempos de una escasez devastadora.

Colas y hambre. Unas doscientas mil personas fallecieron en los años cuarenta a causa del hambre y de las enfermedades derivadas de la malnutrición. Auxilio Social, que había nacido en octubre de 1936 en Valladolid como Auxilio de Invierno, organizado por Mercedes Sanz-Bachiller y Javier Martínez Bedoya, convertido desde mayo de 1940 en entidad oficial de FET y de las JONS, fue incapaz de responder a ese desabastecimiento, hambre y miseria pese a su apelación a la «justicia social». Desde la rivalidad o colaboración con Auxilio Social, la actividad asistencial de las Juntas Parroquiales y del Secretariado de Caridad reforzó con limosnas el proyecto de recristianización.

Apareció el mercado negro y con él los grandes acaparadores que se aprovecharon de la especulación y de la corrupción generalizada para enriquecerse. Para no morir de hambre, cientos de miles de personas tuvieron que recurrir a la economía sumergida. También en ese terreno afloraban diferencias sustanciales entre los grandes y medianos productores, hermandades sindicales de labradores y ganaderos, y el estraperlista pequeño.

Los productores que no querían entregar sus productos a los precios fijados por el Gobierno recurrían al mercado negro para vender a precios mucho más altos. Y los consumidores, ricos y pobres, tuvieron que tomar el mismo camino ilegal para comprar lo más básico —el pan, aceite o leche— o, en el caso de quienes poseían más dinero, para no prescindir de otros alimentos menos necesarios. Mientras que casi todos los ciudadanos trapicheaban en el mercado negro para saciar el hambre, arriesgándose también a duros castigos si les cogían, los grandes estraperlistas, entre quienes se encontraban políticos, militares y funcionarios del Estado franquista, personas protegidas por el poder, hicieron enormes fortunas. La influencia política daba grandes beneficios a terratenientes, industriales e intermediarios que conseguían evadir las normas de los organismos de intervención u obtenían pedidos extraordinarios del propio Estado. Franco anunció en junio de 1939 una política de autarquía basada en el modelo fascista. Sus primeros gobiernos congelaron los gastos en obras públicas, sanidad y vivienda. El dinero se invirtió en pagar la victoria que habían financiado con créditos. La transformación de una economía de guerra en una economía de mercado tardó más de una década.

Las políticas intervencionistas que priorizaban los intereses autárquicos y militares afianzaban el resultado de una guerra que ganaron los propietarios y el capital y perdieron los asalariados. La Ley de 29 de septiembre de 1939 asignó a Falange los bienes de los «sindicatos marxistas y anarquistas», el patrimonio que habían acumulado durante décadas gracias a las cuotas de sus afiliados. La clase obrera derrotada sufrió un expolio, se quedó sin líderes, sin locales, sin historia. La autarquía no se debió a una imposición exterior, resultado del aislamiento internacional, sino a una serie de decisiones adoptadas por un amplio sector de jerarcas militares, políticos y gente de orden que montaron guardia para que la cosecha de la victoria no se malograra. La preocupación prioritaria era asegurar su poder. No se realizaron grandes inversiones públicas y los gastos del «Presupuesto de Reconstrucción» se destinaron a pagar atrasos de guerra y material militar. Las grandes ganancias no se hacían innovando o compitiendo.

Sir Samuel Hoare, que llegó a Madrid como embajador británico el 1 de junio de 1940, se encontró con una ciudad «en estado de sitio, con gran escasez de alimentos y a precios fabulosos, y cantidades ingentes de policía y tropas en las calles por todos lados [...] y los alemanes e italianos profundamente arraigados en todos los departamentos del Gobierno y en todos los ámbitos de la vida».

Cuando el diplomático conservador y anticomunista se entrevistó por primera vez con el Caudillo observó que «en medio de los ministros, generales y obispos que me recibieron, su figura burguesa, bastante gruesa y de baja estatura parecía insignificante. Su voz era muy diferente de los alaridos incontrolados de Hitler o de la gravedad totalmente modulada de Mussolini. En realidad, era la voz de un médico de cabecera, un doctor con una gran práctica en medicina familiar y unos ingresos asegurados».

Hoare se asombró de cómo Franco había podido ser «el brillante joven oficial en Marruecos y el Comandante en Jefe en una salvaje guerra civil». Cuando llegó al palacio de El Pardo, con militares y guardias civiles en cada esquina y la «caballería marroquí, la primera vez que se veía en España desde que los moros fueron expulsados hace más de cuatro siglos» vigilando la puerta, le dio la impresión de «estar visitando a un déspota oriental en Oriente más que a un general español en Occidente».

No era la opinión de sir Hoare compartida por la corte de aduladores, periodistas, militares, eclesiásticos y poetas que rivalizaban en sus alabanzas al Caudillo y crearon una percepción casi mitológica sobre su figura. Gracias a ellas, Franco mostraba una firme creencia en el papel histórico que le había asignado la providencia, en su sentido de misión, una confianza obsesiva en su capacidad para salvar al país y conducir la nave. Varios poetas dedicaron versos a su sonrisa en esos primeros meses de victoria. Para Manuel Machado, sabía «vencer y sonreír [...] ¡La sonrisa de Franco resplandece!». Y Eduardo Marquina se refería a «aquel humanismo de la viril sonrisa/ con que ecuánime Franco da luz a las batallas».

La España de Franco fue un Estado policial, un omnipresente sistema de control y vigilancia que necesitó en esos primeros años de paz el derramamiento de sangre y los pelotones de fusilamiento. Una vez organizada la trama de lealtades, propaganda y miedo, el terror podría dirigirse a grupos pequeños y no amenazaba a la mayoría de los españoles. Eso es lo que les decía Franco, que solo se perseguía a delincuentes, criminales con las manos manchadas de sangre, comunistas, masones y separatistas. Y eso se repitió en las escuelas, en los púlpitos, en las arengas falangistas y en las conmemoraciones públicas. «La verdad está en tres gritos de Dios, Patria y Justicia.» «Nuestra revolución es constructiva, destructora de vicios y abusos, pero creadora de doctrinas sociales, generosas y nobles.» La letanía de las ideas de Franco siempre se oponía en aquellos primeros años de posguerra a las «revoluciones marxistas»: «Nuestra Revolución con los brazos abiertos, no los puños cerrados».

El círculo argumental de la represión destacaba que Franco sustentaba el poder de forma legítima, conseguido en una cruzada de salvación patriótica. Una vez consolidada la victoria, la inmensa mayoría de la población aceptaba vivir bajo la paz magnánime del Caudillo. La combinación de la represión y el culto a la personalidad consolidaron su poder. El peso de la ley se encargaba del resto. El sistema procesal de órganos jurisdiccionales especiales se mantuvo durante décadas. Cuando una ley era derogada, la nueva normativa reiteraba el carácter represivo de la anterior. El 1 de marzo de 1940 se aprobó la Ley de Represión de la Masonería y Comunismo. Un año después, el 29 de marzo, el Gobierno de Franco publicó la Ley de Seguridad del Estado, sustituida años más tarde, en abril de 1947, por la Ley de Represión del Bandidaje y el Terrorismo, que endureció las penas contra quienes resistían en la guerrilla.

Nada sabía Franco de los miles de asesinatos arbitrarios, de la tortura. Un castigo necesario, en todo caso, para las «hordas rojas». Por su cargo, Generalísimo, Caudillo, jefe de Estado, debía tener conocimiento inexcusable de lo que ocurría en las cárceles y cementerios, de la tragedia de la escasez y del hambre, resultados directos de la corrupción y de la ineficacia. Mantenía el control de la política interior y exterior, pero no participaba en las tareas sucias y mundanas, en el derramamiento de sangre. Él se presentó como el máximo defensor de la lucha contra la corrupción y el estraperlo, y así lo creía una buena parte de la población. Cuando sus allegados le susurraban cómo otros se aprovechaban de sus cargos para enriquecerse, no solía prestar atención y cambiaba de conversación. Su visión era distante, como su figura. Hablaba de él en tercera persona, se mostraba reservado. El trato con sus ministros, incluso con sus amigos de infancia, era formal, carente de afecto y cordialidad, tal y como le había aconsejado el conde de Jordana: «Que impusiera como obligatoria una rigurosísima etiqueta para con el jefe y quedaran excluidos los tuteos y maneras amistosas y familiares, imponiendo los debidos tratamientos distanciadores». El distanciamiento era una forma de acotar su poder, de separarse del resto de los humanos, como lo había sido en Hitler o Stalin. Distante con sus subordinados y cruel con sus enemigos.

Pedro Theotónio Pereira, embajador portugués en Madrid, le comunicó a finales de agosto de 1939 a Salazar que «cada día tengo más aprensión sobre las ideas del Generalísimo. Lo encuentro enamorado del Poder en abstracto y del poder personal en concreto. De todos cuantos gobiernan en España es él quien me dice cosas más extrañas y quien habla un lenguaje más próximo al Eje».

Esa conversión de Franco a las doctrinas políticas y económicas del fascismo que apreciaba Pereira iban a someterse a dura prueba poco después, a partir del 1 de septiembre de 1939. Ese día, el ejército alemán invadió Polonia y, el 3 de septiembre, Gran Bretaña y Francia declaraban la guerra a Alemania. Veinte años después de la firma de los tratados de paz que dieron por concluida la primera guerra mundial, comenzó otro conflicto bélico destinado a resolver todas las tensiones que el comunismo, los fascismos y las democracias habían generado en los años anteriores. El estallido de la guerra en 1939 puso fin a esa «crisis de veinte años» e hizo realidad los peores augurios. Toda la estructura de la cultura aristocrática, burguesa e imperial de Europa se desmoronó en el abismo de una guerra total y salvaje. En 1941, la contienda europea se convirtió en mundial con la invasión alemana de Rusia y el ataque japonés a la Armada estadounidense en Pearl Harbor. El catálogo de destrucción humana que resultó de ese largo conflicto de seis años nunca se había visto en la historia.

El 23 de agosto de 1938, el regente Miklós Horthy, el primer ministro Béla Imrédy y otros altos dirigentes políticos húngaros se reunieron con Hitler en Alemania. Horthy le dijo que Hungría no podía apoyar la operación militar de la Wehrmacht en Checoslovaquia. «Quien quiera sentarse en la mesa debe al menos ayudar en la cocina», respondió Hitler.

Dramatis personae

Carmen Polo (1900-1988). Hija de una rica familia de Oviedo, conoció a Francisco Franco en 1917. Se casaron el 22 de octubre de 1923. Desde que llegaron al palacio de El Pardo en marzo de 1940, Carmen se convirtió en la «Señora», recibida con los acordes de la *Marcha Real* en los actos oficiales, rodeada de una corte de fieles y aduladores. Disfrutó de ritos y privilegios de la realeza y ganó una influencia extraordinaria conforme su marido ascendía peldaños por las diferentes escaleras del poder. El 26 de noviembre de 1975, el rey Juan Carlos I le concedió la Merced Nobiliaria del Señorío de Meirás.

Agustín Muñoz Grandes (1896-1970). Veterano de la guerra de Marruecos, ocupó la Secretaría General de FET y de las JONS con carácter de ministro en el primer gobierno de Franco tras el final de la guerra civil. Jefe de la División Azul, jefe de la Casa Militar del Caudillo, jefe del Alto Estado Mayor y ministro del Ejército. El 14 de diciembre de 1942, Hitler le impuso las hojas de roble de la Cruz de Caballero de la Cruz de Hierro. Fue desde 1962 hasta 1967 vicepresidente del Consejo de Ministros. Cuando murió el 11 de julio de 1970, Franco no acudió al sepelio, que fue presidido, en su lugar, por el príncipe Juan Carlos.

© EFE / Album

Ramón Serrano Suñer (1901-2003). Conoció a Franco en Zaragoza, cuando este era director de la Academia General Militar. Se casó con Ramona (Zita), la hermana menor de Carmen Polo, en 1931. La relación estrecha entre ambos matrimonios apenas duró una década, pero entre 1937 y 1942 la fusión de guerras y fascismo convirtió a Serrano en un escalador sin escrúpulos al lado de quien ya detentaba un poder absoluto. Fue ministro de Gobernación, jefe de la Junta Política de FET y de las JONS y ministro de Asuntos Exteriores. En ese tiempo, trazó un plan de adoctrinamiento, propaganda y movilización social que Franco apoyó mientras duraron los éxitos militares de las potencias del Eje.

Enrique Pla y Deniel (1876-1968). Obispo de Salamanca en julio de 1936, fue, desde la publicación de su carta pastoral «Las dos ciudades», el principal ideólogo y apologeta de la guerra civil como cruzada. Primado desde 1941 a 1968, fue procurador en las Cortes y consejero de Estado. La victoria del ejército de Franco significó el triunfo absoluto de la España católica. El catolicismo volvió a ser la religión oficial del Estado. La Iglesia recuperó todos sus privilegios institucionales y manejó los medios administrativos modernos para reforzar su monopolio como confesión nacional. Durante su largo mandato, obispos, sacerdotes y religiosos rindieron pleitesía al «enviado de Dios hecho Caudillo».

Juan Antonio Suanzes (1891-1977). Hijo del director del Colegio de Marina de El Ferrol, amigo de Franco desde la infancia, ingeniero naval, fue uno de los hombres más influyentes en la política industrial de la autarquía, presidente del Instituto Nacional de Industria (INI) durante más de veinte años y ministro de Industria y Comercio de 1945 hasta 1951. Desde esa poderosa posición, promovió la subordinación de la empresa privada al «interés nacional», con claras interferencias de militares y jerarcas fieles al Caudillo en la asignación de materias primas y divisas a empresas y empresarios bien conectados. Por sus «méritos extraordinarios», Franco creó y le otorgó el marquesado de Suanzes en 1960.

Luis Carrero Blanco (1904-1973). No pertenecía al círculo de Franco, ni en lo profesional ni en lo personal, y terminada la guerra civil inició un ascenso meteórico hacia el poder. Desde 1941, cuando ocupó la subsecretaría de la Presidencia, fue el hombre que susurraba al oído y en periódicos informes todo lo que el Caudillo deseaba leer y escuchar, una garantía para la mayor parte de los jerarcas de la dictadura, la mejor voz de su amo, un franquista doscientos por cien. Ocupó el cargo de ministro durante más de dos décadas y, en junio de 1973, Franco lo nombró presidente del Gobierno. Asesinado por ETA el 20 de diciembre de ese año, su desaparición y la debilidad física y mental del Caudillo aceleraron la descomposición de la dictadura.

Camilo Alonso Vega (1889-1971). Fiel amigo de Franco, desde El Ferrol a África, profesor en la Academia General Militar, declaró el estado de guerra en Álava en julio de 1936 y mandó la IV División de Navarra, con la que entró en Barcelona el 26 de enero de 1939. Durante la dictadura dirigió la Guardia Civil en los años más represivos de la lucha contra la guerrilla, fue consejero nacional de FET y de las JONS, procurador de las Cortes y ministro de la Gobernación desde 1957 hasta 1969. Alonso Vega y su esposa, la asturiana Ramona Rodríguez Bustelo, formaron parte del círculo íntimo de la familia Franco-Polo.

Carmen Franco Polo (1926-2017). Conocida desde su infancia y juventud como Carmencita y Nenuca, fue la única hija de Franco. Madre e hija llevaron en los años de posguerra vidas de reina y princesa que asistían a fiestas, conmemoraciones y ceremonias religiosas. En diciembre de 1944, la Señora organizó en El Pardo un baile con banquete para presentar en sociedad a Nenuca en su dieciocho cumpleaños, donde acudieron militares, políticos y cortesanos de Franco que disfrutaban de la vida alegre en aquellos días de victoria, hambre y privaciones. En 1950 se casó con Cristóbal Martínez-Bordiú, una boda que desató en la amplia familia el afán de riqueza, lujo y rapiña. Tras la muerte de su padre, el rey Juan Carlos I le concedió el título de duquesa de Franco.

Cristóbal Martínez Bordiú (1922-1998). El 10 de abril de 1950, la aristocracia de la época se reunió en el palacio de El Pardo. Carmen Franco Polo contrajo ese día matrimonio con Cristóbal Martínez-Bordiú, doctor y alférez provisional. Desde ese día, el dinero, la felicidad y los títulos nobiliarios llamaron a las puertas del padre y hermanos Martínez-Bordiú. Emergió el clan de los Villaverde, que amasó en poco tiempo una fortuna con varias empresas de negocios, especulación inmobiliaria, intereses bancarios y licencias de importación-exportación. La mayor gloria se la llevó Cristóbal, quien hasta la muerte de su suegro estuvo presente en más de treinta consejos de administración de diferentes empresas y cobró valiosos salarios de varias plazas médicas de las que era titular.

Laureano López Rodó (1920-2000). López Rodó procedía de una familia de empresarios catalanes, se unió a Falange Española tras la sublevación militar y se identificó tras la guerra con los elementos centrales de la ideología de los vencedores contra el liberalismo y la democracia. Se distanció de Falange, entró en el Opus Dei en 1941 y obtuvo su cátedra en Derecho Administrativo en la Universidad de Santiago de Compostela en julio de 1945. Se presentó a sí mismo como artífice de la nueva política desarrollista de Franco, inspirado en la legislación administrativa de otros países, incluidos el Portugal de Salazar y la Francia de Pétain, y en las teorías estadounidenses de la «gestión científica». Tras el asesinato de Carrero, su protector, Arias Navarro, lo excluyó del Gobierno.

Carlos Arias Navarro (1908-1989). Franco lo nombró presidente de Gobierno unos días después de la muerte de Carrero Blanco. Era amigo de Carmen Polo e invitado habitual en El Pardo. Tenía un largo y extenso currículum de represor, desde su paso como auditor de guerra de Málaga tras la conquista de la ciudad en febrero de 1937 por las tropas de Franco, hasta la Dirección General de Seguridad y el Ministerio de Gobernación. Había sido también alcalde de Madrid en los años dorados de desarrollismo y corrupción inmobiliaria. A las diez de la mañana del 20 de noviembre de 1975, anunció en TVE la muerte de Franco y leyó, entre sollozos, su testamento político.

Príncipe Juan Carlos (1938-). El 5 de enero de 1968 cumplió treinta años, la edad establecida por la Ley de Sucesión para poder reinar. Franco hacía tiempo que había descartado a su padre, don Juan, como sucesor. El príncipe era el candidato idóneo, había realizado estudios en las academias militares y nunca había manifestado desacuerdo con la dictadura. El 21 de julio de 1969, Franco presentó a Juan Carlos como su sucesor ante el Consejo del Reino y, un día después, a las Cortes. El príncipe juró «lealtad a Su Excelencia el Jefe del Estado y fidelidad a los Principios del Movimiento y las Leyes Fundamentales». Franco, con esa resolución tan esperada, pasaba a la futura monarquía su legado político y al mismo tiempo rompía la línea dinástica de los Borbones. El 22 de noviembre de 1975 comenzó su reinado.

Franco y el mundo

© akg-images / Album

Franco y Hitler. «Italia y Alemania hicieron mucho por España en 1936 [...] Sin la ayuda de ambos países no existiría Franco hoy», le dijo Adolf Hitler a Galeazzo Ciano. Tras la guerra relámpago, súbita y victoriosa, de Hitler contra Francia y los Países Bajos, Franco escribió a su «querido *Führer*» para felicitarle y expresarle su «admiración». Se reunieron el 23 de octubre de 1940 en la estación de Hendaya. La simpatía oficial por la causa del Eje y los sueños imperiales no fueron suficientes para dar el paso decisivo de entrar en la segunda guerra mundial. La debilidad militar, la desastrosa situación de España y la dependencia de los suministros petrolíferos procedentes de Gran Bretaña y Estados Unidos enfriaron el fervor nazi de Franco. La propaganda se encargó después de reescribir esa historia.

Franco y Mussolini. En febrero de 1941, Franco viajó a Bordighera, al lado de la frontera ítalo-francesa, para entrevistarse con el *Duce*. Fascinado por la cordial recepción, el Caudillo declaró que el italiano era «la mayor figura política del mundo», «un verdadero genio latino». Pero en el tema esencial de la reunión, Franco reconoció las «condiciones de verdadera hambre y de absoluta carencia de preparación militar» que impedían a España entrar en la contienda. Mussolini le comunicó a Hitler que era mejor no insistir: «España, hoy, no está en condiciones de iniciar ninguna acción de guerra. Está hambrienta, desarmada, con fuertes corrientes hostiles a nosotros». La mejor política era mantener a Franco alineado con el Eje.

Franco y Ciano. El ministro de Asuntos Exteriores de la Italia fascista, yerno de Mussolini, confirmó el 28 de julio de 1936 el envío de aviones a Franco para trasladar las tropas desde África a Andalucía. El balance que hizo de la intervención italiana fue concluyente: «Franco había declarado que si recibía 12 aviones o bombarderos tendría la guerra ganada en pocos días. Esos 12 aviones se convirtieron en más de 1.000 aviones, 6.000 muertos y 14.000 millones de liras». La «victoria española» fue saludada por Ciano como una «victoria fascista». El 11 de enero de 1944, fue fusilado en Verona por orden del Duce. Ni siquiera la intercesión de su esposa, Edda, ante su padre pudo librarlo.

Franco y Himmler. Serrano Suñer recibió el 20 de octubre en Madrid a Heinrich Himmler, el arquitecto de las SS y jefe del entramado policial nazi, con todos los honores y parafernalia fascista, con decenas de personas aclamándole con el saludo romano en la estación del Norte y con calles engalanadas con banderas de la cruz gamada. Himmler viajó a Madrid para preparar las medidas de seguridad del encuentro que iba a celebrarse en Hendaya entre Hitler y Franco, pero también para sellar una mayor colaboración entre la Gestapo y la policía española. En la corrida de toros que se celebró en su honor, estuvo acompañado por el conde de Mayalde, gobernador civil de Madrid y director general de Seguridad, y por Karl Wolff, jefe del Estado Mayor de las SS.

Franco y Pétain. Los dos militares habían sido influyentes en sus países, en Marruecos y en Verdún, y compartían la creencia de que Dios les había confiado la misión de salvarlos del comunismo y la masonería. Pétain fue el primer embajador francés en España, en marzo de 1939, tras el reconocimiento del gobierno de Franco. De regreso de la entrevista con Mussolini, Franco y el mariscal, jefe del Estado francés, se vieron el 13 de febrero de 1941 en Montpellier. Las relaciones entre Vichy y la España de Franco se consolidaron. «Estoy persuadido de que la amistad entre los dos pueblos debe aferrarse más estrechamente en un futuro próximo», declaró Pétain. Tras la derrota del fascismo, fue condenado a muerte el 15 de agosto de 1945, conmutada a cadena perpetua por el general Charles de Gaulle.

Franco y Salazar. Desde la sublevación militar, Franco contó con el apoyo incondicional del dictador portugués. El Estado Novo, antiliberal, antidemocrático y anticomunista, afirmado en la triada ideológica «familia, Dios y patria», fue también modelo para el nuevo Estado que emergió en España de la derrota de la República. Se encontraron en siete ocasiones en sus prolongadas vidas de dictadores, casi siempre en localidades cercanas a la frontera, pero en territorio español: Sevilla (1942), pazo de Meirás (1950), Ciudad Rodrigo (1952 y 1957) y Mérida (1960 y 1963). La excepción fue la visita que el Caudillo hizo a Portugal en octubre de 1949. La relación entre ellos fue siempre fría, distante.

Franco y Evita. El 8 de junio de 1947, María Eva Duarte de Perón, «Evita», inició una gira de dieciocho días por España. Era la esposa de Juan Domingo Perón, presidente de Argentina que actuó de salvavidas para Franco en el peor momento de la crisis económica y la hambruna por las que pasaba España tras el final de la guerra. Al día siguiente, se cerraron las escuelas y tuvo lugar una concentración masiva en la plaza de Oriente. En las diferentes visitas por Madrid, Evita, de veintiocho años, y Carmen Polo, de cuarenta y siete, rivalizaron en trajes, mantillas y sombreros. Murió de cáncer el 26 de julio de 1952, cuando su estrella brillaba en lo más alto.

Franco y Eisenhower. Estuvo en España dieciocho horas del 21 y 22 de diciembre de 1959. Fue el primer presidente de Estados Unidos que llegó en visita oficial y la primera vez que Franco saludaba a un mandatario de un país democrático. Había alcanzado fama como comandante supremo de las fuerzas aliadas en el frente occidental europeo en 1943 y jefe de operaciones hasta la rendición alemana en 1945. En el coche descubierto, escoltado por el escuadrón montado de la Guardia del Generalísimo, fueron ovacionados por una masa popular y acudieron a una cena de gala en el palacio de Oriente, con sus esposas. El abrazo de despedida fue el clímax de la bendición internacional a su dictadura, «un verdadero plebiscito y referéndum del pueblo a mi política exterior».

Miguel Cortés / EFE

Franco y Saud Ibn Abdel Aziz. En diciembre de 1946, la resolución 39 de la Asamblea General de la ONU aprobó la exclusión de España de todos los organismos internacionales. A partir de ese momento, Franco intensificó las relaciones con el mundo árabe, nuevos aliados que estaban unidos a España por lazos culturales e históricos. El Caudillo mostró hacia esos países una simpatía forjada en el norte de África y en aquel inicio de la Guerra Fría compartía con ellos las posiciones anticomunistas y antiisraelíes. El primer monarca que rompió el cerco del bloqueo internacional fue Abdalá I de Jordania en 1949. Después, varios reyes de la Liga Árabe visitaron España en las dos décadas siguientes, y Franco consolidó un vínculo especial con la familia real saudí. El rey Saud Ibn Abdel Aziz se entrevistó con Franco en Madrid en 1957, en la foto, y en 1962.

Miguel Cortés / EFE

Franco y Trujillo. El dictador dominicano llegó a Madrid en junio de 1954, con su esposa, María Martínez Alba. Franco lo presentó como «Benefactor de su Patria», «paladín del anticomunismo en el mar de las Antillas», y en su honor hubo cacerías, corridas de toros, espectáculos de danza española y demostraciones militares. El alcalde de Madrid declaró fiesta escolar el día de su llegada. Rafael Leónidas Trujillo Molina, «el Chivo», por su fama de depredador sexual, fue enterrado en el cementerio de Mingorrubio en noviembre de 1970, nueve años después de ser asesinado en Ciudad Trujillo. La España de Franco se convirtió en un cementerio de tiranos de diferentes países.

Franco y Nixon. El avión del presidente estadounidense aterrizó en Madrid a las doce de la mañana del 2 de octubre de 1970 y abandonó España a las 9:22 del día siguiente. Fue una visita fugaz, como la de Eisenhower once años antes. Nixon quedó encantado de la acogida que decenas de miles de ciudadanos le habían dado en el trayecto que junto a Franco los llevó en un coche descubierto desde el aeropuerto al palacio de El Pardo. Se entrevistó también con Carrero Blanco y conoció al príncipe Juan Carlos. El encuentro con Franco le produjo preocupación. Se había quedado dormido en el coche y apenas habló en la cena de gala. Su salud parecía peor de lo que decían los informes.

Franco y Ford. Llegó a España el 31 de mayo de 1975. Era el tercer presidente del país amigo, los tres republicanos, que viajaba a Madrid a estar unas horas con Franco. El ritual de bienvenida fue el mismo que en 1959 y 1970. Tras aterrizar en Barajas, recorrieron en coche descubierto las principales calles de Madrid. Por la tarde, Ford acudió al palacio de El Pardo para entrevistarse media hora con Franco. Las esposas se reunieron en un salón contiguo con otras damas. Después, en el palacio de Oriente, el matrimonio Franco ofreció una cena de gala, a la que asistieron los príncipes de España. Al día siguiente por la mañana, Franco y doña Carmen acudieron al aeropuerto para despedir a los «ilustres visitantes».

Capítulo 16

EN LA MESA DE HITLER Y MUSSOLINI

Los vencidos estaban cautivos y desarmados, la resistencia aplastada. El triunfo absoluto de Franco era considerado por la Iglesia una bendición. El «insigne, victorioso y amado Caudillo» disfrutaba de la adhesión incondicional de las fuerzas armadas, industriales y terratenientes. Estaba convencido de ser el hombre elegido para redimir a España y recuperar el orgullo nacional. «No se ha derramado la sangre de nuestros muertos para volver a los tiempos decadentes del pasado», recordaba una y otra vez a quienes lo aclamaban y temían.

Todo parecía controlado en el frente nacional. Pero a comienzos de 1939 Europa era, en palabras de Iósif Stalin, una «partida de póquer entre tres jugadores, el fascismo, la democracia y el comunismo», desarrollada con apuestas y conversaciones secretas de las que España y Franco no formaban parte. Hitler y Mussolini habían contribuido de forma substancial al triunfo de Franco en la guerra y «la victoria española» fue saludada por Ciano como una «victoria fascista». Los vínculos con Alemania e Italia alimentaban en ese momento la ambición y sueños imperiales del Caudillo. El 8 de mayo, Franco retiró a España de la Sociedad de Naciones, sumándose a las potencias fascistas europeas y a Japón, que lo habían hecho unos años antes. Y su Gobierno se comprometió en la crisis internacional de ese verano a mantener una neutralidad benévola si estallaba la guerra, aunque, como informó el nuevo ministro de Asuntos Exteriores, Juan Luis Beigbeder, al embajador alemán, Eberhard von Stohrer, «España estaba deseosa de ayudar tanto como pudiera».

A las dos de la madrugada del 24 de agosto, los ministros de Asuntos Exteriores de Alemania y de la Unión Soviética, Joachim von Ribbentrop y Viacheslav Mólotov, firmaron en el Kremlin un tratado de no agresión entre los dos países. Ribbentrop había aterrizado en Moscú a la una de la tarde del día anterior en el avión Cóndor de Hitler con una delegación de treinta personas. Presididos por Stalin, los interlocutores llegaron pronto a un acuerdo. Tras la firma, brindaron con champán y cuando se despidieron Stalin le dijo a Ribbentrop: «Puedo darle mi palabra de honor de que la Unión Soviética no traicionará a su socio».

A ese pacto le siguieron otros acuerdos y tratados de «amistad» por los que ambos países se dividían Polonia y el este de Europa en zonas de influencia, una soviética y otra alemana, intercambiaban materias primas y equipamiento militar, dado que ninguna quería entonces una guerra con la otra. Stalin aprobó el pacto, pese al sobresalto y escándalo que causó entre muchos comunistas y antifascistas del mundo, porque permitía a la Unión Soviética consolidar una posición de seguridad en Europa oriental y evitar entrar en la guerra entre potencias capitalistas. Para Alemania el tratado allanaba el camino para la invasión de Polonia y le evitaba, en el caso casi seguro de que Gran Bretaña y Francia decidieran intervenir, hacer una guerra en dos frentes. Hitler no informó a Roma y Vittorio Mussolini, hijo del dictador, cuando leyó la noticia, pensó que debía de ser un error tipográfico.

«Es raro que ahora seamos aliados de los rusos», comentó Franco a Serrano Suñer. Algunos mandos militares mostraron su indignación, según le comunicó el duque de Alba al embajador portugués en Londres, pero en general la prensa, controlada por Serrano, justificó el pacto nazi-soviético y el ataque alemán a Polonia de unos días después que inauguró una oleada de crueles y trágicos sucesos. Ningún país en Europa pudo escapar a sus consecuencias, aunque no todos compartieron el mismo grado de sufrimiento.

La guerra civil había dejado en España un Estado débil y corrupto, con sustanciosas recompensas para algunos y hambre y miseria para la mayoría. El desastre económico amenazaba al país, aunque Francia y Gran Bretaña aceptaron financiar el programa de reconstrucción posbélica y suministrar trigo y carburante. Franco tenía en España poder y autoridad incuestionable, pero el abrazo entre los dos dictadores enemigos y la decisión de Hitler de invadir Polonia obligaban a hacer cálculos. Eran acontecimientos ajenos a él y llegaban demasiado pronto para España. El futuro no estaba en sus manos.

El 26 de agosto, Mussolini le transmitió a Hitler su «estado de ánimo, al verme obligado por influencias superiores a mi voluntad» a mantener a Italia fuera del conflicto. Los militares habían insistido en la absoluta falta de preparación del país. El *Duce* optó por la «no beligerancia», un término que no existía en el derecho internacional, para evitar la palabra «neutralidad», la que había usado la política liberal en Italia en 1914. Se mostró inquieto por el «destino común» que vinculaba a su fascismo con el nazismo, pero era una forma de esperar mientras se preparaba para entrar en la contienda con garantías.

Franco decretó el 4 de septiembre «la más estricta neutralidad» a los súbditos españoles. Era una política de aparente equidistancia, que iba a resultar muy difícil de mantener en aquella Europa donde la «seguridad colectiva» había dado paso a la destrucción. Los alemanes tratarían de atraer a Franco a la guerra y los británicos de mantenerlo al margen. España, sin embargo, como recordó al Caudillo en un amplio informe su jefe del Estado Mayor, el general Carlos Martínez Campos, «después de una guerra de desgaste de tres años, se encuentra muy débil para intervenir [...] Envueltos en la contienda que actualmente se desarrolla nos hallaríamos en circunstancias extremadamente penosas. Sin aviación ni unidades mecanizadas [...] sin artillería antiaérea ni cañones contracarros [...] sin tener efectuados los preparativos convenientes a la movilización de nuestras fuerzas [...] sin materias primas suficientes, sin los hombres que se encuentran en el extranjero y sin el entusiasmo de los que se hallan en España, no cabe duda de que la empresa tendría muchas garantías de fracaso».

Joseph Goebbels, ministro de Propaganda del Tercer Reich, apuntó en su diario el 4 de enero de 1940:

> España se ha convertido en un país agotado por la pobreza. La población está muy deprimida y es extraordinariamente difícil ganarse la vida. La Iglesia gana cada vez más poder. Franco ya no es tan popular. La gente espera un milagro. En estas circunstancias es imposible que se unan a la guerra.

Los mandos militares italianos también insistieron en la «absoluta falta de preparación del país». Víctor Manuel III pedía la «neutralidad» y Mussolini le explicó a Hitler que Italia solo podría intervenir si Alemania le enviaba una enorme cantidad de «suministros de guerra y productos básicos». Los italianos, según Ciano, estaban «todos contentísimos» con esa decisión de no entrar en el conflicto. El Vaticano estaba satisfecho. Franco, Salazar y Metaxás, los otros dictadores del sur de Europa, aprobaron también la posición italiana.

Pero todo cambió en mayo de 1940. Hitler lanzó la *Blitzkrieg* (guerra relámpago) contra los Países Bajos y Francia, súbita y victoriosa, y Stalin machacó en el mismo mes y con la misma rapidez a los países bálticos. Benito Mussolini anunció el 10 de junio el abandono de la «no beligerancia» y la entrada de Italia en la guerra. Le comunicó al general Pietro Badoglio, jefe del Estado Mayor, que la guerra la ganaría Hitler y que Italia necesitaba «unos cuantos miles de muertos para poder asistir a la conferencia de paz como beligerante». Eligió el balcón del palacio Venezia para comunicarlo a la multitud: «Vamos a combatir contra las democracias plutocráticas y reaccionarias de Occidente [...] Es una lucha de los pueblos jóvenes y fecundos contra los pueblos estériles que se precipitan en el ocaso». Era un «cálculo matemático», una gran oportunidad para recoger los frutos de lo que percibía como una inmediata victoria alemana. No ocurriría así y la guerra resultó un desastre total para Italia. En junio de 1940, no obstante, la mayoría de los grupos y personas importantes del país no ponían objeciones a esa decisión que tomó el líder fascista.

También Franco envió desde España su aprobación y cambió la hoja de ruta. El 3 de junio escribió una carta a su «querido *Führer*» para felicitarle por los avances imparables de la Wehrmacht en Francia, «la mayor batalla de la historia» y expresarle «mi admiración y entusiasmo y el de mi pueblo». Convencido del ineludible «final victorioso» del fascismo, preparó el camino para poder intervenir como beligerante en el reparto del botín imperial a costa de las potencias democráticas. La intención era, en palabras de Ramón Serrano Suñer, quien compartía con el Caudillo esa estrategia diplomática, «entrar en la guerra en el momento de la victoria alemana, a la hora de los últimos tiros». A la espera de poder dar ese crucial paso, el Gobierno de Franco abandonó el 12 de junio la «estricta neutralidad» y se declaró «no beligerante», imitando lo que había hecho Mussolini justo hasta ese momento. El 14 de junio, el mismo día que el ejército alemán entraba en París, tropas españolas, acompañadas de voluntarios marroquíes, ocuparon la ciudad internacional de Tánger, el primer paso para la expansión territorial que ambicionaban Franco, los jefes del ejército y los dirigentes de Falange. «Por el imperio hacia Dios», fue el lema de la España grande que iba a resurgir.

La carta de Franco a su «querido *Führer*» se la entregó el general Juan Vigón, jefe del Alto Estado Mayor, en la Bélgica ocupada en una entrevista en la que estuvo también Ribbentrop. El Caudillo le ofrecía la entrada en la guerra, «aquellos servicios que usted considere más valiosos», a cambio del compromiso de cesión, tras el esperado paseo triunfal de la Wehrmacht, de Gibraltar, el Marrueco francés, el Orasenado (región occidental de Argelia) y el suministro de alimentos, petróleo y armas.

La guerra relámpago victoriosa de Alemania animó a sus aliados y simpatizantes a soñar con un gran botín, un nuevo imperio en el Mediterráneo, África y Oriente Próximo en el caso de Italia, la vuelta a la gran Hungría de antes del traumático Tratado de Trianon de junio de 1920, y la expansión de Rumanía a costa de la Unión Soviética. La germanofilia se propagó por la mayoría de las cancillerías del centro y este de Europa en ese verano en el que Francia y Gran Bretaña se revelaban incapaces de frenar los avances de la Alemania nazi.

Franco también se mostró en ese tiempo deseoso de formar parte del nuevo orden mundial del Eje, en el que saldar cuentas con Francia y Gran Bretaña por la historia de daños ocasionados a España en los tres siglos anteriores. Las ambiciones expansionistas pasaban entonces por encima de la desastrosa realidad económica que la mayoría de la población sufría. Franco insistía en sus condiciones y los alemanes las despreciaban por demasiado costosas para lo que España podía ofrecer. A finales de agosto, el almirante Wilhelm Canaris, jefe de la Abwehr, el servicio secreto alemán, resumió «la situación interna muy mala» en la que se encontraba España:

> Sufren escasez de alimentos y carecen de carbón [...] la política de Franco ha sido desde el primer momento no entrar en la guerra hasta que Gran Bretaña haya sido derrotada, porque teme su poderío [...] Las consecuencias de tener a esta nación impredecible como aliada son imposibles de calibrar. Tendríamos un aliado que nos costaría muy caro.

Ese informe de Canaris, como las anotaciones que Goebbels hacía en su diario a comienzos de 1940, coincidían en señalar que Franco no era tan popular, que los generales estaban contra él y que Serrano Suñer, «más pro-italiano que pro-alemán», era «su único apoyo». Resulta extraño que Canaris, un buen conocedor de España, dijera eso sobre Franco o se fiara de fuentes de información que contradecían la veneración que le tenían quienes se movían a su alrededor. Pero era cierto que los principales jerarcas nazis no valoraban positivamente la beligerancia española, porque la consideraban una carga económica y militar, y que Serrano Suñer, que estaba desde febrero de 1937 en el círculo más íntimo de Franco y de su esposa, saboreaba las mieles del éxito personal.

Hitler invitó a Franco a que enviara un representante a Berlín a negociar las condiciones de entrada en la guerra y allí viajó su cuñado en un tren especial enviado por los alemanes a Hendaya, con un grupo de falangistas entre quienes se encontraban Dionisio Ridruejo, Antonio Tovar, Miguel Primo de Rivera y Demetrio Carceller. Serrano mantuvo varias entrevistas con Hitler y Ribbentrop entre el 16 y el 27 de septiembre de 1940. De ahí sacó la conclusión de que los nazis no querían entrar en el juego de grandes compensaciones y mínimos riesgos propuesto por el Caudillo. Ribbentrop pidió además la entrega de «una de las islas Canarias». Serrano Suñer abandonó la capital alemana sin acordar un protocolo secreto con el Eje como solución de compromiso. Las discrepancias se resolverían en una futura entrevista entre Franco y Hitler.

Antes de que eso ocurriera, Serrano Suñer tuvo un octubre feliz. El 16 de ese mes, Franco cesó a los dos ministros más simpatizantes de los aliados. A Luis Alarcón de la Lastra, aristócrata y militar que negoció con Gran Bretaña acuerdos económicos desde el Ministerio de Industria y Comercio, lo sustituyó el hombre de negocios Demetrio Carceller, quien había ascendido desde la pobreza familiar en su pueblo turolense hasta la cúspide del negocio petrolero en España. Serrano Suñer reemplazó a Juan Luis Beigbeder en el Ministerio de Asuntos Exteriores. El coronel que tanto había ayudado a Franco en el control de Tetuán en los primeros momentos de la sublevación de julio de 1936 se enteró de su cese por los periódicos. Mussolini le dijo en una carta a Hitler tres días después que el reajuste ministerial «nos garantiza que las tendencias hostiles al Eje están eliminadas o al menos neutralizadas [...] Reitero otra vez más mi convicción que la no beligerancia española es más ventajosa para nosotros que su intervención. Debemos guardar la intervención como reserva [...] Entre tanto, España tendrá tiempo necesario para prepararse». A Hitler, no obstante, esa decisión de Franco de nombrar a su cuñado ministro de Asuntos Exteriores no le resultaba tan atractiva: «No es habitual que una familia tenga el monopolio del talento. El nepotismo nunca ha sido una buena fórmula, pues permite que una obra cimentada con la sangre del pueblo sea sistemáticamente destruida».

Como estreno majestuoso de su nuevo cargo, Serrano Suñer recibió el 20 de octubre en Madrid a Heinrich Himmler, el arquitecto de las SS y jefe del entramado policial nazi, con todos los honores y parafernalia fascista, con decenas de personas aclamándolo con el saludo romano en la estación del Norte y con calles engalanadas con banderas de la cruz gamada. En las fotos, en la llegada al Hotel Ritz y en la salida del palacio de El Pardo, escoltados por la Guardia Mora, Serrano y Himmler aparecieron elegantes, con largos abrigos, sonrientes. En la corrida de toros que se celebró en su honor, en la que Himmler estuvo acompañado de José Finat Escrivá de Romaní, conde de Mayalde, gobernador civil de Madrid y director general de Seguridad, posó con los toreros Marcial Lalanda, Rafael Ortega «Gallito» y Pepe Luis Vázquez, quien confirmó la alternativa. En el palco de la plaza, del que colgaba un estandarte con el águila de san Juan, el yugo y las flechas, acompañaron a Himmler el general Antonio Sagardía, jefe de la Policía Armada, el embajador italiano Francesco Lequio, el conde de Mayalde y el jefe del Estado Mayor de las SS, Karl Wolff. Las corridas de toros se convirtieron en el escenario político-simbólico de los vencedores. El 24 de mayo de 1939 ya se había celebrado en Las Ventas una corrida de la victoria, con el escudo de España sobre el ruedo, acompañado en letras gigantes de «Arriba España» y «Franco, Franco, Franco» y los toreros recibidos con el público, lleno de falangistas, señoritas y militares, puesto en pie, brazo en alto.

El líder de las SS viajó a Madrid para preparar las medidas de seguridad del encuentro que iba a celebrarse en Hendaya entre Hitler y Franco, pero también para sellar una mayor colaboración entre la Gestapo y la policía española. La invasión de Francia por las tropas alemanas en junio de 1940 había permitido la captura de miles de republicanos españoles refugiados en ese país. Muchos de ellos acabaron en campos de concentración, sobre todo en Mauthausen, donde murieron cerca de cinco mil, la mayoría entre agosto de 1941 y marzo de 1942. La policía franquista pudo localizarlos, vigilarlos y detenerlos porque contó con el apoyo de la Gestapo, de la Abwehr, el servicio de inteligencia alemán, y de las autoridades del régimen de Vichy.

Algunos de los republicanos más distinguidos, detenidos por la red de agentes secretos dirigida por el policía Pedro Urraca Rendueles a partir de una lista proporcionada por José Félix de Lequerica, el embajador en la Francia de Vichy, y reclamados por el Ministerio de la Gobernación de Serrano Suñer y por el conde de Mayalde, fueron entregados por esa red, por la Gestapo y por el régimen colaboracionista. El 21 de octubre, justo cuando Himmler estaba en Madrid, un juicio sumarísimo condenó a varios de ellos a muerte. En ese grupo se encontraba Julián Zugazagoitia, ministro de la Gobernación de la República, ejecutado el 9 de noviembre. Unos días antes, el 15 de octubre, había sido fusilado Lluís Companys, presidente de la Generalitat, tras un juicio que duró menos de media hora. A Joan Peiró, anarquista y ministro de Industria en el Gobierno de Largo Caballero, lo entregaron las autoridades alemanas en Irún el 19 de febrero de 1941 y fue fusilado en el campo de tiro de Paterna el 24 de julio de 1942. Los tres habían denunciado la brutal violencia del verano de 1936 en la zona republicana y habían contribuido a salvar la vida de numerosos políticos de la derecha y miembros del clero.

La caída de Francia en poder de Hitler complicó también la vida del presidente de la República, Manuel Azaña, quien tuvo que huir hacia la zona de Vichy y sintió el acoso de los agentes alemanes y de las autoridades franquistas, que exigían su extradición y que planificaron su secuestro. «No lo lograrán, antes habré muerto.» El 31 de octubre entró en coma y falleció el 3 de noviembre en el Hotel du Midi de Montauban.

Serrano Suñer supervisó todos esos movimientos de condena y muerte. Era ministro de la Gobernación desde enero de 1938, un cargo que en realidad no abandonó hasta mayo de 1941, jefe de la Junta Política de la entonces poderosa Falange y ministro de Asuntos Exteriores. En el cenit de su poder y gloria, acudió con el Caudillo al encuentro histórico con Hitler en Hendaya. Hitler y Ribbentrop estuvieron casi todo el mes de octubre de viaje por el sur de Europa para tratar con los máximos dirigentes de Italia, la Francia de Vichy y España el bloqueo marítimo sobre Gran Bretaña y el control de los dos estrechos en el Mediterráneo. El 4 de octubre, se vieron con Mussolini y Ciano en el paso de Brennero y con Pierre Laval, vicepresidente del Gobierno, en Montoire el 22, de camino hacia Hendaya. Tras la entrevista con Franco, ya de regreso, hablaron el 24 con el mariscal Philippe Pétain, jefe de Estado francés, en la misma estación de la localidad del Loira, y se juntaron con Mussolini el 28 para hacer balance. La entrevista con Franco fue una más de las que el *Führer* y su ministro tuvieron, en tres semanas, con otros aliados y partidarios del Eje para medir sus ambiciones e intereses. «Gran sensación en España. El *Führer* se reunirá con Franco», apunto Goebbels en su diario.

La entrevista se celebró el 23 de octubre en el *Erika*, el tren especial del *Führer*. Franco llegó a la estación de Hendaya en el vagón de un ferrocarril, modelo SS-3, fabricado en 1929 por la Sociedad Española de Construcción Naval y que había sido utilizado antes por el rey Alfonso XIII. Tras la presentación de rigor que realizó el embajador alemán en España, Eberhard von Stohrer, ambos gobernantes revisaron las tropas formadas en el andén. Ribbentrop y Serrano Suñer, con los dos intérpretes, acompañaron en la entrevista al *Führer* y al Caudillo. Participó también, aunque permaneció entre bastidores, Paul Schmidt, secretario de prensa y traductor de Ribbentrop.

No quedó transcripción taquigráfica o grabación sonora del encuentro y los testimonios dejados por cuatro de los siete participantes

—Serrano Suñer, Ribbentrop, Schmidt y el traductor español, Luis Álvarez de Estrada, barón de las Torres— proporcionaron muchos detalles de dudosa fiabilidad sobre la valentía de Franco, el retraso del tren, una hábil treta del Caudillo para desconcertar a Hitler, y los fusiles inservibles de la guardia de honor española. Según todos ellos, en vez de una conversación, hubo dos monólogos contrapuestos.

Hitler no fue a Hendaya a pedir que España entrara en la guerra y Franco le hizo un largo repaso de las reivindicaciones españolas en Marruecos, las pésimas condiciones materiales en que se encontraba el país y la lista de suministros que necesitaba para su intervención militar. Franco le dijo a Serrano Suñer tras la entrevista: «Esta gente es intolerable. Quieren que entremos en la guerra a cambio de nada». El almirante Canaris había advertido previamente a Hitler de que Franco «no es un héroe sino un pequeño mequetrefe». El *Führer* le dijo a Mussolini después que antes de repetir una entrevista con Franco preferiría que le arrancasen «tres o cuatro muelas». Y Goebbels escribió en su diario el 1 de noviembre: «La opinión del *Führer* sobre España y Franco no es muy buena. Mucho ruido para poca acción. Sin contenido. En cualquier caso, no están preparados para la guerra. Grandezas de un imperio que ya no existe».

En la versión mitificada de aquel encuentro histórico no podían faltar los testimonios y recuerdos familiares. «Mi padre no quiso que mi madre y yo fuésemos con él y nos quedamos en El Pardo. Entonces mi madre decidió que había que rezar muchísimo, porque era una cosa muy importante a la que iba a ir mi padre. Mi madre tuvo el Santísimo expuesto» dos días y dos noches.

Una nueva reunión entre Serrano Suñer y Ribbentrop resultó en un «protocolo secreto» cuya redacción definitiva no concluyó hasta comienzos de noviembre. Franco no puso fecha a la intervención de España «en la actual guerra de las potencias del Eje contra Inglaterra», pero les confirmó por carta a Hitler y Mussolini que estaba dispuesto a dar el paso. La debilidad militar, la hambruna general del invierno de 1940-1941, con «ambiente general francamente desfavorable y pesimista», y la dependencia de los suministros petrolíferos procedentes de Gran Bretaña y Estados Unidos enfriaban, no obstante, el ardor guerrero. Luis Carrero Blanco, jefe de operaciones navales de la Armada, que se convirtió pronto en un franquista doscientos por cien, el más fiel y leal, le dijo al Caudillo en un informe el 11 de noviembre que «al entrar en la lucha frente a Inglaterra, es evidente que perderíamos las comunicaciones atlánticas. El petróleo, la gasolina, el trigo y cuantos recursos indispensables para la vida de la nación, no ya en guerra sino en paz».

La simpatía oficial por la causa del Eje, que se plasmaba en exportación de minerales estratégicos o en facilidades logísticas a la flota y aviación nazi y fascista, no fue suficiente para dar el paso decisivo. Mussolini lo intentó, a petición de Hitler, por última vez en febrero de 1941. El Caudillo viajó a Bordighera, en la Riviera italiana, al lado de la frontera italo-francesa, para entrevistarse con el *Duce*. Acompañado por Serrano Suñer, el general Moscardó, jefe de la Casa Militar de Franco, y Antonio Tovar, el Caudillo abandonó Madrid en la tarde del 10 de febrero en un convoy con diecisiete coches, en su primera salida al extranjero más allá de Hendaya desde enero de 1936, cuando viajó en representación del ejército español a Londres al entierro de Jorge V. Durmió la primera noche en Gerona y en territorio francés recibió honores militares de las tropas del Gobierno de Vichy.

Cuando el convoy llegó a Bordighera, el 12, numerosas banderas españolas e italianas, con pancartas de «Arriba España» y «Viva el Caudillo» ondeaban en el camino a la Villa Regina Margherita. Fascinado por la cordial recepción del *Duce*, Franco declaró que era «la mayor figura política del mundo. Mientras que Hitler era un místico, un adivino, muy próximo a la mentalidad eslava, Mussolini es, por el contrario, humano, claro de ideas, nunca distante de la realidad, en una palabra "un verdadero genio latino"». Pero en el tema esencial de la reunión, el Caudillo reconoció las «condiciones de verdadera hambre y de absoluta carencia de preparación militar» que impedían a España entrar en la contienda. El *Duce* le comunicó a Hitler que era mejor no insistir: «España, hoy, no está en condiciones de iniciar ninguna acción de guerra. Está hambrienta, desarmada, con fuertes corrientes hostiles a nosotros». La mejor política era mantener a Franco alineado con el Eje.

De regreso a España, el Caudillo se reunió con el mariscal Pétain en Montpellier. La Alemania nazi, la Italia fascista y la Francia de Vichy. No había duda dónde estaban los amigos de Franco, el color fascista de su régimen, pese a las credenciales católicas y tradicionales. Realizar, sin embargo, sus sueños de expansión territorial, conseguir que Hitler le garantizase su imperio en el norte de África, no dependía de él. Podía cortejar al *Führer*, echar pestes de las democracias y alardear de la envidia que tenían a España, pero británicos y norteamericanos controlaban los suministros energéticos y alimenticios ultramarinos. La supervivencia económica española dependía mucho de Londres y desde allí se pusieron todos los medios para que España se mantuviera neutral.

Meses antes de las entrevistas de Franco con Hitler y Mussolini, los británicos, por medio del millonario Juan March, habían trazado un plan para sobornar a personas próximas al Caudillo, a militares y a políticos. Desde el otoño de 1940, un número considerable de generales aconsejaban que no se entrara en la guerra y algunos de ellos en septiembre de 1943 solicitaron a Franco que dejara paso a la restauración monárquica. Sir Anthony Eden se refirió después a los beneficiarios de los sobornos como una «banda de generales corruptos», «un hatajo de desgraciados».

El cerebro de la operación fue el capitán Alan Hillgarth, agregado naval de la embajada del Reino Unido en Madrid desde 1939 hasta el otoño de 1943, pero se puso en marcha desde que sir Samuel Hoare llegó a España el 1 de junio de 1940 con la misión de impedir que Franco se uniera al Eje en la guerra. Hoare, veterano político británico de sesenta años, simpatizante de los militares sublevados, informó a Londres el 9 de junio de que «las negociaciones secretas proceden satisfactoriamente». Hillgarth había negociado con Juan March los sobornos. El plan consistía en que los británicos depositarían en el Swiss Bank Geneva de Nueva York el dinero y March sería el encargado de dárselo a los generales, quedándose con una importante comisión, para que no supieran que era el Gobierno británico quien los compraba.

El soborno se hizo a generales que querían poner coto al poder de Serrano Suñer y que podrían influir para que España se mantuviera neutral. Se repartieron catorce millones de dólares. Nicolás Franco, los generales José Enrique Varela, ministro del Ejército, y Antonio Aranda recibieron dos millones; el coronel Valentín Galarza obtuvo un millón y el general Alfredo Kindelán la mitad. Esos generales sobornados, y otros que pudieron recibir dinero pero no existen pruebas, mostraron en varias ocasiones su hostilidad a la entrada de España en la guerra al lado de las potencias del Eje y difundieron en diferentes informes las limitaciones del ejército español. Los británicos alardearon del éxito de la operación, porque su diplomacia y espionaje desempeñaron un papel primordial en el mantenimiento de Franco en el poder y de su neutralidad. Parece difícil que Franco no conociera los sobornos, tratándose de generales tan próximos y de su hermano. Era capaz de asaltar cualquier fortaleza, pero cuando se trataba de la represión, de los sobornos o de la corrupción todo funcionaba sin su participación y siempre se transmitía la imagen de que todo eso era ajeno al Caudillo. El equilibrio de poder con sus generales fue siempre favorable a Franco. El dictador todopoderoso se encerraba en su interior, alejado del mundanal ruido.

El ruido estaba entonces en Europa y pronto en Estados Unidos. A las victorias alemanas en la primavera de 1941 en el norte de África, Yugoslavia y Grecia, una ocupación de esos dos países europeos en poco más de diez días, le siguió la invasión de la Unión Soviética en el verano y el ataque japonés a Pearl Harbor poco antes de comenzar el invierno. Esos dos últimos acontecimientos decidirían la suerte de la guerra. Y aumentaron durante un tiempo el fervor nazi de Franco.

Capítulo 17

«SANGRE DE NUESTRA JUVENTUD UNIDA A NUESTROS CAMARADAS DEL EJE»

Al amanecer del domingo 22 de junio de 1941, el mismo día que Napoleón había invadido Rusia ciento veintinueve años antes, más de tres millones de soldados de Hitler cruzaron la Unión Soviética. «Ahora tronarán los cañones —escribió Goebbels en su diario a las 3.30 de la mañana—: Que Dios bendiga nuestras armas.» El sueño imperial de Hitler de invadir Rusia y los estados que la rodeaban se hacía realidad. El *Führer* creía que esa batalla sería corta y podría después concentrarse en destruir a Inglaterra. Las cosas no salieron como esperaba.

Durante meses, Gran Bretaña y Estados Unidos habían advertido a Stalin que sus servicios de inteligencia detectaban movimientos masivos de tropas alemanas en el este. Stalin confiaba en que Hitler no rompiera el pacto de no agresión de dos años antes: «Yo creo que Hitler intenta provocarnos. Seguro que no ha decidido hacernos la guerra». Y le dijo al mariscal Gueorgui Zhúkov, jefe del Estado Mayor del ejército, que no se creyera todo lo que decían los informes de sus servicios secretos. También Mólotov lo dudaba: «Estarían locos si nos atacaran».

El ataque cogió por sorpresa a la Unión Soviética, a una buena parte de su fuerza aérea en tierra, destruida antes de poder luchar en el aire. Winston Churchill dudó después en sus memorias de que hubiera habido otro error tan grande como el cometido por Stalin y sus círculos políticos y militares. Los primeros días de la campaña confirmaron el optimismo de Hitler, con cientos de miles de rusos muertos o hechos prisioneros. El primer ministro del Reino Unido, en su discurso de ese mismo día 22, dejó claro que nadie se había opuesto más al comunismo que él, pero que el objetivo era «destruir a Hitler y todo rastro del régimen nazi», así que su país ayudaría a Rusia y al pueblo ruso. En Estados Unidos la opinión pública y la del Gobierno estaban más divididas y su presidente, Franklin D. Roosevelt, tuvo una posición más precavida, de silencio.

Todo lo contrario al entusiasmo que mostraron Benito Mussolini y Franco. Hitler le había comunicado al *Duce*, en la carta que le anunciaba el ataque, que se sentía «liberado». A Mussolini le agradó esa campaña contra el comunismo, como le gustó a la Iglesia católica, y los italianos, respondió al *Führer*, seguirían con los alemanes «hasta el fin». Mussolini se sentía grande comiendo en la misma mesa que Hitler: «Lo que yo soy para Alemania, *Duce*, lo sois vos para Italia, pero lo que seremos ambos para Europa, solo la posteridad podrá decirlo». Una cruzada decisiva contra el comunismo confirmaría la superioridad del proyecto fascista.

En España sería la segunda cruzada. «¡Rusia es culpable!», declaró Serrano Suñer el 24 de junio, «de nuestra Guerra Civil, de la muerte de José Antonio [...] El exterminio de Rusia es exigencia de la historia y del porvenir de Europa». Fue una arenga desde el balcón de la Secretaría General de Falange en la calle Alcalá, donde se habían concentrado militantes del Sindicato Español Universitario (SEU), del Frente de Juventudes y de la Sección Femenina con pancartas contra Rusia: «Devolvamos a Rusia la visita que nos hizo en 1936». Desde allí se trasladaron a la embajada británica, que atacaron con piedras. Serrano Suñer anunció pocos días después la «beligerancia moral», aunque el arrebato mayor lo mostró Franco el 17 de julio, quinto aniversario del comienzo del Alzamiento, en su discurso ante el Consejo Nacional de Falange.

El Caudillo cauteloso, que dejaba la pasión para otros, se sintió emocionado ante la hermandad de los camaradas falangistas y soltó un alegato pronazi, antisoviético, pero también antibritánico y contra Estados Unidos, «las democracias plutocráticas»:

> Se ha planteado mal la guerra y los aliados la han perdido [...] En estos momentos en que las armas alemanas dirigen la batalla de Europa que el cristianismo desde tanto tiempo anhelaba y en que la sangre de nuestra juventud va a unirse a la de nuestros camaradas del Eje [...] renovamos nuestra fe en los destinos de nuestra patria.

El duque de Alba se hizo eco de la reacción que esas palabras provocaron en Gran Bretaña. En Westminster, Anthony Eden declaró que parecía que Franco no deseaba que se mantuviera la vital ayuda económica británica y *The Economist* calificó el discurso de «poca diplomacia, lógica deplorable y malos modales». Demetrio Carceller, ministro de Industria y Comercio, le dijo a Hoare que el discurso iba dirigido a la Falange, para quitarle protagonismo a Serrano, y Nicolás Franco reconoció ante David Eccles, embajador británico en Lisboa, que «su hermano había ido demasiado lejos», pero que eran comentarios «para el consumo interno». Franco defendió a partir de ese momento ante británicos y estadounidenses que había dos guerras y que España iba a ser beligerante en la lucha contra el comunismo en el frente oriental y no beligerante entre el Eje y Gran Bretaña.

Cuando Serrano Suñer fue oficialmente informado de la operación Barbarroja, le dijo al embajador alemán, Von Stohrer, que Franco y él querían enviar unidades de voluntarios falangistas, «independientemente de la entrada plena y total de España en la guerra del lado del Eje, lo cual ocurriría en el momento adecuado». Era una lucha junto a los alemanes «contra el enemigo común», los bolcheviques, los masones y los judíos. Se la llamó División Azul, un nombre propuesto por José Luis Arrese, secretario general de Falange, pero en realidad fue la 250.ª División de la Wehrmacht, formada por españoles que juraron lealtad al *Führer*. Hasta la disolución de sus últimos restos en 1944 pasaron por ella cerca de 47.000 combatientes en el frente ruso y en el asedio a Leningrado. Mandada por el general falangista Agustín Muñoz Grandes, y a partir de diciembre de 1942 por el general Emilio Esteban-Infantes, sus integrantes cobraban los haberes de un soldado alemán, además de un subsidio que recibían sus familias, y se les prometió trabajo a su regreso, aunque cinco mil de ellos murieron en combate en aquel frente oriental. Cataluña, el País Vasco y Navarra fueron las regiones que aportaron menos voluntarios.

Fueron lejos, a matar enemigos a miles de kilómetros, a borrar del mapa a la Rusia bolchevique. Un tercio de los dieciocho mil que salieron en el primer reemplazo en julio desde diferentes ciudades españolas eran estudiantes universitarios, del SEU, falangistas que querían «pagar dos deudas de sangre», vengarse de los comunistas que lucharon en la guerra civil española y devolver a los alemanes su generosa y decisiva contribución a la victoria de Franco. Hubo desde el principio muchos militares en busca de aventura, gloria y ascensos. Soldados que acudían para expiar el pecado de haber combatido en el lado equivocado durante la guerra. Y se incorporaron después nuevos voluntarios, obreros, jornaleros y campesinos sin recursos, motivados por una buena paga y por el subsidio familiar en tiempos de hambre, represión y miseria. Hubo también gente ilustre, muy bien situada en el armazón político de los vencedores, como los falangistas Dionisio Ridruejo y Agustín Aznar, o el catedrático de Derecho Fernando Castiella, y jóvenes que hicieron notables carreras como militares fascistas y ultraderechistas, como Jaime Milans del Bosch, Tomás García Rebull o Mariano Sánchez Covisa. Cuando el 14 de diciembre de 1942 Hitler le impuso a Muñoz Grandes las hojas de roble de la Cruz de Caballero de la Cruz de Hierro, el cuartel general del *Führer* destacó su «heroísmo personal» y el valor de los combatientes españoles en el frente del Este. Ese día «el brillante militar» vistió el uniforme alemán, con los entorchados de general de la Wehrmacht. Bajo el cuello sobresalía la Cruz de Hierro, y en el pecho, el águila imperial nazi apoyada sobre la esvástica.

Mientras la División Azul se desplegaba por el frente oriental para «vengar a España», dos nuevos actores se incorporaron a la historia de esa guerra a lo grande. En las primeras horas de la mañana del 7 de diciembre de 1941, la división aérea de la Armada Imperial japonesa atacó la base naval estadounidense de Pearl Harbor en la isla Ohahu (Hawái). Unas 2.400 personas murieron durante el bombardeo, que dejó inutilizados numerosos barcos, aviones e instalaciones. Sin declaración de guerra, sin ruptura formal de las relaciones diplomáticas, aquella operación, seguida de otra en la principal base de Estados Unidos en Filipinas, marcó el paso de una guerra europea a otra global, donde solo unos pocos países quedaron fuera del conflicto.

Japón había transitado en las décadas finales del siglo XIX y comienzos del XX desde un régimen feudal hasta un Estado nación moderno, industrial y militarizado, convencido de que el poder obtenido por las guerras y el expansionismo era el requisito esencial para sobrevivir al colonialismo occidental.

En los años treinta, cuando en casi todo el mundo se buscaban soluciones ideológicas extremas a los problemas socioeconómicos, una parte de la sociedad japonesa sucumbió a la tentación fácil de culpar de todos sus males a las potencias extranjeras y la consecución de antiguos objetivos imperialistas, ya imposibles, se convirtió en el principal fin de la movilización ultranacionalista. Las tropas niponas invadieron Manchuria en septiembre de 1931 y establecieron allí el régimen títere del Manchukuo. Unos años después, la guerra abierta con China impulsó un nuevo sistema de reclutamiento militar que duplicó el número de hombres aptos para el servicio militar. Esa rápida expansión de las fuerzas armadas japonesas proporcionó una gran oportunidad a los soldados profesionales para ascender rápidamente. La sociedad se militarizó, con la puesta en marcha de asociaciones patrióticas de mujeres, vigilancia estricta de los disidentes y una rígida censura de los medios de comunicación.

Los éxitos militares de Hitler en Europa animaron todavía más a los estrategas japoneses a cumplir sus sueños imperiales. En septiembre de 1940, al mismo tiempo que ocupaban el norte de Indochina, firmaron el Pacto Tripartito con Alemania e Italia, lo cual provocó tensiones y represalias casi irresolubles entre Estados Unidos y Japón. El príncipe Fumimaro Konoe estuvo al frente del país en todo ese período en el que se agudizó la crisis internacional, con una política exterior indecisa. Cuando dimitió en octubre de 1941, lo sustituyó su ministro del Ejército, el poderoso general Hideki Tojo. Con un militar en el Gobierno, los jefes del Estado Mayor de la Armada y del Ejército presionaron insistentemente para que se aceleraran los preparativos bélicos. El 1 de diciembre de 1941, el emperador Hirohito dio su aprobación a la guerra contra Estados Unidos. Lo que siguió en los años siguientes fue una auténtica catástrofe nacional, de sufrimiento y muerte, que tuvo el más trágico de los finales con el lanzamiento de las bombas atómicas sobre Hiroshima y Nagasaki en agosto de 1945.

Dos semanas después del ataque a Pearl Harbor, el 22 de diciembre, Winston Churchill viajó a Estados Unidos a reunirse con Franklin D. Roosevelt. Pasó allí las Navidades. El mariscal de campo Charles R. Thompson recordó que la vista de Washington desde el avión «representaba algo inmensamente precioso. Libertad, esperanza, fortaleza. Nosotros no habíamos visto una ciudad iluminada en cinco años». Cuando Churchill regresó a Londres, tras el Año Nuevo, le esperaba un mensaje de Roosevelt: «Es divertido estar en la misma década contigo». El primer ministro del Reino Unido dijo que encontrarse con el presidente estadounidense «era como abrir tu primera botella de champán».

No pensaba lo mismo Hitler de Roosevelt, manipulado, según él, por los judíos. Cuando el 27 de mayo de 1941 el presidente de Estados Unidos planteó en un discurso a la nación la posibilidad de entrar en la guerra, pero sin dar el paso todavía, Goebbels apuntó en su diario que era «demagógico y agresivo», una «fanfarronería de cervecería» que no debería ser tomada en serio: «¿Qué puede hacer Estados Unidos frente a nuestra capacidad armamentística? Él nunca podrá producir tanto como nosotros, que tentemos toda la capacidad económica de Europa a nuestra disposición».

Podría decir eso Goebbels, si de fanfarrones se trataba, pero Mussolini conocía la capacidad económica extraordinaria de Estados Unidos, a donde habían viajado para trabajar desde comienzos del siglo XX millones de italianos. Sin embargo, despreció también a Roosevelt como estadista y por las mismas fechas, en uno de sus exabruptos característicos, le dijo a su yerno Ciano: «Jamás en la historia ha sido gobernado un pueblo por un paralítico. Ha habido reyes calvos, reyes gordos, reyes guapos e incluso reyes estúpidos. Pero nunca un rey que necesite la ayuda de otros».

La frágil y dividida sociedad italiana, con una economía subdesarrollada y un ejército muy débil, se iba a enfrentar al mismo tiempo a Estados Unidos y a la Unión Soviética. Mussolini nunca tuvo la voluntad o el valor de frenar el impulso agresivo de avanzar en una guerra cada vez más cruel y mortífera. Como Japón, cuyos máximos dirigentes tomaron fatídicas decisiones y llevaron al país al desastre, como si fuera un juego del que podían retirarse.

Franco no fue invitado en serio a esa partida, y pese a todos los delirios de grandeza y adulaciones al Eje, la calamitosa situación económica de España condicionó totalmente su decisión en las negociaciones con la Alemania nazi. La aventura, dado como transcurrió la historia, hubiera resultado fatal para él y para su dictadura. Tras el ataque japonés, desde Madrid se envió a Tokio un telegrama de felicitación. Franco llevaba tiempo obsesionado por el contubernio judeo-masónico-bolchevique. En 1941, el judaísmo tenía, sin duda, un lugar de honor en esa triada, aliado natural tanto del capitalismo de Estados Unidos como del bolchevismo ruso. Siempre situaba a Roosevelt en el centro de la masonería internacional y del judaísmo. Ese desprecio por el presidente de la mayor democracia del mundo lo recordaba décadas después su hija: «A mi padre le gustaban los americanos. Pero Roosevelt no le gustaba nada. Además, la señora Roosevelt era muy pro comunista y eso para él era el bicho más grande».

Por esas fechas Franco ya tenía al hombre que iba a convertirse en su reflejo y que le susurraba al oído y en periódicos informes confidenciales todo lo que el Caudillo deseaba leer y escuchar. Luis Carrero Blanco era desde mayo de 1941 su nuevo subsecretario de la Presidencia. Franco lo había visto por primera vez en marzo de 1925 en el guardacostas *Arcila* cuando Carrero era un joven teniente de la Marina. Nacido el 4 de marzo de 1904 en Santoña (Cantabria), Carrero apenas había intervenido en la guerra civil, el bautismo de fuego de los militares de su generación, y no debió su ascenso hasta la cúspide de la dictadura a los méritos acumulados durante lo que él mismo llamó después «la primera victoria de Occidente contra el imperialismo soviético». Era un militar sin condecoraciones de guerra, algo muy extraño en esa dictadura que se inauguró el 1 de abril de 1939 con la victoria ante el «cautivo y desarmado Ejército rojo».

En julio de 1936 vivía en Madrid, destinado como profesor en la Escuela de Guerra Naval y, ante la incertidumbre de esos primeros días que siguieron a la sublevación militar, alegó enfermedad para no acudir a su destino y se refugió en la embajada de México, y después en la de Francia, antes de pasar al bando franquista. En un informe fechado el 5 de mayo de 1947 le explicó a Franco, sin embargo, que «en aquellos trágicos momentos», con su hermano José fusilado y su familia expuesta a todos los peligros, «me hice a mí mismo el voto de dedicar el resto de mi vida al servicio de España, sin pensar para nada ni en mi porvenir ni en mis conveniencias particulares».

Carrero no pertenecía al círculo de Franco, ni en lo profesional ni en lo personal, y terminada la guerra, inició un ascenso meteórico hacia el poder. Además de adjudicarse la autoría de informes en los que únicamente había colaborado —como el que el ministro de Marina, Salvador Moreno, presentó a Franco en noviembre de 1940 sobre la no intervención de España en la segunda guerra mundial— y de conseguir destituciones de aquellos que entorpecían su ascenso —como la de Serrano Suñer tras el enfrentamiento entre carlistas y falangistas en el santuario de Begoña en agosto de 1942—, se enorgulleció con frecuencia del impecable servicio que ofreció a España y a su máximo gobernante, al que le pertenecían «títulos de Caudillo, Monarca, Príncipe y Señor de los Ejércitos». Sus muestras de fidelidad y adulación a Franco eran constantes y su ascenso fue el resultado más importante a largo plazo de la crisis de mayo de 1941, en la que Galarza sustituyó a Serrano Suñer como ministro de la Gobernación.

Cinco días después de la entrada de Estados Unidos en la guerra, el 12 de diciembre de 1941, Carrero le envió un informe en el que aparecían de forma nítida todos los demonios familiares del Caudillo y de su círculo interno:

> El frente anglosajón soviético, que ha llegado a constituirse por una acción personal de Roosevelt, al servicio de las logias y de los judíos, es realmente el frente del poder judaico donde alzan sus banderas todo el complejo de las democracias, masonería, liberalismo, plutocracia y comunismo [...] De entrar en la guerra solamente podríamos al lado de Alemania, porque el Eje lucha hoy contra todo lo que es en el fondo anti-España.

En el Eje, la guerra resultó un absoluto desastre para Italia: dos años después de su entrada, todos los sectores de la vieja élite prefascista, que habían mantenido su poderosa presencia durante la dictadura, desde el rey hasta el Vaticano, pasando por el ejército, temerosos de la derrota, prepararon la caída de Mussolini. El Partido Fascista se desintegraba y su sector más moderado, encabezado por Dino Grandi y Giuseppe Bottai reaccionaba contra un sistema de gobierno que no funcionaba de forma eficaz y contra un líder que les conducía al abismo. El punto de unión de la conjura para derrocar a Mussolini, el hombre que conectó a los fascistas más moderados con el ejército y las fuerzas de policía, fue el duque Pietro d'Acquarone, senador, financiero y jefe de la casa real.

El desembarco de las fuerzas aliadas en Sicilia en la noche del 9 al 10 de julio de 1943 hizo saltar las alarmas y algunos dirigentes fascistas como Galeazzo Ciano, Dino Grandi y Giuseppe Bottai, a quienes Mussolini había destituido de sus puestos en abril de ese año, presionaron para que la iniciativa pasara al monarca. La noche del 24 al 25 de julio, el Gran Consejo del Fascismo, que Mussolini no convocaba desde 1939 —otra señal del rumbo que habían tomado los acontecimientos—, se reunió en la que sería su última puesta en escena en la historia. Allí se aprobó la propuesta de Grandi de devolverle el poder al rey. Víctor Manuel III sustituyó a Mussolini por Pietro Badoglio. Mussolini era entonces un hombre de sesenta años, enfermo y en decadencia, muy alejado del personaje heroico que había impuesto dos décadas antes la primera dictadura fascista de la historia. El rey y la clase dirigente italiana habían percibido que la Alemania de Hitler perdería con seguridad la guerra y abandonaron la nave fascista.

Nadie en el Partido Fascista, ni en sus vigorosas organizaciones juveniles, opuso resistencia a la destitución de Mussolini, pese a su juramento de defender al *Duce* y de dar la vida por él. Con el líder detenido, el rey y el Gobierno del general Badoglio acordaron la rendición con los negociadores aliados, hecha oficial el 8 de septiembre. Al día siguiente, huyeron de Roma, antes de que pudieran ser arrestados por los nazis, que ocuparon toda la Italia septentrional y central. Mussolini aún tuvo vida por un tiempo, tras ser liberado el 12 de septiembre de la prisión por un comando de paracaidistas alemanes liderados por Otto Skorzeny, en la República Social Italiana instalada en Saló, una pequeña ciudad turística a orilla del lago de Garda, y pudo vengarse de algunos de los dirigentes que le habían «traicionado», entre ellos su yerno Ciano.

Mussolini se convirtió a partir de ese momento en un dictador títere al servicio de los nazis, que iba perdiendo poco a poco el control sobre el territorio italiano que supuestamente dominaba. La República de Saló ya no tenía el apoyo de los industriales, de la Iglesia, ni de la monarquía. Tampoco tenía ejército, ni países que lo reconocieran. Ni siquiera Franco dio ese paso: «esa es la forma de los españoles de agradecer al *Duce* la gran ayuda que les dio en la guerra civil por la libertad», escribió Goebbels en su diario el 29 de septiembre de 1943. Pocos días antes anotó que «el gobierno español está intentando revisar su política exterior radicalmente. Franco y el pueblo español no creen ya en la victoria alemana y se inclinan cada vez más hacia los anglosajones».

La caída de Mussolini y la rendición de Italia también convenció en España a muchos, militares, monárquicos, políticos y procuradores de las recién creadas Cortes Españolas, de que era hora de pensar en el futuro. Hitler había perdido ya la iniciativa militar, aunque todavía no estaba derrotado, y a partir de ese momento los recursos superiores de las potencias aliadas aplastaron poco a poco al Tercer Reich. Franco, aconsejado por Carrero Blanco, no entró en pánico. En ese largo período de posguerra y de guerra mundial, de construcción de la paz y de una nueva España, habían pasado muchas cosas en el frente interior y el Caudillo siempre supo aprovechar las oportunidades y beneficios que los diferentes escenarios le proporcionaban.

Capítulo 18

«¡MENUDO REVOLUCIONARIO HEMOS COLOCADO EN EL TRONO!»

El viento totalitario sopló también en esos años en la política interior de la dictadura, que vivió su momento máximo de fascistización, iniciado ya en la guerra civil con la intervención italiana y alemana. Serrano Suñer trazó un plan de adoctrinamiento, propaganda y movilización social que Franco apoyó mientras duraron los éxitos militares.

La creciente influencia de Falange dentro del Estado provocó tensiones con algunos militares y fue la causa de la crisis política más importante que vivió Franco en esos primeros años. Los tiempos felices de gloria y poder iban a pasar para Zita y Ramón Serrano Suñer. El 16 de agosto de 1942, el general José Enrique Varela, anglófilo y vinculado a los carlistas, presidió la ceremonia anual que se celebraba en el santuario de la Virgen de Begoña, en Vizcaya, para recordar a los requetés caídos durante la guerra civil. Un grupo de falangistas armados llegaron a este templo y aguardaron el final de la misa en la puerta de entrada, con insignias y uniformes oficiales. En la explanada se concentró una muchedumbre que no había podido acceder a la basílica. Concluida la misa, los fieles que abandonaban la iglesia y la gente en el exterior corearon consignas tradicionalistas con los vítores a Cristo Rey. En ese momento, el falangista Juan José Domínguez, inspector nacional del SEU, arrojó una bomba de mano hacia el pórtico que no explotó y otra que cayó entre la multitud e hirió levemente a varias decenas de personas, familiares de los requetés muertos durante la guerra. La policía detuvo a Domínguez y a los pistoleros que lo acompañaban.

Varela, secundado por el coronel Valentín Galarza, ministro de Gobernación, y por otros mandos militares, divulgó el incidente como un ataque al ejército y logró que, tras un consejo de guerra inmediato, Domínguez fuera ejecutado el 2 de septiembre, aunque la embajada alemana intentó evitarlo y el día de su muerte Hitler le concedió la Cruz de la Orden del Águila Alemana. Los otros siete falangistas que lo acompañaban fueron condenados a penas de cárcel. La tarde anterior al fusilamiento de Domínguez, Varela se entrevistó con Franco, a quien acusó de ser permisivo con Falange, haciéndole saber que eso mismo pensaba un sector importante de la jerarquía militar. El Caudillo lo destituyó, así como a Galarza, que había ocultado información sobre el incidente.

En esa crisis intervino Carrero Blanco, quien convenció a Franco de que la destitución de dos ministros y altos mandos del ejército requería compensarse y apartar a Serrano Suñer del poder. El 3 de septiembre, el Caudillo destituyó a su cuñado como ministro de Asuntos Exteriores. Nombró en su lugar al veterano Gómez-Jordana, que ya había estado en ese puesto durante la guerra, y al general leal Carlos Asensio Cabanillas como ministro del Ejército. El auditor militar y falangista Blas Pérez González fue el nuevo ministro de Gobernación. Franco asumió a partir de ese momento la presidencia de la Junta Política de Falange.

Hacía tiempo que el Caudillo no toleraba bien las interferencias y creciente influencia de Falange y de Serrano Suñer. En varias ocasiones, especialmente en mayo de 1941, algunos compañeros militares le habían presionado para que lo destituyera. Alemanes e italianos lo habían reconocido al principio como un hombre fascista al lado de Franco, pero estaban ya cansados de él. Hitler, desde su primera entrevista, experimentó «un sentimiento de repulsión», pese a que el embajador alemán se lo presentó como «el más ardiente germanófilo de España». El 4 de septiembre, al día siguiente de su cese, Ciano escribió en su diario a propósito de la «crisis del gobierno español»: «Quizás Serrano venga a Roma. No me entusiasma la idea porque Serrano es intrigante y chismoso y puede causar graves dificultades. Habrá que ser prudentísimo con él». Goebbels anotó en varias ocasiones a lo largo de sus años de mandato que Serrano era impopular, «un jesuita», que tanto él como Franco eran «totalmente prisioneros de la facción clerical» y el 1 de febrero de 1942 fue mucho más allá al calificar a Franco de un «fanático beato que permite que España esté prácticamente gobernada no por él, sino por su mujer y su padre confesor. ¡Menudo revolucionario hemos colocado en el trono!».

A finales de 1941 y comienzos de 1942 había corrido por Madrid el cotilleo de que Serrano Suñer engañaba a su mujer, Zita, con Sonsoles de Icaza, esposa del teniente coronel de caballería Francisco de Paula Díez de Rivera, marqués de Llanzol, último capitán de la escolta de Alfonso XIII. Su hermano Ramón Díez de Rivera, marqués de Huétor de Santillán, estaba casado con María de la Purificación de Hoces y d'Orticós-Marín, amiga íntima de Carmen Polo, quien le puso al corriente de todo lo que acontecía en la residencia de los Llanzol. Los marqueses de Huétor de Santillán vivían en el mismo edificio que Serrano Suñer y Zita. Franco y doña Carmen presionaron a su cuñado para que rompiese con su amante, sobre todo cuando la esposa del Caudillo se enteró en 1942 de que el cuarto hijo que esperaba Sonsoles era de Serrano Suñer. Fue una niña, bautizada con el nombre de Carmen, que nació en Madrid el 29 de agosto de ese año. El enredo sentimental de Serrano, que no fue el único, había dañado, según una fuente estadounidense, «la intimidad en el seno de la familia Franco».

En Londres y Washington se acogió con alivio la caída de Serrano Suñer y el nombramiento de Gómez-Jordana. Franco no ofreció a su cuñado la embajada de Roma, que él deseaba, y aunque hasta casi el final de la segunda guerra mundial Serrano propagó críticas al Gobierno y mostró su fervor por Falange, dejó la política y recompuso su carrera como abogado. Doña Carmen abandonó también a su hermana y Zita y Ramón ya no contaron más en la vida de los Franco. Pura Huétor fue a partir de ese momento la preferida en El Pardo.

A la vez que Serrano Suñer, salieron también del Gobierno dos ministros muy influyentes. José Enrique Varela, uno de los generales sobornados por los británicos, tenía dos Laureadas de San Fernando, el apoyo de un importante grupo de militares monárquicos y estaba bien relacionado con las altas finanzas a través de su matrimonio con Casilda Ampuero, rica heredera de la oligarquía de Neguri (Guetxo), vinculada al Banco Bilbao y a la industria naviera. La devoción carlista de su mujer influyó en la postura tan enérgica que Varela tomó a favor de los requetés y en contra de los falangistas.

El diario *Arriba* denominó a esa crisis «cambio de guardia», como si fuera un mero relevo sin importancia en la política interior y exterior, pero la guerra mundial siguió su curso y las ilusiones de Franco por el triunfo del Eje quedaban en evidencia por la realidad de los avances aliados. El 8 de noviembre de 1942 comenzó la operación Torch, el desembarco anglo-americano en el Marruecos francés y Argelia. La presencia de las fuerzas aliadas al otro lado del estrecho desafiaba la posición española. Franco pasó la noche del desembarco en la capilla de El Pardo. Gómez-Jordana le entregó una carta de Roosevelt en la que le indicaba que las operaciones no iban dirigidas «contra el gobierno, el pueblo o el territorio español [...] España no tiene nada que temer en Estados Unidos». El 11 de noviembre, la ocupación alemana de la zona libre de Francia situó a la Wehrmacht en la frontera con España.

El nuevo frente que los aliados abrieron en el Mediterráneo desembocó meses después en la invasión de Sicilia y en la caída de Mussolini. En ese período de noticias marcadas desde el escenario internacional, Franco tuvo que atender desafíos internos. El 15 de junio de 1943, un grupo de veintisiete procuradores de las Cortes Españolas, «la nueva farsa de parlamento del Falangismo», escribió Goebbels, inauguradas el 16 de marzo, solicitaron por escrito al Caudillo la «urgente conveniencia» de restaurar la «Monarquía Católica Tradicional» antes de que la guerra concluyese con una victoria aliada. Entre los firmantes había aristócratas, como el duque de Alba, militares, como Galarza y el general Ponte, representantes del mundo industrial y financiero, como el exministro Luis Alarcón de la Lastra, e incluso falangistas como Pedro Gamero del Castillo o Alfonso García Valdecasas.

Nada grave representaba eso contra Franco, porque los solicitantes no mencionaban todavía a don Juan de Borbón, conde de Barcelona, y presentaban su petición como el «natural remate» a la «obra iniciada por V.E. Generalísimo de los Ejércitos y artífice de la Victoria». Franco ordenó la detención y destierro a Canarias de Francisco Moreno y Herrera, marqués de la Eliseda, que había reunido las firmas, cesó a todos los firmantes de sus escaños en las Cortes y destituyó a cinco de ellos que eran, además, miembros del Consejo Nacional de Falange. Juan Aparicio, Delegado Nacional de Prensa, les acusó en *El Español* de estar «al servicio de la Masonería».

Hasta finales de 1942, Franco y don Juan habían mantenido sintonía y buenas relaciones, pero con los reveses del Eje y especialmente con el derrumbe de la Italia fascista las reclamaciones del trono por parte del pretendiente subieron de intensidad. Alfonso XIII murió en Roma el 28 de febrero de 1941, varias semanas después de abdicar en su hijo Juan de Borbón y Battenberg, quien había fijado su residencia en Lausana. Tras varias peticiones de restauración de la monarquía realizadas en los meses anteriores, el 2 de agosto de 1943, una semana después de la destitución y detención de Mussolini por orden de Víctor Manuel III, don Juan envió un telegrama a Franco para recordarle que «los acontecimientos de Italia pueden servirnos de aviso» y reclamar por primera vez de forma abierta «un proceso de urgente transición del Régimen falangista a la restauración monárquica». El Caudillo le replicó que España no sufriría el destino de Italia porque su gobierno había logrado mantenerla al margen de la guerra.

Parte de la cúpula militar firmó también una carta a Franco con el recuerdo de que su poder estaba durando «más allá del plazo para el que fue previsto» y le preguntaban «con lealtad, respeto y afecto a nuestro generalísimo si no estaba de acuerdo con ellos en que había llegado el momento del retorno a aquellos modos de gobierno genuinamente españoles que hicieron la grandeza de nuestra patria, de la que se desvió para imitar modas extranjeras».

La carta, firmada el 8 de septiembre por los tenientes generales Kindelán, Varela, Orgaz, Ponte, Dávila, Solchaga, Saliquet y Monasterio se la entregó Varela una semana después. Franco, que estaba informado del desarrollo de ese «complot» por sus servicios secretos, mantuvo la calma. Era un dictador con poderes absolutos y los había conseguido, con tensiones y disputas, por el apoyo unánime de las élites militares, políticas, económicas y eclesiásticas. Otros generales destacados, desde Muñoz Grandes hasta Vigón, pasando por Yagüe, no la habían firmado; tenía en su escritorio un informe que acusaba a Orgaz de estar implicado en negocios corruptos en el norte de África, y conocía la lealtad de los generales más jóvenes y de toda la oficialidad. Británicos y estadounidenses le habían dado además garantías en varias ocasiones de que no intervendrían en España.

Aunque algunos generales mantuvieron en esos años puntos de fricción con el Caudillo, especialmente los partidarios de la restauración de la monarquía, era casi impensable una conspiración seria para retirarle del poder. Todos habían ganado la guerra y nadie iba a arriesgar su carrera abriendo la puerta a un posible conflicto armado en el que nunca sería secundado por los oficiales de rango medio, esos capitanes, comandantes y coroneles que pertenecían a la generación que habían estudiado en la Academia General Militar de Zaragoza cuando Franco era su director y que mostraban una lealtad incondicional hacia él como salvador de España.

Todo lo que sucedía dentro parecía estar en manos de Franco, pero la opción de jugar a las cartas a la vez con los nazis de Alemania y con los plutócratas de Gran Bretaña y de Estados Unidos se acababa. A finales de septiembre de 1943, Franco anunció la retirada de la División Azul, aunque el germanófilo José Luis Arrese, ministro-secretario general de FET y de las JONS, propuso que los voluntarios que quisieran se quedaran en unidades alemanas. Unos dos mil lo hicieron y permanecieron hasta marzo de 1944 con el nombre de Legión Azul. Cuando se les ordenó volver a España, algunos de ellos se unieron como voluntarios a la Wehrmacht y a las Waffen SS.

El 1 de octubre, fecha convertida ya en la «entrañable» fiesta del Día del Caudillo, séptimo aniversario de la «exaltación a la casi divina función de gobernante», según se leía en *Arriba*, Franco abandonó la posición de «no beligerante» y restableció «la estricta neutralidad» de España en la guerra. Desde ese momento cedió a todas las exigencias anglo-americanas, decidido a sobrevivir al fascismo en Europa, y comenzó a reescribir su historia. La propaganda se encargó de presentar al Caudillo como un estadista neutral, católico y antisoviético, que había sabido librar a la nación del desastre de la segunda guerra mundial. La entrevista con Hitler en Hendaya «demostró al mundo que Franco no era un peón en manos de los países totalitarios». El régimen que había salido de la guerra civil nada tenía que ver con el fascismo, declaró en una entrevista a United Press el 7 de noviembre de 1944, porque el fascismo no incluía al catolicismo como principio básico. Lo que había en España era una «democracia orgánica» y católica. De la reducción de las parcelas de poder en manos de Falange se iban a beneficiar Acción Católica y su defensa del autoritarismo religioso. Franco comenzó a adaptarse a los nuevos tiempos y así lo hicieron también algunos intelectuales que habían abrazado en esos años la ideología nazi.

Carmen Polo y Nenuca, mientras tanto, llevaban vidas de reina y princesa, que asistían a fiestas, conmemoraciones, ceremonias religiosas y a misas, elegantemente vestidas y con mantilla, los primeros viernes de cada mes en la iglesia de Jesús de Medinaceli. El 23 de diciembre de 1944, la Señora organizó en El Pardo un baile para presentar en sociedad a Nenuca en su dieciocho cumpleaños. La anfitriona sonría con compostura, algo que se acostumbró a hacer en las celebraciones de etiqueta. Se sirvió antes un banquete para dos mil personas, militares, políticos y cortesanos de Franco que disfrutaban de la vida alegre en aquellos días de victoria, hambre y privaciones.

Cuando unos días antes el embajador británico, sir Samuel Hoare, fue a El Pardo a transmitirle las protestas aliadas por su apoyo al Eje, Franco «no mostró ningún síntoma de preocupación respecto al futuro de España [...] convencido de que el régimen actual está a la cabeza del progreso humano y es el mejor de cuantos haya tenido España jamás [...] está sinceramente convencido de que es el instrumento elegido por el cielo para salvar a España [...] Fotografías del papa y del presidente Carmona habían reemplazado en su escritorio a las previas fotografías dedicadas a Hitler y Mussolini en el lugar de honor».

António Óscar de Fragoso Carmona, a quien Franco admiraba, era un veterano general del ejército portugués, mariscal a partir de 1947. Había ocupado cargos ministeriales desde 1923 y fue presidente de la República de Portugal desde noviembre de 1926 hasta su muerte, en abril de 1951. Tuvo un papel fundamental en el turbulento proceso político-militar que, con su intervención en favor de Salazar, condujo a la institucionalización del Estado Novo.

Capítulo 19

LA CAÍDA DE LOS DIOSES

El derrumbe del fascismo en Italia fue estrepitoso y antes de que Mussolini y miles de fascistas fueran asesinados durante los días de la liberación por las tropas aliadas y la resistencia, algunos ilustres dirigentes habían sido ya ejecutados por orden del *Duce*. El 11 de enero de 1944, se fusiló en Verona a su propio yerno Galeazzo Ciano, que había sido entregado por los alemanes a la República Social Italiana de Mussolini, junto a otros fascistas que habían votado a favor de la destitución del *Duce* en el Gran Consejo. Ni siquiera la intercesión de su esposa, Edda, ante su padre pudo librarlo, porque los alemanes pidieron su cabeza y así lo pidió también su suegra, Rachele.

En marzo y abril de 1945, Mussolini buscaba infructuosamente establecer contactos con los británicos a través de la Iglesia católica. El 27 de abril, se unió a un convoy de soldados nazis que escapaban del avance aliado. Cuando los camiones fueron detenidos por un grupo de partisanos, descubrieron a Mussolini envuelto en una manta y disfrazado con uniforme alemán. El 28 fue ejecutado con su última amante, Clara Petacci, y al día siguiente sus cadáveres y los de otros célebres fascistas como Roberto Farinacci, nacido el mismo año que Franco, con quien se había entrevistado en febrero de 1937 en Salamanca, fueron colgados cabeza abajo en la *piazzale* Loreto de Milán.

El 6 junio de 1944, Día D, varias divisiones británicas y norteamericanas, francesas y polacas desembarcaron en las playas de

Normandía y avanzaron rápidamente por Europa occidental. En el otoño habían ocupado París, Bruselas y Luxemburgo. Unos meses después, en marzo de 1945, comenzó la ofensiva final aliada que chocó con la oposición de muchos alemanes que, si no combatían, eran ejecutados por la policía militar nazi por cobardía y deserción. En el Berlín asediado, colgaron a cientos, entre ellos niños y ancianos reclutados justo antes del derrumbe total.

El avance de las tropas soviéticas aplastó a lo que quedaba de los ejércitos de Hitler y de sus aliados. A comienzos de marzo de 1944, echaron a los alemanes de Ucrania. En julio, entraron en Vilna. Liberaron Polonia y Checoslovaquia y ocuparon, en ocasiones con poca resistencia, los países aliados hasta ese momento de la Alemania nazi, como Rumanía, Bulgaria y Hungría. Cuando comenzaron el asalto a Berlín, a mediados de abril de 1945, millones de soldados del Ejército rojo se habían establecido en Europa del Este y Central. En su retirada, los soldados alemanes quemaron todo lo que se ponía a la vista, mataron el ganado, volaron puentes, edificios y vías férreas. En su avance, los soviéticos, atizados más por las atrocidades cometidas por los alemanes y sus aliados, se comportaron de forma abominable.

La lista de jefes de Gobierno, políticos, funcionarios, policías y militares ejecutados por traición, colaboración y crímenes de guerra por tribunales instalados en diferentes ciudades europeas fue extensa. Era la «generación del frente», que había combatido en la primera guerra mundial y que fundó los diferentes movimientos fascistas para regenerar la política y la patria, para deshacerse de los judíos, extranjeros y bolcheviques. Varios de ellos habían estrechado las manos de Franco. Pierre Laval, primer ministro de Vichy, fue fusilado en el patio de la cárcel de Fresnes el 15 de octubre de 1945. El mariscal Philippe Pétain, máximo dirigente de ese régimen títere de los nazis, fue condenado a muerte el 15 de agosto, aunque la pena le fue conmutada a cadena perpetua por el general Charles de Gaulle, presidente del Gobierno Provisional de la República de Francia.

Wilhelm von Faupel y su esposa se suicidaron el 1 de mayo de ese año en Berlín. En la tarde del 30 de abril de 1945, Adolf Hitler se suicidó en su búnker de la Cancillería del Reich en Berlín, junto con su compañera Eva Braun, con quien se había casado la noche anterior. En la noche del 1 de mayo, Joseph Goebbels llamó a un dentista de las SS, Helmut Kunz, para que inyectara morfina a sus seis niños. Poco después, él y su esposa, Magda, se quitaron la vida. También se suicidó Heinrich Himmler, el 23 de mayo de 1945 en Luneburgo, cuando la ciudad se encontraba ya en poder de los británicos. Joachim von Ribbentrop, condenado por el Tribunal de Núremberg, fue ejecutado en la madrugada del 16 de octubre de 1946. Wolfram von Richthofen, operado de un tumor cerebral unos meses antes, murió el 12 de julio de 1945 en el campo de prisioneros austriaco de Bad Ischl. Wilhelm Canaris, el mejor amigo del Caudillo y España en las altas esferas del III Reich, quien había tenido un papel muy importante en la coordinación de la ayuda militar recibida por Franco durante la guerra, fue ahorcado en la madrugada del 9 de abril de 1945 en el campo de concentración de Flossenbürg.

Franklin D. Roosevelt, uno de los principales artífices de esa derrota fascista, despreciado e insultado por Hitler y Mussolini, no pudo asistir al triunfo final de las potencias aliadas. Murió en la Casa Blanca en la tarde del 12 de abril de 1945, a los sesenta y tres años. Stalin declaró tiempo después que Roosevelt «fue un gran estadista, un líder inteligente, culto y liberal [...] que supo prolongar la vida del sistema capitalista».

Todas las dictaduras fascistas y derechistas que habían sido preponderantes desde los años veinte y treinta desaparecieron de forma violenta en los últimos meses de 1944 y los primeros de 1945, salvo en Portugal y España. António de Oliveira Salazar y Francisco Franco fueron los únicos dictadores que, como no intervinieron oficialmente en la segunda guerra mundial, pudieron seguir en el poder tras la derrota de los fascismos. Esa fue una gran diferencia entre las dictaduras de Europa del Este, destruidas por la guerra, y las de la península Ibérica; y entre Franco y Salazar y todos esos dictadores, fascistas o no, que fueron ejecutados o acabaron en el exilio tras 1945.

Salazar llegó al Gobierno en abril de 1928 como ministro de Hacienda y, después, como presidente del consejo de ministros en julio de 1932. En el primer período de su larga dictadura, hasta 1945, el salazarismo coincidió con la era del fascismo, iniciado en Italia, radicalizado en Alemania y extendida su influencia a dictaduras que, sin ser fascistas en su origen, experimentaron un proceso de fascistización. En Portugal fue el momento en el que el Estado Novo fortaleció el aparato represivo, controló el acceso a la administración pública, creó Tribunales Militares Especiales, una nueva milicia, la Legião Portuguesa y sobre todo una Polícia de Vigilância e Defesa do Estado (PVDE), que fue organizada con la unificación de todas las fuerzas de policía.

La PVDE, con fuerte presencia militar desde sus orígenes, recibió asistencia técnica de la Italia fascista, estableció una amplia red de delatores y se convirtió en la columna vertebral de la represión, la tortura y el asesinato de los opositores. Además de las cárceles, la dictadura se dotó de herramientas legales para purgar a los empleados públicos y levantó varios campos de concentración en las colonias en África.

Tras años de tensiones y divergencias entre España y Portugal, la victoria de Franco en la guerra inauguró una nueva etapa en sus relaciones, abierta oficialmente con el Tratado de Amistad y de No Agresión firmado el 17 de marzo de 1939. Dos meses después, el 22 de mayo, acabada ya la guerra, Salazar declaró en un discurso a la Asamblea Nacional que «en todas las esferas donde nuestra acción fue libre, ayudamos en lo que pudimos al nacionalismo español y a la civilización cristiana». El Estado Novo, antiliberal, antidemocrático y anticomunista, afirmado en la triada ideológica «Familia, Dios y Patria», fue también modelo para el nuevo Estado que emergió en España de la derrota de la República.

Franco y Salazar se encontraron en siete ocasiones en sus prolongadas vidas de dictadores, casi siempre en localidades cercanas a la frontera, pero en territorio español: Sevilla (1942), pazo de Meirás (1950), Ciudad Rodrigo (1952 y 1957) y Mérida (1960 y 1963). La excepción fue la visita que el Caudillo hizo a Portugal en octubre de 1949. Fueron las únicas veces que, como presidente del consejo de ministros, Salazar salió de su país, y el de Franco, el único viaje que realizó al extranjero desde 1941 hasta su muerte. Hablaban en español, aunque según Nenuca su padre entendía muy bien el portugués.

La primera entrevista tuvo lugar durante la segunda guerra mundial. La diplomacia británica presionó para que Salazar se entrevistase con Franco en un momento de inclinación de la política española hacia el Eje. En Sevilla, el 12 de febrero de 1942, los dos dictadores sellaron lo que después, en diciembre de ese año, se llamó Bloque Ibérico, para «salvaguardar la paz e inviolabilidad del territorio peninsular». Antes de abandonar Sevilla, Franco, en un discurso a altos oficiales del ejército en el alcázar, presentó a Alemania como «el último bastión de defensa de la civilización occidental contra la amenaza soviética». Y repitió lo que le había dicho a Salazar: si hubiera peligro de que los comunistas invadieran Alemania, «no sería una División de voluntarios españoles lo que allí fuese, sino que sería un millón de españoles lo que se ofrecería».

Salazar, al igual que Franco en España, era contemplado por la propaganda de su régimen como una figura sacralizada, redentora de Portugal. La Iglesia católica fue en las dos dictaduras un factor legitimador esencial, aunque el portugués renunció al principio de confesionalidad y mantuvo la idea republicana de la separación entre la Iglesia y el Estado. Franco mostraba su admiración por el creador del Estado Novo, en el poder años antes de que él lo conquistara en la guerra, y los servicios de propaganda de ambas dictaduras comparaban sus vidas paralelas, la de Franco como jefe militar transformado en Caudillo y la de Salazar como el profesor predestinado y capacitado para dirigir la nación. Tuvieron que adaptase y evolucionar desde el fascismo hasta la guerra fría y el desarrollismo sin apenas cambios institucionales. El Estado Novo fue un régimen definido desde 1933 por la Constitución, pero las libertades fueron violadas sistemáticamente. Era una dictadura del presidente del consejo de ministros, quien asumió también en varios momentos varias carteras ministeriales, como había hecho Mussolini en Italia. De Franco y Salazar dependieron todas las grandes decisiones políticas y se ofrecieron como la solución a las crisis de sus Estados por el exclusivo bien de la nación y de sus súbditos.

Los dos eran prudentes, fríos y distantes, austeros, sacrificados, insobornables, poco que ver con los grandes líderes carismáticos fascistas y directores de masas. La relación entre ellos fue siempre fría, distante. Se necesitaban, compartían enemigos y una visión autoritaria y corporativa del Estado. Eran las dos caras de una misma moneda, porque cada uno estaba convencido de que su régimen sería inviable si el otro caía. Y así fue hasta 1963, cuando Salazar notó que Franco ya no era su socio útil en el escenario internacional para el mantenimiento de las colonias. No volvieron a juntarse, aunque todavía eran dictadores singulares y solitarios en un mundo occidental de democracias. Para entonces, la caída de los dioses del fascismo era un recuerdo lejano.

Cuarta parte

«YO NO HARÉ LA TONTERÍA QUE HIZO PRIMO DE RIVERA. YO NO DIMITO; DE AQUÍ AL CEMENTERIO»

Capítulo 20

EL CENTINELA

Mussolini y Hitler habían muerto. Los cadáveres de Hitler y Eva Braun fueron sacados al jardín de la Cancillería por su sirviente Heinz Linge y por tres guardias de las SS, quienes les prendieron fuego tras rociarlos con gasolina. Cuando los soldados soviéticos llegaron allí el 2 de mayo, solo encontraron cenizas. «¡Qué mala suerte no haber conseguido capturarlo con vida!», dijo Stalin al mariscal Gueorgui Zhúkov.

A las 2.41 de la madrugada del 7 de mayo de 1945, en presencia de los representantes de las cuatro potencias, se firmó la capitulación de Alemania. Europa estaba destruida y millones de personas no combatientes habían muerto por bombardeos, enfermedades, políticas de exterminio y genocidio. Franco no rompió relaciones con el Tercer Reich hasta el 8 de mayo.

El Caudillo era consciente de la apremiante necesidad de sobrevivir a la tempestad que se avecinaba. En aquella primavera tan peligrosa, dio los pasos necesarios para desvincularse de los fascismos derrotados, neutralizar a la oposición monárquica, hacer creer a los españoles que les había librado de los horrores de la segunda guerra mundial, y convencer a sus enemigos exteriores de que lo que él gobernaba era una «democracia católica y orgánica». La defensa del catolicismo como un componente básico de la historia de España sirvió a Franco y a su dictadura de pantalla en ese período crucial para su supervivencia. El 12 de mayo de 1945, cuando las fuerzas soviéticas de Zhúkov habían entrado ya en Berlín, Carrero Blanco recordaba a su amado Caudillo, en unas «notas sobre nuestra situación actual en el mundo», que habría que «sacar provecho» de las «armas» que disponían para convencer a Inglaterra y Estados Unidos del papel de España en la lucha contra el «imperialismo ruso»: «nuestro catolicismo, nuestro anticomunismo y nuestra posición geográfica».

Mientras las potencias vencedoras se ponían de acuerdo en cómo organizar el nuevo orden mundial, la jerarquía eclesiástica y los dirigentes católicos españoles percibieron con claridad la situación extraordinaria que se les ponía por delante para ampliar su poder, consolidar su proyecto y entrar de manera oficial en el Gobierno y en los órganos consultivos del Estado. Alberto Martín-Artajo fue el hombre clave en esa iniciativa.

Abogado de cuarenta años, era miembro destacado de la Asociación Católica Nacional de Propagandistas y protegido de Ángel Herrera, fundador de la ACNP y del periódico *El Debate* que se había ordenado sacerdote en 1940 y que llegaría a cardenal en 1965. Martín-Artajo, Herrera y Enrique Pla y Deniel, primado de los obispos españoles desde octubre de 1941, tras la muerte de Isidro Gomá, estaban convencidos de que había llegado la hora de que los católicos asumieran responsabilidades políticas en momentos tan difíciles para España. Martín-Artajo ya le había dicho eso a Franco en una larga conversación el 1 de mayo de 1945. Él conocía además a Carrero Blanco porque habían estado refugiados juntos en la embajada de México en España en 1936.

El 18 de julio de 1945, nueve años después de la sublevación militar, Franco amplió la presencia de los católicos en su Gobierno y desplazó a los ministros más inclinados al Eje. Mantuvo a José Ibáñez Martín en Educación, nombró ministro de Obras Públicas a José María Fernández-Ladreda, exdiputado de la CEDA por Oviedo, y de Asuntos Exteriores a Martín-Artajo, en sustitución de José Félix de Lequerica, ministro desde la muerte de Gómez-Jordana en agosto de 1944. Martín-Artajo conservó el puesto durante doce años y además de contribuir a lavar la imagen de Franco y de la dictadura en el exterior, siguió al pie de la letra lo que pensaba Pla y Deniel en la política interior tras la derrota de las potencias fascistas: «Que la hora de la paz mundial sea también la hora de consolidación de la paz interna en España». Cualquier revisión de la política que condujera nuevamente al «dogma del liberalismo» era «innecesaria». La sustancia católica del Gobierno de Franco se convertía en su principal credencial en el escenario internacional.

En esa transición del nacionalsindicalismo al nacionalcatolicismo, Franco promulgó el mismo 18 de julio de 1945 el Fuero de los Españoles, la tercera de las «Leyes Fundamentales» de la dictadura tras el Fuero del Trabajo de 1938 y la Ley de Cortes de 1942, una seudoconstitución «reguladora de los derechos y deberes» que no se hacía extensiva a aquellos que atentaran «a la unidad espiritual, nacional y social de España». El español «es el único Estado verdaderamente católico que hoy existe», le decía Franco a Rigoberto Doménech y Valls, arzobispo de Zaragoza, en una carta que le envió el 17 de abril de 1946, y por eso le «acechan» la masonería y el comunismo, «por su condición de católico y anticomunista».

El nacionalcatolicismo, argumentaban sus defensores, tenía raíces profundas y lejanas en la historia de España, en la época imperial de los Reyes Católicos, en el Siglo de Oro y en la Contrarreforma. De la decadencia posterior eran causantes las diversas herejías extranjeras, el protestantismo, el liberalismo y el socialismo, a las que los malos españoles se habían aferrado. Entre la «democracia liberal» y el Estado «omnipresente» había, según lo definía Franco en su pensamiento político, «un tercer sistema que nace de la moral cristiana, de la historia y de la tradición de los pueblos, o sea el régimen que nosotros hemos establecido». Era una «democracia orgánica», «la armonía social frente a la lucha de clases», en la que el Estado «encuadraba» a sus súbditos en las «instituciones clásicas y seculares»: los municipios, la familia y el sindicato, «que asocian a los españoles en un interés común».

Un día antes de la formación del nuevo Gobierno comenzó en Potsdam, un elegante suburbio de Berlín, la que sería la última de las tres conferencias, tras Teherán en noviembre de 1943 y Yalta en febrero de 1945, en las que los tres grandes aliados y vencedores tomaron decisiones esenciales sobre cómo configurar el nuevo orden mundial tras la derrota de las potencias del Eje. Stalin, a quien tampoco le gustaba el avión, viajó a Alemania en un tren blindado de once vagones protegido con altas medidas de seguridad, con ocho trenes más de patrullaje y miles de soldados y agentes de seguridad desplegados a lo largo de los casi dos mil kilómetros de ruta. Las reuniones comenzaron a mediodía del 17 de julio. Harry S. Truman había sucedido a Roosevelt en la presidencia de Estados Unidos y el 26 de ese mes el líder laborista Clement Attlee ganó las elecciones y sustituyó como primer ministro británico a Winston Churchill. Fue el final del triunvirato vencedor.

A Truman le comunicaron en Potsdam que el primer experimento con las tres bombas atómicas desarrolladas por el proyecto de investigación Manhattan, dirigido por Estados Unidos con colaboración británica y canadiense, había resultado exitoso en el desierto de Alamogordo, en Nuevo México. El jefe del Estado Mayor británico y mariscal de campo, lord Alanbrooke, anotó en su diario el 23 de julio que «ya no era necesario que los soviéticos entraran en la guerra japonesa [...] Además, ahora teníamos algo en nuestras manos que equilibraba la balanza con los soviéticos». Las otras dos bombas fueron arrojadas el 6 y el 9 de agosto sobre las ciudades japonesas de Hiroshima y Nagasaki por dos bombarderos estadounidenses B-29. El emperador Hirohito anunció por radio la rendición incondicional de Japón el 15 de agosto. La rendición oficial la firmaron el 2 de septiembre en el buque de guerra *Missouri*, anclado en la bahía de Tokio.

La conferencia de Potsdam marcó el final de los años de entendimiento entre las tres potencias aliadas. Derrotado Hitler, las diferencias fundamentales entre la Unión Soviética y las democracias occidentales salieron a la luz, algo que afectaba también al destino de Franco. La propuesta soviética de romper relaciones con el dictador español fue rechazada por los británicos, porque no les correspondía a ellos dictar a «los países enemigos menores el tipo de gobierno que debían tener», aunque en el comunicado final de Potsdam, el 2 de agosto, ratificaron la resolución adoptada unas semanas antes por la conferencia fundacional de la Organización de las Naciones Unidas en San Francisco a propuesta de México: la exclusión de la ONU de los países cuyos regímenes se hubieran formado con la ayuda de los ejércitos de las potencias fascistas.

Lequerica, todavía ministro de Asuntos Exteriores, se apresuró a desmentir que esa resolución tuviera que ver algo con España, porque el régimen de Franco, dijo, había sido creado sin el apoyo del Eje, y el Caudillo negó, como haría siempre a partir de ese momento, que España hubiera sido aliada de Italia y Alemania: «Nunca tuve la más mínima intención de involucrar a España en la guerra».

Carrero Blanco, quien ya susurraba por esas fechas cosas importantes a Franco, captó, con las noticias que llegaban de Potsdam, «que en la nueva situación Inglaterra y Estados Unidos iban a hacer frente al imperialismo ruso». En unas «Notas sobre la situación política», firmadas el 29 de julio de 1945, manifestaba que «los anglosajones [...] no solamente no apoyarán, sino que se opondrán a todo lo que pudiera determinar una situación de hegemonía soviética en la península ibérica [...] La única fórmula para nosotros no puede ser otra que: "orden, unidad y aguantar"».

Treinta años más duró esa fórmula que el Caudillo siguió al pie de la letra. Tenía controlado con mano de hierro el orden interior, con fuerzas de policía reclutadas entre excombatientes y decenas de miles de fieles encuadrados militarmente en la «Vieja Guardia» de falangistas y carlistas y en la «Guardia de Franco» por si hacía falta una rápida intervención. Sin temor a traiciones o conspiraciones importantes, la amenaza más grave en aquel momento procedía de quienes todavía resistían con armas, los maquis o guerrilleros.

Su origen estaba en los «huidos», en aquellos que para escapar a la represión de los militares rebeldes se refugiaron en diferentes momentos de la guerra civil en las montañas de Andalucía, Asturias, León o Galicia. La primera resistencia de esos huidos dio paso gradualmente a una lucha armada más organizada que copiaba los esquemas de resistencia antifascista ensayados en Francia contra los nazis. Aunque muchos socialistas y anarquistas lucharon en las guerrillas, solo el Partido Comunista apoyó claramente esa vía armada. Desde el verano de 1944, tras la liberación de Francia, comenzaron a infiltrarse grupos armados por la frontera de los Pirineos, que estuvo unos meses en poder de miembros de la Resistencia, de los cuales siete mil eran españoles. En ese momento excepcional político y militar se produjo la invasión del valle de Arán, en la que cerca de cuatro mil hombres ocuparon varias poblaciones desde el 28 de octubre, que acabó en dura derrota con decenas de muertos y ochocientos prisioneros. El combate abierto frente a unidades del ejército de Franco resultaba imposible y tampoco provocó insurrecciones en los pueblos ocupados.

Durante el lustro siguiente, desde 1945 hasta 1949, grupos dispersos de guerrilleros sostuvieron continuos enfrentamientos con la Guardia Civil y el somatén, refundado en octubre de 1945, compuesto por decenas de miles de excombatientes y militantes de Falange, hasta su derrota definitiva. Las fuerzas armadas de Franco utilizaron el terror y la represión, también contra las mujeres que les ayudaron, muchas de ellas con lazos de parentesco. Franco criminalizó esas acciones, despojándolas de su componente político, pidió ayuda al Gobierno de la Francia liberada del general De Gaulle para que las policías de ambos países colaboraran en la frontera y decretó en abril de 1947 la Ley sobre Represión de los Delitos de Bandidaje y Terrorismo.

En esa década de los cuarenta, unos seis mil hombres y cien mujeres participaron en actividades armadas por los diferentes montes del territorio español. Más de dos mil guerrilleros y trescientos hombres de las fuerzas armadas murieron en los enfrentamientos. Decenas de miles de enlaces o colaboradores fueron a parar a las cárceles por prestar apoyo, acosados por la tortura y violencia sexual de una guerra sin límites estimulada por Camilo Alonso Vega al frente de la Guardia Civil. Fiel amigo de Franco, desde El Ferrol hasta África, tuvo un papel también protagonista en la represión de los mineros asturianos en octubre de 1934, declaró el estado de guerra en Álava en julio de 1936, mandó la IV División de Navarra —con la que entró en Barcelona el 26 de enero de 1939— y, finalizada la guerra, fue consejero nacional de FET y las JONS, procurador de las Cortes y ministro de la Gobernación, guardián del orden público, desde febrero de 1957. En esa amistad fraternal, leal y entusiasta, Alonso Vega compartió todo lo que Franco deseaba y detestaba.

La fórmula de Carrero Blanco requería aguantar también las presiones internacionales. En febrero de 1946, el Gobierno francés cerró la frontera con España en protesta por la ejecución de varios guerrilleros que habían combatido con la Resistencia antifascista. El 4 de marzo, una declaración conjunta de Gran Bretaña, Francia y Estados Unidos manifestaba su repudio a la dictadura y su confianza en que «españoles patriotas y de espíritu liberal encontraran pronto los medios para conseguir una pacífica retirada de Franco». La nota de las democracias, ya sin la Unión Soviética, era más moderada que la declaración de Potsdam, pero el Caudillo les dijo a sus ministros que esos políticos demócratas eran unos «bandidos», que Francia era la «quinta columna de Rusia» y que Truman era «un masón encanallado del sur».

Franco sabía que el paso del tiempo estaba de su lado porque desde el exterior nadie iba a provocar su caída con fuertes presiones económicas o militares. Por esas mismas fechas, un alto funcionario del Foreign Office resumía lo que pensaban los analistas diplomáticos de Gran Bretaña:

> Odioso como es su régimen, el hecho sigue siendo que no representa una amenaza para nadie fuera de España. Sin embargo, una guerra

civil en España generaría problema en todas las democracias occidentales, que es lo que desean el gobierno soviético y sus satélites.

Durante las reuniones de ese año del Consejo de Seguridad de las Naciones Unidas numerosos representantes condenaron al régimen de Franco como fascista, pero británicos y estadounidenses siempre se opusieron a la intervención y a comienzos de noviembre trasladaron la decisión final a la Asamblea General. Con el apoyo de los ministros falangistas José Antonio Girón de Velasco y Raimundo Fernández-Cuesta, Franco se adelantó a la posible acción internacional con una masiva concentración en la plaza de Oriente, preparada con una hábil campaña de prensa contra la confabulación extranjera que atacaba la soberanía nacional. Fue una liturgia y puesta en escena que relacionaba al líder sacralizado con el pueblo, con los sindicatos falangistas, el Frente de Juventudes y las organizaciones de veteranos de la guerra civil como protagonistas de la movilización. Ese lunes 9 de diciembre de 1946 comenzó un rito que se repitió hasta el 1 de octubre de 1975 cada vez que el Caudillo necesitó una escenificación del apoyo popular. Los cientos de miles de asistentes ya no hacían el saludo fascista, derogado oficialmente el 11 de septiembre de 1945, agitaban pañuelos como en las plazas de toros y campos de fútbol y mostraban pancartas «por Franco y España» y contra franceses, soviéticos, la ONU y los enemigos seculares de España, la masonería y el comunismo internacional.

Durante la noche del domingo 8, excombatientes y excautivos recorrieron Madrid colocando carteles y pasquines en las paredes. Repartieron miles de octavillas en las salidas de cines, cafés y teatros. Se ordenó que los comercios cerraran al día siguiente.

El Generalísimo llegó al palacio de Oriente a las once de la mañana, acompañado de Agustín Muñoz Grandes, capitán general de la I Región Militar, y los jefes de su Casa Militar y su Casa Civil, Pablo Martín Alonso y Julio Muñoz Rodríguez de Aguilar. A las 12.30 apareció en el balcón de la fachada principal del palacio y en un balcón lateral se situó doña Carmen junto a su hija, Nenuca. «Combatientes, excautivos y españoles todos —fueron sus palabras—: Los que en la impunidad intentan injuriarnos [...] echan sobre sí mismos un baldón de ignominia. Lo que ocurre en la ONU no puede a los españoles extrañarnos. Cuando una ola de terror comunista asola Europa y las violaciones, los crímenes y las persecuciones del mismo orden de muchas de las que nosotros presenciamos quedan en la mayor de las impunidades, no debe extrañarnos que los hijos de los Giral y de la Pasionaria encuentren tolerancia en el ambiente y apoyo en los representantes oficiales de aquellos desgraciados pueblos.» «Volvemos en la historia [...] a polarizar la atención del mundo [...] Señal inequívoca de que en España empieza a amanecer», concluyó.

Tras terminar el discurso, Franco y su esposa permanecieron largo tiempo en el balcón vitoreados por la multitud. El Caudillo siempre recordó con emoción esa primera manifestación multitudinaria en la plaza de Oriente. «Era la reacción sempiterna de España cuando se juega con su independencia o su libertad.»

Tres días después, la resolución 39 de la Asamblea General, «Relaciones de los Miembros de las Naciones Unidas con España», ratificaba que «el Gobierno fascista de Franco [...] fue impuesto al pueblo español por la fuerza con la ayuda de las potencias del Eje», lo que acarreaba «la exclusión de todos los organismos internacionales». La delegación polaca propuso la ruptura completa de las relaciones diplomáticas, pero la resolución final recomendó que los estados miembros retiraran «inmediatamente a sus embajadores y ministros plenipotenciarios». Fue aprobada por 34 votos, entre ellos Gran Bretaña, Francia, Estados Unidos y la Unión Soviética, frente a seis en contra, todos países latinoamericanos, y trece abstenciones. Franco les dijo a sus ministros que las Naciones Unidas estaban «heridas de muerte». El mismo día de esa sesión plenaria de la ONU, las Cortes decidieron acuñar las nuevas monedas con la efigie de Franco con la leyenda «Caudillo por la gracia de Dios».

A partir de ese momento, Franco, a través de Martín-Artajo, intensificó las relaciones con el mundo árabe, nuevos aliados que estaban unidos a España por lazos culturales e históricos. El Caudillo mostró hacia esos países una simpatía forjada en el norte de África y en aquel inicio de la guerra fría compartía con ellos las posiciones anticomunistas y antiisraelíes. El primer monarca que rompió el cerco del bloqueo internacional fue Abdalá I de Jordania, quien llegó con su séquito en barco a La Coruña el 5 de septiembre de 1949, recibido por el Caudillo con uniforme de capitán general de la Armada. Después, varios reyes de la Liga Árabe, creada en 1935 en El Cairo, visitaron España entre 1952 y 1957, en los años de la firma de los acuerdos con Estados Unidos, la independencia de Marruecos, el estallido de la crisis de Suez y de la segunda guerra árabe-israelí.

«Yo soy el centinela que nunca se releva, el que recibe los telegramas ingratos y dicta las soluciones, el que vigila mientras otros duermen», había declarado unos meses antes de la resolución de la ONU en la apertura de las nuevas salas de exposición del Museo del Ejército. Todo fluía en la dirección del Caudillo y por si alguien quería romper esa unidad, les recordaba permanentemente los riesgos de volver al caos. «Si lograran derribar al portero, iríamos cayendo todos uno a uno», le previno a finales de 1945 al general José Enrique Varela, alto comisario de Marruecos y el más influyente de los militares monárquicos. Centinela, portero, él no se iba, le dijo a Alfredo Kindelán, otro significado general partidario de don Juan: «De aquí al cementerio».

Capítulo 21

MONARCA SIN CORONA

El 5 de marzo de 1946, Winston Churchill se refirió por primera vez, en un discurso en el Westminster College de Fulton (Misuri), al «telón de acero» que desde la ciudad polaca de Szczecin (o Stettin, en alemán), en el Báltico, hasta la italiana Trieste, en el Adriático, había «caído sobre el continente»:

> Detrás de esa línea se sitúan todas las capitales de los antiguos estados de Europa Central y del Este. Varsovia, Berlín, Praga, Viena, Budapest, Belgrado, Bucarest y Sofía, todas esas famosas ciudades y sus poblaciones están en lo que tengo que llamar la esfera soviética, y todas están sujetas de una forma u otra, no solo a la influencia soviética, sino a un alto grado de control desde Moscú.

Europa Central y del Este fue el principal campo de batalla de la segunda guerra mundial. La población de Polonia y Yugoslavia fue diezmada. Los países bálticos, Polonia, Yugoslavia y Hungría quedaron en ruinas. La agricultura y la industria descendieron a niveles del siglo XIX. Todos esos estados que habían luchado contra su atraso y posición periférica cayeron en un profundo abismo. Los regímenes autoritarios ultraderechistas, que habían surgido en los años veinte y treinta, nazificados durante la guerra, se desplomaron. El dominio y la ocupación alemana fueron sustituidos por los soviéticos. El péndulo se movió de un extremo a otro.

Algunas de esas dictaduras habían nacido con el apoyo de las monarquías reinantes entonces en esos países. Temían la expansión del comunismo y se echaron en brazos del fascismo, tras tomar la decisión crucial de resistir o colaborar. Cuando desde finales de 1944 fueron invadidas por los ejércitos de la Unión Soviética o de los aliados occidentales, los reyes tuvieron que responder por sus acciones ante nuevas asambleas legislativas o en referendos sobre monarquía o república. En Yugoslavia, Pedro II fue despuesto por la Asamblea Constituyente el 29 de noviembre de 1945. Un referéndum votó en Bulgaria el 8 de septiembre de 1946 la abolición de la monarquía de Simeón II. Y en Rumanía la Asamblea General Comunista obligó a abdicar al rey Miguel I el 30 de diciembre de 1947.

La historia de Italia había estado muy presente en la vida de Franco desde el 17 de julio de 1936. En los últimos meses de la guerra mundial, en la zona del sur controlada por los aliados, primero bajo el Gobierno del general Badoglio y desde junio de 1944, tras la liberación de Roma, de Ivanoe Bonomi, los renacidos políticos de la era prefascista esperaban restablecer la monarquía parlamentaria. En el norte, el control lo ejercían la resistencia armada y los comités locales de liberación, con la orientación del Partido Comunista, dispuestos a borrar la huella del fascismo y realizar un profundo cambio social. En esa lucha por el poder se impusieron los grupos moderados, con la estimable ayuda de la administración estadounidense. Las mujeres votaron por primera vez en las elecciones del 2 de julio de 1946 y el 54 % del electorado lo hizo contra la continuidad de la monarquía, con lo que Italia se convirtió en una República.

Hubo referendos también, aunque favorables a la monarquía, en Grecia, en septiembre de 1946, y en Bélgica, en marzo de 1950. Franco, que conocía esos seísmos en la realeza europea, aguantó las presiones graduales e insistentes de don Juan y sintió la amenaza de tener que ceder a un plebiscito sobre la jefatura del Estado.

El 19 de marzo de 1945, cuando los líderes de los grandes poderes habían decidido ya en el palacio Livadia de Yalta las zonas de ocupación de una Alemania a punto de ser derrotada, don Juan difundió su Manifiesto de Lausana, que no se reprodujo en la prensa española, aunque fue radiado por la BBC. «Sin levantar la bandera de la rebeldía», requirió al general Franco que abandonara el poder, «su concepción totalitaria del Estado», y diera libre paso «a la restauración del régimen tradicional de España».

El Caudillo se tomó el desafío en serio. En su nombre, Martín-Artajo y Joaquín Ruiz-Giménez le comunicaron al pretendiente que la Iglesia, el ejército y la falange, que se oponía radicalmente a la restauración de la monarquía, eran fieles al Generalísimo. El 20 de marzo, Franco convocó una reunión del Consejo Superior del Ejército en la que volvió a recordar a sus compañeros de armas que el principal peligro procedía del comunismo.

Para asegurarse todavía más la lealtad de los monárquicos, el 17 de julio anunció en un discurso al Consejo Nacional de Falange que España sería «reino» tras un necesario período de adaptación, sin abandonar los principios conquistados en la guerra: «No se trata de cambiar el mando de batalla o de sustituciones que el interés de la patria no aconseja, sino de definir el régimen y asegurar la sucesión ante los azares de una vida perecedera».

Nada de lo que pasaba a su alrededor parecía perjudicar la posición poderosa de Franco. El 22 de octubre aprobó una Ley de Referéndum, cuarta de las Leyes Fundamentales, que permitiría consultar a los españoles lo que el jefe estimase conveniente. Y no tardaría en hacerlo. Por consejo de Carrero Blanco, dio el paso decisivo para la institucionalización de su régimen como regente vitalicio de una monarquía sin rey. La Ley de Sucesión de la Jefatura del Estado de 31 de marzo de 1947, quinta Ley Fundamental, definió a España como «un Estado católico, social y representativo que, de acuerdo con su tradición, se declara constituido en Reino». La jefatura del Estado correspondía «al Caudillo de España y de la Cruzada, Generalísimo de los Ejércitos, Don Francisco Franco Bahamonde», al que la ley confería el derecho «en cualquier momento [...] a proponer a las Cortes la persona que estime debe ser llamada en su día a sucederle, a título de Rey o de Regente».

Un día antes de que se promulgara y se difundiera su contenido por RNE con voz de Matías Prats, Carrero Blanco llegó a Estoril, la ciudad portuguesa en la que residía don Juan desde febrero de 1946, y en la que se encontraban también personajes ilustres exiliados como el exregente de Hungría Miklós Horthy y el exmonarca de Rumanía Carlos II. Le presentó por encargo del Caudillo la nueva ley, con una lección básica de la política que él y Franco compartían:

> En España se abrió en el año 1936 una trinchera y hay que estar de este lado de la trinchera o enfrente. S.A. debe pensar en que puede ser Rey de España, pero de la España del Movimiento Nacional, católica, anticomunista, antiliberal y rabiosamente libre de toda influencia extranjera en orden a su política.

Franco asentó con la fuerza de la ley su poder vitalicio y rompió el principio de legitimidad de la monarquía. Él era la fuente de legitimidad que designaría, en el momento que creyera oportuno, a un nuevo rey. La humillación ofendió a don Juan, que denunció la ilegalidad de la Ley de Sucesión en el Manifiesto de Estoril el 7 de abril de 1947. Franco sometió esta ley a referéndum el 6 de julio, organizado por el ministro de Gobernación Blas Pérez González con toda la maquinaria de control que ya habían exhibido Mussolini y Hitler en diferentes ocasiones y muy del gusto también del Caudillo. Las presiones, falsificaciones e intimidación no contaban, porque lo que en realidad importaba era transmitir el apoyo y la veneración del pueblo. España ya había tenido en su historia reciente «los dos grandes e inolvidables escarmientos», recordó Franco en una alocución en Radio Nacional dos días antes del referéndum: «las Repúblicas anárquicas y las Monarquías liberales y parlamentarias».

Votó el 89 % del electorado, con un 93 % a favor, un 4,7 % en contra y un 2,3 % de papeletas en blanco o nulas. La carta pastoral del primado Enrique Pla y Deniel pidió a los fieles votantes que no olvidaran «las lecciones de la experiencia» y se inspiraran «en los altos ideales del bien común, de la paz y de la grandeza de España». Según esa ley, el «Prelado de mayor jerarquía y antigüedad» formaría parte del Consejo de Regencia en caso de que la jefatura del Estado quedara vacante. Tras conocerse los resultados, el general Kindelán le dijo a don Juan que Franco estaba eufórico, «ensoberbecido e intoxicado por la adulación y emborrachado por los aplausos. Está atacado por el mal de altura; es un enfermo del poder [...] obra convencido de que su destino y el de España son consustanciales y de que Dios le ha colocado en el puesto que ocupa, para grandes designios».

Franco demostró una vez más que sentía agrado por el comportamiento de sus opositores en el momento de la verdad y disfrutaba de su humillación. Se le hubiera subido o no el triunfo a la cabeza, los monárquicos ya no se atreverían a enfrentarse con él. Eran, como escribió Gerald Brenan, «una fronda de políticos y descontentos de café». Con el Manifiesto de Estoril, don Juan se había eliminado a sí mismo como sucesor y accedió después a entrevistarse con el Caudillo. Fue el 25 de agosto de 1948, en la bahía de Vizcaya y a bordo del *Azorín*, una embarcación construida en 1925 en los astilleros alemanes de Kiel, adquirido por la Armada en 1945, en el que Franco comenzó a practicar la pesca de altura, uno de sus gustos preferidos junto con la caza y la pesca de río, hasta la entrada en servicio de un nuevo yate, el *Azor*, en 1949.

El Caudillo, que apenas dejó hablar a don Juan en una reunión que duró tres horas, le recordó entre lloros la devoción que sentía por su padre, Alfonso XIII, y le pidió que su hijo de diez años y heredero dinástico, el príncipe Juan Carlos de Borbón, recibiera la educación en España bajo su tutela. Carrero Blanco estaba detrás de esa opción sucesoria lejana dentro de una «monarquía tradicional no liberal». Las cosas iban de maravilla y las expectativas de restaurar la monarquía se congelaban. Franco ya le había advertido a don Juan en el camarote que tuviera paciencia, que él gozaba de buena salud y esperaba gobernar España durante al menos dos décadas más. Seis años después, en una reunión que tuvo lugar el 28 de diciembre de 1954 en la finca Las Cabezas, del conde de Ruiseñada, en Cáceres, don Juan tuvo que aceptar la propuesta de Franco de que Juan Carlos fuera educado en las tres academias militares.

El Caudillo llevaba ya un tiempo con todas las prerrogativas de un rey sin corona. Cada aniversario del 18 de julio lo celebraba con una recepción al cuerpo diplomático en el palacio real de La Granja de San Ildefonso, un recuerdo de la fecha fundacional de su poder. Desde junio de 1941, tenía el privilegio de presentación de obispos, entraba y salía bajo palio en las iglesias y desde 1947 se atribuyó la capacidad de otorgar títulos nobiliarios, que ejerció en 39 ocasiones. Los primeros fueron cuatro ducados, con Grandeza de España, concedidos el 18 de julio de 1948 a José Antonio Primo de Rivera, José Calvo Sotelo, Emilio Mola, los tres a título póstumo, y a José Moscardó. Todos fueron hombres, menos dos mujeres, Pilar Primo de Rivera, a quien le concedió en 1960 el título de condesa del Castillo de la Mota, y a María Samaniego Martínez-Fortún, baronesa de Camporredondo en 1965, cuya hija, Josefa Larrucea Samaniego, estaba casada con José Antonio Girón de Velasco. La mayoría de ellos eran militares que habían cimentado lazos de sangre con Franco en las guerras en África y en España. El 29 de mayo de 1942, el Caudillo había cedido por decreto el castillo de la Mota de Medina del Campo (Valladolid) a la Sección Femenina para instalar allí la Escuela Mayor de Mandos «José Antonio». En aquel escenario, según la hermana del «ausente», «podría enlazarse la tradición y la revolución bajo "el cielo absoluto y la tierra absoluta de Castilla"».

Esos ritos y privilegios de la realeza los disfrutaba de forma especial doña Carmen, una reina que tampoco necesitaba corona y que refinó su estilo de vida conforme su marido ascendía peldaños por las diferentes escaleras del poder. Las actividades benéficas que protagonizaba recordaban a las de las reinas consortes y aristócratas en las monarquías europeas. En junio de 1947, un mes antes de que la Ley de Sucesión fuera sometida a referéndum, se le presentó una magnífica ocasión para exhibir su trono. El día 8, María Eva Duarte de Perón, «Evita», inició una gira de dieciocho días por España. Era la esposa de Juan Domingo Perón, presidente de Argentina que actuó de salvavidas para Franco en el peor momento de la crisis económica y de hambruna por las que pasaba España al ser excluida del Plan Marshall, antes de que Estados Unidos acudiera al rescate en los años cincuenta. Perón era en esos años un defensor del hispanoamericanismo y la política de la hispanidad fue para Franco un potente transmisor de proyección en el exterior en tiempos del aislamiento internacional y soporte del nacionalcatolicismo.

Desde su llegada al poder en junio de 1946, Perón brindó a Franco apoyo político y diplomático. El representante argentino defendió a España en la Asamblea General de las Naciones Unidas en diciembre de ese año y, desatendiendo la resolución por la retirada de embajadores, envió a un nuevo representante, Pedro Radío, quien presentó las credenciales ante Franco el 27 de enero de 1947 en el palacio de Oriente, escoltado por la Guardia Mora. Pero mucho más importantes fueron las remesas de cereales y carne a crédito que recibió España de Argentina sin ningún condicionamiento político.

España era entonces tierra sin pan, de pan negro con harina sin refinar y la paja de la espiga, que se repartía en las cartillas de racionamiento, 150 gramos por día y persona cuando llegaba. Argentina había visto reducidas sus exportaciones de producción agrícola a los mercados de Europa en los años de la segunda guerra mundial y el mercado español era una solución parcial a ese problema. Tras un año de sequía permanente, con una burocracia corrupta y un amplio mercado negro, España se encontraba a comienzos de 1946 en una situación límite. En abril de ese año, tras las elecciones ganadas por Perón, Argentina concedió a España treinta millones de pesos a crédito para comprar grano y en octubre ambos países firmaron un tratado de comercio y pagos, que garantizó generosos créditos para comprar alimentos y setecientas mil toneladas de trigo para los dos años siguientes. José María de Areilza, nuevo embajador español en Argentina desde mayo de 1947, «no cesaba de pedir», decía Perón, «porque era insaciable la sed de los españoles, que carecían de todo y que pocas cosas tenían que ofrecer a cambio». Evita le advirtió a Miguel Miranda, el principal asesor de Perón en economía, delante de Areilza: «Ande con ojo con el oligarca este, que se llevará para España la Casa Rosada si se descuida».

Franco invitó a Perón a visitar España, pero quien llegó fue su esposa, de origen humilde, hija de un hombre que nunca la reconoció, impetuosa y de tenaz vocación social y política, que había sido actriz de radio, teatro y cine antes de encontrar al líder populista. Era muy poco común que las mujeres representaran entonces a sus países en viaje oficial y Evita insistió en ser tratada como jefa de Estado. Fue recibida en el aeropuerto por Franco y doña Carmen, ministros y figuras notables de Falange, el ejército y la Iglesia. Al día siguiente, 9 de junio, se cerraron las escuelas y tuvo lugar una concentración masiva, «que tremola pañuelos, agita banderas españolas y argentinas», en la plaza de Oriente, en la que el Caudillo, con uniforme militar en el que lucía sus laureles, impuso a Evita, con abrigo de visón en un día caluroso y soleado, la Gran Cruz de Isabel I la Católica: «La reina Isabel, cuya cruz signa mi pecho y me abruma sobre el corazón, vela por el mundo que alumbraron sus maternales entrañas», declaró la ilustre embajadora.

En las diferentes visitas por Madrid, Evita, de veintiocho años, y doña Carmen, de cuarenta y siete, rivalizaron en trajes, mantillas y sombreros. Evita pidió a doña Carmen que la llevara a visitar los barrios pobres de Madrid, que había muchos, bajó del coche, recorrió las calles y entró en casas y chabolas. A doña Carmen «no le gustaba ir a los barrios obreros y cada vez que podía los tildaba de "rojos"». Evita declaró después que en su viaje a España había percibido claramente las diferencias entre el régimen peronista y la dictadura de Franco y así se lo dijo a doña Carmen, «la gorda»: «La aguanté durante un rato, hasta que no pude más y le dije que su marido no gobernaba con los votos del pueblo sino con la imposición de una victoria. A la gorda no le gustó ni medio».

En sus discursos repitió que Argentina tenía dos banderas, «justicia social, menos pobres y menos ricos», aunque los acompañaba de palabras como «patria», «raza» y se arrodilló ante la Macarena, la Moreneta y la Virgen del Pilar. Abandonó España desde Barcelona: «Tendría que pediros mi corazón, el corazón que os entregué al llegar, pero siento que debo irme con el vuestro en mi pecho, dejándoos para siempre el mío. ¡Adiós, España mía! ¡Viva la España inmortal!». Después viajó a Portugal, Francia, Suiza y fue recibida por el papa Pío XII en el Vaticano. Evita murió de cáncer el 26 de julio de 1952, a los treinta y tres años, cuando su estrella brillaba en lo más alto. Juan Domingo Perón, derrocado en 1955, buscó asilo en varios países de América Latina hasta que lo encontró en España en enero de 1960, junto a María Estela Martínez, «Isabelita», con quien contrajo matrimonio el 5 de enero de 1961. Perón llegó al Gobierno cuando los fascismos habían sido derrotados en Europa y basó su populismo en la legitimidad electoral con la que accedió al poder, en el liderazgo efectivo, en un fuerte nacionalismo y en el apoyo a una cultura popular. Una democracia autoritaria gobernada, como le recordó Evita a doña Carmen, con «los votos del pueblo». En España, el matrimonio Perón vivió primero en Torremolinos y después en Madrid hasta 1972.

La importante ayuda argentina permitió paliar la hambruna en esos años. El Caudillo, no obstante, insistía de forma machacona que el problema de España no era el hambre, la incapacidad de abastecer con pan al pueblo, sino los enemigos que trataban de derribarla. Tras el Manifiesto de Estoril, la prensa tachó a don Juan de instrumento de la masonería y el comunismo. La coletilla «judeo» había desaparecido de las declaraciones oficiales tras la derrota de Mussolini y Hitler, pero el odio patológico a los masones lo mantuvo Franco hasta su último suspiro.

Capítulo 22

ENEMIGOS DE ESPAÑA

Franco se había convertido en un rey que tenía tiempo también para prestar atención a otros detalles menos reales. Desde diciembre de 1946 hasta mayo de 1951, Jakim Boor escribió una serie de artículos en el diario falangista *Arriba*, editados en 1952 con el título *Masonería*, «el cáncer que corroe a nuestra sociedad». La masonería significaba «la traición a la patria y la amenaza de la religión». Había puesto «su mano en todas las desgracias» de la historia de España, desde que a partir del siglo XVIII cumplió las consignas que procedían de Londres o de París. «Para Inglaterra fue el medio de activar la desmembración de un imperio que le hacía sombra; para Francia, el mejor sistema de eliminar su frontera sur y un rival. A ninguna de las dos naciones le convino jamás una España fuerte, y jugaron "al alimón" para lograrlo.»

Jakim Boor fue el seudónimo elegido por Franco para airear su odio vehemente a la masonería. Una larga tradición de pensamiento había proporcionado una construcción imaginaria del «complot judeo-masónico» como responsable de la decadencia moral de España, de su ocaso imperial, del «apuñalamiento» de la monarquía y de la destrucción causada por la República.

La masonería especulativa o filosófica nació a comienzos del siglo XVIII con planteamientos ideológicos y prácticos muy diversos que dieron lugar a varias y diferentes tipos de logias. No era un partido político, ni un sindicato, ni una secta. Se presentó siempre como una asociación legítima que atrajo a hombres y mujeres que querían mejorar, a través del estudio de los problemas, la vida material y moral. Fue una hermandad iniciática, filantrópica y cultural respetada en países como Inglaterra, Estados Unidos u Holanda, pero en España, a partir del impacto del socialismo, del anarquismo y de la revolución bolchevique comenzó a identificarse, por la Iglesia y el pensamiento reaccionario, como algo demoniaco e infernal.

La ferviente creencia de Franco en el contubernio judeo-masónico-bolchevique, compartida por otros militares como Yagüe o Mola, le llegó a través de la revista *Acción Española*, portavoz desde diciembre de 1931 del grupo de ultraderecha monárquica del mismo nombre; de la publicación anticomunista *Bulletin de l'Entente Internationale contre la Troisième Internationale*, cuya suscripción le regaló el dictador Miguel Primo de Rivera desde 1927; y de la influencia de la obra del sacerdote Juan Tusquets *Orígenes de la revolución española* (1932) y de los numerosos panfletos del policía Mauricio Carlavilla. La clausura de la Academia General Militar provocó en Franco un profundo resentimiento hacia Manuel Azaña y los militares que ascendían de estatus e influencia con la República, a quienes consideraba lacayos de la masonería y el comunismo.

Con la sublevación militar de julio de 1936 comenzó para la masonería una historia de acoso y sistemática destrucción. Militares y falangistas pidieron desde ese verano «un castigo ejemplarísimo». Los masones españoles, unos cinco mil en ese momento, sufrieron una persecución implacable. Ser masón fue considerado «delito de lesa patria» y quienes no pudieron huir, salvo contadas excepciones, fueron asesinados o fusilados sin juicio previo. El 21 de diciembre de 1938, Franco decretó la eliminación de los símbolos masónicos de los cementerios.

Los recelos del Caudillo hacia los masones durante la República, alumbrados por las diatribas antimasónicas del sacerdote Juan Tusquets, se transformaron en la guerra en un odio patológico que presentaba algunas semejanzas con el antisemitismo de Hitler. Ante los masones, no cabía la piedad. En la Ley de Responsabilidades Políticas de 9 de febrero de 1939 ya se incluyó a «todas las logias masónicas» entre las agrupaciones y partidos «declarados fuera de la ley [...] con pérdida absoluta de sus derechos de toda clase y la pérdida de todos sus bienes».

Un año después, Franco juntó a masones y comunistas, «sociedades secretas y fuerzas internacionales», en la Ley de Represión de la Masonería y el Comunismo. Los masones, castigados con la incautación de bienes y duras penas de prisión, quedaron inhabilitados para ejercer cargos en corporaciones públicas y en gerencias y consejos de administración de empresas privadas. Para velar por el cumplimiento de la ley se creó un Tribunal Especial. La Delegación de Estado para la Recuperación de Documentos, dirigida por el carlista Marcelino de Ulibarri Eguilaz, clasificaba en Salamanca toda la información procedente de organizaciones y personas «hostiles o incluso desafectas al Movimiento Nacional» y se utilizaba después como prueba para la represión por el Tribunal Especial. No sobrevivieron más de mil masones de los cinco mil que había antes del golpe de Estado de julio de 1936, pero en el Fichero General Masónico del Archivo de Salamanca aparecieron decenas de miles de nombres «enemigos de la patria». Trescientas mujeres fueron acusadas por el Tribunal, represaliadas por masonas, y a la republicana Victoria Kent y a la socialista Margarita Nelken, que no estaban afiliadas, las condenaron en rebeldía a la pena de treinta años de reclusión mayor.

La maldición de Franco recayó sobre la masonería. Era el adversario, «una sociedad perniciosa», pero podía colarse también entre la gente de bien. Varios dirigentes y personalidades de la coalición de fuerzas que había ganado la guerra fueron acusados de tener relación con los masones. Esa acusación se utilizó especialmente en los primeros años de la posguerra, cuando las diferentes facciones vencedoras —falangistas, carlistas, monárquicos y católicos— pugnaban por el reparto del botín obtenido y por el poder. Como la masonería, según la propaganda oficial, tenía especial habilidad para infiltrarse, había que desenmascarar sus «perversos planes». Se exhibieron documentos falsamente atribuidos a los masones para acusar a personas a las que se quería desprestigiar, marginar y perseguir. La mayoría de esos documentos llegaron a Franco a través de una red de información que estaba en contacto con Carrero Blanco.

Falangistas leales a Franco utilizaron un documento titulado «Palabra Semestral para las Grandes Logias del Oriente de España», fechado en Lisboa en junio de 1943, con la firma de Diego Martínez Barrio, como Gran Maestre Español, para neutralizar a don Juan y a sus partidarios, en particular a quienes pertenecían al ejército. Se difundió justamente en el período crítico en que veintisiete procuradores de las Cortes firmaron una petición a favor de la restauración monárquica y ocho generales solicitaron a Franco lo mismo.

Varias personas muy conocidas se vieron afectadas por rumores que las conectaban con la masonería. Eso le sucedió al monárquico Pedro Sainz Rodríguez, ministro de Educación Nacional en el primer Gobierno de Franco del 30 de enero de 1938, destituido por el Caudillo en abril de 1939 y sobre el que cobró fuerza el rumor de su pertenencia a la masonería desde que se convirtió en consejero de don Juan. También se extendió el murmullo de que el general Aranda, defensor de esa opción monárquica, había sido masón. En 1949 pasó a la reserva. Los rumores contra Blas Pérez González de ser amigo y protector de masones no surtieron, sin embargo, efecto, porque salió en su defensa ante Franco el obispo de Las Palmas, Antonio Pildáin. Franco lo nombró ministro de Gobernación en septiembre de 1942 y lo mantuvo hasta febrero de 1957.

El caso más extraordinario fue el de Gerardo Salvador Merino, un joven de treinta años en ese momento, delegado nacional de Sindicatos de la FET y de las JONS, que se había creado enemigos por su retórica obrerista y ambiciones de poder. El 11 de septiembre de 1939, tan solo dos días después de ser nombrado para ese puesto, José Finat y Escrivá de Romaní preguntó a Marcelino de Ulibarri si en los archivos de Recuperación de Documentos existían antecedentes masónicos de Salvador Merino. Ulibarri le envió a Finat pruebas positivas y en junio de 1941 fue el general Andrés Saliquet, presidente del Tribunal Especial para la Represión de la Masonería y el Comunismo, quien solicitó a Ulibarri la evidencia. Saliquet se las pasó a Franco, quien le dijo a José Luis de Arrese, ministro secretario general del Movimiento: «Ahora no se atreverá usted a defender a Gerardo Salvador». El 23 de junio, el Tribunal Especial abrió un sumario contra Salvador Merino, quien entregó un escrito de descargo. Como los rumores sobre su afiliación a la masonería crecieron, pidió a Serrano Suñer su dimisión como delegado nacional de Sindicatos, hecha efectiva el 13 de septiembre. Las pruebas contra Salvador Merino habían sido falsificadas por el «grupo de información antimasónico», con ayuda de un jesuita de Madrid, una monja teresiana profesora de Nenuca y la Casa Militar de Franco.

El 23 de octubre fue condenado por el Tribunal Especial, con Saliquet y Ulibarri como principales actores, por delito de masonería a «la pena de doce años y un día de reclusión menor y accesorias de inhabilitación absoluta perpetua y separación definitiva de cualquier cargo». El consejo de ministros le conmutó la pena de reclusión menor por la de doce años de confinamiento y le mantuvo la inhabilitación. No tuvieron bastante con Salvador Merino porque fueron también a por su lugarteniente, Germán Álvarez de Sotomayor, una advertencia para quienes en esos años defendían el falangismo radical. Una buena parte de los colaboradores de Salvador Merino fueron destituidos con la sombra de la sospecha de tener vínculos con la masonería. Franco era quien controlaba esos enfrentamientos intestinos, revisaba sus vidas si era preciso, y decidía de qué lado se inclinaba la balanza. Nadie podía dormir tranquilo si al Caudillo le susurraban rumores o le aportaban pruebas, reales o infundadas, de pertenencia a la masonería.

Hasta que el nacionalsocialismo se derrumbó, los judíos ocuparon junto con los masones un lugar de honor en la nómina de los enemigos de Franco. En España apenas había judíos desde la expulsión de los Reyes Católicos en 1492 y la mayoría de los seis mil que vivían en 1936 habían llegado huyendo de la persecución en la Alemania de Hitler. No existía «un problema judío» y, como en el caso de los masones, la idea de una conspiración judía mundial para acabar con la civilización cristiana se extendió con fuerza tras la proclamación de la Segunda República. El origen moderno de esa idea se alimentó desde Rusia con la publicación en 1902, en San Petersburgo, de *Los protocolos de los sabios de Sion*, un libelo inventado por la policía zarista y jóvenes oficiales del ejército.

Los protocolos se convirtieron en el vehículo del antisemitismo. Entre 1920, cuando aparecieron por primera vez en Europa occidental, y 1942, momento en el que Joseph Goebbels les concedió relevancia en su maquinaria propagandística, circularon por el mundo en varios idiomas, con millones de copias, sirvieron como justificación a la masacre de judíos por los contrarrevolucionarios durante la guerra civil en Rusia entre 1918 y 1920, y en manos de Hitler y de sus más fanáticos seguidores ayudaron a allanar el camino al Holocausto.

Llegaron a España iniciada ya la República, difundidos por el sacerdote Juan Tusquets, para demostrar que los judíos utilizaban a masones y socialistas para destruir a la nación católica. Fueron manejados como prueba contra el Gobierno republicano-socialista de Manuel Azaña por figuras influyentes de la aristocracia y del clero a través de *Acción Española.* El antisemitismo estuvo presente en los panfletos clandestinos que la Unión Militar Española (UME) distribuyó entre centenares de jefes y oficiales en la primavera de 1936. Desde el periódico *Informaciones*, propiedad de Juan March, su director, Juan Pujol, denunció a los «judíos alemanes emigrados» que habían convertido a España en «centro internacional del boicot contra la Alemania de Hitler».

Poco después de la sublevación, Juan Pujol fue nombrado jefe de la Oficina de Prensa y Propaganda de los militares rebeldes. A Tusquets, amigo de José María Bulart, capellán de Franco y Carmen Polo desde que ocuparon el palacio episcopal de Salamanca, lo nombraron preceptor de Carmencita y de las dos hijas del general

Dávila y entabló amistad con Serrano Suñer. Como él mismo reconocía, el Movimiento Nacional le había ascendido a una situación de privilegio: «Escribo por indicaciones de la jerarquía eclesiástica. El Generalísimo aprueba mis campañas. Las ha respaldado el ministro Serrano Suñer».

Serrano Suñer y Carrero Blanco, su sustituto como colaborador íntimo de Franco, creían en la veracidad de *Los protocolos*. La retórica y mentiras sobre el complot judeo-masónico-bolchevique crecieron durante los años de colaboración con las potencias del Eje y desde la embajada alemana en Madrid el agregado de prensa, Josef Hans Lazar, austriaco nacido en Estambul de posible origen hebreo, se encargó de sobornar a falangistas, carlistas y monárquicos para que divulgaran una imagen favorable del Tercer Reich y de su propaganda antisemita. Lazar y su esposa, la baronesa rumana Elena Petrino Borkowska, instalados en un lujoso palacete de la avenida del Generalísimo que había sido propiedad de la familia Hohenlohe, organizaban fiestas donde captaban voluntades y conectaban a nazis con personajes influyente del periodismo español, como los filonazis Víctor de la Serna, nuevo director de *Informaciones*, y Xavier de Echarri, director de *Arriba*. Lazar, enviado de Goebbels en España, movilizó a miles de camisas viejas y subvencionó hojas parroquiales que sembraron la semilla nazi por cientos de iglesias españolas.

Durante los primeros años de la segunda guerra mundial, hasta finales de 1942, las organizaciones de ayuda a los judíos estuvieron prohibidas en España y pese a estar informado de la eliminación de judíos en el este de Europa por informes que le enviaban médicos y diplomáticos, el Caudillo permitió que se difundieran en la opinión pública noticias persistentes sobre «elementos peligrosos», portadores «de perturbación y peligro social» y dejó morir a miles de sefarditas que fueron deportados y ejecutados por los nazis. Pero cuando la suerte del Eje cambió y la amistad de Hitler y Mussolini ya no era un valor, Franco comenzó a distanciarse del antisemitismo y a inventar una historia de «salvador de judíos».

Las actividades heroicas de diplomáticos como Ángel Sanz Briz en Budapest, Julio Palencia Álvarez-Tubau en Sofía, José Rojo Moreno en Bucarest y Sebastián de Romero Radigales en Salónica, que permitieron librar de la muerte y facilitar la huida de varios miles de judíos, se realizaron sin el consentimiento del Ministerio de Asuntos Exteriores español. Meses después de la muerte de Hitler, en el primer artículo que Franco publicó en *Arriba* con el nombre de Jakim Boor, el 16 de diciembre de 1946, atribuyó la decisión de las Naciones Unidas de excluir a España a la «masonería» y al «judaísmo»:

> ¡Qué diferencia entre el clamor que se levantó cuando unos puñados de judíos eran blanco del racismo alemán, que sirvió para arrastrar a algunos pueblos hacia la guerra, y esta indiferencia e hipócrita condenación, que pasa como un relámpago por las agencias, por la Prensa y por la radio intervenidas por aquellos Poderes!

Tres años más tarde, en el artículo del 9 de agosto de 1949, acusaba a Eleanor Roosevelt, «masona», «marimacho» y «mujer «machorra», de influir en la política estadounidense de Truman contra España.

Masones y judíos tenían buenos motivos para olfatear el peligro en el que vivían en España. Habría otros, sin embargo, nazis y criminales de guerra, que hallaron en la nación católica su refugio. Ya en diciembre de 1943, el embajador británico en Madrid, sir Samuel Hoare, envió a su ministro de Asuntos Exteriores, Anthony Eden, un informe en el que le advertía que España podía convertirse en escondite y centro de propaganda nazi tras la guerra. Gozaban del apoyo de influyentes círculos políticos y militares, y cuando la Alemania nazi fuera derrotada y los asesinos responsables del terror buscaran un lugar para ponerse a salvo, uno de los más seguros sería la España de Franco.

La influencia nazi en España había comenzado con la ayuda prestada a Franco desde la sublevación militar y, hasta la derrota de Alemania en la primavera de 1945, se manifestó en una estrecha relación política, económica e ideológica. El Tercer Reich alcanzó una gran influencia en la economía española, especialmente en los sectores básicos para su programa de militarización. Se abasteció de materias primas, hierro y wolframio y fundó una red estatal de empresas químicas, mineras y eléctricas, el consorcio Sofindus (Sociedad Financiera e Industrial), para canalizar el comercio entre los dos países. Johannes Bernhardt, el empresario y activista nazi que viajó desde Marruecos hasta Alemania para pedir armas a Hitler en nombre de Franco, fue el gerente de ese poderoso consorcio, con 85 millones de pesetas de capital social, que disfrutó de una posición privilegiada durante los años de la segunda guerra mundial. Franco le concedió la nacionalidad española en 1946 e impidió la extradición que solicitaron los aliados. Vivió en una lujosa casa en Dénia y emigró después, a comienzos de los años cincuenta, a Argentina.

Los servicios de inteligencia alemanes organizaron en territorio español una extensa red de espionaje y de colaboración con las fuerzas de seguridad de Franco a través de la Gestapo y del servicio de información y contraespionaje militar Abwehr, dirigido por el almirante Wilhelm Canaris. Una gran parte del numeroso cuerpo diplomático alemán, empleados y colaboradores, se ocupaba de tareas de espionaje: «Jamás he visto un control tan completo de los medios de comunicación, prensa, propaganda, aviación, etc., como el que tienen los alemanes aquí», escribió Hoare en junio de 1940, a los pocos días de llegar a Madrid como embajador británico.

Pero la influencia nazi no solo procedía de las redes de espionaje o del control de los medios de comunicación. Desde la embajada alemana en Madrid se difundían por los diferentes consulados y centros culturales folletos, películas y documentales. Y los colegios alemanes, creados originalmente en varias ciudades para impulsar el alemán como lengua extranjera, se pusieron al servicio de los intereses del Tercer Reich. La colonia alemana en España, compuesta de treinta mil personas al final de la guerra civil, aumentó de forma considerable en los años siguientes. España fue en ese período un nido de espías, activistas, empresarios y torturadores nazis, protegidos por Franco y por los falangistas, que tenían al Partido Nacionalsocialista como modelo y trabajaban en ciudades como Madrid o Barcelona con total impunidad.

Acabada la guerra mundial, los servicios de espionaje de los aliados elaboraron una lista negra de 104 nazis, espías y criminales de guerra, residentes en España, que remitieron a Franco para que los expulsara y entregara. Además de Bernhardt, la lista incluía a Josef Hans Lazar, ilustres jefes del partido nazi en diferentes ciudades españolas, empresarios, oficiales de la Gestapo y exmiembros de la Legión Cóndor. La única mujer era Clara Stauffer, nacida en Madrid de padre alemán, miembro de la Sección Femenina y organizadora de las redes para dar cobijo a perseguidos nazis y fascistas de diferentes países europeos. La mayoría de los integrantes de esa lista y de otras elaboradas desde 1945 hasta 1947 obtuvieron el amparo de Franco; los más influyentes lograron la nacionalidad española y pudieron vivir con impunidad en España o en países sudamericanos a los que se trasladaron posteriormente.

La protección de Franco no ofreció dudas y, además de nazis, a España acudieron, a instalarse o a buscar el destino en Sudamérica, cientos de fascistas de otros países, antisemitas y criminales de guerra. Alberto Martín-Artajo, ministro de Asuntos Exteriores desde julio de 1945 hasta febrero de 1957, concedió una estancia temporal a un grupo de destacados miembros del Gobierno colaboracionista eslovaco del sacerdote Jozef Tiso, refugiados al final de la guerra en Suiza y en la ciudad del Vaticano y que continuaron su huida hasta Brasil. Tiso, que no hizo nada por impedir las masivas deportaciones de judíos en los últimos meses de ocupación alemana, huyó a Austria en abril de 1945 y tras ser entregado a las autoridades de la renacida Checoslovaquia, fue ahorcado dos años después.

Mejor suerte corrieron Ante Pavelić y Horia Sima. El primero, líder del movimiento fascista Ustacha, jefe de Estado títere croata, responsable de miles de asesinatos de judíos, gitanos, serbios y comunistas, huyó al final de la guerra a Austria y después a Roma, con la ayuda de la jerarquía de la Iglesia católica. Vivió diez años en Argentina y murió en Madrid en diciembre de 1959, enterrado en el cementerio de San Isidro. Protegido también por las autoridades franquista, Horia Sima, dirigente de la rumana Legión de San Miguel Arcángel y de su organización paramilitar Guardia de Hierro, entabló en España amistad con Blas Piñar y con otros militantes ultraderechistas y fascistas internacionales que encontraron acomodo en la España de Franco.

Entre ellos, muchos que huían del castigo en la Francia liberada. Pierre Laval, jefe de Gobierno de Vichy, pidió a José Félix Lequerica, ministro de Asuntos Exteriores, que intercediera ante Franco para que le protegiera en España. Llegó en un Junker al aeropuerto de Barcelona el 2 de mayo de 1945. Lequerica, que había conocido a Laval como embajador en Vichy, no quería entregarlo a Francia. Las presiones de Francia y de los aliados lograron que Franco aceptara su repatriación, al contrario de lo que hizo con otros colaboracionistas refugiados en España, y el 31 de julio devolvieron a Laval en un avión hacia Linz, zona de ocupación de las tropas estadounidenses. Fue entregado a las autoridades francesas y fusilado el 15 de octubre.

Un problema similar, aunque con diferente solución, lo creó Léon Degrelle, fundador del movimiento fascista belga Rex, cuando aterrizó de urgencia en la playa de La Concha de San Sebastián el 7 de mayo de 1945 con un Heinkel bimotor de Albert Speer, ministro de Armamento en el momento de la caída del Tercer Reich. Degrelle resultó herido en el aterrizaje, pasó varios meses en el hospital Mola de San Sebastián y Martín-Artajo y el conde de Mayalde le prepararon una fuga falsa. A través de Hans Hoffmann, otro integrante de la lista negra, excombatiente de la Legión Cóndor e intérprete en la División Azul, conoció a José Antonio Girón, entonces ministro de Trabajo, quien le buscó un lugar seguro, primero en la costa malagueña y después en la localidad sevillana de Constantina. Allí juntaba en su casa palacio La Carlina a otros fascistas, como el coronel de las SS Otto Skorzeny, el que había rescatado a Mussolini de la prisión en septiembre de 1943, refugiado desde 1950 e impulsor del proyecto de crear un ejército de excombatientes nazis en España. Las peticiones de extradición de Degrelle por el Gobierno belga fueron rechazadas y vivió en paz con el nombre de José León Ramírez Reina. Degrelle había organizado en 1941 con otros rexistas la Legión Valona para combatir a los soviéticos en el frente oriental y Himmler los incorporó posteriormente a las Waffen-SS como una brigada de asalto. Adquirió la nacionalidad española en 1954 y murió en Málaga en 1994. Skorzeny, quien amasó una considerable fortuna en la España de Franco, murió en Madrid pocos meses antes que el Caudillo.

Las revelaciones del exterminio de los judíos perpetrado por Hitler no afectaron a Franco. La simpatía que mostró por esos criminales de guerra no le iba a restar en esos momentos un ápice de apoyo en el interior. Estaba seguro además de que, superados los peores momentos entre 1945 y 1947, nadie desde el exterior iba a provocar su caída. Su pasado de amistad con el Eje no contaría si lograba la bendición de Estados Unidos y del Vaticano. Porque el anticomunismo podía darle ventajas en la esfera internacional y rebajar la hostilidad de las democracias. En marzo de 1948, envió a José Félix de Lequerica a Washington con mucho dinero para organizar un grupo de presión español. Unos meses después, a finales de noviembre, Joaquín Ruiz-Giménez llegó a Roma como embajador en la Santa Sede. En su mensaje de final de año el Caudillo les dijo a los españoles que habían superado «los años más difíciles» y les contó los grandes progresos económicos conseguidos. La grave carestía de millones de ciudadanos no impedía a los empresarios y terratenientes de fortuna, a falangistas, políticos y funcionarios protegidos por el poder llevar una vida feliz y de ostentación.

Capítulo 23

«AL FIN HE GANADO LA GUERRA»

Diez años después de la victoria en la guerra, quedaban pocas cosas que perturbaban la vida de Franco. Había controlado las ambiciones de poder de otros militares y jerarcas falangistas. Tras el encuentro en agosto de 1948, don Juan ya sabía que iba a ser muy difícil reinar en una monarquía instaurada por Franco. En la «lucha de la Patria contra la Anti-Patria», la «canalla de la conspiración judeo-masónica-comunista» estaba en los cementerios, en las cárceles o en el exilio. El cerco diplomático de las democracias estaba a punto de abrirse. El culto y la veneración a Franco crecía en las instituciones, en la propaganda y en las escuelas. Viajaba por España recibido por multitudes y manifestaciones de júbilo organizadas por su maquinaria propagandística. Ya durante la guerra civil la Delegación del Estado para Prensa y Propaganda distribuyó un «retrato oficial de S. E. El Generalísimo», obra del fotógrafo Jalón Ángel, para su proyección en las salas de cine. Todos los asistentes debían cantar en pie el *Cara al sol*, una práctica que se extendió durante los primeros años de posguerra. Jalón Ángel tenía un estudio fotográfico en Zaragoza y había retratado a Carmen Polo, a Carmencita y a Franco en los años de la Academia General Militar.

El 22 de octubre de 1949, el Caudillo se trasladó a Portugal, el último de los viajes que hizo al extranjero como jefe de Estado, en los que nunca se distanció mucho de las fronteras españolas, aunque después del encuentro con Salazar en el pazo de Meirás, en septiembre del año siguiente, estuvo unas horas en territorio luso, en Oporto, para conocer las bodegas, y en varias localidades —Braga, Guimarães y Monção— en el trayecto de regreso.

Portugal fue miembro fundador de la Organización Europea para la Cooperación Económica, creada el 16 de abril de 1948 para administrar el Plan Marshall y un año después, el 4 de abril de 1949, firmó en Washington el nacimiento de la Organización del Tratado del Atlántico Norte (OTAN). Esa integración portuguesa contrastaba con el aislamiento español y los ministros de Asuntos Exteriores de ambos países, Martín-Artajo y José Caeiro da Mata, y los embajadores, Nicolás Franco y António Carneiro Pacheco, prepararon una visita solemne, con una cobertura espectacular, a diferentes lugares repletos de valores simbólicos para la historia de los dos países.

Dado el rechazo que el Caudillo tenía a volar, en esa ocasión se trasladó a Vigo en coche y allí subió al crucero *Miguel de Cervantes*, que fue escoltado hasta la desembocadura del Tajo por una flotilla de once buques de guerra. Le esperaban cuatro destructores portugueses que lo flanquearon hasta Lisboa, donde fue recibido por el mariscal António Óscar de Fragoso Carmona, presidente de la República, y por António de Oliveira Salazar, primer ministro. La crónica del *Diário de Notícias* destacó esa apoteósica llegada a través del Tajo: «El río tiene ahora aires de grandeza, que nos recuerdan las epopeyas de la era del Quinientos cuando de aquí salían las grandes armadas con decenas de navíos de alto bordo».

Más de diez mil personas se concentraron en la praça do Comércio, símbolo del Imperio portugués, para darle la bienvenida. Doña Carmen había viajado el día anterior desde Madrid en tren. El matrimonio se alojó en el palacio de Queluz, que había sido una de las residencias de la familia real portuguesa. Javier Martínez de Bedoya, agregado de prensa de la embajada aconsejó en la organización de la visita que se recordara la presencia esencial del Caudillo en «la gigantesca epopeya contra el comunismo, que hoy los pueblos del mundo comienzan a comprender» y que sus discursos mencionaran la conservación del «gran Imperio portugués» y su «gran tradición de marinos y descubridores».

El variado programa, aderezado de arengas anticomunistas y de raíz cristiana, incluyó la Universidad de Coímbra, primera capital del reino en el siglo XII. Allí Franco recibió su primer doctorado *honoris causa* «como digno representante de la misma fe, de la misma cultura y del mismo espíritu audaz que iluminó a los navegantes y constructores de naciones de los dos pueblos predestinados de la Península». Franco y doña Carmen acudieron también a Batalha para visitar el monasterio de Santa Maria da Vitória, erigido en el siglo XIV por orden del rey Juan I como agradecimiento a la Virgen por el triunfo que obtuvo contra los castellanos en la batalla de Aljubarrota. Se arrodillaron a los pies de la Virgen de Fátima, cuya imagen peregrina, esculpida según las indicaciones de sor Lucía, había recorrido España el año anterior. El matrimonio oyó misa y comulgó. Franco salió de Portugal aclamado como estadista militar, guerrero invencible y caudillo de la paz, que solo irguió la espada «al servicio de la justicia [...] que nunca utilizó la fuerza de los Ejércitos sino el servicio del Derecho». El 27 de octubre fue fiesta nacional en España y un numeroso grupo de falangistas y campesinos llevados en autobuses desde las provincias castellanas saludaron en las calles de Madrid la vuelta del Caudillo.

«Franco tenía razón», repetían las crónicas del viaje a Portugal, fue un adelantado a su época porque en 1936 ya se alzó para frenar al comunismo y una década después las democracias occidentales, tras años de cortejarlo, comenzaban por fin a combatirlo. En los círculos cercanos al Caudillo había optimismo, confianza en que quienes controlaban el poder político y militar angloamericano estaban a punto de acogerlo como aliado. «Tenemos un embajador en Moscú, pero no en Madrid», le dijo Churchill al Gobierno laborista en noviembre de ese año: «El ciudadano español tiene una vida más feliz y libre que el ruso, el polaco o el checoslovaco». Cuando el general Varela, entonces alto comisario de España en

Marruecos, visitó a Franco después de Navidad para quejarse de la escasez de trigo, de la falta de libertad de la prensa y del poco poder que tenían las Cortes, el Caudillo, consumado especialista ya en el ejercicio del mando, le contestó: «No daré a España ninguna libertad en los próximos diez años. Pasado ese plazo, abriré un poco la mano». En el mensaje final de año volvió a recordar que el suyo no era un «Régimen transitorio [...] sino que cumple con una tarea histórica permanente y pertenece ya, por razones de grandeza heroica en la sangre que aquí se ha sacrificado, a los grandes ciclos históricos de la Patria».

Franco y su dictadura no peligraban y menos todavía cuando logró desde comienzos de los años cincuenta la integración de España en diferentes organizaciones internacionales. La ayuda de la Argentina de Perón había sido el principal salvavidas en los años de hambruna y aislamiento que siguieron a la guerra mundial. Pero a finales de 1949 el Gobierno argentino anunció la suspensión del protocolo Perón-Franco, firmado en abril del año anterior, debido a la crisis económica en aquel país, y el crédito y los fletamentos de trigo y materias primas dejaron de afluir a España. Afortunadamente para Franco, en ese momento la administración de Estados Unidos estaba lista para extender su manto protector. Lequerica había llegado a Washington en marzo con abundante cantidad de dinero para construir un grupo de presión de influyentes católicos, anticomunistas, republicanos y hombres de negocios. Y aunque las decenas de miles de dólares gastados no fueron suficientes de entrada para cambiar la posición sobre Franco de Harry S. Truman, quien seguía en la Casa Blanca tras ganar las elecciones en noviembre de 1948, una nueva guerra en un país lejano cambió en el verano de 1950 la situación internacional.

Fue el primer conflicto militar de la guerra fría, en un lugar estratégico para medir la influencia de la Unión Soviética y de Estados Unidos. La península de Corea, ocupada por Japón desde 1910 hasta 1945, se dividió en 1948 entre la República Popular Democrática de Corea en el Norte y la República de Corea en el

Sur, separadas por el paralelo 38. A las cuatro de la mañana del domingo 25 de junio de 1950, Kim Il-sung, joven líder de Corea del Norte, de treinta y ocho años, ordenó a sus fuerzas invadir Corea del Sur, tras obtener la autorización de Stalin. El 28 ya estaba en Seúl. Truman decidió no aceptar la expansión de la Unión Soviética en la zona y envió las tropas estadounidenses estacionadas en Japón bajo el mando supremo del general Douglas MacArthur. Las Naciones Unidas aprobaron la intervención contra Corea del Norte y aunque la iniciativa la llevaron las fuerzas estadounidenses, otros dieciséis estados participaron, incluyendo Australia, Canadá, Nueva Zelanda y el Reino Unido.

Franco vio una buena oportunidad para sacar ventaja de ese nuevo escenario e incluso se ofreció a enviar tropas. Algunos círculos demócratas de Estados Unidos y laboristas del Reino Unido todavía defendían el aislamiento, pero el Foreign Office ya avanzaba en la reinserción de España «a pesar de Franco». Lequerica repartía sobornos en Washington, el delegado portugués en las Naciones Unidas pidió la inclusión de España en la OTAN, algo que nunca ocurriría en vida de Franco, y el 4 de noviembre la Asamblea General votó a favor del regreso de los embajadores a Madrid, con el voto favorable de Estados Unidos y la abstención de Francia y el Reino Unido. *Arriba* lo calificó de «victoria española». Para rearmar al ejército español, la administración de Truman aprobó unos días después un préstamo de 62,5 millones de dólares. El 27 de diciembre se hizo público el nombramiento del hombre de negocios Stanton Griffis como nuevo embajador en Madrid. Griffis había sido presidente de la Cruz Roja en el área del océano Pacífico y embajador en Polonia y Argentina.

En el discurso de final de año, dirigido «incluso a aquellos que, empecinados en el error, comen todavía el pan del expolio en tierras extrañas», un eufórico Franco dijo a los españoles que la batalla contra el comunismo que otros comenzaban a librar «la ganamos nosotros ya hace varios años sobre la tierra sagrada del solar patrio». Pese a la «pertinaz sequía», «sedientas nuestras tierras y casi vacíos nuestros pantanos», España ya había conseguido la «reconstrucción material» y el «resurgimiento espiritual».

Agustín de Foxá percibió con ironía el cambio que la guerra de Corea significaba para Franco. En un viaje de misión cultural a Cuba a comienzos de 1952, lo recibieron en el Ateneo de La Habana «con ovaciones frenéticas», en el mismo sitio que dos años antes «¡nos recibieron con tomates y huevos podridos!». La transformación se debía sobre todo «a ese bendito paralelo 38 de Corea, al cual deberían alzar en El Pardo una estatua, pues ha convertido a nuestro gobierno de fascista en demócrata».

Griffis llegó a España el 19 de enero de 1951 y el fiel y adulador Lequerica, nombrado por el Caudillo nuevo embajador en Washington, presentó sus credenciales dos días antes. A Griffis, banquero con intereses en el mundo del espectáculo y del boxeo, le gustaban los dictadores como Perón y Franco. Lequerica tenía un amplio currículum de colaboración con los nazis. En aquel escenario de enfrentamiento frío entre la Unión Soviética y Estados Unidos, el pasado de amistad de Franco con el Eje contaba ya poco y sus prácticas represivas eran la prueba de que se había adelantado a todos en la persecución inflexible del comunismo.

Incluso *Raza*, la película con guion de Franco, necesitó adaptarse políticamente a esos cambios geoestratégicos. En la nueva versión que apareció en 1950, rebautizada como *Espíritu de una raza*, las escenas con saludos fascistas desaparecieron; el comunismo internacional, que apenas era mencionado en la primera versión de 1941, se convirtió en el único y principal enemigo, sustituyendo a las democracias parlamentarias, republicanos, masones y liberales; y se borraron las alusiones a Estados Unidos como enemigo en la guerra de Cuba.

Pese a que el presidente Truman, en el poder desde 1945 hasta finales de 1952, no ocultó la hostilidad hacia Franco y le indignaba la intolerancia católica frente a otras religiones, el anticomunismo y las consideraciones estratégicas aportadas por los militares habían comenzado a cambiar la política exterior de Estados Unidos.

«A mí Franco no me gusta y nunca me gustará, pero no permitiré que mis sentimientos personales invaliden las convicciones de ustedes, los militares», le dijo Truman al almirante Forrest Sherman, jefe de Operaciones Navales.

El 16 de julio de 1951, Sherman se entrevistó con el Caudillo en Madrid. En la reunión estuvieron presentes el embajador Griffis y el marqués de Prat de Nantouillet, director de Política Americana del Ministerio de Asuntos Exteriores, que hizo de traductor. Sherman expuso a Franco la importancia estratégica de España en relación con Europa occidental «y su posición dominante en las comunicaciones aéreas y navales del Mediterráneo». Estados Unidos preveía iniciar una cooperación militar con España que incluyera el estudio de instalaciones, intercambio de información y asesoramiento logístico. Franco mostró a Sherman el temor que le inspiraban los franceses, que se pondrían, según él, al lado de los rusos si estos ocuparan España y aceptó todos los requisitos norteamericanos a cambio de ayuda económica y militar. Un mes más tarde llegaron a España varios grupos de estudios militares y económicos estadounidenses para trazar el plan.

Cuando el 26 de septiembre de 1953 James Clement Dunn, embajador de Estados Unidos en España, y Alberto Martín-Artajo, ministro de Asuntos Exteriores, firmaron en el palacio de Santa Cruz de Madrid los pactos de defensa entre los dos países, Dwight Eisenhower ya había sustituido a Truman como presidente. El acuerdo, desarrollado en tres convenios, proporcionaba a España ayuda económica y militar y la oportunidad de adquirir grandes cantidades de materias primas norteamericanas y excedentes de alimentos básicos a precios reducidos. Tenían diez años de duración y durante ese tiempo la ayuda económica ascendió, según cifras oficiales estadounidenses, a 1.688 millones de dólares, créditos gestionados a través del Export-Import Bank y que sirvieron en su mayor parte para comprar productos norteamericanos. La ayuda militar, destinada a modernizar a unas fuerzas armadas empobrecidas, superó los quinientos millones de dólares. En esos años, Estados Unidos construyó a cambio cuatro complejos militares, en Torrejón de Ardoz, Morón de la Frontera, Rota y Zaragoza.

Esa relación bilateral se convirtió en la columna vertebral de la política exterior y de seguridad durante tres décadas cruciales del siglo XX y sacó a Franco del embrollo en que había caído después de 1945 como consecuencia de haberse alineado con las potencias fascistas. Cuando unos años después la economía se abrió, la inversión estadounidense contribuyó a mantener el ritmo de crecimiento acelerado. Los medios de comunicación jalearon los acuerdos, «queda plenamente garantizada la soberanía nacional», y los presentaron como un triunfo más del Caudillo, que lograba el fin del injusto aislamiento internacional y el derecho a presentarse como aliado de la mayor potencia económica y militar del mundo. Para mantenerse en el poder, Franco cedió, en acuerdos secretos que implicaban una sumisión de España a la estrategia defensiva de Estados Unidos, una parte importante de la soberanía. En la última etapa de las conversaciones dijo a sus negociadores: «Y en último término, si no consiguen ustedes lo que quieren, firmen lo que les pongan delante. El acuerdo lo necesitamos».

Desde que entró en su vida el amigo americano ya nadie podría negar a Franco su reconocimiento internacional. «Al fin he ganado la guerra civil», comentó en privado tras conocer la firma de los acuerdos. Comenzó así la edad de oro de su tiranía. La trascendencia de esa amistad para Franco y para Estados Unidos la había puesto de manifiesto un editorial de *The New York Times* publicado el 30 de agosto de 1951, titulado «Do We Need Franco?», después de que Truman autorizara a Sherman a iniciar las negociaciones para establecer bases militares en territorio español: «Si se llega a concluir este convenio ayudamos con ello a que Franco se perpetúe en el poder mientras viva y quiera seguir siendo dictador de España. Esta será nuestra responsabilidad ante la historia».

El pacto con Estados Unidos se cerró prácticamente al mismo tiempo que el nuevo concordato con la Santa Sede. En los años que siguieron a la guerra civil, la Iglesia católica española ya había recuperado la mayoría de sus privilegios institucionales. El 9 de noviembre de 1939 se restableció la financiación estatal del culto y del clero, abolida por la República. El 10 de marzo de 1941, el Estado se comprometió mediante decreto a la reconstrucción de las iglesias parroquiales. Hubo también acuerdos entre los gobiernos de Franco y el Vaticano, en 1941, 1946 y 1950, sobre la designación de obispos, los nombramientos eclesiásticos y el mantenimiento de los seminarios y las universidades dependientes de la Iglesia. Por fin, catorce años después del final oficial de la cruzada, un nuevo concordato reafirmaba la confesionalidad del Estado, proclamaba formalmente la unidad católica y reconocía a Franco el derecho de presentación de obispos.

Las negociaciones, largas y complicadas, porque Franco siempre se negó a ceder en el asunto fundamental de los derechos de patronazgo del Estado, las había iniciado cinco años antes Joaquín Ruiz-Giménez, embajador español ante la Santa Sede entre 1948 y 1951. El concordato, firmado el 25 de agosto de 1953 por Martín-Artajo y monseñor Domenico Tardini, prosecretario del Vaticano, confirmó ese privilegio de presentación de obispos que había sido otorgado al dictador en junio de 1941. Franco presentaba seis nombres al papa para cubrir las sedes vacantes y finalmente designaba a uno entre los tres que seleccionaba el pontífice, lo cual garantizaba en la práctica que esa Iglesia que había salido de la cruzada victoriosa mantuviera su fidelidad al «Caudillo por la gracia de Dios».

De los numerosos privilegios y poderes que este concordato otorgó a la Iglesia española destacaba la provisión por el Estado de las necesidades económicas del clero y la obligatoriedad de que en todos los centros docentes la enseñanza se ajustara «a los principios del dogma y de la moral de la Iglesia católica». La propaganda de la dictadura lo contempló como un triunfo tanto para la Iglesia como para el Estado porque, en palabras del propio Franco, no cabía «en una nación eminentemente católica como la nuestra un régimen de separación entre la Iglesia y el Estado, como propugnaban los sistemas liberales». Los beneficios que el Caudillo obtuvo fueron también inmensos.

La sumisa identificación de la Iglesia católica con Franco alcanzó en ese momento su cenit. El papa Pío XII, que nunca escatimó alabanzas hacia el Caudillo, como su antecesor Pío XI había hecho con el *Duce*, le concedió el Gran Collar de la Orden Suprema de Cristo, impuesto por el cardenal Pla y Deniel en una ceremonia celebrada en la capilla del Palacio Real el 25 de febrero de 1954, con presencia de doña Carmen. Tres meses después, la Universidad de Salamanca le dio el título de doctor *honoris causa* en Derecho Canónico y los obispos españoles reprodujeron las loas y adhesiones incondicionales que habían iniciado tras la sublevación militar de julio de 1936. En el discurso pronunciado en las Cortes el 26 de octubre de 1953, Franco describió a España como «una de las grandes reservas espirituales del mundo». La inextricable unión entre la historia de España y la de la Iglesia católica era tema central en sus alocuciones en los actos multitudinarios de fervor religioso. En el más trascendental de todos, el XXXV Congreso Eucarístico Internacional celebrado en Barcelona en mayo y junio de 1952, se concentraron cientos de miles de fieles católicos, presididos por Franco y el cardenal Federico Tedeschini, legado del papa. Una celebración de impacto mundial para destacar el catolicismo y anticomunismo de la nación española.

El 5 de marzo de ese 1953 triunfal de Franco murió Iósif Stalin, constructor del comunismo, su gran enemigo, responsable de un régimen de terror que liquidó a la vieja guardia del Partido Bolchevique y a millones de personas de diferentes pueblos, grupos y clases. Pero también una autoridad sacralizada a través de la construcción y reconstrucción de un culto que incluía retratos, pósteres, cuadros, estatuas, bustos, películas, documentales, obras de teatro, poemas y canciones. Millones de personas quisieron mostrar su sentimiento de duelo con ropas de luto y cintas negras. Su cadáver fue embalsamado y depositado unos días después en el mausoleo de Lenin.

En 1953 estaban ya muertos una buena parte de los generales que habían estado con el Caudillo en la gran batalla contra los enemigos de España, como Orgaz, Varela, Queipo de Llano, Yagüe o Ponte. Superado el ostracismo internacional, aceptado por Estados Unidos, bendecido por el Vaticano, Franco podía decir que España había obtenido «triunfos desconocidos en nuestra historia desde el siglo XVI [...] derrotadas las fuerzas enemigas seculares». Manejaba y sostenía a su antojo, con su ejército, el «Movimiento, sindicatos, Falange y demás tinglados políticos», según la definición de su primo y secretario militar, el general Francisco Franco Salgado-Araujo. Pero la situación económica era desastrosa. «Debemos reconocer fríamente que hay hambre, malestar y descontento», afirmaba en enero de 1951 el informe reservado de un gobernador civil. El sector agrario empleaba entonces al 47,6 % de la población activa, aunque solo aportaba un 28 % del producto interior bruto. Y el Estado era pobre en recursos, ineficiente y corrupto.

Capítulo 24

PATRIMONIO NACIONAL

El 10 de abril de 1950, la aristocracia de la época se reunió en el palacio de El Pardo. Carmen Franco Polo, «Nenuca», de veintitrés años, contrajo ese día matrimonio con Cristóbal Martínez-Bordiú, doctor y alférez provisional, cuatro años mayor, hijo de José María Martínez Ortega, que había sido testaferro de nazis en España, y María de la O Esperanza Bordiú Bascarán, condesa de Argillo. Asistieron ochocientos invitados, agasajados con un almuerzo y un café en el jardín. A las decenas de curiosos que se acercaron al pueblo de El Pardo se les repartió un donativo «consistente», según la crónica de *ABC* del día siguiente, «en mantas, prendas de vestir, ropas y calzados, y lotes de víveres: aceite, azúcar, arroz, pasta de sopa, patatas, chocolate, pan, carne y tabaco».

La iglesia del palacio fue decorada con claveles rosas y blancos. La novia vestía un traje de diseño de Balenciaga, y el novio, uniforme de los caballeros del Santo Sepulcro. El Caudillo, con el uniforme de capitán general de las Fuerzas Armadas, actuó de padrino, y la condesa de Argillo, de madrina. Ofició la misa Leopoldo Eijo y Garay, obispo de Madrid-Alcalá, patriarca de las Indias Occidentales, y el sermón lo pronunció el cardenal Pla y Deniel, quien invitó al nuevo matrimonio a tomar como modelo a «la familia de Nazaret» y al «hogar ejemplarmente cristiano del Jefe del Estado». El velo de la novia estaba sujeto a una diadema de brillantes y perlas regalo de sus padres. Doña Carmen vestía de negro y lucía, como las damas que asistieron a la ceremonia, «mantilla clásica española». En el acta matrimonial actuó de notario el ministro de Justicia, el falangista Raimundo Fernández-Cuesta. Fue una auténtica ceremonia de Estado, con guardia de honor, bandas militares, los miembros del Gobierno y cuerpo diplomático, aunque la voz del NO-DO la describió como una «fiesta de familia, de la primera familia española». Un mes más tarde, el 7 de mayo, los recién casados acompañaron a doña Carmen a Roma para asistir a la canonización del religioso Antonio María Claret. El papa Pío XII les concedió una audiencia en su biblioteca privada del Vaticano.

Esa boda provocó cambios importantes en la vida de Franco y doña Carmen. El novio, convertido en marqués de Villaverde, siguió parte del consejo del cardenal Pla y Deniel y se arrimó a ellos para explotar al máximo la unión con el hogar «ejemplarmente cristiano» del Caudillo. El dinero, la felicidad y los títulos nobiliarios llamaron a las puertas del padre y hermanos Martínez-Bordiú. Emergió el clan de los Villaverde, encabezado por el tío y padrino de Cristóbal, José María Sanchiz Sancho, «tío Pepe», casado con Enriqueta Bordiú Bascarán. Junto con el marido de Pura Huétor, Ramón Díez Rivera y Casares, marqués de Huétor de Santillán, jefe de la Casa Civil de Franco desde 1948, el marqués de Villaverde y familia amasaron en poco tiempo una fortuna con varias empresas de negocios, especulación inmobiliaria, intereses bancarios y licencias de importación-exportación. Al hermano de doña Carmen, Felipe Polo, lo nombraron secretario privado del Caudillo. Una red de matrimonios cruzados, un negocio familiar que había comenzado con Zita y Serrano Suñer, siguió con Pura Huétor y después con el clan de los Martínez-Bordiú.

Todo ese enriquecimiento se produjo en los años en que España transitaba desde el estraperlo y el hambre hasta el «desarrollismo», en una era naciente de rapiña y corrupción a lo grande. Como el nuevo matrimonio tuvo siete hijos entre 1951 y 1964, a quienes el Caudillo colmó de afecto y privilegios, la amplia familia Martínez Franco hizo imparables progresos.

Doña Carmen dio un salto en la aristocratización de su estilo de vida, que había comenzado a practicar de paso por diferentes palacios desde septiembre de 1936. Fue ella quien sugirió que el novio uniera sus apellidos para que su hija no fuera la «señora Martínez». Con el clan Villaverde animando, desató su pasión por las antigüedades y las joyas. Su amiga Pura le decía que todos los que tenían dinero y estatus en España se lo debían al Caudillo. No necesitaba recurrir a su esposo o recordar quién era. Los Franco estaban rodeados de militares, ministros, hombres de negocios y funcionarios en busca de favor oficial y todos se esmeraban en complacerla y servirla.

Nenuca se había casado con una «persona ligera en extremo», en palabras del primo y ayudante del Caudillo, el general Francisco Franco-Salgado Araujo, «Pacón»; con «conducta frívola y falta de consideración a sus suegros y a todos», según el padre Bulart. Pocos años después de la boda, la conducta del yerno juerguista y el cambio de hábitos en El Pardo merecía el reproche del general Agustín Muñoz Grandes, aunque lo manifestara en privado a Pacón: «No ha tenido suerte con la boda de su hija. Yo no sé lo que pasa allí, pero antes eran de una absoluta austeridad y esa era una de las mejores cualidades que tenían; hoy eso ha desaparecido de un modo alarmante». A Muñoz Grandes «le parecía mal que la señora del Caudillo llevase tanto lujo de alhajas», algo que se comentaba «desfavorablemente entre el elemento militar». Los Martínez invadieron El Pardo con cuñados, tíos, primos y sobrinos. La mayor gloria se la llevó Cristóbal, quien hasta la muerte de su suegro estuvo presente en más de treinta consejos de administración de diferentes empresas y cobró valiosos salarios de varias plazas médicas de las que era titular.

Franco, desde la victoria en la guerra civil, disfrutaba del prestigio de un libertador mesiánico, cuyas palabras eran órdenes y su voluntad era la ley. La imagen que de él había construido su corte de vasallos, militares, ministros o eclesiásticos, estaba en consonancia con la de un caudillo que todo lo hacía para el mejor servicio a Dios y a la patria, con entrega ejemplar. Buen cristiano, austero, humilde, a quien no le deslumbraban los títulos ni la riqueza: «pagaba personalmente hasta su ropa interior», aclaró su hermana Pilar, quien a la sombra del Caudillo se enriqueció con pingües negocios inmobiliarios. Según su sastre, Emilio Núñez Núñez, aunque «provisto de amplio vestuario, es un hombre sencillo, habituado a usar de las mismas prendas por viejas y deterioradas que estén». No fumaba, tampoco probaba el alcohol, salvo un poco de vino en las comidas, no era mujeriego, Carmen Polo fue la única mujer, y su estilo de vida era frugal. Tenía buen apetito, con el *foie* como plato favorito. Eran frecuentes en sus comidas en El Pardo los entremeses, sopas, cocidos, huevos rellenos, pescado, dulces, helados y la fabada en sus viajes a Asturias. Doña Carmen se encargaba de transmitir a sus cocineros los deseos y caprichos culinarios de Franco, que dejaba por escrito en una Olivetti su escribiente personal, el guardia civil Carlos Palacios Miguel.

El retrato de Franco creado en África servía para el Generalísimo, para el héroe que había sabido mantener a España fuera de la segunda guerra mundial y para el centinela de Occidente, aunque aquel joven y delgado oficial se hubiera convertido en el gobernante maduro con marcado sobrepeso. «La política ha de ser entendida no como poder, sino como servicio, como misión, y ha de ser realizada y servida con entereza, sencillez y humildad», les dijo a los españoles en el mensaje de fin de año de 1958. Sobre sus espaldas pesaban todos los problemas de España. «Nunca se queja de nada, ni en las comidas, ni en ningún otro aspecto —dijo de él su esposa—: Tiene un carácter maravilloso y con él se vive muy agradablemente.»

Era normal que alguien que tenía una misión tan elevada, una figura casi divina, mereciera regalos, prebendas, privilegios, fincas. Todo resultaba natural, obsequios por sus grandes logros, que habían comenzado ya en años de guerra y extrema violencia.

El 5 de diciembre de 1938, el Generalísimo llegó al pazo de Meirás, acompañado de su esposa y los ministros de Gobernación y

Agricultura, Ramón Serrano Suñer y Raimundo Fernández-Cuesta. Unos meses antes, en marzo de ese año, Julio Muñoz Rodríguez de Aguilar, gobernador civil de La Coruña, y Pedro Barrié de la Maza, un rico financiero gallego, habían creado una Junta Pro Pazo para adquirir por medio de una «suscripción popular» la mansión rural que había pertenecido a la escritora Emilia Pardo Bazán. La fórmula de «suscripción popular», que en realidad era «suscripción obligatoria», fue utilizada también por otros jerarcas militares como Queipo de Llano o Varela para amasar propiedades. En la tarde de ese 5 de diciembre, la Junta Pro Pazo, tras una recepción a las primeras autoridades civiles y militares, entregó en el salón azul de las Torres de Meirás dos pergaminos con la «ofrenda donación» «al fundador del nuevo Imperio», quien aceptó «el obsequio gustoso, por venir de una donación de mis queridos paisanos». La mansión y finca quedó inscrita en el registro en 1941 a nombre de Franco. Muñoz Rodríguez de Aguilar fue compensado con el cargo del jefe de la Casa Civil del Generalísimo y administrador del Patrimonio Nacional y a Barrié de la Maza Franco le otorgó en 1955 el título de conde de Fenosa.

La austeridad de Franco no resultaba tan fácil de asumir a medida que con regalos y compras ventajosas se añadieron al pazo de Meirás otras fincas y propiedades. José María de Palacio y Abárzuza le legó en su testamento, acabada la guerra, «aunque no tengo el gusto de conocerlo, por su grandiosa reconquista de España», la finca Canto del Pico, en la sierra de Guadarrama. Sanchiz le facilitó la compra de una gran finca en Valdefuentes, en el término municipal de Arroyomolinos, cerca de Madrid, legalizada en octubre de 1951. El tío Pepe trabajó en ella como administrador y comenzó a intervenir en negocios de construcción, junto con José Banús, representando los intereses de la familia Franco. Doña Carmen se había encaprichado con el palacete Cornide de La Coruña y, el 3 de agosto de 1962, Barrié de la Maza, presidente desde 1939 del Banco Pastor, se lo transmitió en propiedad tras adquirirlo en subasta el día anterior José Luis Amor Fernández, subjefe provincial del Movimiento. La casa natal de Franco en El Ferrol, que heredó tras la muerte de su padre en 1942, fue reformada y ampliada años después a voluntad de doña Carmen, quien adquirió muebles, antigüedades, porcelanas de Sargadelos, joyas y pinturas, pagados con fondos municipales. Un discreto caserón se convirtió en un suntuoso palacete.

Un año después de acabada la guerra civil, Franco tenía a su disposición en varias cuentas una fortuna de 34 millones de pesetas. Diez millones procedían de suscripciones y donativos. Siete millones y medio los obtuvo de la venta de ochocientas toneladas de café que le envió el dictador brasileño Getúlio Vargas en septiembre de 1939 a través del Departamento Nacional del Café de su país. Franco lo pasó a la Comisaría de Abastecimientos y Transportes (CAT), dependiente del Ministerio de Industria y Comercio que entonces regía el coronel Luis Alarcón de la Lastra, al precio de tasa fijado por ella, con la orden de que el importe correspondiente, según le escribió a su fiel primo Pacón, se ingresara en una cuenta titulada «Donativos procedentes del Brasil» «con el fin de dedicarlo a obras de carácter social y benéfico». La operación dejó pocas huellas en un momento en que el racionamiento generaba prácticas de corrupción persistentes entre los funcionarios de abastos de las diferentes juntas provinciales, militares y falangistas que disfrutaban de ingentes beneficios. En el papeleo que generó esas cuentas, Francisco Franco Salgado-Araujo apareció como dador de instrucciones y receptor de la documentación bancaria. Y Franco utilizó fondos de esas cuentas para fines particulares.

El Generalísimo percibió en esos años de posguerra un sueldo de setenta mil pesetas anuales, que con los quinquenios, complemento de destino y las cruces (Laureada, Medalla Militar y Cruz de San Hermenegildo) casi doblaba (133.406 pesetas). Pero la parte más importante de la fortuna del Caudillo procedió en esos años de «donativos» de ricos, gente de orden agradecida por haber salvado a España, y suscripciones nacionales.

Franco y su amplia familia en ascenso a partir de 1950 usaron el patrimonio nacional como propiedad privada. Eso incluía palacios, jardines y edificios históricos, lugares exclusivos antes reservados a la familia real. Los jerarcas militares, altos mandatarios, políticos y las clases subalternas o de servicio que trabajaban en la dirección del Caudillo se aprovechaban de su posición, sin necesidad de que el jefe supremo tuviera conocimiento. Franco, como Hitler y otros dictadores, sabía que la corrupción a escala masiva garantizaba la lealtad y fidelidad personal. Los oficiales del ejército, los ministros y altos dirigentes del Movimiento serían fieles mientras los asuntos del bolsillo, los favores, las prebendas y privilegios dieran buenos frutos. La corrupción, como en la Alemania de Hitler, proliferaba en todos los ámbitos del régimen.

La caza era la afición favorita de Franco, una actividad prioritaria en su vida que le divertía, según confesión de doña Carmen, «como un burro en un prado verde». En España, como en otros países, la caza formaba parte de una tradición secular vinculada a la monarquía. Los Austrias y los Borbones habían sido expertos cazadores. Alfonso XIII destacó en la caza en ojeo de la perdiz y en la caza mayor, siempre acompañado de selectos invitados, y transmitió esa afición a sus hijos, incluido don Juan, quienes tenían en el Monte de El Pardo su privilegiado paraíso cinegético.

La práctica de la caza constituyó también un importante vínculo internacional entre la aristocracia de las naciones europeas a finales del siglo XIX y comienzos del XX. Muchos hombres de Estado, monarcas, políticos y embajadores se reunían en cacerías donde se hablaba de política, matrimonios y negocios. En esas casas de campo se tomaban en ocasiones decisiones más importantes que en la corte. Hay decenas de fotografías de la aristocracia, más hombres que mujeres, posando con las presas tras practicar su deporte favorito. Podían ser perdices, pero también rinocerontes, leones y elefantes en las colonias de África o Asia. A Hitler, sin embargo, la caza le parecía «un triste deporte», una lucha demasiado desigual entre el cazador y el animal.

La vieja aristocracia terrateniente y la nueva oligarquía política y financiera rivalizaron por asistir a partidas de caza con Franco. El alma del grupo de la aristocracia era Eduardo de Figueroa y Alonso-Martínez, conde de Yebes, hijo del conde de Romanones, acompañado de asiduos tiradores como el conde de Teba, los duques de Medinaceli y el conde de Caralt. El duque de Arión, Joaquín Fernández de Córdoba y Osma, presumía del récord de caza mayor, logrado en 1950 con 1.300 piezas abatidas. Durante los primeros años de posguerra, esa minoría de privilegiados encontraron en las cacerías la forma de reafirmar su identidad de casta. El Generalísimo y doña Carmen, acompañados de Nenuca, se sentían a gusto entre terratenientes y burgueses ennoblecidos. Pero a partir de 1950, con la entrada en escena de los Martínez-Bordiú, apareció, junto a los tradicionales aficionados aristócratas, una nueva corte de parientes, ministros y traficantes de influencias que se adueñaron de los cotos y reservas nacionales de caza. Un equipo de cocineros, de «servicios especiales», acompañaba al Caudillo en sus escapadas fuera del palacio de El Pardo.

El primo e íntimo colaborador de Franco, Pacón, anotaba el 23 de octubre de 1954 que las cacerías se aprovechaban «para hacer amistades, piden favores, exenciones de tributos, permisos de importación». Acudían a ellas ministros «con sus subsecretarios, autoridades regionales, personajes que van a pedir favores». Pedían y Franco, como todos eran franquistas, dejaba hacer. «Hoy los ministros se pasan la vida viajando, acompañados de sus mujeres, séquito y servicio; con ellos un sinfín de coches oficiales [...] No reina la austeridad en la vida oficial, pues los de arriba no dan ejemplo como debería ser.»

La mayoría de esos nuevos participantes no iban a divertirse. Como Franco, tan distante y poco accesible, se hacía presente en las cacerías, aparecer entre los invitados era un lujo. Algunas de esas fincas y cotos privados en los que se fraguaban espléndidos negocios adquirieron fama como auténticas «lonjas de contratación», un atajo para concesiones y comercio. Franco acudía de forma asidua a El Alamín, de Alejandro Güell, marqués de Comillas, y a El Castañar, de José Finat y Escrivá de Romaní, conde de Mayalde, quien había sido director general de Seguridad en los años de la represión más sangrienta de posguerra, embajador en la Alemania nazi, protector del fascista belga Degrelle en España, y era en esos años de caza, favores y rapiña, alcalde de Madrid. El conde de Argillo, consuegro de Franco, se hizo rico, acumuló poder y se convirtió en un asiduo cazador, con finca propia, llamada Arroyo Vil, en la provincia de Jaén, a la que invitaba una vez al año a su pariente político. El Caudillo, «como correspondencia cordial a invitaciones recibidas durante el calendario cinegético», según anunciaba la nota de prensa, organizaba anualmente una cacería en El Pardo, a la que acudían Max Borrell —quien había introducido a Franco en las artes de pesca desde los años cuarenta—, Sanchiz, aristócratas, ministros, las respectivas esposas y la familia Martínez-Bordiú. En la de febrero de 1959 se cobraron 59 piezas: 4 jabalíes y 55 gamos.

En aquellos escenarios campestres las señoras vestían la última moda en trajes de cacería y doña Carmen lucía sus collares de perlas ante las aduladoras. Eran mujeres en un espacio de hombres, más allá de la vida en sociedad de bodas, bautizos y fiestas. En diciembre de 1961, el marqués de Villaverde, que iba de montería en montería, se llevó por primera vez a una de ellas a sus hijas Carmencita y Mariola, de diez y nueve años. El 2 de marzo de 1964, en una cacería en los montes de El Pardo «al estilo español», Franco y su esposa invitaron a un selecto grupo de amistades, con algunos ministros del Gobierno, y asistieron también las nietas y los marqueses de Villaverde. Los españoles pudieron ver en el NO-DO cómo el Generalísimo llegaba a su puesto de tiro y preparaba «personalmente los rifles con minucioso cuidado». Al final «su Excelencia» examinó las reses cobradas y la nieta mayor, María del Carmen, mostró a su abuela la pieza que ella misma cazó. A medida que en los sesenta el desarrollo económico y el turismo alimentaron nuevas fortunas, las cacerías se convirtieron en fiestas de toreros, desde Luis Miguel Dominguín hasta El Cordobés, artistas y nuevos retoños de la aristocracia y de la realeza. Tiempos de pasarlo bien, de comidas, bebidas, tientas y juergas flamencas con becerros.

La pasión de Franco por la cacería tenía pocos límites. En temporada, los sábados, domingos y lunes estaba de caza. Algunos días disparaba miles de cartuchos y mataba cientos de perdices, una obsesión por batir marcas y abatir cada vez más animales. El 18 de octubre de 1959, Franco, su familia, incluida su esposa, algunos ministros y un grupo selecto de aristócratas abatieron en Santa Cruz de Mudela (Ciudad Real) 4.608 perdices, en una cacería organizada por el gobernador civil, José Utrera Molina, quien encargó al fotógrafo Eduardo Matos que dejara recuerdo gráfico de la escabechina. En la foto de familia se les ve felices, doña Carmen con bolso, su hija con traje de chaqueta y sombrero, dos mujeres más y el resto, menos de treinta personas, jerarcas ufanos de estar con su Caudillo. Las perdices aparecían sobre la tierra, perfectamente alineadas, como cadáveres en el campo de batalla. La caza era para Franco, según José Luis Saénz de Heredia, «pólvora descafeinada para quien la tomó mucho tiempo pura».

Pocos asuntos de Estado le apartaban de sus largas temporadas de cacerías. Desde los triunfos diplomáticos con Estados Unidos y el Vaticano de 1953, cada vez dedicaba más espacio al ocio y a sus ocupaciones lúdicas preferidas. Jugaba al mus y al dominó con sus amigos ferrolanos y compañeros de armas Camilo Alonso Vega y Pedro Nieto Antúnez, al golf en el club La Zapateira de La Coruña con Joaquín Guimaraes y desde que dispuso del *Azor* en 1949, fabricado en los astilleros Bazán de El Ferrol, dedicaba largas temporadas a la pesca con Max Borrell, quien se convirtió en instructor y asiduo acompañante en las capturas pesqueras, uno de los pocos amigos íntimos del Caudillo. El *Azor*, sustituto del más pequeño *Azorín*, en el que Franco se había entrevistado con don Juan en agosto de 1948, fue botado bajo el madrinazgo de su hija Nenuca y lo bendijo el capellán Bulart. Tenía originalmente más de cuarenta metros de eslora, con dos cañones arponeros, paredes de madera de fresco y raíces de sicomoro egipcio, y fue su barco de recreo durante más de dos décadas, «ese remanso de tranquilidad frente a las horas tensas que consume la gobernación del país». Disponía también de un espacio habilitado para la exhibición cinematográfica.

En El Pardo, los martes recibía audiencias militares; los miércoles, audiencias civiles; los jueves despachaba con Carrero Blanco o sus secretarios particulares, y recibía a representantes diplomáticos; y los viernes presidía el consejo de ministros. Sus aduladores decían que era un gran aficionado a la lectura, pero nunca lo demostró, y en El Pardo no había una biblioteca de entidad, solo dos despachos con carpetas y papeles. Tampoco escribió mucho: una novela breve, que se convirtió en el guion de *Raza*, un breve diario militar de la guerra en Marruecos, algunos artículos en la *Revista de Tropas Coloniales*, los artículos sobre masonería con el seudónimo de Jakim Boor, y todos sus discursos, arengas, propaganda, que redactaba a partir de textos que pedía a sus colaboradores o que ellos le enviaban «espontáneamente», más de setecientos durante todo su mandato. Juan Pujol, Millán-Astray y Carrero Blanco colaboraron en diferentes momentos en la construcción de las ideas y expresiones de su pensamiento, divulgadas en alocuciones, proclamas, mensajes propagandísticos breves y declaraciones a la prensa.

Sin formación en la comunicación política ni en experiencia parlamentaria, algo en lo que destacaban Hitler o Mussolini, su oratoria era simple, monótona y aburrida. No dejó nada que revelase pensamientos íntimos, sentimientos familiares, afectos, correspondencia privada, comentarios sobre reuniones o comidas con personajes relevantes o sobre las decisiones que tomaba. Cuando se enteró de la muerte de su padre, de ochenta y seis años, el 24 de febrero de 1942, ordenó a un pelotón de la Guardia Civil que fuera a buscar el cadáver a la calle Fuencarral, donde Nicolás Franco Salgado-Araujo había convivido treinta y cinco años con Agustina Aldana. No se había preocupado de su padre moribundo y no autorizó a su amante asistir al funeral. Tampoco él lo hizo. La vida de su padre no se correspondió con Pedro Churruca, el heroico capitán de navío de *Raza* muerto en Cuba en la batalla contra la flota norteamericana.

Entre sus distracciones no estaba ni la música ni el teatro, ni tenía ambiciones artísticas o intelectuales, aunque solía pintar algunos días después del café paisajes, retratos y copias de obras de artistas que le gustaban. Era, sin embargo, un gran aficionado al cine, como lo fueron los grandes dictadores europeos de su época.

Benito Mussolini hizo instalar una sala de cine en su residencia privada de Villa Torlonia y en las veladas de ocio vio muchas de las películas italianas y extranjeras exhibidas en los locales públicos. Entre sus preferidas se encontraban las comedias estadounidenses de Charlie Chaplin y Laurel y Hardy (El Gordo y el Flaco). Ejerció de censor, porque cuando había alguna película controvertida los responsables de la programación se la pasaban primero a él y veía títulos prohibidos en aquel tiempo para sus súbditos, como el pacifista *Sin novedad en el frente* o el revolucionario *El acorazado Potemkin.* Mussolini apoyó expresamente la producción de 1937 *Escipión, el africano*, de Carmine Gallone, una espectacular recreación de la segunda guerra púnica, glorioso episodio de la antigua Roma, precedente mítico de la misión imperialista en la guerra de Etiopía y en la que el protagonista sería el trasunto del propio *Duce*.

La relación de Hitler con el cine comenzó en los años veinte en Múnich, aunque su interés creció una década después por la influencia de su ministro para la Ilustración Pública y Propaganda, Joseph Goebbels. El *Führer* veía películas casi todas las noches en pases privados en la Cancillería o en su residencia de montaña en Obersalzberg y sus preferidas eran los dramas británicos de carácter colonial y las producciones bélicas norteamericanas, obras ligeras y entretenidas antes que documentales serios. Supervisó la edición de las películas de propaganda y durante la segunda guerra mundial los noticiarios, en los que él era el principal protagonista, sustituyeron a la ficción.

Stalin invitaba a sus huéspedes a ver una película en una sala de proyecciones lujosamente construida en el viejo jardín de invierno del Kremlin. En los últimos años de su vida el cine fue un rito, seguido de una larga cena, en el que participaban como subordinados su Vieja Guardia inseparable, los presidentes de los países europeos que dominaba y acudían a Moscú a rendir honores y recibir órdenes, y los jóvenes que trepaban la escalera del poder. Stalin poseía una filmoteca de películas estadounidenses, británicas y alemanas que había pertenecido a Goebbels y sus favoritas eras las de detectives, del Oeste o de peleas. Su ministro de Cinematografía, Iván Bolshakov, era el encargado de elegir los títulos según el humor del jefe.

Para Franco ver cine se convirtió también en un rito frecuente. Las proyecciones tenían lugar en lo que había sido el teatro de Carlos IV del palacio de El Pardo; habitualmente a las cinco de la tarde de los miércoles, domingos y algún festivo, se entregaban unos programas de mano y asistían unos pocos invitados, colaboradores cercanos como Luis Carrero Blanco, Pedro Nieto Antúnez y Camilo Alonso Vega y sus esposas, con sesiones a veces de películas infantiles o de dibujos animados para los nietos. La Señora invitaba a amigas cercanas como doña Pura, marquesa de Huétor de Santillán. Juan Cobos Arévalo, mayordomo de El Pardo, perfumaba con ambientador la sala. Juan Palacio Aldea, antiguo jefe de los archivos del NO-DO y primer proyeccionista en las sesiones en El Pardo, no cobraba un sobresueldo por ese trabajo. En el descanso había merienda con dulces y refrescos en la salita de tapices.

El Caudillo vio entre 1946 y 1975 casi dos mil películas, dos largometrajes por semana, seleccionadas frecuentemente por doña Carmen, y sus preferidas eran las comedias, dramas, policiacas y musicales. A menudo veía los estrenos antes que el público en las salas, sin censura, y también algunos títulos prohibidos, como *Viridiana*, de Luis Buñuel, que no pudo exhibirse en España hasta abril de 1977 y se proyectó en pase privado para el Caudillo en julio de 1961. Unos años antes, en 1943, la embajada de Estados

Unidos le facilitó una copia de *Lo que el viento se llevó*, prohibida entonces en las salas españolas. Sus actores favoritos, hombres, fueron Gregory Peck, James Stewart y John Wayne. Franco vio ocho películas de Grace Kelly y el 12 de mayo de 1956 la recibió en El Pardo junto a su marido, el príncipe Rainiero de Mónaco, con quien se había casado el mes anterior. En la recepción, que acabó con un almuerzo ofrecido por doña Carmen y el Generalísimo, estuvieron los ministros del Gobierno y sus esposas.

Casi la mitad de las películas que pasaron por esa pantalla de El Pardo procedían de Estados Unidos, obras de Henry Hathaway, Michael Curtiz, John Ford, Alfred Hitchcock y Billy Wilder. Del cine español estuvieron bien representados Rafael Gil, amigo personal de doña Carmen, Pedro Lazaga y José Luis Sáenz de Heredia, director de *Raza* y del documental *Franco, ese hombre*, de 1964. La última película que se proyectó, el 26 de octubre de 1975, fue *El veredicto*, protagonizada por Sophia Loren, y asistieron solo las tres Cármenes, abuela, hija y nieta.

Todas esas sesiones privadas comenzaban con las últimas ediciones del NO-DO, donde Franco era el actor indiscutible. Como carecía de atractivo para las cámaras, de pequeña estatura, con barriga, papada y calva prematura, timbre de voz agudo, atiplado, sin cambios de ritmo en sus discursos monótonos, lo que se destacaba de él eran sus valores morales, como salvador de la patria y protector de todos los españoles. El NO-DO fue creado por una Disposición de la Vicesecretaría de Educación Popular de 17 de diciembre de 1942, que le otorgaba el monopolio de la producción y exhibición de noticiarios en las salas de cine, con programación obligatoria hasta el 22 de agosto de 1975, aunque la edición de noticiarios duraría hasta 1981. Se estrenó oficialmente en las pantallas el 4 de enero de 1943, tenía una duración de diez minutos y la información con más presencia a lo largo de sus 4.016 ediciones, casi setecientas horas de programación, fue la institucional, la de actividades oficiales del Caudillo, de los ministros, del Movimiento y de la organización sindical.

El NO-DO mostraba las diferentes facetas de la imagen pública de Franco, adaptadas a las circunstancias políticas de cada momento. Podía aparecer como estadista internacional, caudillo militar, conductor del pueblo, deportista y abuelo venerable. Entre 1943 y 1975, los españoles pudieron verle en 375 ocasiones en actos propagandísticos, viajes por las diferentes provincias, recepciones oficiales o concesiones de condecoraciones y premios; en 215 como jefe de Estado; y en 154 inaugurando pantanos, viviendas, fábricas o proyectos agropecuarios, porque, como recordaba Franco en esas inauguraciones, «el Movimiento Nacional se ha propuesto redimir a los hombres y a las tierras de España, llevar la alegría y el sol a los hogares y el bienestar al campo». Vestía, según la ocasión, de uniforme militar, de falangista o civil. Recibía espadas de la victoria, títulos de alcalde honorario, medallas de oro de la ciudad. Y en ese recorrido le saludaban cientos de cargos políticos, militares y eclesiásticos que formaban el entramado de poder y la amplia corte de jerarcas de su régimen. Los camisas viejas y los militantes más notables de Falange dominaron la gestión local y provincial. Eran ellos, franquistas cien por cien, quienes estaban pendientes de todo, amos y señores de las vidas de los ciudadanos, llevaban los asuntos cotidianos, trabajaban en la dirección marcada por el Caudillo.

Las provincias más visitadas fueron La Coruña y Guipúzcoa, donde pasaba en las residencias de Meirás y Ayete largas temporadas de vacaciones veraniegas con su familia. Pero también Barcelona, territorio de la revolución social y del catalanismo hostil durante la guerra, centro del desarrollo industrial y de los primeros conflictos desde los años cincuenta. Franco paseó su grandeza por Cataluña en fechas señaladas. En el tercer aniversario del 26 de enero, «día de la liberación de Barcelona», se exaltó al «Caudillo liberador», «salvador de España», quien acompañado de su esposa realizó una «entrada triunfal», recibido por los ministros José Varela y José Luis Arrese, con una campaña política «para demostrar el logro de la unidad, la grandeza y la libertad de España». El 12 de octubre de 1955, Franco presidió en Barcelona una sesión académica del Instituto de Cultura Hispánica en la que, en homenaje a la mujer hispanoamericana y a la reina Isabel la Católica, se entregó a Carmen Polo la Medalla Distintiva de la Hispanidad. La celebración del desfile del XXI Aniversario de la Victoria se trasladó en 1960 a Barcelona y Cataluña, donde Franco hizo una larga visita de tres semanas en la que recogió, según se destacaba en la prensa, el homenaje y la adhesión del pueblo.

La frecuencia de sus apariciones en NO-DO fue mayor hasta finales de los años cincuenta, cuando necesitaba reafirmar la base popular de su poder y desde entonces los noticiarios se interesaron más por su vida familiar y el tiempo de ocio. Desde los años sesenta, con la llegada de Manuel Fraga al Ministerio de Información y Turismo, la televisión relevó al NO-DO como principal transmisor de propaganda.

Antes de que eso llegara, el NO-DO difundió en los años de autarquía una imagen heroica y feliz de un país en realidad desolado. Entre la boda de Carmen Franco Polo en abril de 1950 y la visita fugaz de Dwight D. Eisenhower en diciembre de 1959, la España de Franco comenzó a salir del largo túnel del atraso económico, el mercado negro y las cartillas de racionamiento. Acabada la guerra civil, la recuperación económica tardó entre trece y quince años. Los países de Europa occidental, que sufrieron destrucción y desastres gigantescos en la segunda guerra mundial, habían necesitado solo un lustro. Las nuevas democracias adoptaron políticas de desregulación de precios y de apertura al exterior para integrarse en los organismos financieros y comerciales internacionales. En España sucedió la contrario. En los primeros años, el aislamiento exterior estuvo unido al bloqueo internacional. Desde comienzos de los años cincuenta, fue una consecuencia de la orientación ultranacionalista y autárquica del modelo de reconstrucción. Franco vendió la autarquía como símbolo de patriotismo y de orgullo nacional.

Capítulo 25

TRABAJAR EN LA DIRECCIÓN DEL CAUDILLO

España era un país privilegiado que no necesitaba importar nada. En los duros años de posguerra, de hambre, racionamiento, escasez de productos básicos, ínfimos salarios y cortes en el suministro de energía, las opiniones económicas del Generalísimo mostraban una notable fe en aplicar soluciones milagrosas a problemas complejos. Tenía «la cultura económica de un bizarro capitán de Estado Mayor, recién salido de la Escuela de Guerra [...] con algunas referencias o influencias de las economías totalitarias», dijo José Larraz, ministro de Hacienda desde agosto de 1939 hasta mayo de 1941. La propaganda salía más barata que abordar las dificultades económicas. Pronunciaba discursos plagados de promesas, de presagios de porvenir próspero: «Tengo la satisfacción de anunciaros que España posee en sus yacimientos oro en cantidades enormes [...] y pizarras bituminosas y lignitos en cantidad fabulosa para la destilación, que puede asegurar nuestro consumo», proclamó en su discurso de Nochevieja de 1939.

Las fuentes de inspiración de las decisiones económicas de los años cuarenta fueron los proyectos autárquico-militares de la Alemania nazi y de la Italia fascista. Hubo un déficit de inversión pública, los gastos presupuestados para reconstrucción se destinaron a pagar atrasos bélicos y adquirir material militar. Franco eligió las armas antes que alimentar a la población, siguiendo la distinción propuesta en 1935 por Hermann Göring, ya entonces comandante supremo de las fuerzas aéreas alemanas y responsable del rearme: «El mineral ha hecho siempre fuerte a un Estado, la mantequilla, a lo sumo, hace gorda a la gente».

Sin dinero para adquirir los alimentos básicos, con las cartillas de racionamiento que hacían una distinción de género, edad y clase social, el intervencionismo aumentó la especulación. Los hábitos cuarteleros aplicados en ese período de autarquía pusieron en marcha un sistema de intervención en la economía, con la creación de diversos organismos que se encargarían de asegurar la producción agraria (Servicio Nacional del Trigo), convertir a España en una tierra de regadío (Instituto Nacional de Colonización), organizar el transporte y suministro de alimentos (Comisaría General de Abastecimiento y Transporte) y promover la industrialización (Instituto Nacional de Industria). Este último, el INI, impulsado por el ingeniero naval Juan Antonio Suanzes, se constituyó desde septiembre de 1941 como un grupo de empresas de propiedad pública, similar al desarrollado por el fascismo italiano con el Istituto per la Ricostruzione Industriale (IRI). Suanzes, hijo del director del Colegio de Marina de El Ferrol, amigo de Franco desde la infancia, fue un hombre enormemente influyente en la política industrial, o más bien de depresión industrial, de la autarquía, presidente del INI durante más de veinte años, además de ministro de Industria y Comercio desde 1945 hasta 1951.

Desde esa poderosa situación, restringió la autorización de proyectos privados. El 33 % de la inversión de los primeros proyectos del INI se destinó a la empresa Calvo Sotelo, creada en noviembre de 1942 para obtener combustible líquido a través del tratamiento de lignitos y pizarras bituminosas. El objetivo básico del INI fue promover la autarquía, y desde su gestación Suanzes quiso subordinar la empresa privada al «interés nacional», con claras interferencias de militares y jerarcas fieles a Franco en la asignación de materias primas y divisas a empresas y empresarios bien conectados. Compañías que, amparadas por el marco proteccionista, contaron con privilegios especiales, sin necesidad de preocuparse por los costes ni la competitividad.

El desastroso rumbo de la política autárquica tuvo un punto de inflexión en 1951 con un nuevo Gobierno y la ayuda de Estados Unidos. El 18 de julio, Franco hizo el primer cambio de Gobierno en seis años. Ese día, los ministros asistieron a la recepción de la fiesta nacional en el palacio real de La Granja y de regreso a sus casas algunos de ellos se encontraron con la carta de agradecimiento por los servicios prestados, un procedimiento habitual en el Caudillo, quien no solía comunicar en persona a sus ministros la destitución. La subsecretaría de la Presidencia, ocupada por Carrero Blanco, fue elevada al rango de ministerio para, tal y como le explicó Franco, «evitar tener que repetirle el desarrollo del Consejo con posterioridad a su celebración». Tres meses antes, Carrero había enviado un informe a Franco tras la huelga general de Barcelona del 12 de marzo en el que indicaba que la imagen del Gobierno estaba dañada por el descontrol del orden público, que permitía huelgas y manifestaciones en las calles, y que era necesario «proceder a varias rectificaciones».

Gabriel Arias-Salgado fue el encargado de dirigir el nuevo Ministerio de Información y Turismo. Ultraclerical e integrista, había sido admirador del Tercer Reich, primer director de la Vicesecretaría de Educación Popular, una especie de Ministerio de Propaganda creado en noviembre de 1941, y se rodeó de un grupo de reaccionarios y falangistas en la Dirección General de Prensa (ocupada por el viejo jonsista Juan Aparicio), en la Dirección General de Información (Florentino Pérez Embid) y en la Dirección General de Cinematografía y Teatro (José María García Escudero). El grupo se mantuvo unido, controlando e imponiendo una rígida censura a la información, hasta 1962, cuando Arias-Salgado fue sustituido por el falangista Manuel Fraga Iribarne. Así lo percibió Benjamin Welles, corresponsal de *The New York Times*:

> En mis seis años en España (1956-1962) no puedo recordar ni una palabra crítica hacia el Gobierno (presidido por Franco); las Fuerzas Armadas (comandadas por Franco); la Iglesia (amparada por Fran-

co): los sindicatos falangistas (encabezados por Franco); o las políticas de la nación (dictadas por Franco).

Presionado por Estados Unidos para que abriera la economía, Franco quitó de ministro de Industria y Comercio a Suanzes y le dio el Ministerio de Comercio al economista Manuel Arburúa, que liberalizó la economía, aunque acumuló al mismo tiempo una fortuna con la concesión de permisos de importación a amigos y contactos influyentes sin la documentación legal necesaria. Para el Ministerio de Industria, separado desde entonces de Comercio, nombró al general de artillería Joaquín Planell, exagregado militar en Washington y vicepresidente del INI hasta ese momento.

En ese Gobierno entró como ministro de Educación Joaquín Ruiz-Giménez, vinculado a la Asociación Católica Nacional de Propagandistas (ACNP). Tenía un proyecto de apertura, distanciado de los católicos más integristas, que habían estado bien representados en ese ministerio hasta entonces con Ibáñez Martín, y del falangismo más conservador, que había generado importantes tensiones con un sector de la jerarquía eclesiástica, encabezada por el cardenal Segura, que rechazaba cualquier iniciativa estatal para regular la enseñanza. Fue, no obstante, en la mediocre universidad española donde los planes de reforma de Ruiz-Giménez encontraron más obstáculos. Allí tropezó con el rechazo de la Vieja Guardia franquista del 18 de julio y de sectores integristas del Opus Dei que controlaban el Consejo Superior de Investigaciones Científicas (CSIC), creado en noviembre de 1939.

Las iniciativas aperturistas de Ruiz-Giménez crearon asimismo tensiones entre dirigentes del SEU vinculados al Movimiento y pequeños grupos disidentes antifranquistas. El principal escenario fue la Universidad de Madrid. Al amparo de Pedro Laín Entralgo, el rector nombrado por Ruiz-Giménez, algunos estudiantes de izquierda y falangistas radicales pidieron en enero de 1956 la celebración de un Congreso de Escritores Jóvenes, en el que, como recordó años más tarde Dionisio Ridruejo, «los jóvenes universitarios intercambiaran sus ideas con alguna comodidad, dando ocasión a un diálogo que les esclareciera mejor que a un silencio que les envenenara». Este congreso, apoyado por el propio Ridruejo y por Laín, fue prohibido por el ministro de Gobernación, Blas Pérez, y los estudiantes, entre los que se encontraban Enrique Múgica, Ramón Tamames y Javier Pradera, redactaron un manifiesto, que recogió tres mil firmas, en el que se pedía un sindicato más representativo. Hubo enfrentamientos en la Facultad de Derecho de San Bernardo, con falangistas golpeando a estudiantes, y el 9 de febrero un grupo armado de la Guardia de Franco, que regresaba de la conmemoración del Día del Estudiante Caído, en memoria de Matías Montero, un falangista muerto en unos disturbios en 1934, se enzarzó en una pelea con estudiantes antifranquistas. Uno de los falangistas cayó herido, posiblemente por el disparo accidental de una de las pistolas que llevaban sus compañeros.

La prensa falangista culpó de los incidentes a agitadores comunistas. En el consejo de ministros que se celebró al día siguiente, Franco suspendió por tres meses cinco artículos de aquella seudoconstitución llamada Fuero de los Españoles, cerró la Universidad de Madrid y cesó a Pedro Laín. Como prueba de que muy pocos asuntos eran para él más importantes que la caza, se marchó después a una cacería en compañía de varios ministros, entre los que se encontraban Muñoz Grandes y Arburúa, aristócratas, empresarios y altos cargos de la administración y del ejército.

Cuando regresó, el 14 de febrero, Franco echó a Ruiz-Giménez y al secretario general del Movimiento, Raimundo Fernández-Cuesta. Al primero, porque había permitido que brotaran gérmenes de disidencia izquierdista en las universidades; al segundo, que en los momentos de los disturbios estaba en Brasil y en la República Dominicana de viaje oficial, por no haber sabido mantener la unidad del Movimiento, algo de lo que le advirtió el leal Girón, ministro de Trabajo. Un camisa vieja de Falange, Jesús Rubio García-Mina, sustituyó a Ruiz-Giménez. Y para restaurar la disciplina en el Movimiento, Franco llamó a José Luis Arrese, un antiguo hedillista que desde los sucesos de abril de 1937 en Salamanca había comenzado a arrimarse al Caudillo para acceder a los privilegios del poder. Franco necesitaba a la Falange, para contrarrestar las presiones que tenía a favor de una restauración de la monarquía, y siempre dejaba que los ministros con problemas se acusaran entre ellos. Y los dirigentes y militantes de Falange, dejados ya atrás los sueños del Estado fascista y la revolución, ofrecieron siempre el apoyo incondicional al Caudillo, que les proporcionaba empleos, influencias y sinecuras.

Esos cambios en el Gobierno, imprevistos y de emergencia, trataban de echar marcha atrás, recuperar esencias, pero no pudieron ocultar la aparición de una nueva oposición, todavía no organizada, alejada del exilio republicano, que incorporaba a intelectuales falangistas, que marcaban ya distancias con la dictadura, y a jóvenes estudiantes de izquierda, hijos de familias acomodadas de los vencedores. Todo era aún muy incipiente, el germen de un activismo cultural que se convertiría en resistencia política en la década siguiente.

España había sido oficialmente admitida en la ONU en diciembre de 1955 y pocos meses después Franco se vio obligado a aceptar la descolonización de los territorios africanos en los que había luchado en su juventud. El 2 de marzo de 1956, Francia anunció la independencia de Marruecos, del régimen de protectorado instaurado por el Tratado de Fez (1912), y España hizo lo mismo el 7 de abril cuando se firmó en Madrid el acuerdo de transferencia de poderes, la Declaración Conjunta Hispano-Marroquí. En el acto de la firma no estuvieron presentes ni Franco ni Mohamed V. En 1957 y 1958, España mantuvo en Ifni la última guerra colonial, ocultada a la población. Ifni pasó a ser territorio de Marruecos en junio de 1969 y Guinea declaró la independencia en octubre del año anterior. La pérdida de Marruecos fue un duro revés para muchos militares españoles que habían hecho allí su carrera. La Guardia Mora, una unidad de tropas cuya misión era prestar protección y honores a Franco, fue disuelta. Franco y su ejército tuvieron que adaptarse a los cambios en el escenario internacional, lejos ya del sueño imperial de los años del fascismo. Atrás quedaban también las heroicas batallas en suelo africano para vengar las humillaciones de 1898.

España tenía un imperio muy pequeño, asumió la dependencia económica y militar de Estados Unidos y le costó mucho menos que a los grandes países coloniales el declive territorial y geopolítico. Desde 1945 hasta comienzos de los años sesenta, los principales estados europeos occidentales estuvieron implicados en una guerra contra rebeliones nacionalistas en sus colonias. Y uno tras otro perdieron esos combates y sus imperios. En Portugal, la persistencia del Imperio complicó los años del desarrollo de Salazar y obligó a mantener entre 1961 y 1974 costosas guerras coloniales, acompañadas de desastres militares frente a levantamientos independentistas, en Angola, Guinea-Bisáu y Mozambique. En ese largo período, el salazarismo dependió de un fuerte impulso movilizador y propagandista nacionalista, que forjó a decenas de miles de hombres en la cultura de la guerra y gastó una parte sustancial de los recursos del Estado.

Sin ese trauma de la descolonización, el paisaje económico había comenzado a cambiar en España con el fin del aislamiento internacional y la financiación estadounidense, pero en la segunda mitad del decenio las reservas cayeron en picado. Los vestigios autárquicos pesaban todavía mucho, el encarecimiento de productos se había disparado. Las elevadas tasas de inflación y la crisis de reservas, con una inquietante falta de divisas para abordar el pago de las importaciones, resumían los dos grandes desequilibrios de la economía española. Franco, acostumbrado a no tomar decisiones importantes en el complejo mundo de la economía, tuvo que escuchar las advertencias que le llegaban sobre el peligro de continuar por el mismo camino, por lo que tuvo que permitir una moderada liberalización de la economía. El embajador de Estados Unidos, John David Lodge, creía que la crisis económica podía afectar a la estabilidad política. El 25 de febrero de 1957, Franco, en estrecha colaboración con Carrero Blanco, que sabía tan poco de economía como su admirado jefe, abordó un profundo cambio ministerial orientado por Laureano López Rodó, exfalangista y miembro del Opus Dei, a quien Carrero había nombrado poco antes titular de una nueva Secretaría General Técnica. El almirante no era miembro del Opus Dei, pero se había acercado mucho a la congregación, por medio de López Rodó, desde que descubrió la infidelidad de su esposa, Carmen Pichot.

López Rodó, nacido en noviembre de 1920, procedía de una familia de empresarios catalanes, se unió a Falange Española tras la sublevación militar y se identificó tras la guerra con los elementos centrales de la ideología de los vencedores contra el liberalismo y la democracia. Franco, según el joven López Rodó que hacía el servicio militar en el Madrid de la posguerra, había propiciado el renacimiento de España y del catolicismo. Se distanció de Falange, entró en el Opus Dei en 1941 y obtuvo su cátedra en Derecho Administrativo en la Universidad de Santiago de Compostela en julio de 1945, cuando solo tenía veinticuatro años, aprovechando, como hicieron muchos de aquellos nuevos miembros del Opus Dei, las plazas vacantes que había dejado la depuración de sus puestos académicos de los enemigos del nuevo Estado. Su labor académica adquirió una notable dimensión internacional, que consolidó con estancias de investigación y contactos con colegas extranjeros. Quien se presentó a sí mismo como artífice de la nueva política desarrollista de Franco se había inspirado en la legislación administrativa de otros países, incluido el Portugal de Salazar y la Francia de Pétain, y en las teorías estadounidenses de la «gestión científica». Asegurada la paz y la «estabilidad política» con Franco, España necesitaba un Estado administrativo autoritario.

La reforma de la administración y del Estado y el cambio de política económica fueron los dos ejes principales de la actuación del grupo de tecnócratas que llegaron por primera vez al Gobierno de Franco. El nuevo ministro de Hacienda, Mariano Navarro Rubio, era un abogado católico, miembro del Opus Dei, oficial del cuerpo jurídico militar, que había tenido altos cargos en los sindicatos falangistas. Del Opus Dei era asimismo el nuevo ministro de Comercio, el catedrático de Historia Económica Alberto Ullastres Calvo. Como López Rodó, la persona que estaba detrás de ese cambio de rumbo, también era miembro de ese instituto secular fundado por Josemaría Escrivá de Balaguer en 1928, empezó a correr la idea, especialmente en los círculos falangistas desplazados, de que el Opus Dei era una mafia católica que conspiraba para hacerse con el poder dentro del aparato político del franquismo.

Después de la guerra civil, el Opus Dei reclutó a jóvenes de las nuevas élites en ascenso, con el nuevo mensaje de «santificación» del trabajo profesional y de dedicación «ascética» a la vocación elegida. Desde 1957, y hasta enero de 1974, esos miembros de la Obra ocuparon los principales puestos de la administración del Estado, en la política económica y en los planes de desarrollo desde un supuesto apoliticismo. Impulsaron una política agresiva de crecimiento económico orientado a la exportación, de racionalización de la administración del Estado y de integración de España dentro del sistema capitalista mundial, con un horizonte futuro de «instauración», no restauración, de la monarquía. Su evangelio fue la racionalización, el desarrollo y la eficacia, sin democratización política y sin abandonar nunca el marco de la estructura política autoritaria. Representaban los intereses del capital y de la racionalización capitalista, y como su fuente de legitimidad para controlar el poder eran sus conocimientos económicos y jurídicos, expertos como eran en economía y derecho, pasaron a la historia con el nombre de «tecnócratas».

La llegada de los tecnócratas al poder era una respuesta pragmática a la bancarrota económica y el desgaste del modelo político en el que se encontraba España, sobre todo porque el constante aumento de las importaciones necesarias para la industrialización no pudo pagarse con las débiles exportaciones y las reservas internacionales se agotaron. Hubo bastantes más cambios en ese Gobierno de febrero de 1957, que afectaron a doce de los dieciocho ministros. Fernando María Castiella, un católico que había pasado por el falangismo y por la División Azul, sustituyó como ministro de Asuntos Exteriores a Martín-Artajo. José Luis Arrese, quien en los doce meses que llevaba en el Gobierno había puesto en marcha un plan de «Leyes Fundamentales», de «refalangización» de la dictadura, tuvo que abandonar la Secretaría General del Movimiento, reemplazado por José Solís Ruiz, jefe de la Organización Sindical. Y aunque Franco dio a los falangistas cuatro carteras, entre ellas la del recién creado Ministerio de la Vivienda, que ocupó por un tiempo el propio Arrese, estaba claro que la entrada de los tecnócratas en el Gobierno iba a significar el abandono de las ideas económicas que Franco y los falangistas habían compartido desde el día de la victoria. La misión del nuevo Gobierno era «estabilizar, aumentar el ritmo de desarrollo y liberalizar», escribió Castiella al embajador de Estados Unidos nada más ocupar su cargo.

Los problemas con la deuda pública, la inflación y la balanza de pagos continuaron en los primeros meses del Gobierno de los tecnócratas. El 20 de diciembre de 1957, John Foster Dulles, secretario de Estado estadounidense se entrevistó con Franco y le insistió sobre la necesidad de que España entrara en el Fondo Monetario Internacional (FMI). Meses después, el 15 de septiembre de 1958, España fue admitida oficialmente en el FMI y en el Banco Mundial. Esas organizaciones aconsejaron la puesta en marcha de un plan de estabilización para la economía española, como los que se estaban aplicando entonces en Francia y en algunos países de América Latina y el que había iniciado el rápido despegue de la economía alemana desde 1948. Pese a que Franco desconfiaba de esos consejos, porque todavía creía que el liberalismo económico, como el político, era un enemigo, no entendía nada sobre lo que ese plan significaba y temía que limitara su propio poder, lo aceptó finalmente cuando Ullastres y Navarro Rubio, dos excombatientes de la «Guerra de Liberación Nacional», le advirtieron que España estaba al borde de la quiebra. La propaganda presentó a

Franco como cerebro de la operación del gran cambio económico y él, tan acostumbrado a llevarse los triunfos, se sumó a esa idea con fervor. El Caudillo fue a partir de ese momento el gran modernizador de España y así quedó en la memoria de una multitud de súbditos. A los lazos de sangre sellados con la victoria, que habían permitido destruir a los enemigos de la patria, se sumaba la legitimidad aportada por el desarrollo económico, el progreso y «el bienestar de los trabajadores». El culto no paraba de crecer.

Una triada de expertos formada por Juan Sardá, Juan Antonio Ortiz y Manuel Varela elaboraron los fundamentos del proyecto. El 25 de junio de 1959, Per Jacobson, director gerente del FMI, y Hans Carl von Mangoldt, presidente del Comité Director del Acuerdo Monetario Europeo, acudieron a El Pardo, junto a Ullastres y Navarro Rubio, a explicarle a Franco el programa de medidas. Apenas un mes después, el 21 de julio de 1959, apareció el Decreto de Nueva Ordenación Económica, conocido como Plan de Estabilización. Las primeras palabras del decreto ley firmado por Franco se referían a los «problemas de reconstrucción» con los que tuvo que enfrentarse la economía española tras la «Guerra de Liberación» y al «desarrollo sin precedentes» que había conocido España desde aquel triunfo. Según Navarro Rubio, el objetivo fundamental era «la liberación progresiva de la importación de mercancías y, paralelamente, la de su comercio interior». El plan autorizaba además «la convertibilidad de la peseta y una regulación del mercado de divisas», y ponía en marcha una serie de medidas para recortar la intervención del Estado y flexibilizar la economía. La cotización oficial de la moneda española se situó en sesenta pesetas por dólar, se suavizaron los límites impuestos a las inversiones extranjeras, tratando de fomentar la entrada del capital extranjero y aumentar la competitividad de la economía del país.

La aplicación de esas medidas, favorecida por una excepcional coyuntura internacional, dio unos resultados inmediatos. La balanza de pagos se recuperó y un año después estaba en superávit.

El crecimiento del producto nacional bruto fue espectacular, pasando del 0,5 % en 1960 al 3,7 % en 1961 y al 7 % en 1962. Estados Unidos, siempre preocupado por la estabilidad y continuidad de Franco, siguió de cerca todo el proceso. Con ese vínculo exterior y la sombra de la bancarrota, los tecnócratas y un amplio grupo de expertos nacionales, internacionales y economistas lograron barrer los restos de la autarquía y abrir las puertas de la administración y de la economía. En palabras de Juan Sardá, director del Servicio de Estudios del Banco de España desde 1956, «nos fuimos a hacer la estabilización desde el extranjero». Sardá había ampliado sus estudios a comienzos de los años treinta en la London School of Economics y en la Universidad de Múnich.

Pese al cambio de rumbo económico, el pasado violento afloraba de forma persistente a través de recuerdos, la represión y los lugares de memoria. La mayor parte de los canales, embalses y pantanos que el Caudillo inauguró en esa década fueron construidos con mano de obra forzosa y de destacamentos de la Dirección General de Regiones Devastadas, disuelta en febrero de 1957 con la creación del Ministerio de Vivienda. El Instituto Nacional de Colonización creó desde 1940 casi trescientos pueblos, la mayoría en Extremadura, Andalucía y Aragón, donde se asentaron 55.000 familias en tierras de secano de poca productividad que el Estado compró a grandes propietarios para convertirlas en regadío: «una verdadera reforma agraria», como la denominó Franco en 1951. Muchos de esos pueblos de colonización, acompañados de construcción de pantanos y canales, diseñados por conocidos urbanistas, bautizados con el sobrenombre «de Franco» o «del Caudillo», se deshabitaron en el gran trasvase de población del campo a la ciudad en los años sesenta.

Belchite había quedado destruido en la batalla de finales del verano de 1937 y terminada la guerra Franco decidió no reconstruir ese pueblo zaragozano y crear uno nuevo al lado. Entre 1940 y 1945, Regiones Devastadas instaló allí un destacamento penal con cerca de mil presos trabajadores. El 13 de octubre de 1954, el

Caudillo, acompañado de José Macían Pérez, director general de Regiones Devastadas, inauguró el pueblo nuevo con la entrega simbólica a los beneficiarios de los títulos y las llaves de sus viviendas. En su discurso recordó que Belchite «fue bastión que aguantó la furia roja comunista [...] un plan mandado desde Moscú [...] supervisado por Stalin». En la calle mayor de las ruinas del viejo Belchite se erigió un monumento en homenaje a los caídos por Dios y por España, convertido en un lugar de duelo y memoria para los excombatientes de la «Guerra de Liberación». Ritos de guerra y culto a los caídos, «arquitectura hermosa de las ruinas», como la definió Agustín de Foxa: «Benditas las ruinas porque en ellas están la fe y el odio y la pasión y el entusiasmo y la lucha y el alma de los hombres».

En la década de los cincuenta se levantaron grandiosos monumentos a los caídos, algunos inacabados por falta de dinero, en Bilbao, Huesca, Madrid, Barcelona, Zaragoza o Gijón. Incluso en tiempos de desarrollo y crecimiento económico el pasado violento afloraba a través de los lugares de memoria. El 14 de septiembre de 1961, Franco llegó en el *Azor* a la ría de Vigo para inaugurar primero el edificio de la Estación Marítima, con oficinas para el turismo en su planta baja, y después la cruz de los caídos en la escalinata del monte del Castro.

El mismo año en que se aprobó el plan de estabilización, el gran giro de la política económica, Franco inauguró el Valle de los Caídos. Su historia había comenzado diecinueve años antes, el 1 de abril de 1940. Ese día el Generalísimo presidió en Madrid el desfile que celebraba el primer aniversario de su triunfo en la «Guerra de Liberación Nacional». Después de un almuerzo de gala en el palacio de Oriente, el Caudillo llevó a un selecto grupo de invitados a una finca situada en la vertiente de la sierra del Guadarrama, conocida con el nombre de Cuelgamuros, en el término de El Escorial. En la comitiva figuraban, entre otras autoridades, los embajadores de la Alemania nazi y de la Italia fascista, los generales Varela, Moscardó y Millán-Astray, los falangistas

Sánchez Mazas y Serrano Suñer y Pedro Muguruza, director general de Arquitectura. Franco les explicó allí su proyecto de construir un monumento «para perpetuar la memoria de los caídos [...] el templo grandioso de nuestros muertos, en que por los siglos se ruegue por los que cayeron en el camino de Dios y de la Patria». Se convocó un concurso para elegir el proyecto, cuyas obras se iniciaron en 1941, siguiendo las ideas y caprichos de Franco, y finalizaron en 1958, con grandes problemas estructurales y defectos de construcción.

Cuando fue concebido, el modelo arquitectónico nazi y el que surgió de la victoria de Franco tenían muchas similitudes. En 1959, el escenario estético, político, social e ideológico había cambiado, los fascismos históricos habían desaparecido y lo que quedaba era un catolicismo desorbitado. El retraso enorme respecto a las previsiones produjo impaciencia e irritación en el Caudillo, quien visitó las obras en varias ocasiones, debidamente recogidas en el NO-DO, e invitaba a visitarlas con él a ilustres amigos, como hizo con el dictador dominicano Rafael Leónidas Trujillo el 9 de junio de 1954. En esas dos décadas de construcción trabajaron veinte mil hombres, muchos de ellos «rojos» cautivos y prisioneros. Era un lugar grandioso, para desafiar «al tiempo y al olvido», homenaje al sacrificio de «los héroes y mártires de la Cruzada».

El primer héroe y mártir que trasladaron allí fue José Antonio Primo de Rivera. Sus restos reposaban en el monasterio de El Escorial desde finales de noviembre de 1939. El 7 de marzo de 1959, Franco escribió a Pilar y Miguel Primo de Rivera para ofrecerles la nueva basílica «como el lugar más adecuado para que en ella reciban sepultura los restos de vuestro hermano José Antonio, en el lugar preferente que le corresponde entre nuestros gloriosos Caídos». Los hermanos respondieron cuatro días después a «nuestro respetado general» para agradecerle el «sincero y profundo cariño y respeto» que guardaba «hacia la persona y obra» de José Antonio y para indicarle que les parecía «justo» y les honraba ese ofrecimiento. Le transmitían también el deseo de que el traslado tuviera «carácter íntimo y recogido», aunque eso no lo respetaron los propios falangistas. En la mañana del 30 de marzo, miembros de la Vieja Guardia de Falange, Frente de Juventudes, Guardia de Franco y afiliados de toda España se turnaron en el traslado del féretro en los catorce kilómetros de distancia desde El Escorial hasta el Valle de los Caídos. Lo depositaron al pie del altar mayor de la cripta, bajo una losa de granito con la inscripción «José Antonio». Era el lugar para su «eterno reposo», su «sepultura definitiva».

Mas no fueron los suyos los únicos restos trasladados a ese lugar. Durante los últimos meses de 1958 y los primeros de 1959, llegaron al Valle de los Caídos los huesos de miles de personas enterradas en los cementerios madrileños de Carabanchel y de La Almudena y en fosas comunes de otros cementerios de provincias. Los monjes benedictinos, a quienes se les había otorgado el cuidado de la abadía, recibían las arcas con los restos y anotaban las referencias que constaban de esos muertos. Hubo traslados hasta muchos años después. En total, 33.833 cadáveres, muchos de ellos republicanos asesinados por los franquistas durante la guerra civil, exhumados y trasladados desde fosas comunes sin permiso ni consentimiento de sus familias.

Aquel 1 de abril de 1959, vigésimo aniversario de la victoria, llenaron la enorme basílica excavada en la roca los ministros del Gobierno, los procuradores en Cortes, el Consejo Nacional del Movimiento, autoridades civiles y militares de todas las provincias, los consejeros del reino, el cuerpo diplomático, cardenales, arzobispos y obispos, y madres y viudas de los caídos. El Caudillo, con uniforme de capitán general, y doña Carmen, con mantilla y peineta, avanzaron por la nave central bajo palio hasta el altar mayor. Tras la celebración del funeral, oficiado por el cardenal primado Pla y Deniel, Franco habló a la multitud concentrada en la explanada, ocho mil alféreces provisionales, representantes de los tres ejércitos y afiliados del Frente de Juventudes, de Falange y de la Sección Femenina. Su discurso fue triunfal, para «ensalzar el heroísmo y el entusiasmo derrochado en las cruentas batallas libradas contra las Brigadas Internacionales para hacerles morder el polvo de la derrota». Repitió que «nuestra guerra fue una Cruzada» que contó con la «ayuda decisiva de la protección divina». Los mártires «no sacrificaron sus preciosas vidas para que nosotros podamos descansar. Nos exigen montar la guardia fiel de aquello por lo que murieron [...] que mantengamos vivas de generación en generación las lecciones de la Historia».

Cuatro cámaras de Televisión Española (TVE), cuyas emisiones habían comenzado solo en Madrid el 28 de octubre de 1956, retrasmitieron en directo la solemne ceremonia, la primera vez que eso ocurría en la historia de la cadena. A partir de ese momento, TVE llevaría con imágenes los mensajes y la propaganda en el nacimiento de la sociedad de consumo. La televisión modificó gradualmente el ocio familiar y en la década siguiente surgieron en España los teleclubs, un espacio público y abierto a todos los ciudadanos que en los pueblos no podían comprar todavía a plazos un aparato receptor. En 1960 había en España un cuarto de millón de televisores y una década después casi seis millones. En los primeros años, las habituales caídas de tensión eléctrica interrumpían muy a menudo el visionado.

Técnicos holandeses de Philips y norteamericanos de RCA realizaron en 1948 las primeras demostraciones de televisión en España. En el ensayo que los estadounidenses hicieron en El Pardo, los asistentes pudieron contemplarse a sí mismos en los receptores y la que mostró más entusiasmo fue la Señora: «le encantó todo aquello». Cuando nadie veía todavía la televisión, en 1953 se elevó el punto de recepción del palacio de El Pardo con un poste telescópico de sesenta metros y más tarde se construyó una antena especial y de uso exclusivo de la familia Franco. Dos años después, con dinero del presupuesto de Radio Nacional, se regaló al Caudillo un enorme televisor de fabricación italiana de marca Autovox. Franco pasó cientos de horas sentado ante la pequeña pantalla en los últimos años de su vida, un televidente compulsivo, pero a mediados de los cincuenta prefería una España aislada y sin televisión frente a comunistas y masones. Tras los cambios ministeriales en febrero de 1957, en la primera audiencia que le concedió a José María Revuelta, director general de Radio y Televisión, le comentó: «Yo le pregunto, Revuelta, todo esto de la televisión, ¿será para bien?». Y en el mensaje radiado de final de año de 1955, cuando todavía no habían comenzado las emisiones, dijo a los españoles:

> Hoy tengo que preveniros de un peligro: con la facilidad de los medios de comunicación, el poder de las ondas, el cine y la televisión, se han dilatado las ventanas de nuestra fortaleza. El libertinaje de las ondas y de la letra impresa vuela por los espacios y los aires de fuera penetran por nuestras ventanas viciando la pureza de nuestro ambiente.

Dos décadas después de su victoria, el año de la inauguración del Valle de los Caídos y del Plan de Estabilización, Dwight D. Eisenhower, «Ike», le regaló a Franco dieciocho horas de su vida el 21 y 22 de diciembre. Fue el primer presidente de Estados Unidos que llegó a España en visita oficial y la primera vez que el Generalísimo saludaba a un mandatario de un país democrático. Dos años mayor que Franco, Eisenhower alcanzó fama como comandante supremo de las fuerzas aliadas en el frente occidental europeo en 1943, estratega de la invasión de Normandía en 1944 y jefe de operaciones hasta la rendición alemana en 1945. A petición de Truman, asumió el mando supremo de la OTAN, la organización de defensa militar en Europa frente a una posible agresión soviética. En junio de 1952 se retiró del ejército, tras treinta y siete años de servicio, para ser el candidato republicano a la presidencia de Estados Unidos. Junto con Richard Nixon como vicepresidente, ganó en noviembre las elecciones a Adlai Stevenson, rompiendo dos décadas de dominio demócrata, y renovó su mandato en 1956. Para visitar la España de Franco, Eisenhower tuvo que superar la oposición de los demócratas y las críticas de la diplomacia británica.

El Boeing 707 de las fuerzas aéreas estadounidenses aterrizó en la base militar de Torrejón de Ardoz a las 16.21 del 21 de diciembre, en una tarde fría y lluviosa. Franco, vestido de capitán general, lo recibió a pie de pista, subieron a un estrado donde sonaron los himnos nacionales, pasaron revista a las tropas, saludaron al cuerpo diplomático y a las altas jerarquías y, en su mensaje de salutación, Eisenhower, de paisano, dijo que estaba cumpliendo uno de los grandes sueños de su vida, visitar España: «Trabajaremos juntos para legar a nuestros hijos la promesa dorada de que la humanidad alcance la paz, la justicia y la amistad en la libertad». El Caudillo le expresó «en nombre del pueblo español y en el mío propio nuestra admiración por la tarea a la que os habéis entregado con tanto coraje personal».

La comitiva pasó a la entrada de Madrid bajo los arcos de triunfo florales erigidos en su honor, en una escenografía con miles de banderas, retratos de ambos dirigentes, un millón de bombillas y cientos de proyectores para iluminar las calles de la capital. En el coche descubierto, escoltado por el escuadrón montado de la Guardia del Generalísimo, fueron ovacionados por una masa popular y acudieron a una cena de gala en el palacio de Oriente, con sus esposas, Mamie Eisenhower y Carmen Polo. En el brindis, el Caudillo agradeció al pueblo norteamericano su ayuda. El jefe de prensa de la Casa Blanca comunicó a todos los periodistas que el presidente había quedado «impresionadísimo por el entusiasmo de Madrid, que le había tributado el mejor recibimiento de su viaje» por varios países del mundo.

A las ocho de la mañana del martes 22 de diciembre celebraron, tras un desayuno, una entrevista en El Pardo en la que estuvieron presentes el ministro Castiella, el subsecretario de Estado Richard Murphy y los dos embajadores. Desde El Pardo se trasladaron en helicóptero a la base de Torrejón. Franco confesó que era la primera ocasión que subía en uno, lo que impresionó a Vernon Walters, el traductor: «Nunca lo habría imaginado, a juzgar por su tranquilidad». El Boeing 707 despegó de Torrejón a las once de la mañana. Franco había vivido unas horas emocionantes con el hombre más poderoso del mundo, lloró en el banquete oficial y se mostró encantado de que ambos compartieran su afición por la caza de aves y por la pintura. El encuentro con Eisenhower se convirtió en el tema principal de conversación durante semanas. El abrazo de despedida fue el clímax de la bendición internacional a su dictadura, «un verdadero plebiscito y referéndum del pueblo a mi política exterior».

Franco tenía entonces sesenta y siete años y muchas cosas que celebrar. Mostraba jactancia por haber salvado al país y por su capacidad para conducir la nave. El ceremonial del poder le cautivaba. Desde 1939, la fidelidad de muchos le había permitido ampliarlo hasta romper los obstáculos institucionales. Lo seguían de forma obediente y leal, y en las escuelas y en los libros de texto aparecía glorificado como héroe por todo lo que había hecho por España. La brutal represión había paralizado la resistencia y empujado a una buena parte de la población a la apatía política y a la supervivencia.

Trabajaba duro para cumplir con su misión histórica, concebía la formación de sus gobiernos como un reparto de cuotas entre las distintas fuerzas que le habían ayudado a ganar la guerra. Trece de los diecisiete ministros del Gobierno de tecnócratas de febrero de 1957 eran excombatientes. En una carta que Carrero Blanco le dirigió el 21 de febrero de 1961 a Fernando María Castiella, que había sido voluntario de la División Azul, falangista, director del Instituto de Estudios Políticos, embajador en la Santa Sede y entonces ministro de Asuntos Exteriores, le explicó que en el mundo existían «tres internacionales poderosas [...] la internacional comunista, la internacional socialista y la internacional masónica». Pretendían dominar el mundo: «Tienen el objetivo de hacer desaparecer los regímenes que, como el nuestro (católico, antisocialista, anticomunista, anticapitalista y rabiosamente independiente), son impermeables a su acción de dominio».

Lo repetía el Caudillo a menudo: «no bajar la guardia ni cejar en la vigilancia». Ni siquiera cuando ya habían pasado las batallas más duras, los tiempos más difíciles y se abría, según declaró en el mensaje final de 1959, «una nueva etapa de plenitud».

Quinta parte

«LAS ENFERMEDADES EN LAS NACIONES DURAN SIGLOS Y LAS CONVALECENCIAS DECENIOS»

Capítulo 26

CAUDILLO DE LA PAZ

En la tarde fría y húmeda del domingo 24 de diciembre de 1961, Franco salió a cazar palomas con cimbel por las vaguadas de El Pardo. El cañón de su escopeta Purdey estalló y le hirió en su mano izquierda. Estaban con él el marqués de Villaverde y su tío José María Sanchiz. Fue operado con anestesia general en el hospital Central del Aire de una fractura en el dedo índice y el segundo metacarpiano. Tenía gran parte del tejido muscular y nervioso de la mano destruido. Había cumplido a comienzos de ese mes sesenta y nueve años. Frente a los primeros rumores de que la explosión se había debido a un acto de sabotaje, un intento de asesinato, la investigación concluyó que Franco había cargado la escopeta con un cartucho de calibre más pequeño perteneciente a su hija. El Caudillo le dijo a Carrero Blanco que se lo comunicara a los ministros militares y al Estado Mayor. Llamó a su amigo Camilo Alonso Vega como guardián del orden público y no se activaron los mecanismos establecidos por la Ley de Sucesión de 1947. Pero las personas más cercanas vieron en el accidente un signo de que Franco no era inmortal y su salud se convirtió por primera vez en tema de conversación entre políticos y seguidores.

La noticia no se hizo pública hasta el martes 26 con una escueta nota informativa de la agencia Cifra en la que comunicaba que «su excelencia el jefe del Estado» sufrió leves heridas en la mano izquierda. Ese mismo día regresó del hospital con su esposa, se fotografió en El Pardo con sus cinco nietos y los españoles pudieron verlo con la escayola en el mensaje final de año:

> Yo podría deciros, con la experiencia de aquel a quien la vida le ha llamado a batallas, que en todas las empresas en que juega el riesgo y la fortuna la benevolencia de Dios es esencial, y que muchos de los desastres y fracasos que en la vida solemos asignar a la fatalidad y mala suerte han sido la mayoría de las veces motivados por haber discurrido los promotores fuera de los principios de la Ley divina.

Los servicios de inteligencia de Estados Unidos tuvieron acceso confidencial al informe clínico que les proporcionó Vicente Gil, médico personal de Franco. Gil les confirmó que la mano estaba «completamente curada y ha dejado de causarle dolor». «Si Franco fuera un violinista profesional», tendría que corregir el «soldado de los huesos», pero «como puede mantener una caña de pescar y una escopeta perfectamente bien, eso es todo lo que importa».

Franco fue a partir de ese momento un jefe de Estado con largos períodos de vacaciones, que comenzó «a reflexionar sobre los misterios de la vida, a raíz de su accidente de caza», según comunicaba a la embajada estadounidense de Madrid el 26 de enero de 1962 una fuente «cercana a la Corte griega».

Esa misma fuente, que podía ser Juan Ignacio Luca de Tena, embajador español en Grecia, creía que Franco podría presentar la cuestión de la sucesión real ante las Cortes en febrero: «No ha divulgado si recomendará al conde de Barcelona o al hijo de éste, Juan Carlos. A la vista del próximo enlace de la princesa Sofía con don Juan Carlos, este informe ha creado una expectativa entusiasta por parte de la Corte griega».

Sofía, la hija mayor de los reyes de Grecia, Pablo I y Federica, se casó con el príncipe Juan Carlos el 14 de mayo de 1962 en la iglesia de San Dionisio de Atenas. La petición de mano se había celebrado el 12 de septiembre del año anterior en el Hotel Beau Rivage de Lausana, residencia de la reina Victoria Eugenia, abuela de Juan

Carlos. El príncipe declaró: «Amo a la princesa Sofía desde el primer momento que la vi. Es una de las pocas mujeres que conozco capaz de llevar con toda dignidad una corona real». A Franco le informó del compromiso José Ibáñez Martín, embajador de España en Lisboa: «De la princesa me ha hecho don Juan una verdadera apología, de su inteligencia, de su sentido moral, de su espíritu de sacrificio, de su cultura y sobre todo ello, además, de su extraordinario apasionamiento por el príncipe Juan Carlos». El Gobierno estuvo representado en la boda por el ministro de Marina, el almirante Felipe Abárzuza.

No era todavía el momento de Juan Carlos, de veinticuatro años, y su padre don Juan insistía entonces en ser algún día el rey de todos los españoles, algo que Franco no compartía. Lo que apareció con fuerza en esos años fue el proyecto de Carrero Blanco de desarmar políticamente a la Falange y permitir con un nuevo marco legislativo la evolución hacia una monarquía autoritaria, continuidad del orden establecido cuando el Caudillo muriera.

Franco y decenas de miles de excombatientes pensaban más en mantener la victoria del pasado que en el proyecto de futuro. El 27 de mayo de 1962, unos días después de la boda de Juan Carlos y Sofía, el Generalísimo les recordó ante una gran concentración de la Hermandad Nacional de Alféreces Provisionales en el cerro de Garabitas que todavía se estaba librando la guerra civil:

> Hay también quienes torpemente especulan con mis años. Yo solo puedo decirles que me siento joven, como vosotros, que detrás de mí todo quedará bien atado y garantizado por voluntad de la gran mayoría de los españoles, de los que, con el Movimiento, constituís nervio y esencia, y por la guardia fiel e insuperable de nuestros ejércitos. Nuestro mandato es el de los muertos.

En abril de 1958, quince mil alféreces provisionales, aquellos voluntarios con cierto nivel de estudios promovidos durante la guerra civil al escalafón más bajo de la oficialidad, héroes de la cruzada, habían fundado una hermandad nacional bajo el mando del falangista Luis Benítez de Lugo y Ascanio Enrich, marqués de la Florida. Alféreces provisionales, la Vieja Guardia de la FET y de las JONS y los diferentes grupos de excombatientes vigilaban y pedían mano dura para mostrar que los nuevos tiempos tecnócratas no iban a diluir las políticas de la victoria.

Con la cuestión sucesoria congelada, Franco nombró por primera vez un vicepresidente del consejo de ministros, eventual «regente» si él moría o enfermaba de gravedad. El elegido, Agustín Muñoz Grandes, presentaba un currículum de héroe de Marruecos, jefe de la División Azul, general español de Hitler, secretario general de FET y de las JONS, jefe de la Casa Militar del Caudillo, jefe del Alto Estado Mayor y ministro del Ejército. Tenía sesenta y seis años y no gozaba de buena salud, pero Franco advertía así a los monárquicos que era él quien marcaba el paso.

Muñoz Grandes accedió a ese nuevo cargo en el reajuste del Gobierno que Franco hizo el 10 de julio de 1962. Un mes antes, católicos, monárquicos y falangistas mudados en demócratas, encabezados por Gil-Robles y Dionisio Ridruejo, se reunieron en Múnich con socialistas y nacionalistas vascos y catalanes en el IV Congreso del Movimiento Europeo y acordaron un comunicado en favor de una evolución política no violenta. «Aquí estamos todos menos los totalitarios de ambos bandos», resumió el escritor y diplomático exiliado en Londres Salvador de Madariaga. El Generalísimo, atizado por su Vieja Guardia, vio «el contubernio de Múnich» como una conjura internacional de masones, judíos, católicos y «partidarios de la dinastía destronada» para socavar los pilares básicos de su jefatura y ordenó a Arias-Salgado, ministro de Información, una respuesta agresiva en la prensa.

Miles de veteranos falangistas vitorearon a Franco en su visita a Valencia. Desde algunas embajadas europeas y desde Washington comunicaron a Franco que su dura respuesta, incluido el arresto y exilio de algunos de los delegados españoles en Múnich, perjudicaba la solicitud de entrada en la Comunidad Económica

Europea, presentada oficialmente en febrero de ese año por José María de Areilza, embajador de España en París. Aunque las principales democracias europeas mostraron una oposición formal a la dictadura de Franco, le suministraron, sin embargo, a partir de 1950, por medio de sus organismos económicos, materias primas, bienes de equipo y asistencia técnica, una ayuda permanente al desarrollo y a la estabilidad política.

El Caudillo señaló a Arias-Salgado como responsable de la reacción al congreso de Múnich y lo sustituyó por Manuel Fraga Iribarne, un falangista que había sido secretario general del Ministerio de Educación con Ruiz-Giménez. En el Gobierno entró también de ministro de Industria Gregorio López-Bravo, ingeniero naval del Opus Dei. Fraga y López-Bravo eran los primeros ministros de Franco que no habían participado en la guerra como combatientes.

La buena imagen que se pretendía en el exterior no llegaba a las comisarías de policía, a las salas de tortura y a las cárceles. El impulso de venganza de Franco asomó también en aquellos años de desarrollo y paz. En noviembre de 1962 fue detenido en Madrid el dirigente comunista Julián Grimau. Durante los interrogatorios en la Dirección General de Seguridad fue torturado, cayó de cabeza desde una ventana del primer piso, posiblemente arrojado por los policías que le interrogaban, y sobrevivió a diversos traumatismos. Un mes después, el 6 de diciembre, Fraga Iribarne convocó una rueda de prensa para responder a las acusaciones de un informe de la Comisión Internacional de Juristas y presentó «la publicación de un dossier espeluznante de crímenes y atrocidades cometidas personalmente por este caballerete» durante la guerra civil en la Brigada de Investigación Criminal de Barcelona. El fiscal pidió pena de muerte y el juicio, un consejo de guerra sumarísimo celebrado el 18 de abril de 1963, fue una farsa sin testigos. Murió fusilado a las cinco de la mañana del 20 de abril en el campo de tiro de los cuarteles de Campamento.

Pidieron clemencia personalidades internacionales, incluido el arzobispo de Milán, el cardenal Giovanni Battista Montini, elegido dos meses después papa con el nombre de Pablo VI, opositores provenientes de la dictadura como Dionisio Ridruejo o Ruiz-Giménez, y los intelectuales Pedro Laín Entralgo y Ramón Menéndez Pidal. Franco, en su respuesta al jefe de Gobierno soviético Nikita Jruschov, le informó «de la imposibilidad de conmutación de la pena impuesta por tribunal competente, con plenos medios de defensa [...] Los crímenes horrendos cometidos [...] hasta el momento mismo de su detención impiden el ejercicio de la gracia de indulto, máxime estando vivas numerosas personas, incluso familiares de las víctimas, que recuerdan con horror sus torturas y asesinatos».

Cuatro meses después, el 17 de agosto, cuando todavía resonaban las protestas por ese fusilamiento, los anarquistas Francisco Granado y Joaquín Delgado fueron ejecutados a garrote vil en la cárcel de Carabanchel, acusados de colocar sendos artefactos explosivos en la Dirección General de Seguridad y en la Delegación Nacional de Sindicatos. Habían sido detenidos el 31 de julio y la condena se basó en declaraciones conseguidas mediante torturas.

A los ojos de Franco y de sus jerarcas esos asesinatos eran la justa respuesta a la acción subversiva de una minoría con las manos manchadas de sangre. Nada afectaba a su popularidad, rodeado de acontecimientos prósperos que se confirmaron con las celebraciones de los «Veinticinco años de Paz». Orquestadas por Fraga Iribarne, comenzaron el 1 de abril de 1964 con un solemne tedeum en la basílica de Santa Cruz del Valle de los Caídos, oficiado por el cardenal primado Pla y Deniel, al que acudieron Franco y su esposa, el Gobierno y las principales autoridades civiles, militares y eclesiásticas. Los príncipes Juan Carlos y Sofía ocuparon sitios de honor en la ceremonia. El Generalísimo y Carmen Polo entraron en el templo bajo palio, cuyos varales llevaban los monjes benedictinos.

La celebración del culto al Caudillo duró ocho meses y trató de legitimar sus logros por la paz y el desarrollo, en vez de por su origen en el 18 de julio y la guerra. La nueva imagen de Franco, menos bélica y más paternalista, fue transmitida a los españoles con propaganda, exposiciones, carteles, espectáculos y entretenimiento que culminaron con la presentación de la película *Franco, ese hombre*, escrita por José María Sánchez-Silva y dirigida por José Luis Sáenz de Heredia. La incipiente televisión, el NO-DO, la radio y los medios de comunicación impresos tuvieron que seguir las directrices del Ministerio de Información y Turismo y propagar las consignas oficiales decididas por una Junta Interministerial presidida por Fraga, su cuñado Carlos Robles Piquer y Pío Cabanillas.

La paz significaba, en palabras de Manuel Fraga pronunciadas con motivo del Congreso Eucarístico Nacional de León en julio de ese año, la «unidad espiritual entre España e Hispanoamérica»:

> Quizá, destruido en el solar de la España matriz el miedo al comunismo y vencida aquí la fascinación moderna del ateísmo, la Hispanidad arranque a la historia universal una nueva edad alegre, pacífica, conquistadora de nuevos Eldorados de justicia y bienestar.

En los festejos, la prosperidad material y la estabilidad social se atribuían a Franco «ese hombre que forjó veinticinco años de paz con espíritu de acero sobre el yunque de su vida». Del «caos» de 1936 se había llegado a la «venturosa realidad» de 1964. La celebración estuvo minuciosamente preparada. Se reinventó la historia para recordar la llamada a la paz que Franco hizo cuando las tropas alemanas invadieron Polonia y cómo proclamó la neutralidad. Tuvo que resistir fortísimas presiones para evitar la ocupación de España. La ONU retiró los embajadores y Franco replicó que no mendigaba puestos en las conferencias internacionales: «Unamos a la gran fuerza de nuestra raza la fortaleza de nuestra unidad. Con ellas y la protección de Dios nada ni nadie podrá malograr nuestra victoria». Frente a Rusia, la estrategia occidental necesitó una pieza, España, y la ONU se vio obligada a rectificar. Estados Unidos y España llegaron a un acuerdo defensivo, con la instalación de bases conjuntas. El Caudillo fue el centro de atención en aquel despliegue propagandístico.

La película *Franco, ese hombre* se estrenó en noviembre de ese año acompañada de una campaña publicitaria en TVE. Fue un éxito de taquilla y sus imágenes tenían la intención de dar a conocer el pasado a las nuevas generaciones, esos seis millones de españoles que no habían conocido la guerra. Del Caudillo cruzado enviado por Dios, que se identificaba con el fascismo de Italia y Alemania, con sus invectivas antidemocráticas y judeofóbicas, se pasaba al hombre amable que asistía al bautizo de sus nietos, se divertía con la pesca, la caza y el mus, sin olvidar la imagen de héroe que había mantenido la neutralidad durante la segunda guerra mundial y había salvado a España de las hordas comunistas. Era la paz salida de la victoria en una guerra. Pese al culto y veneración que transmitían el montaje de imágenes, a Franco le pareció que la película tenía «demasiados desfiles».

El 18 de julio de ese año de conmemoraciones de paz se inauguraron los estudios de Prado del Rey de TVE. La prosperidad económica había traído la modernización tecnológica y Franco se aficionó de forma convulsiva en sus últimos años de vida a los programas televisivos. En los viajes por diferentes ciudades españolas pedía que le pusiesen la televisión tras la jornada de inauguraciones y baños de masas. Las imágenes del cierre de las emisiones diarias eran en esos años la bandera, el himno y la fotografía de Franco sonriente vestido de capitán general.

Los mensajes de fin de año, que comenzaron en la radio en 1939, transmitidos después por el NO-DO, se emitieron en televisión a partir de diciembre de 1962, las primeras Navidades con Fraga Iribarne en el Ministerio de Información y Turismo. Esa costumbre de mensajes navideños por radio la había inaugurado el rey Jorge V en Inglaterra en 1932 y la siguió un año después Franklin D. Roosevelt en Estados Unidos. Todas las grabaciones con el Caudillo se realizaron en El Pardo. Allí acudían operadores, ayudantes de sonido y de iluminación, con los que el Generalísimo no mantenía ninguna relación, y solían estar presentes el director y subdirector del NO-DO. Franco, que se negó en los primeros años a ser maquillado, leía los mensajes en una pizarra o en grandes cartelones de letra grande que se situaban detrás de la cámara. Algunos ministros le preparaban los informes y él los adaptaba a sus convicciones. El día de emisión le gustaba verlo en familia en el cortijo de caza de Arroyo Vil del conde de Argillo, aunque, como le dijo a Arias-Salgado una vez que el ministro de Información quiso repetir una toma de la grabación: «No se preocupe, es lo mismo. Si el mensaje no lo escucha nadie».

España en paz: era la forja de Franco y de los «héroes y mártires de nuestra Cruzada». En el discurso que el Generalísimo pronunció en la sesión de clausura del IX Consejo Nacional del Movimiento, el 9 de abril de 1964, volvió a insistir en que él y el «movimiento patriótico español» ya habían visto, «con un cuarto de siglo de anticipación, los derroteros por los que el mundo había de pasar». No había ningún régimen en el mundo que estimulara más «las virtudes y la acción espiritual para la paz entre los hombres» y que hubiera «casado» mejor «la ética y la política»: «Muchos de los poderes que confluyen en mi persona son por su propia naturaleza intransferibles».

La vejez comenzaba a hacer mella en Franco con los primeros síntomas de párkinson, una enfermedad que había padecido Hitler en la segunda guerra mundial, tratada con opiáceos, cocaína y anfetaminas. Pero nadie dudaba en público del «excelente estado de salud» del Caudillo. El NO-DO se encargó de presentarlo como un abuelo hogareño, deportista entregado con sus amigos a la pesca y a las monterías, a las que asistía a menudo con sus nietos. En los años que siguieron, El Pardo fue el escenario de los ecos de sociedad. La única familia real española, los Franco, ocupó un lugar de privilegio en la prensa rosa, dirigida al público femenino, iniciada con *Semana* en 1940 y que continuó con *¡Hola!* en 1944, *Diez Minutos* en 1951 y *Garbo* en 1953. Paz, bienestar y milagro español. Así se consolidó la versión oficial de la bondad y paciencia de un hombre que equilibró el orden, la modernización y el progreso económico y social.

Capítulo 27

EL MILAGRO ESPAÑOL

Vestido de paisano, Franco visitaba fábricas, inauguraba viviendas, hospitales y pantanos, infatigable en su labor responsable de Gobierno: «Quien acepta el peso del caudillaje en ningún momento puede legítimamente acogerse al relevo ni al descanso». Era también, no obstante, un jefe de Estado en vacaciones, un «abuelo con nietos» en sus «horas de intimidad familiar». Símbolo del bienestar, progreso y desarrollo, del tránsito desde el hambre, la escasez y la penuria hasta el piso, el coche y el televisor.

El Plan de Estabilización cambió el rumbo de la economía española, que inició un crecimiento que se mantuvo hasta la crisis internacional de 1973. Permitió que España se beneficiara del fuerte desarrollo económico que las democracias occidentales habían comenzado a disfrutar desde comienzos de los años cincuenta. Los elevados costes sociales de esas medidas, que el experto Juan Sardá consideró inevitables, especialmente en lo que se refería al descenso de los salarios y al aumento del paro, encontraron una válvula de escape en la emigración a los países europeos que reclamaban entonces mano de obra.

El éxito del Plan de Estabilización reforzó la posición de los tecnócratas y del Opus Dei, que pretendían dar una nueva legitimidad a la dictadura. En enero de 1962, Franco, a propuesta de Carrero Blanco, nombró a Laureano López Rodó jefe de la nueva Comisaría del Plan de Desarrollo, el organismo central de planificación recomendado por los asesores del Banco Mundial, con poder delegado en cada uno de los ministerios económicos. Los planes se basaron en una política de promoción industrial a través del desarrollo regional. El primero arrancó en 1964 y el tercero en 1972, cuando la planificación había mostrado ya graves deficiencias, dificultades de organización e intervenciones arbitristas.

En términos absolutos, el avance económico en esos años fue espectacular. Durante los años de guerra y autarquía la renta per cápita en España había disminuido respecto a los estados más ricos de Europa occidental y ese atraso acumulado fue la primera causa del rápido crecimiento entre 1960 y 1973, algo que ocurrió también en otros países que partían de un nivel de renta menor que las economías más desarrolladas. Aunque el acercamiento económico al modelo europeo fue tardío e incompleto, con notables desfases tecnológicos, España experimentó un acelerado proceso de industrialización. Era un campo abonado para la penetración del capital extranjero. Con una clase obrera sometida y con una población mantenida bajo constante vigilancia política por Falange y por las fuerzas de orden, la economía española, estimulada por los créditos norteamericanos y por la fuerte expansión de la economía europea, alcanzó cotas de crecimiento hasta entonces desconocidas. Ministros, procuradores, alcaldes, gobernadores, presidentes de las diputaciones y funcionarios oportunistas aprovecharon la combinación de desarrollo y corrupción para hacer fortuna.

La inauguración de centros industriales y pantanos se convirtió en el icono esencial del desarrollismo. Franco recorrió España de un lado a otro, con el ritual repetido de baño de multitudes organizado por Falange, con cámaras del NO-DO y fotógrafos como testigos. La electrificación, las grandes obras hidráulicas y la transformación del paisaje por la tecnología industrial fueron manifestaciones del desarrollo y de la prosperidad en las dictaduras y democracias desde los años veinte. Los planes quinquenales de Stalin o las colosales infraestructuras creadas por el *New Deal* de Roosevelt expresaban los esfuerzos masivos de esas administraciones para superar el atraso, los traumas de cruentas guerras o de la Gran Depresión de 1929. Franco presentó el desarrollo como la superación del sufrimiento de la «Guerra de Liberación», de la «inestabilidad política, el fomento de la lucha de clases, un ambiente permanente revolucionario con menoscabo de la autoridad [...] el bajo nivel de vida, las enormes desigualdades sociales [...] y el estancamiento de nuestro progreso económico».

Esas conquistas de la ingeniería y de la industria las presidía Franco no ya como Generalísimo de la guerra y la posguerra, sino como dirigente civil de una sociedad que disfrutaba de los servicios del Estado. La desordenada construcción de decenas de miles de viviendas, urbanización de baja calidad y trámites de urgencia cambiaron el paisaje de las ciudades, de la misma forma que la construcción de pantanos y vías de comunicación alteraron la naturaleza. La construcción y urbanización en la costa mediterránea se dejó al libre albedrío de promotores y arquitectos próximos a Franco, como el tarraconense José Banús, quien ya había disfrutado de concesiones ventajosas en el suministro de grava a las obras públicas de Madrid en la posguerra y en la construcción del Valle de los Caídos. Junto con Alfonso de Hohenlohe, convirtió pequeños pueblos de pescadores de la Costa del Sol en reducto de ricos y aristócratas que jugaban al golf y se divertían en salas de fiestas. La mano de obra de Banús, como la de otros constructores amigos del Caudillo, fue muy barata, presos de guerra y presos políticos del Patronato de Redención de Penas. Los Centros de Interés Turístico, con licencias y trámites en tiempo récord, transformaron el suelo rústico en urbanizable y crearon una amplísima red de amigos y clientes enriquecidos por sus conexiones con los jerarcas de Franco, entre los que sobresalía José Antonio Girón y Velasco y sus negocios inmobiliarios en Fuengirola. En esos años se gestó también, a través de Franco y su vínculo con la familia real saudí, el desembarco de los millonarios jeques árabes.

Como ocurrió en los países más ricos de Europa, el crecimiento español se vio impulsado por la mejora en la productividad, con transformaciones estructurales decisivas, y por la acumulación de capital. España pudo recuperar terreno con las políticas liberalizadoras porque contaba con cantidad de mano de obra excedente subempleada y con salarios muy bajos en la agricultura y se benefició de una entrada masiva de inversión extranjera. «El campo español [...] vive todavía un gran atraso», había declarado Franco en un discurso a una representación de agricultores en diciembre de 1947 en el palacio de Oriente, «no por la falta del esfuerzo de sus campesinos», sino porque «llevamos más de medio siglo mirando al campo a través de la mezquina política de las banderías, olvidando el sujeto pasivo, que es el labrador, y a su bienestar, la agricultura».

Cuatro millones de personas se fueron de los pueblos y del campo en los años sesenta para ocupar la gran oferta de puestos de trabajo que surgió en las ciudades en las actividades económicas y productivas en desarrollo. El sector primario, que en 1960 aportaba una cuarta parte del PIB, representaba solo un 10 % en 1975. La población dedicada a las tareas de ese sector pasó de más del 42 % a menos del 24 %. La industria, por el contrario, ocupaba cuando murió Franco al 37 % de la población y los servicios, que proporcionaban en 1975 la mitad del PIB, se convirtieron en la actividad económica con más trabajadores.

La apertura de la economía española al exterior actuó también como fuente de crecimiento. El aumento de las exportaciones siempre fue menor que el de las importaciones, pero ese desequilibrio pudo costearse gracias a las remesas enviadas por los emigrantes, a las inversiones extranjeras y a las divisas proporcionadas por el turismo. El flujo migratorio al extranjero, a Francia, Suiza, Bélgica o Alemania, que llevó entre 1960 y 1975 a tres millones de españoles a residir en esos países de forma temporal o permanente por motivos de trabajo, proporcionó una importante fuente de ingresos, más de siete mil millones de dólares durante ese período, con el que se financió más del 50 % del déficit comercial. Los españoles se iban a trabajar a otros países y los ciudadanos de esos mismos países viajaban como turistas a España. El número de extranjeros que visitaban el país se multiplicó por ocho entre 1959 y 1973, de cuatro millones a casi 35 millones. Los ingresos de divisas permitieron financiar más de un tercio del total de las importaciones.

Los españoles aprendieron una nueva geografía, la de las costas —del Sol, de la Luz, Dorada o Azahar—, los premios de embellecimiento estimulaban a los alcaldes a adecentar la entrada de las poblaciones, se hacían homenajes a turistas, normalmente mujeres, a quienes se recibía con un ramo de flores en el avión, y las fiestas de interés turístico se sumaron a las históricas y religiosas. Desde los años cincuenta, recuperados los países de Europa occidental de la devastación de la segunda guerra mundial, se levantaron las restricciones sobre viajes y cambio de divisas, que en España estuvieron bajo control y vigilancia hasta 1959, mejoraron los medios de transporte y las vacaciones pagadas y el tiempo libre se pusieron al alcance de sectores cada vez más amplios de población. Los promotores internacionales de turismo colocaron a España en el mapa como destino barato, sobre todo después de la devaluación de la peseta de 1959, con buen clima y grandes perspectivas para desarrollar negocios. La llegada masiva de turistas requería transportes, alojamientos, atracciones e infraestructuras. Se vendía estabilidad política, paz, tranquilidad y seguridad, además de sol y playa. El turismo formaba parte del «milagro español» y actuaba de legitimador de Franco y de su dictadura.

«Los extranjeros vienen sin cesar a España en busca del sol meridional», decía el NO-DO. Arias-Salgado, ministro de Información y Turismo, aplaudía ya en octubre de 1957 a los españoles por el trato dispensado a los turistas:

> Son ya legión los que en otros países escriben y hablan elogiosamente del trato recibido [...] en sus contactos más variados con todas las capas sociales [...] donde la hidalguía propia de los españoles acoge hospitalariamente a los que les visitan comportándose con ellos con su nobleza tradicional.

«Spain is beautiful and different» fue un eslogan que ya había sido lanzado a finales de los años cuarenta por Luis Antonio Bolín en la Dirección General de Turismo. Los espectáculos de flamenco y las corridas de toros, que vivieron su edad de oro, formaron parte de la imagen de España en las campañas turísticas.

En la posguerra se había dado un impulso grandioso a las corridas, encarnado en la figura de Manolete, el diestro símbolo del orgullo nacional, convertido en mito tras su muerte en 1947 en la plaza de Linares. El toro como imagen de la España auténtica de los vencedores. El periodista y escritor Emilio Romero, que ocupó diferentes cargos en la organización de Prensa del Movimiento, director del diario *Pueblo*, escribió en 1957 que lo que había que hacer era lidiar «el toro bravo de la decadencia española» y modernizar España:

> Tendríamos que ir arrebatando terreno al toro, levantando fábricas, llevando aguas y máquinas al campo, expropiando tierras, formando especialistas y técnicos, gravando los beneficios a los pudientes, levantando un Estado comunitario, arrimándonos al toro. Una revolución así, acaso lenta, pero inexorable y segura, sería una obra de arte para este país.

El crecimiento industrial siguió la tendencia marcada desde comienzos del siglo XX y se concentró en el triángulo Barcelona, Vizcaya, Madrid, con importantes consecuencias para la distribución regional de la población: esas áreas industriales y las ciudades del Levante recibieron cientos de miles de emigrantes mientras que amplias zonas de otras regiones, especialmente de Andalucía, las dos Castillas y Extremadura, se vaciaron. La población española aumentó diez millones en las casi cuatro décadas de Franco en el poder, de 26 millones en 1940 a 35 millones en 1975, debido sobre todo al descenso brusco de la mortalidad, pero el fenómeno más relevante fue el trasvase masivo de población del campo a la ciudad, el éxodo rural, que transformó a la sociedad española. Ya lo había advertido Rafael Cavestany y Anduaga, ingeniero que combatió en la guerra civil como teniente provisional, inspector de trabajo, impulsor del sindicalismo en el campo y ministro de Agricultura desde julio de 1951 hasta 1957: la reforma agraria no consistía en la distribución de la propiedad de la tierra, sino en la modernización de la agricultura «transformadora del medio rural [...] que estimule y favorezca el desarrollo de un proceso industrial [...] que absorba en actividades industriales y terciarias el exceso de población que el campo no puede sostener». Ese camino conducía a la desaparición del tradicional campesino español.

El éxodo rural rompió con la disponibilidad de mano de obra en el campo. La agricultura tradicional entró en crisis como consecuencia de un proceso migratorio que afectó fundamentalmente a los jornaleros o asalariados y a los pequeños propietarios. El problema del reparto de la tierra, uno de los ejes primordiales del conflicto durante la Segunda República, desapareció. Aquellas luchas de jornaleros agrícolas de Andalucía y Extremadura cargadas de mitos y sueños igualitarios ya no volverían a ser noticia. La victoria de Franco y la represión liquidaron la reforma agraria y lo que se abrió tras el fin de la autarquía para decenas de miles de campesinos fue la posibilidad de encontrar trabajo en las industrias de los cinturones de las grandes ciudades. Los dos millones de asalariados que quedaban en 1960 se redujeron a un millón diez años después. La clase terrateniente perdió influencia política y social, y sin el poder de esa élite agraria, fundamental en la consolidación de regímenes autoritarios en la primera mitad del siglo XX, se despejó el camino a la burguesía industrial.

Franco personificaba ese desarrollo y progreso. Tras innumerables viajes por toda España en automóvil, volvió a utilizar de nuevo el avión como medio de transporte seguro. El 6 de febrero de 1968, inauguró el aeropuerto de Almería, acompañado de Fraga Iribarne y José Lacalle Larraga, ministro del Aire. Unos meses después, en junio, aterrizó en Asturias con doña Carmen, quien en el nuevo aeropuerto hizo de madrina del avión *Ciudad de Oviedo*.

«Obreros, trabajadores, estudiantes y campesinos, gente del mar, de la ciudad y excombatientes» se dieron cita después en Avilés para mostrar su adhesión. Franco, vestido de militar, les dijo que «no hay parangón entre nuestras ilusiones por lo social»: «No os faltará la voz de mando mientras yo subsista».

En esa larga década de crecimiento e industrialización se modificaron formas de producir, hábitos y costumbres. El gasto familiar, dedicado a la subsistencia en los años de hambre, ínfimos salarios y mercado negro, encontró poco a poco espacio en muchos hogares para la compra a plazos de electrodomésticos, desconocidos hasta ese momento en España, y automóviles. Franco inauguró el 5 de mayo de 1955 la nueva fábrica de SEAT en Barcelona, de la que salió dos años después el primer modelo 600, muestra de la modernidad industrial.

Franco era popular, adorado por una buena parte de la población y había muchos que le deificaban como defensor del orden, la autoridad, la concepción tradicional de la familia, los sentimientos españolistas, la hostilidad beligerante contra el comunismo y un inflexible catolicismo reaccionario. No todo se debía al miedo, a la represión y a la propaganda. Una parte importante de la población, desmovilizada y apática, compartía los éxitos de Franco, caudillo primero del orden, después de la paz y finalmente del progreso. A toda esa gente le inquietaba que esa tranquilidad duradera pudiera quebrarse con una vuelta a los tiempos del desorden y la guerra. Les parecía que todo eso era obra de un hombre. El crecimiento económico y el progreso fueron presentados como la consecuencia directa de la paz de Franco, en una campaña de propaganda organizada por Fraga Iribarne que llegó hasta el pueblo más pequeño de España. En palabras de José Solís Ruiz, ministro-secretario general del Movimiento en aquellos años, Franco era «el hombre que había quitado a los españoles las alpargatas para montarles sobre cuatro ruedas». España, que había permanecido durante tres siglos enferma, «entre la vida y la muerte», les contó el Caudillo a los procuradores en las Cortes en noviembre de

1967, empezaba a «abandonar el lecho y dar cortos paseos por el jardín de la clínica».

Nadie que trabajara en la dirección del Generalísimo estaba interesado entonces en el cambio político. La gestación de esa sociedad de consumo salió del orden de lazos de sangre inaugurado con la victoria de 1939. Los años de terror en la guerra y posguerra habían dado sus frutos en forma de despolitización y apatía política. En un viaje clandestino por España en 1962, cuando Franco y el desarrollo ya se habían dado la mano, Rossana Rossanda, dirigente del Partido Comunista Italiano, se dio cuenta de que iba a ser muy difícil que la oposición derribara a la dictadura: «No era una sociedad política silenciada, sino aparentemente una sociedad no política; no amordazada, sino vacía o dotada de otros lenguajes».

Esa amplia masa de población no eran ciudadanos, sino súbditos administrados por un Estado de orden y desarrollo. «Los señores procuradores son testigos de que toda España está en obras —resumió triunfalmente López Rodó antes las Cortes—: ¿No reemplaza la maquinaria agrícola a las yuntas? ¿No se construyen fábricas por doquier? [...] ¿No se cubren los tejados de antenas de televisión? ¿No se pueblan nuestras calles y carreteras de vehículos? [...] ¡Esa es nuestra realidad!»

En los viajes de Franco por España, difundidos ampliamente en los despliegues propagandísticos del NO-DO, no aparecía la pobreza, ni los miles de chabolas en la periferia de las grandes ciudades, desequilibrios de esa voraz modernización a la que no acompañó nunca una reforma fiscal progresiva que redistribuyese bienes y servicios y que invirtiera más en sanidad y educación pública, como habían hecho las democracias europeas desde comienzos de los años cincuenta. La Ley de Bases de la Seguridad Social de diciembre de 1963 unificó los diferentes mecanismos de protección y asistencia social y fue la raíz de un estado «del bienestar» en el que también aumentaron los funcionarios y los servicios públicos, pero con un sistema fiscal fraudulento en el que los impuestos directos sumaban menos de una tercera parte de los ingresos. La

Ley de Contrato del Trabajo de noviembre de 1931 de la Segunda República había establecido las vacaciones anuales retribuidas de siete días, reconocidas como derecho, sin especificar la duración, por el Fuero del Trabajo de 1938, ampliadas a dos semanas en los años sesenta en muchos convenios colectivos.

Franco, millonario desde la guerra, aclamado por su autoridad, empezó a disfrutar pronto de largas vacaciones veraniegas, mientras a su alrededor la represión y la hambruna se cobraban decenas de miles de víctimas. El itinerario comenzaba en el palacio de Ayete de San Sebastián, donde se solía celebrar desde 1941 un consejo de ministros, y allí eligió por primera vez a los cuarenta consejeros nacionales del Movimiento, los «cuarenta de Ayete», que según el artículo 22 de la Ley Orgánica del Estado, aprobada por referéndum en diciembre de 1966, correspondía al Caudillo designar «entre las personas de reconocidos servicios».

Construido a finales del siglo XVIII por los duques de Bailén, ese palacete neoclásico, que contaban con amplios jardines diseñados por Pierre Ducasse, había sido residencia vacacional de las reinas Isabel II y María Cristina hasta la edificación del palacio de Miramar en 1893. La finca fue comprada en mayo de 1940 por el consistorio presidido por el carlista Antonio Paguaga para ofrecérsela a Franco como residencia del verano. De allí partió para el encuentro con Hitler en Hendaya y, en esos veranos pasados en San Sebastián, recibió en 1952 a William Tubman, presidente de Liberia, e impuso en 1956 al cardenal Giuseppe Siri, legado de Pío XII, la Gran Cruz de Isabel la Católica. El ritual de actividades incluía pesca en el *Azor*, regatas, toros y festivales de pelota vasca en el frontón Urumea.

Franco no alteró nunca sus gustos vacacionales. De Ayete pasaba al pazo de Meirás, que se había convertido tras cuantiosos gastos en un majestuoso lugar, la finca favorita de recreo para toda la familia. En las primeras décadas navegaba desde San Sebastián hasta Sada y cuando desde 1968 volvió a montar en avión, la familia entera, incluidos todos los nietos, se desplazaba en el

DC-9 *Ciudad de La Coruña* desde Barajas hasta el aeropuerto de Santiago.

Las vacaciones de Franco servían para crear redes de contacto entre los jerarcas y sus familias, y entre los favoritos siempre se encontraba el amigo de infancia Pedro Nieto Antúnez y su esposa, Emilia Boedo Rouco. Doña Carmen congenió también con Fadela Amor, esposa de Mohammed ben Mizzian, el militar célebre por sus brutales hazañas de violencia sexual durante la guerra, a quien Franco nombró en 1953 capitán general de Galicia. En los últimos años, después de que el Caudillo presentara a Juan Carlos como su sucesor, los príncipes de España y sus hijos los infantes pasaron también varios días de verano en el pazo de Meirás. Numerosos ministros, autoridades militares, civiles y eclesiásticas iban allí de peregrinación anual para visitar al Generalísimo.

Lo que había conseguido su jefe les parecía a muchos asombroso. Él, sin embargo, no mostraba mucho interés por los detallados informes económicos que le pasaban sus ministros. En el mensaje de fin de año de 1962 leyó una serie de cifras y datos sobre la producción de acero, cemento, carbón, viviendas construidas y automóviles producidos que, comparados con los del año 1935, «último anterior a nuestro Movimiento», «se ofrecen como premio a nuestros esfuerzos», aunque la modernidad siempre aparecía limitada por lo «contingente», «la meteorología extremada, las sequías prolongadas, el desencadenamiento de las fuerzas de la naturaleza que producen inundaciones».

Le «crispaba» la música «que ahora hacen los jóvenes», tampoco le gustaba el arte contemporáneo, «eso no es pintura», y el 1 de abril de 1964, veinticinco años de paz, elogió en una entrevista en *ABC* la virilidad de la juventud, el legado de lo mejor de la patria:

> Yo puedo asegurar, como los hombres de mi generación, si son sinceros, que las nuevas generaciones masculinas son más sensatas y virtuosas que lo fue la nuestra. Que lo que podemos llamar desvíos de la juventud son escasísimos y más superficiales que de fondo. No

olvidemos, por otra parte, que para ser caballo hay que pasar por potro.

El crecimiento industrial, la crisis de la agricultura tradicional y la gran emigración del campo a las ciudades transformaron el paisaje social y la estructura de clases. Surgió una nueva clase obrera, que tuvo que subsistir al principio en condiciones miserables y bajos salarios, controlada por los falangistas y los sindicatos verticales, sometida a una intensa represión, pero que pudo utilizar desde comienzos de los años sesenta la nueva legislación sobre convenios colectivos para mejorar sus contratos. Los objetivos de la revolución social, que habían manifestado anarquistas y socialistas hasta 1939, se apartaban para lograr otros más inmediatos relacionados con los salarios, la duración de los contratos o las exigencias de libertades.

Durante la autarquía las quejas por los bajos salarios y el racionamiento, demandas urgentes para salir de la miseria, tuvieron una dimensión política, porque desafiaban a la autoridad. Hubo ya una huelga importante en la ría bilbaína el 1 de mayo de 1947, aunque la más significativa de aquellos años fue la que comenzó en Barcelona en marzo de 1951 con el boicot a los tranvías para protestar por la subida de tarifas. La huelga se extendió a otros sectores industriales y encontró también un amplio eco de solidaridad en Vizcaya y Guipúzcoa. En esos conflictos, y en los de los años siguientes, coincidiendo con las primeras movilizaciones estudiantiles de 1956, se vio ya que los dos sindicalismos históricos, el socialista y el anarquista, tenían desde la clandestinidad muchas dificultades para conectar con las nuevas acciones colectivas y que los comunistas eran ya la fuerza más activa de oposición a Franco. Se hicieron notar especialmente a partir de la Ley de Convenios Colectivos de 1958 y aunque la dictadura siempre podía contar con la policía, el código penal, la cárcel y la tortura, surgió un sindicato nuevo clandestino, Comisiones Obreras, activado y orientado por católicos y comunistas que intentaban penetrar en los sindicatos verticales. Se trataba de una nueva cultura sindical, de una acción «indirecta» que utilizaba los canales que el régimen ofrecía.

El control absoluto que los poderes de Franco intentaban ejercer sobre los ciudadanos ya no era suficiente para evitar la movilización social contra la falta de libertades. Rojos y disidentes eran también los profesores y estudiantes que cuestionaron los fundamentos de una universidad mediocre y represiva y los clérigos que se distanciaron de la Iglesia católica sumisa. Un documento oficial de la Dirección General de Seguridad fechado en 1966 ya advertía que de los tres pilares de la dictadura, «el catolicismo, el Ejército y la Falange», únicamente el segundo aparecía «firme, unido como realidad y esperanza de continuidad», mientras que el catolicismo mostraba signos de división en torno a tres problemas: «El clero separatista; la lucha interna entre sacerdotes conservadores y sacerdotes avanzados; y la actitud de cierta parte del clero frente a las altas jerarquías eclesiásticas».

Capítulo 28

«TODO HA QUEDADO ATADO, Y BIEN ATADO»

El 5 de julio de 1968, murió en Toledo el cardenal Enrique Pla y Deniel. Tenía noventa y un años. Ideólogo de la cruzada, primado desde 1941, mantuvo a la Iglesia católica española en «amistosa concordia» con el nuevo Estado. Estaba convencido de que la guerra civil española había sido un plebiscito armado y que la represión de posguerra fue una necesaria «operación quirúrgica en el cuerpo social de España». La victoria del ejército de Franco en 1939 significó el triunfo absoluto de la España católica. El catolicismo volvió a ser la religión oficial del Estado. La Iglesia recuperó todos sus privilegios institucionales y manejó los medios administrativos modernos para reforzar su monopolio como confesión nacional. La simbiosis entre religión, patria y Caudillo fue decisiva para la supervivencia y mantenimiento de Franco tras la derrota de las potencias fascistas en la segunda guerra mundial.

Los 46 obispos que estaban en sus sedes al final de la guerra habían bendecido la cruzada contra el infiel y se sumaron con fervor y entusiasmo a la construcción del nuevo Estado. Más de la mitad de ellos fallecieron antes del concordato de 1953, período en el que llegaron al episcopado quienes iban a ser notables jerarcas de los años dorados de Franco como Pedro Cantero Cuadrado, Ángel Herrera Oria, José María Bueno Monreal y Casimiro Morcillo.

Nada se movió en la jerarquía católica en esos primeros veinticinco años de paz, pese a que debió compartir sus parcelas de poder con las fuerzas armadas, falangistas y los viejos y nuevos caciques. Dos organizaciones católicas seglares, primero la Asociación Católica Nacional de Propagandistas y después el Opus Dei, proporcionaron al Estado de Franco sus cuadros administrativos más importantes.

Franco se envolvió en el manto de la Iglesia, sacralizado, rodeado de una aureola heroico-mesiánica que lo equiparaba a los santos más grandes de la historia. El panegírico empezó en la cruzada, cobró vida en la posguerra y continuó hasta su muerte. Obispos, sacerdotes, frailes, monjas y católicos rindieron pleitesía al «enviado de Dios hecho Caudillo». En sus escritos y discursos públicos Franco hizo suya la filosofía de la historia antimoderna y católica en su incesante lucha contra la masonería, el enciclopedismo francés y sus variantes en forma de liberalismo, capitalismo y socialismo. La España liberal, desde la Ilustración hasta la Segunda República, debía ser reprimida y borrada; pasado decrépito por la introducción de las herejías extranjeras. Pero su sueño de liderar una Iglesia nacional con poder sobre el Vaticano, tema esencial en las largas y complicadas negociaciones previas a la firma del concordato de 1953, comenzó a disiparse con la elección del cardenal Angelo Giuseppe Roncalli como papa Juan XXIII en octubre de 1958, tras la muerte de Pío XII, y todavía más con el ascenso al pontificado de Pablo VI en junio de 1963.

La sustitución de élites de Acción Católica, que habían servido en los gobiernos de Franco desde 1945, por otras del Opus Dei, un movimiento sectario dentro del catolicismo mirado por muchos con recelo, facilitó el alejamiento de algunos grupos de sacerdotes y católicos con una clara ruptura generacional. Las vocaciones religiosas, una vía tradicional de movilidad social, descendieron de forma drástica en los años sesenta. Un tercio de los jesuitas abandonó la orden entre 1966 y 1975. Esa secularización de una parte de la sociedad española coincidió en el tiempo con tendencias generales de cambio que llegaban desde el Concilio Vaticano II (1962-1965). La opinión y práctica católica comenzó a ser más plural, con sacerdotes jóvenes que abandonaban la ideología ultramontana, trabajadores de la Juventud Obrera Católica (JOC) y de la Hermandad Obrera de Acción Católica (HOAC) que luchaban contra la dictadura y conectaban con organizaciones marxistas en la clandestinidad.

Curas y católicos que hablaban de democracia, socialismo y libertades. Todo eso era nuevo, muy nuevo, en España y provocó la alarma en la jerarquía eclesiástica y una reacción indignada de dirigentes y servidores de Franco acostumbrados a una Iglesia servil y entusiasta. Los informes que la Dirección General de Seguridad proporcionaba regularmente al Caudillo advertían de la actividad de esos grupos que pedían una Iglesia de «comunidades de base». En mayo de 1962, cuando las huelgas iniciadas por los mineros en Asturias se extendían por todo el país, Franco escribió unas «reflexiones sobre la participación de eclesiásticos en los movimientos laborales» donde, tras señalar «la anarquía revolucionaria de los (sic) JOCS», urgía a «cortar de raíz la predicación en las iglesias» de las protestas. «La Iglesia, que tiene un concordato con el Estado y que tantos bienes y favores recibe de él, no puede sin causa grave que le afecte, hacer daño al Estado.» Esa anarquía revolucionaria la achacaba Franco a «la falta de autoridad de la Jerarquía». Dos años antes, José Solís Ruiz, delegado nacional de sindicatos y ministro secretario general del Movimiento, ya había tenido enfrentamientos con las corrientes apostólicas católicas que habían criticado las «irregularidades» en las elecciones sindicales.

Franco, Carrero Blanco y la jerarquía eclesiástica más fiel percibieron en esos cambios una quiebra de la fusión de la cultura tradicional española con la fe católica. En el discurso pronunciado en las Cortes el 8 de julio de 1964, el Caudillo celebró «el clima espiritual» que había reinado en los veinticinco años de paz en «el Estado católico con el imperio de la ley divina», amenazado por la «filtración progresiva» de los comunistas en los órganos católicos y la «descristianización que vienen sufriendo sus masas trabajadoras». No comprendía la protección que el Vaticano y algunos prelados daban «a enemigos de nuestra Patria, aunque sean sacerdotes». Doña Carmen se encargaba también de recordar a menudo a su esposo la misión divina que la providencia le había asignado y todo lo que había hecho por la salvación de la Iglesia.

Para Carrero Blanco esa disidencia de una parte del clero era una «traición» a la protección que el Caudillo había dado a la religión católica «en el orden material», con la inversión desde 1939 de «trescientos mil millones de pesetas en construcción de templos, seminarios, centros de caridad, enseñanza y sostenimiento del culto». En el informe que López Rodó le envió el 2 de julio de 1968 se quejaba de la «secuela de desorientación doctrinal», fruto del Concilio, que había producido «agitación en los Seminarios, extralimitaciones de algunos clérigos, crisis de autoridad de ciertos prelados, indisciplina de Acción Católica» y había roto «la armonía que desde la Cruzada ha presidido las relaciones entre Iglesia y Estado».

Frente a esas grietas y fricciones, la figura de Franco aportó, como siempre había ocurrido ante las dificultades, un contrapeso: el caudillo nacional que mostraba el gran logro de haber acabado con el caos y resucitado a la patria. Que eso se resquebrajara, que se pusieran en peligro todos los éxitos que tantos privilegios habían traído, inquietaba a su círculo familiar, a los militares, a los arquitectos del desarrollo sin democracia y a las decenas de miles de cargos del Movimiento y de los diferentes niveles de la administración. La apreciación de que las energías de Franco disminuían hizo tomar posiciones a muchos de ellos ante las consecuencias que tendría su irremediable desaparición. El deterioro de su salud, el declive físico y los indicios de senilidad eran evidentes, pese a la operación propagandística de presentarlo como un deportista entregado a la caza de rebecos y venados y a la pesca de gigantescos atunes y ballenas. De 1966 a 1969, se culminó el programa de institucionalización del sistema político de Franco con la Ley Orgánica del Estado y la designación de un sucesor a título de rey.

Franco había aplazado durante años la elaboración de esa ley orgánica hasta que, por iniciativa de Carrero Blanco, en el verano de 1966 una comisión formada por él, Muñoz Grandes, Fraga, Solís, Antonio María de Oriol y Urquijo —capitán de requetés durante la guerra, ministro de Justicia desde un año antes— y el político de larga duración Antonio Iturmendi, presidente de las Cortes, le entregó al Caudillo el proyecto definitivo.

A las cinco de la tarde del 22 de noviembre, Franco presentó la ley ante las Cortes. En su discurso, leído con gafas y voz frágil, repasó su visión de la historia de España, «una pobre nación venida a menos [...] un noble país al que siglos de decadencia [...] habían sumido en la más amarga decepción», salvado «por la fe irrenunciable que nos otorgó la victoria sobre las fuerzas que pretendían arruinarlo». Tenía razones para pregonar una vez más la magnitud de la empresa a la que se había dedicado en cuerpo y alma, «ya en gestas bélicas y victoriosas, como en la primera parte de mi vida, ya pacíficas y de gobierno al servicio del bien público».

La Ley Orgánica del Estado, aprobada por aclamación, sin debate, por todos los procuradores puestos en pie, confirmó la futura instauración, no restauración, de una monarquía basada en los principios del Movimiento Nacional. En ese futuro, ya sin incertidumbres, no habría partidos políticos, sino «legítimo contraste de pareceres», se separarían las competencias del jefe de Estado y del jefe de Gobierno y se ampliaría el número de procuradores en las Cortes hasta 534 para incorporar la presencia de los representantes del «tercio familiar», elegidos por los cabezas de familia y las mujeres casadas.

«Nunca me movió la ambición de mando», proclamó por radio y televisión el 12 de diciembre para pedir el voto afirmativo en el referéndum, apelando a las diferentes generaciones de españoles que lo conocían: «los más viejos», desde los tiempos de África; «los ya maduros», que «en medio de los desastres de la República [...] pusisteis en mi persona la esperanza de la Capitanía para la defensa de la paz civil amenazada»; los combatientes de la cruzada que vencieron al comunismo; quienes sufrieron «la dominación roja», que evocarán «la alegría infinita de la liberación»; los que seguían leales; los que habían vivido «la paz incomparable de estos veintisiete años».

Sus palabras sonaban muy familiares:

> Desde muy joven echaron sobre mis hombros responsabilidades superiores a mi edad y a mi empleo. Hubiera deseado disfrutar de la vida como tantos españoles; pero el servicio de la Patria embargó mis horas y ocupó mi vida. Llevo treinta años gobernando la nave del Estado, librando a la Nación de los temporales del mundo actual; pero, pese a todo, aquí permanezco, al pie del cañón, con el mismo espíritu de servicio de mis años mozos [...] ¿Es mucho exigir el que yo os pida, a mi vez, vuestro respaldo a las leyes que en vuestro exclusivo beneficio y en el de la nación van a someterse a Referéndum?

Carrero Blanco, López Rodó y Fraga Iribarne presentaron el referéndum en diferentes intervenciones en televisión como un plebiscito a favor de Franco, la garantía de una sucesión pacífica, ordenada y de continuidad. El Ministerio de Información y Turismo inundó de propaganda las calles y carreteras con gigantescas pancartas y fotos de un benévolo patriarca, en una fusión del discurso de la paz y el desarrollo: «Triunfó en el pasado, asegura el presente, promete el futuro»; «Tú eres España, tuyo es su progreso». El centro de la campaña era el Caudillo, encarnación de la paz, seguridad, bienestar y progreso, la única figura que podía unir a un país amenazado por los conflictos y la subversión. La Conferencia Episcopal pidió la participación, ante la protesta expresada por carta de un grupo de sacerdotes. Eran apoyos y fervores necesarios porque la mayoría de los ciudadanos desconocían el complicado texto de la ley, que se había dado a conocer tres semanas antes. Las llamadas al patriotismo y los recuerdos del terrible pasado actuaron como focos de atracción y por si eso fallaba, se exigió el certificado de voto para tener las cuatro horas libres en la empresa y cobrar la nómina en la administración pública.

El miércoles 14 de diciembre de 1966, muchos hombres y mujeres mayores de veintiún años guardaron largas colas para depositar la papeleta. Votó el 89 % del electorado, con un 95,9 % de votos afirmativos, un 1,92 % de votos negativos y un 2,21 % en blanco o nulos. La eficacia de la propaganda y los mecanismos de presión funcionaron. Pocas sorpresas podía haber en un Estado policial y autoritario que neutralizaba la disidencia y reprimía la rebeldía. Pero la gratitud al Caudillo por la victoria pasada y la creciente prosperidad, manifestada en adhesión o apatía, pesaban más que la oposición y la resistencia.

Franco, que aparecía en muchas ocasiones en público agotado, iba a recompensar la lealtad de Carrero Blanco, en cuyas manos estaba la tarea de atender los asuntos del Gobierno. En julio de 1967, Muñoz Grandes, la esperanza de los falangistas que se oponían a la monarquía, un militar de alta estima para los vencedores en la guerra, enfermó gravemente y el Caudillo lo apartó del poder. Muñoz Grandes y Franco llevaban un tiempo distanciados, «hartos de discutir», según le comentó el primero a Fraga Iribarne, y pese a ser el hombre más importante en el ejército y en la política después del jefe de Estado, apenas intervino en el proceso de elaboración de la Ley Orgánica del Estado y en la campaña de propaganda del referéndum. Murió el 11 de julio de 1970, a los setenta y cuatro años. Franco no acudió al sepelio, presidido, en su lugar, por el príncipe Juan Carlos. Delante del ataúd «del gran patriota y gran soldado» desfilaron excombatientes de la División Azul. El 21 septiembre de 1967, apareció en el *Boletín Oficial del Estado* el nombramiento del almirante Luis Carrero Blanco como vicepresidente del Gobierno. Para la mayoría de los jerarcas del régimen era una garantía, la mejor voz de su amo, más franquista que el propio Franco.

Aparte del temor que el Generalísimo pudiera sentir por su propia vida, desde fuera llegaron noticias que disparaban su preocupación por el futuro inmediato. En septiembre de 1968, António de Oliveira Salazar sufrió un accidente vascular que le forzó a retirarse de la vida política activa. Franco y él habían tenido sus dos últimos encuentros en Mérida en 1960 y 1963. Portugal vivió en esa década un proceso similar al español, un notable crecimiento económico, una masiva emigración exterior —1,4 millones entre 1960 y 1973, en una población de 8,5— y los primeros conflictos sociales. Pero su principal peculiaridad respecto a España, la persistencia del imperio, complicó los mejores años del salazarismo. Las guerras coloniales se convirtieron en un «callejón sin salida» para el régimen, que «contaminó» y «obstruyó» todas las posibles alternativas de reforma. Ese dilatado conflicto colonial fue además un impulsor del uso de la violencia estatal. A excepción de algunos informes anticoloniales, en Portugal no se prestó especial atención a las decenas de miles de víctimas africanas —muertas, encarceladas, exiliadas o refugiadas— y se convirtió en el apartado más difícil de asimilar de la brutalidad autoritaria.

La propaganda española mostró a los dos líderes en esos años dorados como «gobernantes ejemplares» que mantenían a sus países «en orden y en paz». Hasta mediados de los años cincuenta, las posiciones de Portugal y España sobre el problema colonial coincidieron, pero a partir de la independencia del protectorado de Marruecos en 1956 sus caminos se separaron. Para Salazar el objetivo primordial era asegurar el imperio colonial y Franco no mostró interés en conservar la «tradicional solidaridad» que había nacido entre los dos países en el verano de 1936. Fernando María Castiella, ministro de Asuntos Exteriores, declaró tras la última entrevista en el parador de Mérida en 1963 que «todo se desarrolló de manera excelente» y el «acuerdo» era completo. Salazar, sin embargo, no encontró el apoyo que esperaba de Franco para mantener a su país «unido e indivisible desde el Miño a Timor». Fue la última vez que se vieron.

Con la salida obligada de Salazar de la presidencia del Gobierno portugués, el presidente de la República, el almirante Américo de Deus Rodrigues Tomás, abrió un proceso de sustitución y propuso a Marcelo Caetano, un veterano político, exministro de Ultramar, como nuevo presidente del consejo de ministros. Caetano y López Rodó mantenían una estrecha amistad desde que se conocieron en la Universidad de Lisboa en 1944. El ministro español viajó a Portugal en junio de 1969 para renovar el Pacto Ibérico, porque «un incendio en un país de la Península se propagaría al otro», y así informó a Franco, pero la historia se aceleró en los años siguientes en los dos países. Salazar murió el 27 de julio de 1970, a los setenta y un años, enterrado en el cementerio de Vimieiro, la pequeña localidad en la que nació. El NO-DO dedicó un elogioso reportaje al «ilustre estadista, cuya vida estuvo siempre consagrada al engrandecimiento y bienestar del pueblo». En Madrid se celebró un funeral al que asistió el príncipe Juan Carlos «en representación del Jefe del Estado».

El 5 de enero de 1968, el príncipe Juan Carlos cumplió treinta años, la edad establecida por la Ley de Sucesión para poder reinar. Franco hacía tiempo que había descartado a don Juan como sucesor. Unos días después nació en Madrid Felipe de Borbón y Grecia, primer hijo varón de Juan Carlos y Sofía, y en el bautizo, celebrado el 8 de febrero en el palacio de la Zarzuela, tuvo como padrinos a su bisabuela, la exreina Victoria Eugenia de Battenberg, y a su abuelo don Juan de Borbón. Victoria Eugenia fue recibida el día anterior en el aeropuerto por su hijo y un amplio grupo de miembros de la familia, ilustres monárquicos y consejeros privados del conde de Barcelona. Esa tarde hubo un té de bienvenida en el palacio, al que asistieron Franco y doña Carmen. La exreina pidió al «General» que designase a su sucesor: «Tiene ya tres, el padre, el hijo y el nieto. Escoja». Doña Carmen no tenía simpatía por Victoria Eugenia, quien tampoco la mostraba por Franco, al que consideraba responsable de que no hubiera vuelto el rey Alfonso XIII a España finalizada la guerra.

Unos meses después, en octubre de 1968, Carrero Blanco entregó a su jefe un memorándum sobre «las previsiones sucesorias», en el que mostraba su impaciencia por el aplazamiento de esa cuestión esencial: «Lo que el pueblo español desea, mi general, es que su excelencia, en la plenitud de sus facultades designe quién ha de sucederle en su día, y que Dios haga que ese día esté lo más lejano posible». El príncipe Juan Carlos era el candidato idóneo, había realizado estudios en las academias militares y nunca había manifestado desacuerdo con el régimen. Franco respondió «conforme con todo», aunque no mostró las mismas ansias ni prisa que Carrero.

El orden y la autoridad estaban amenazados en las universidades. El 24 de enero de 1969, Franco decretó el estado de excepción en todo el territorio nacional, la primera vez que eso ocurría desde 1956, para defender «la paz y el progreso de España» frente a «acciones minoritarias [...] dirigidas a turbar su orden público [...] claramente en relación con una estrategia internacional que ha llegado a numerosos países». Estudiantes subversivos, agitadores extranjeros y curas radicales. El Caudillo autorizó la creación de una cárcel para sacerdotes en Zamora y pequeños grupos neofascistas, entre los que destacaban Fuerza Nueva, de Blas Piñar, y los Guerrilleros de Cristo Rey, del veterano de la División Azul Mariano Sánchez Covisa, que organizaron ataques de escuadrones armados a estudiantes, curas y obreros comprometidos con las protestas.

En el asunto esencial de la sucesión, Franco permitía que Carrero, Alonso Vega y los tecnócratas, cada vez más impacientes, le aconsejaran nombrar a Juan Carlos y escuchaba al mismo tiempo a un grupo de ultras que se reunía en El Pardo alrededor de doña Carmen y de Cristóbal Martínez-Bordiú y le presionaban para que no lo hiciera. Era un momento transcendental, la decisión más personal que iba a tomar en aquellos años de abuelo hogareño y jefe de Estado de vacaciones, prueba evidente de su poder soberano de decisión. El lunes 21 de julio se lo comunicó a sus ministros: «Los años pasan. Tengo ya 76, voy a cumplir 77. Mi vida está en manos de Dios. He querido enfrentarme a esta realidad». José Solís Ruiz, ministro secretario general del Movimiento, propuso una votación secreta en las Cortes. Franco, respaldado por Carrero Blanco, Alonso Vega y López Rodó, se negó, buscó la conformidad del Consejo del Reino y al día siguiente presentó a Juan Carlos como sucesor ante las Cortes.

La votación fue pública y nominal: 491 votos afirmativos, 19 negativos y 9 abstenciones. Quince procuradores no asistieron a la sesión. Entre quienes votaron en contra destacaban el teniente general Rafael García Valiño y Torcuato Luca de Tena, consejero nacional por designación del jefe de Estado y director de *ABC.* No asistieron Pedro Barrié de la Maza y Agustín Muñoz Grandes. Ningún falangista, incluido Girón, se atrevió en público a abstenerse o votar en contra y la mayoría de los votos contrarios a la designación salieron de los procuradores del Tercio Familiar que habían llegado a las Cortes en octubre de 1967, dos por provincia, en aplicación de la Ley Orgánica del Estado, por elección directa.

Al día siguiente, en el palacio de la Zarzuela, la mesa de las Cortes, presidida por Iturmendi, y Carrero Blanco informaron al príncipe de la propuesta. Juan Carlos firmó, acudió a las Cortes y juró, en nombre de Dios y sobre los santos Evangelios, «lealtad a su Excelencia el Jefe del Estado y fidelidad a los Principios del Movimiento Nacional y demás Leyes Fundamentales del Reino». Iturmendi sentenció: «Si así lo hiciereis que Dios os lo premie; y si no, os lo demande». En su discurso Juan Carlos afirmó que recibía del jefe de Estado y Generalísimo Franco «la legitimidad política surgida el 18 de julio de 1936».

Franco, con esa resolución tan esperada, pasaba a la futura monarquía su legado político y al mismo tiempo rompía la línea dinástica de los Borbones. Como le dijo a su primo Pacón meses después, nombrar a don Juan «sería arrojar por la borda la gran victoria de nuestra guerra conseguida a costa de tantos sufrimientos, sacrificios y sangre». Porque, «aunque se portó bien con España y el régimen durante nuestra guerra, se puso enfrente al terminar ésta. Mal aconsejado, desde luego; Don Juan sin duda se dejó arrastrar por los enemigos del régimen y por resentidos que son enemigos personales míos». Una vez más, como en todas las decisiones importantes que tomó, Franco disipó cualquier duda o contratiempo con una alusión al momento fundador de su poder. En el transcendental instante del verano de 1969 unió el pasado con el futuro y aprovechó el mensaje de fin de año para recordarlo: «Respecto a la sucesión a la jefatura del Estado, sobre la que tantas maliciosas especulaciones hicieron quienes dudaron de la continuidad de nuestro Movimiento, todo ha quedado atado, y bien atado».

Con esa monarquía española «instaurada», que contaba «con un respaldo popular prácticamente absoluto», el futuro estaba asegurado. Además de por «la permanencia inalterable de los principios del Movimiento» y por «la lealtad y amor a la Patria» de la que había dado «sobradas pruebas» el príncipe de España, porque la fidelidad del ejército a su Generalísimo era incondicional. A medida que iba haciéndose mayor, cuando alguien de su círculo más próximo le expresaba su preocupación e inquietud por los peligros que acechaban la continuidad, la respuesta siempre apuntaba al ejército sin fisuras que había nacido de una guerra victoriosa. Se lo dijo al teniente general Franco Salgado-Araujo el 3 de mayo de 1969: «Tenga la seguridad de que los tres ejércitos defenderán siempre el régimen, que desde luego podrá evolucionar con arreglo a futuras situaciones políticas mundiales, pero que mantendrá inalterables sus postulados esenciales». Lo que creía el Caudillo lo había resumido un año antes de forma diáfana Carrero Blanco en un discurso ante el Estado Mayor: «Que nadie, ni desde fuera ni desde dentro, abrigue la más mínima esperanza de poder alterar en ningún aspecto el sistema institucional, porque aunque el pueblo no lo toleraría nunca, quedan en último extremo las fuerzas armadas».

Franco, que había acogido a Carrero en su círculo desde los difíciles años de la posguerra mundial y confiaba en él como supremo guardián del orden, tuvo una oportunidad extraordinaria de demostrarlo cuando estalló de súbito en el verano de 1969 un bombazo llamado Matesa. No lo mencionó en el mensaje de fin de año, pero la crisis subsiguiente marcó un desgarro en las relaciones entre algunos jerarcas que conducían desde diferentes puestos la nave del Caudillo.

El mundo de Franco

© Album

Franco nació en El Ferrol el 4 de diciembre de 1892. Candidato por tradición familiar a ingresar en la Academia Naval para llegar a oficial de Marina, el adolescente Francisco vio frustrado su deseo porque el desastre colonial de 1898 inauguró una época de restricciones presupuestarias y de acceso limitado a la armada. Franco entró en la Academia de Infantería Militar de Toledo en agosto de 1907, a los catorce años: «Allí fue donde yo me hice hombre».

© EFE

En 1920, el teniente coronel José Millán-Astray le ofreció a Franco el puesto de segundo jefe de la Legión Española, creada el 31 de agosto de ese año, unas unidades especiales de voluntarios que seguían el modelo colonial francés. Fue en el combate en tierras africanas donde se forjó la amistad entre ellos.

Carmen Polo y Franco contrajeron matrimonio el 22 de octubre de 1923 en la iglesia de San Juan el Real de Oviedo. En la fotografía que captó la salida de los recién casados se les veía sonrientes, con un grupo de damas con sombreros haciéndoles el pasillo. A Carmen le pareció «que estaba soñando... o leyendo una bonita novela... la mía».

Nombrado a comienzos de 1928 director de la Academia General Militar de Zaragoza, Franco se encargó de elegir a los profesores entre sus amigos y ayudantes. En Zaragoza, los Franco vivieron tiempos de halagos, reuniones y tertulias con autoridades militares, políticas y eclesiásticas. La orden del Gobierno provisional de la Segunda República de supresión de la Academia fue un duro golpe para Franco y nunca perdonaría a Manuel Azaña que le despojara de esa obra que sentía como suya.

El 14 de septiembre de 1926, nació su hija, a quien pusieron el nombre de María del Carmen. «Cuando nació Carmencita, creí volverme loco de alegría. Me hubiera gustado tener más hijos, pero no pudo ser», reveló Franco ya de mayor. Y Carmencita, años después de la muerte de Franco y Carmen Polo, recordaba que nunca jugó de niña con su padre, quien era «muy bueno, pero no se ocupaba de mí, porque al ser yo mujer, de mi educación estaba siempre mucho más pendiente mi madre».

La sublevación militar de julio de 1936 convirtió a España en campo de batalla de un sangriento conflicto armado. En la primavera de ese año, el general Emilio Mola firmó desde Pamplona, con el seudónimo de «el Director», los informes y las «instrucciones reservadas» para los diferentes jefes de la rebelión. El 26 de agosto, Franco montó su cuartel general en Cáceres, en el palacio de los Golfines de Arriba, antes de trasladarse a comienzos de octubre, proclamado ya Generalísimo, al palacio episcopal de Salamanca.

Cerca de ochenta mil italianos llegaron a España a combatir contra la República tras el pacto secreto de amistad firmado por Franco y Mussolini en noviembre de 1936. El Caudillo aparece en la foto presidiendo un desfile militar de soldados españoles e italianos en la población riojana de Recajo, el 2 de octubre de 1938.

El tercer aniversario de la ejecución de José Antonio Primo de Rivera brindó a Franco la oportunidad de recordar sus vínculos con el fascismo, cultivar la leyenda del «ausente» y avivar la adhesión incondicional de los falangistas. El 20 de noviembre de 1939, los restos del fundador de Falange fueron exhumados del cementerio de Alicante para volver a inhumarlos diez días después a los pies del altar mayor del monasterio de El Escorial.

© Archivo ABC

Las hermanas Polo —Carmen y Ramona, «Zita»— formaron un influyente tándem, primero en el palacio arzobispal de Salamanca y después, a partir de julio de 1937, en el palacio de la Isla, de la familia Muguiro, en Burgos. Vidas palaciegas y de intensa vida social en medio de la guerra y la posguerra, hasta las destitución de Serrano Suñer en septiembre de 1942. Doña Carmen abandonó también a su hermana, y Zita y Ramón ya no contaron más en la vida de los Franco.

© EFE

Cuando Alemania comenzó la invasión de la Unión Soviética, Franco decidió enviar combatientes al frente oriental. Era una lucha junto a los alemanes «contra el enemigo común», los bolcheviques, los masones y los judíos. Se la llamó División Azul, pero en realidad fue la 250.ª División de la Wehrmacht, formada por españoles que juraron lealtad al *Führer*.

© Tallandier / Bridgeman Images / Album

© Mondadori Portfolio

© UtCon Collection / Alamy

Cuando acabó la segunda guerra mundial, cientos de nazis, fascistas y criminales de guerra se instalaron en España, protegidos por Franco. Tres de los más destacados fueron el belga Léon Degrelle, fundador del movimiento fascista Rex; el austriaco Otto Skorzeny, coronel de las SS; y el croata Ante Pavelić, líder del movimiento Ustacha.

El 19 de mayo de 1939, 120.000 soldados desfilaron ante su Caudillo como «Ejército triunfador y pueblo hecho armada milicia», en una apoteósica ceremonia en la que España, según el resumen de *ABC*, mostró «al mundo el poderío de las armas forjadoras del nuevo Estado», de la «segunda reconquista». Antes del desfile, el general José Enrique Varela, «en nombre de la Patria», impuso al Generalísimo la Gran Cruz Laureada de San Fernando.

El 1 de abril de 1959, vigésimo aniversario de la victoria, Franco inauguró el Valle de los Caídos. El Caudillo, con uniforme de capitán general, y doña Carmen, con mantilla y peineta, avanzaron por la nave central bajo palio hasta el altar mayor. Franco habló después a la multitud concentrada en la explanada: «nuestra guerra fue una Cruzada» que contó «con la ayuda decisiva de la protección divina».

Nicolás era el mayor de los hermanos Franco Bahamonde. Demostró gran habilidad y astucia en la operación de colocar a Francisco en la jefatura del Ejército y del Estado en septiembre de 1936. Sin talento ni conocimientos jurídicos, su influencia, y la de su mujer, Isabel Pascual de Pobil, disminuyeron con la llegada a Salamanca de Serrano Suñer y Zita Polo unos meses después. Fue embajador en Portugal durante veinte años y a la sombra del poder de su hermano se enriqueció con numerosos negocios y corruptelas. Murió en abril de 1977.

Cuando en diciembre de 1946 la Asamblea General de la ONU iba a excluir a España de los organismos internacionales, Franco, orientado por los ministros falangistas José Antonio Girón de Velasco y Raimundo Fernández-Cuesta, organizó una masiva concentración de apoyo en la plaza de Oriente de Madrid. Fue una liturgia y puesta en escena que relacionaba al líder sacralizado con el pueblo. Ese lunes 9 de diciembre de 1946, comenzó un rito que se repitió hasta el 1 de octubre de 1975 cada vez que el Caudillo necesitó una escenificación de adhesión popular.

Hijo de Alfonso XIII y Victoria Eugenia de Battenberg, don Juan de Borbón fue, tras la muerte de su padre en 1941, legítimo heredero del trono. En marzo de 1945, en el Manifiesto de Lausana, requirió al general Franco que abandonara el poder y diera libre paso «a la restauración del régimen tradicional de España». Desde febrero de 1946 residió en Estoril y denunció la ilegalidad de la Ley de Sucesión aprobada por referéndum en julio del año siguiente. En dos encuentros con Franco, en agosto de 1948 y en diciembre de 1954, aceptó que su hijo Juan Carlos fuera educado en España y siguiera la formación en las tres academias militares.

Franco concedió desde agosto de 1936 una relevancia primordial a las representaciones plásticas del poder. El Ejército, amparado por la Iglesia, pasó a tener una presencia notable en la pompa y simbolismo de los actos religiosos. Desde su victoria en la guerra, el Caudillo disfrutó de todas las prerrogativas de un rey sin corona. Tenía el privilegio de presentación de obispos y entraba y salía bajo palio en los templos, un honor reservado hasta entonces al Santísimo Sacramento y a los reyes. La Iglesia era el alma del Nuevo Estado. La Iglesia y la religión católica lo inundaron todo: la enseñanza, las costumbres, la administración y los centros de poder.

Tras el fin de la segunda guerra mundial, el anticomunismo de Franco le hizo ganar enteros entre los militares norteamericanos, un reconocimiento plasmado en el Pacto de Madrid, firmado el 26 de septiembre de 1953. Un mes antes, el Gobierno de Franco había conseguido firmar un nuevo Concordato con el Vaticano. Franco se apresuró a describir a España como «una de las grandes reservas espirituales del mundo». Con los militares, el apoyo de Estados Unidos y la bendición de la Santa Sede, su dictadura no peligraba.

© EFE

La boda de Carmen Franco con Cristóbal Martínez-Bordiú en 1950 fue una auténtica ceremonia de Estado, con guardia de honor, bandas militares, los miembros del Gobierno y cuerpo diplomático, aunque la voz del NO-DO la describió como una «fiesta de familia, de la primera familia española». Asistieron ochocientos invitados, agasajados con un almuerzo y un café en el jardín. El Caudillo actuó de padrino.

© EFE

En 1972, la familia Franco Martínez-Bordiú vivió un momento extraordinario de felicidad, un regreso a aquella época de usos aristocráticos que tanto habían complacido a doña Carmen. En la tarde del 8 de marzo, se celebró en la capilla de El Pardo el enlace matrimonial de María del Carmen Martínez-Bordiú Franco con Alfonso de Borbón y Dampierre, primogénito de don Jaime y primo de Juan Carlos. Asistieron dos mil invitados, con representantes de la realezas europeas.

© EFE

La caza era la afición favorita de Franco. La vieja aristocracia terrateniente y la nueva oligarquía política y financiera rivalizaron por asistir a partidas de caza con él. En algunas de esas fincas y cotos privados se fraguaban espléndidos negocios, un atajo para concesiones y comercio. Pocos asuntos de Estado le apartaban de sus largas temporadas de cacerías. Algunos días disparaba miles de cartuchos y mataba cientos de perdices, una obsesión por batir marcas y abatir cada vez más animales.

© EP

La inauguración de centros industriales y pantanos se convirtió en el icono esencial del desarrollismo. Franco recorrió España de un lado a otro, con el ritual repetido de baño de multitudes organizado por Falange, con cámaras del NO-DO y fotógrafos como testigos. Y en ese recorrido le saludaban cientos de cargos políticos, militares y eclesiásticos que formaban el entramado de poder y la amplia corte de jerarcas de su dictadura.

Jaime Pato / EFE

En la tarde del domingo 24 de diciembre de 1961, Franco salió a cazar palomas por las vaguadas de El Pardo. El cañón de su escopeta Purdey estalló y le hirió en su mano izquierda. Fue operado con anestesia general en el hospital Central del Aire de una fractura en el dedo índice y el segundo metacarpiano. Cuando regresó del centro médico, se fotografió con su esposa y sus cinco nietos.

© EFE

Los mensajes de fin de año de Franco, que comenzaron en la radio en 1939, transmitidos después por el NO-DO, se emitieron en televisión a partir de diciembre de 1962. Todas las grabaciones se realizaron en El Pardo. Allí acudían operadores, ayudantes de sonido y de iluminación. Leía los mensajes en una pizarra o en grandes cartelones de letra grande que se situaban detrás de la cámara. Algunos ministros le preparaban los informes y él los adaptaba.

Cuatro momentos de la vida de Franco

Franco comenzó el asalto al poder con una sublevación militar y lo consiguió a sangre y fuego en una guerra civil. Desde el 1 de octubre de 1936 hasta el 20 de noviembre de 1975, fue ungido de una autoridad sobrenatural, basada primero en su misión redentora y después, en los constantes y continuos logros. Bajo esa aureola mesiánica, el Caudillo se vio a sí mismo como un corrector de la historia desviada de España, a la que había sacado de una larga enfermedad.

Tras la ejecución de cinco hombres el 27 de septiembre de 1975, varios países retiraron a sus embajadores. El 1 de octubre, Franco escenificó por última vez el rito que había iniciado en la plaza de Oriente en diciembre de 1946. Aclamado por decenas de miles de personas, lució todas sus insignias militares y con doña Carmen a su derecha y los príncipes Juan Carlos y Sofía a su izquierda, con voz débil y temblorosa, revivió a los enemigos que siempre había tenido en su defensa heroica de la patria: los comunistas y los masones.

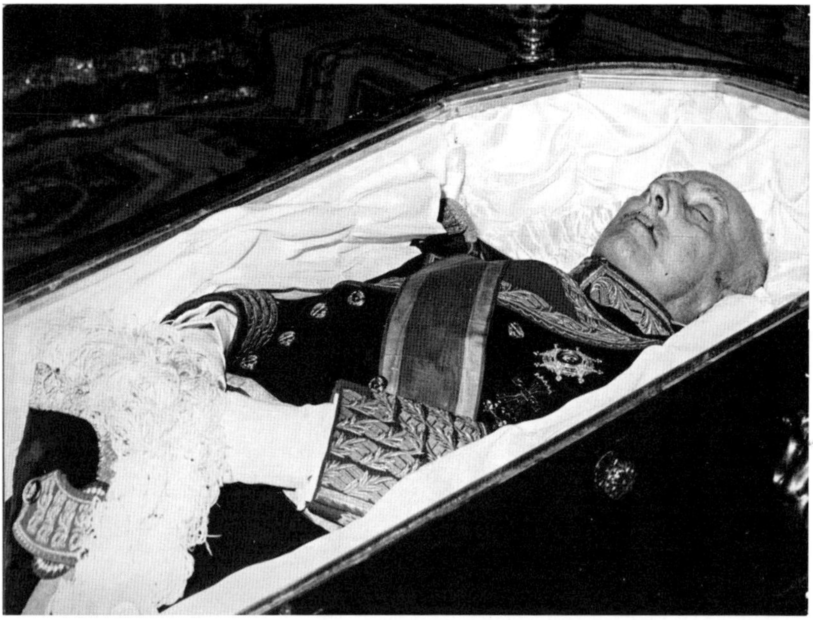

A media mañana del 20 de noviembre de 1975, el féretro que contenía el cuerpo de Franco fue trasladado desde la Residencia Sanitaria de la Paz al palacio de El Pardo. El cadáver, vestido con su uniforme de capitán general, fue velado de manera privada por su familia, miembros del Consejo de Regencia, el presidente de Gobierno y los príncipes de España. En la madrugada del día siguiente, fue conducido al salón de columnas del Palacio Real, donde se instaló la capilla ardiente abierta al público. El desfile de decenas de miles de personas se prolongó hasta las primeras horas de la mañana siguiente.

El recuerdo permanente de la guerra civil presidió el funeral de Franco el 23 de noviembre. El cortejo fúnebre que salió del palacio de Oriente con el ataúd colocado en un vehículo militar Pegaso 3050, llegó hasta la basílica de la Santa Cruz del Valle de los Caídos. La multitud congregada en la explanada exterior saludó el féretro con gritos de «¡Franco! ¡Franco! ¡Franco!» y coreó el *Cara al sol*, el *Oriamendi* y el himno de la Legión. Una losa de granito de 1.500 kilos cubrió la fosa preparada para darle sepultura.

Capítulo 29

QUIEBRA DE LA PAZ

El 17 de julio de 1969, Víctor Castro Sanmartín, director general de Aduanas, presentó una denuncia en el Juzgado Especial de Delitos Monetarios contra Juan Vilá Reyes, propietario en Pamplona de la fábrica de telares Matesa (Maquinaria Textil del Norte de España, S. A.). Vilá Reyes, presidente del club de fútbol RCD Español de Barcelona y amigo de Valéry Giscard d'Estaing —ministro francés de Economía y Finanzas—, había sido presentado por los ministros tecnócratas y por diferentes medios de comunicación, incluida TVE, como el emprendedor ideal, dinámico hombre de negocios que daba a conocer el «Made in Spain» al mundo.

La expansión internacional de Matesa, de la que se decía que era la primera multinacional española, se debía a la fabricación de un revolucionario telar sin lanzadera. Desde 1964 había obtenido diez mil millones de pesetas en préstamos del Banco de Crédito Industrial. Según la denuncia de Víctor Castro, falangista y veterano de la División Azul, esas exportaciones eran ficticias porque se hacían a filiales de Matesa en el extranjero. La empresa se beneficiaba fraudulentamente de los créditos a la exportación y de importantes desgravaciones fiscales. El 28 de julio, Vilá Reyes, su hermano Fernando y su cuñado Manuel Salvat Dalmau fueron detenidos e ingresaron en la cárcel Modelo de Barcelona.

Franco había permitido siempre la corrupción y el tráfico de influencias entre sus familiares, amigos y colaboradores. No aparecían noticias de sobornos o corruptelas en las altas instancias de poder y se cultivaba la imagen de un régimen estable, fuerte, con un Caudillo austero y sacrificado. Su autoridad, la ley y el orden no estaban en disputa. Pero en el verano de 1969 todo fue diferente. Desde que aparecieron los primeros rumores en la prensa, las noticias con informaciones detalladas del caso corrieron como la pólvora. Aunque la oficina de información del Opus Dei desmintió que Vilá Reyes perteneciera a su organización, un sector de dirigentes y funcionarios de Falange vio la oportunidad de desprestigiar a los tecnócratas y de obtener beneficios políticos en la disputa por el poder. Dionisio Martín Sanz, impulsor del Servicio Nacional del Trigo, enriquecido por el gran estraperlo de la posguerra, vicepresidente de las Cortes, uno de los críticos más agresivos de López Rodó, se dirigió a finales de agosto a Felipe Polo Martínez-Valdés, cuñado y secretario de Franco, para decirle que «como español y como hombre leal al Caudillo» quería ayudar a buscar a los responsables de ese escándalo que dañaba «el prestigio de España y sobre todo del Régimen». Denunciaba a «cuatro personas que ocupan puestos claves en la economía española»: Juan Espinosa, ministro de Hacienda; Faustino García-Moncó, ministro de Comercio; Gregorio López-Bravo, ministro de Industria; y Mariano Navarro Rubio, gobernador del Banco de España.

El *Diario SP*, dirigido por el falangista y veterano de la División Azul Rodrigo Royo, reclamó el 24 de agosto la dimisión de todos los «ministros económicos». Federico Silva Muñoz, ministro de Obras Públicas, transmitió en un informe a Franco la «actitud no solo pasiva, sino incluso tolerante», del ministro de Información Fraga Iribarne ante las graves acusaciones. Distintos procuradores familiares recogieron firmas para convocar un pleno extraordinario de las Cortes y crear una comisión de investigación. Con tantas quejas, Carrero Blanco dirigió el 15 de octubre uno de sus habituales informes al Caudillo para poner fin a la «escandalosa politización» del «lamentable asunto» de Matesa, que muchos interpretaban como una «prueba de la descomposición del Régimen». Le aconsejó un inmediato cambio de Gobierno, que cayeran los ministros económicos implicados, pero también los responsables de la política de información, pues «las librerías están plagadas de propaganda comunista y atea, los teatros representan obras que impiden la asistencia de familias decentes y los cines están plagados de pornografía». Carrero aprovechó también para nombrar las políticas erróneas de Castiella con Estados Unidos, Gibraltar y el Vaticano.

Franco atendió sus peticiones y sustituyó a trece de los dieciocho ministros en el nuevo Gobierno que nombró el 29 de octubre. Fraga y Castiella salieron. Carrero Blanco continuaba de vicepresidente, aunque con más poder que nunca. El gran vencedor fue López Rodó, quien colocó a todos sus candidatos. Los cargos de secretario general del Movimiento y delegado nacional de Sindicatos, que Solís había reunido desde 1957 se separaron, ocupados por Torcuato Fernández-Miranda y Enrique García-Ramal. Castiella y Fraga fueron sustituidos por López-Bravo, que dejó Industria, y Alfredo Sánchez Bella.

El daño político causado por el escándalo fue grave, a Franco «por primera vez, algo se le escapó de las manos», en opinión de Navarro Rubio, pero la pugna por el control del proceso político ante el envejecimiento del Caudillo había comenzado años antes. Aunque no cabía duda alguna de quién era la figura dominante detrás del Generalísimo, muchos tomaban posiciones en el seno del Movimiento para la fase posterior a su muerte. Franco apenas participaba en las decisiones de la política exterior, pero la administración norteamericana, que tanto había contribuido al mantenimiento de su poder, estaba preocupada por el futuro de España. Los informes que llegaban al republicano Richard Nixon, presidente desde enero de 1969, se referían a la mala salud de Franco y a la incertidumbre en torno a cómo actuaría su sucesor, Juan Carlos de Borbón. Estados Unidos necesitaba estabilidad para mantener sus bases militares y sus empresas. Además, le preocupaba la situación en el Mediterráneo, la posible influencia comunista en el momento de la desaparición de las dictaduras en Portugal y en España.

En Grecia, en abril de 1967, un golpe de Estado inauguró un brutal período de persecución política, encarcelamientos y terror, el régimen de la Junta de los Coroneles. Sus jefes eran los coroneles Geórgios Papadópoulos, Nikolaos Makarezos y el general de brigada Stylianos Pattakos. Muchos de los golpistas habían servido o eran en ese momento colaboradores activos de los servicios de inteligencia norteamericanos y algunos habían recibido entrenamiento en Estados Unidos. El rey Constantino, hermano de la princesa Sofía, no resistió a los insurrectos, intentó un contragolpe en diciembre con algunos de los miembros de las fuerzas armadas leales a la Corona, pero, mal organizado, fracasó y su fue con su familia a Roma y después a Londres. Nixon y su vicepresidente, Spiro Agnew, hijo de emigrantes griegos, que mantenía estrechos lazos de amistad con la poderosa comunidad de negocios greco-estadounidense, apoyaron esa dictadura. Grecia era en esos años, como lo había sido España en 1953, un lugar geoestratégico muy importante para Estados Unidos y para la OTAN, sobre todo tras la llegada al poder de Muamar el Gadafi en Libia en septiembre de 1969, el continuo conflicto árabe-israelí y la creciente presencia naval soviética en la región. Desde la península Ibérica hasta Grecia, Estados Unidos necesitaba afianzar su control en el Mediterráneo a través de las tres dictaduras. Las bases militares eran más importantes en esa amplia región que los principios democráticos.

El avión de Richard Nixon aterrizó en Madrid a las doce de la mañana del 2 de octubre de 1970 y abandonó España a las 9.22 de la mañana siguiente. Fue una visita fugaz, como la de Eisenhower once años antes. Nixon quedó encantado de la acogida que decenas de miles de ciudadanos le habían dado en el trayecto que junto a Franco les llevó en un coche descubierto desde el aeropuerto al palacio de El Pardo. Se entrevistó también con Carrero Blanco y conoció al príncipe Juan Carlos, que le causó muy buena impresión por su conocimiento del inglés. El encuentro con Franco, sin embargo, le produjo preocupación. Se había quedado dormido en el coche y apenas habló en la cena de gala. Su salud parecía peor de lo que decían los informes.

En los años siguientes, Nixon y Henry Kissinger, su asesor de Seguridad Nacional y secretario de Estado, siguieron de cerca y con inquietud la evolución de España. Apoyaron a Franco con la presencia frecuente de diplomáticos y militares en los actos oficiales. El martes 26 de enero de 1971, los príncipes visitaron la Casa Blanca. Juan Carlos se reunió con Nixon en el despacho oval. El presidente aconsejó al príncipe mantener el equilibrio entre la libertad y el orden, que no se preocupara «en exceso por presentar una imagen demasiado liberal ni reformista, sino por subrayar su juventud, dinamismo y simpatía». Kissinger y Nixon tenían muy buena impresión de Juan Carlos, pero creían que todavía estaba verde «para dirigir el fuerte». No pudieron sacarle información sobre qué podría pasar en España porque la presencia en la entrevista del embajador Santiago Argüelles Armada lo cohibió.

Al mes siguiente enviaron a Madrid al general Vernon A. Walters, agregado militar de Estados Unidos en París, para averiguar las intenciones de Franco y hacerle ver que lo mejor sería entregar el poder antes de que su salud empeorara y evitar así «la anarquía». Walters había estado en África e Italia durante la segunda guerra mundial, había sido intérprete de Eisenhower en su encuentro con Franco, y tenía amigos entre los militares españoles. Fue Carrero Blanco quien le facilitó la entrevista secreta con Franco. Ocurrió en la tarde del 24 de febrero de 1971. El Caudillo le dijo que España «recorrería alguna distancia en el camino deseado por EE. UU., pero no toda, ya que España no era América, ni Inglaterra, ni Francia». Las fuerzas armadas, añadió, «nunca dejarían que las cosas se salieran de control y expresó su confianza en la capacidad del Príncipe para dominar la situación después de su muerte». Walters encontró a Franco «viejo y débil. Su mano izquierda temblaba a veces tan violentamente que la cubría con la otra. A ratos parecía muy distante y en otros momentos iba directamente al grano». El general estadounidense se fue de España convencido de que el Caudillo no tardaría en morir.

A Estados Unidos le inquietaba el futuro de España, aunque en 1970 Franco, Carrero y el nuevo Gobierno se enfrentaron a una agitación sin precedentes en las fábricas y universidades, a las que se sumó la actividad terrorista de ETA (Euskadi Ta Askatasuna). Fundada en julio de 1959 con retazos de las organizaciones juveniles del Partido Nacionalista Vasco (PNV), comenzó a tener resonancia desde 1968 cuando la propaganda y las bombas sin muertos dieron paso al asesinato del agente de la Guardia Civil de tráfico José Antonio Pardines y del jefe de la Brigada de Investigación Social de San Sebastián, Melitón Manzanas. López Rodó percibió claramente que su política de desarrollo, que perseguía una despolitización integral, había tenido el efecto contrario, la aparición de nuevos conflictos y movimientos sociales que erosionaron a la dictadura. A partir de ese momento, hizo continuos elogios a la autoridad, a la sabia dirección de Franco, y cerró filas con el Movimiento Nacional. Ante el enorme desafío, Carrero Blanco recurrió cada vez más a las fuerzas armadas para la represión violenta de cualquier forma de disidencia. «Estamos en una situación de guerra», declaró en marzo de 1972 ante el Consejo Nacional del Movimiento, «por consiguiente, tenemos que actuar con moral de guerra».

La conflictividad laboral alcanzó en 1970 el nivel más alto del decenio. Muchas de esas huelgas derivaban en enfrentamientos con la policía y con muchos huelguistas torturados y en la cárcel. La represión fue especialmente dura en el País Vasco, donde ETA había comenzado a desafiar a las fuerzas armadas con asesinatos y atracos a bancos y empresas. La mezcla de agitación laboral, universitaria y terrorista provocó una dura reacción de militares y políticos que convencieron a Franco para que respondiera con un juicio ejemplar contra tres mujeres y trece hombres —entre ellos dos sacerdotes— acusados de pertenecer a ETA y haber participado en los asesinatos de Melitón Manzanas, José Antonio Pardines y el taxista Fermín Monasterio. Se puso el destino de los acusados en manos de un tribunal militar. El teniente general Rafael García Valiño, un africanista que se distanció de Franco a partir de la independencia de Marruecos y que votó en contra del nombramiento de Juan Carlos como sucesor, se opuso a la utilización de los consejos de guerra para delitos de terrorismo y así se lo manifestó por carta al capitán general de Burgos, Tomás García Rebull, camisa vieja de Falange, exoficial de la División Azul y antiguo delegado nacional de Excombatientes.

El consejo de guerra comenzó el jueves 3 de diciembre en Burgos, sede de la región militar a la que pertenecía el País Vasco, y concluyó seis días después, aunque la deliberación de los jueces se alargó casi tres semanas más. Los dos sacerdotes encausados pidieron, apoyados por los obispos de Bilbao y San Sebastián, que la audiencia no se celebrara a puerta cerrada, lo que facilitó la amplia publicidad del juicio. Esos días hubo enfrentamientos violentos entre policía y manifestantes en varias ciudades. En la mañana del 14, cuatro capitanes generales comunicaron a Franco que el ejército quería un Gobierno más enérgico y esa misma tarde en una reunión de emergencia el ministro de Gobernación, el general Tomás Garicano Goñi, que había sustituido a Camilo Alonso Vega en octubre de 1969, y los tres ministros militares solicitaron medidas de excepción, que el Caudillo aprobó.

El ejército era la fuerza capaz de detener la subversión, pero Franco también se dio un baño de masas el 17 de diciembre en una «Manifestación de afirmación Nacional», en una plaza de Oriente llena de hombres y mujeres de los pueblos de las dos Castillas llevados a Madrid en autobuses. En el balcón, Franco, aclamado por la multitud, levantaba los brazos al lado de doña Carmen, mientras los príncipes se mantenían en pie a su izquierda. Vicente Gil, médico de Franco, reprendió a Alfredo Sánchez Bella por no hacer el saludo fascista. El grupo de ultras que se reunían con doña Carmen y Cristóbal Martínez-Bordiú en El Pardo defendían las esencias del régimen salido de la victoria en la guerra y atacaban a los ministros tecnócratas. Decenas de miles de manifestantes mostraron su adhesión al Caudillo, al ejército y al Movimiento y su repulsa «al separatismo, al terrorismo y a la injerencia extranjera». Muchas de las pancartas atacaban a la Iglesia y al Vaticano: «Por una Iglesia más santa. Fuera obispos politizantes». Varios aviones rotulados con las frases «Arriba España» y «Viva Franco» realizaron acrobacias durante el acto. Las manifestaciones se repitieron en las ciudades más importantes. Aunque la energía de Franco se debilitaba, esas expresiones de fervor le proporcionaban todavía la satisfacción del aplauso de la multitud vitoreante.

La sentencia se publicó el 28 de diciembre, día de los Santos Inocentes, con la condena a muerte de seis de los acusados y 519 años de prisión para los demás, excepto Arantza Arruti, que fue absuelta. Franco recibió mensajes de varios gobiernos europeos que le pedían indulgencia «por razones humanitarias» y también de Salvador Allende y Rafael Caldera, presidentes de Chile y Venezuela, respectivamente. Marcelo González Martín, arzobispo de Barcelona, envió un telegrama a El Pardo en el que «respetuosamente» suplicaba a «vuestra excelencia generoso y cristiano perdón condenados Burgos». Días antes, su hermano Nicolás le había escrito: «Querido Paco, no firmes esas sentencias. No te conviene. Te lo digo porque te quiero. Tú eres un buen cristiano, después te arrepentirás. Ya estamos viejos». En la reunión del Gobierno del 30 de diciembre la mayoría de los ministros, encabezados por López-Bravo, López Rodó y Carrero Blanco, se mostraron favorables al perdón porque pensaban que las ejecuciones perjudicarían la imagen de España en el exterior y beneficiarían a los enemigos del régimen. Franco, presionado por su familia y su círculo más próximo, llegó a la reunión convencido de que las sentencias debían confirmarse. Salió de allí sin manifestarse y después de la reunión del Consejo del Reino anunció la conmutación de las penas de muerte por años de cárcel.

El uso de la prerrogativa de la gracia del indulto, dijo a los españoles en el mensaje de fin de año transmitido por televisión esa noche, era señal de fortaleza, de su autoridad reforzada por «las clamorosas manifestaciones de adhesión a mi persona, al Ejército español y a nuestras instituciones». Las protestas internacionales, como había repetido en diferentes ocasiones desde 1946, eran la consecuencia de la envidia por «la paz y el orden» que disfrutaban en España y del «odio de las potencias que siempre han sido el enemigo de la prosperidad de nuestro pueblo». Franco se sentía todavía con ánimo, «mientras Dios me dé vida, para seguir rigiendo los destinos de nuestra Patria».

La represión, «la paz y el orden», de Franco gozaba de amplio apoyo entre los jerarcas, tecnócratas, militares, católicos o falangistas que trabajaban en la dirección del Caudillo. El grado de terror de la posguerra quedaba, no obstante, lejos, aunque hubiera funcionado como una buena inversión a largo plazo. No había habido ejecuciones por motivos políticos desde las del comunista Julián Grimau y de los anarquistas Joaquín Delgado y Francisco Granado en 1963.

La política social de «limpieza» de los años cuarenta dio paso desde 1953, con la ejecución de los últimos maquis, a la violencia controlada bajo la apariencia de legalidad. La jurisdicción civil dejó gradualmente de ejecutar y a partir de los años sesenta las condenas a muerte fueron emitidas por consejos de guerra. La creación del Tribunal de Orden Público redujo las atribuciones de la jurisdicción militar. El extraordinario incremento de los conflictos sociales a finales de los años sesenta provocó, sin embargo, un endurecimiento del castigo, de las penas contra delitos de carácter político, terrorismo y «atentados contra el orden público», tipificados en el decreto ley de agosto de 1968 «sobre la represión del bandidaje y terrorismo», juzgados por tribunales de guerra.

En ese escenario se desarrolló el proceso de Burgos, fomentado por el sector más ultra, que encontró en la VI Región Militar a los ejecutores adecuados, el capitán general Tomás García Rebull, el coronel auditor Fernando Suárez de la Dehesa y el capitán, vocal ponente, del Cuerpo Jurídico Militar Antonio Troncoso de Castro. El ministro de Información y Turismo, Alfredo Sánchez Bella, hermano del consiliario del Opus Dei en España, intentó sobornar a Troncoso a través de Carlos Rojas, alto funcionario de la Dirección Nacional de Prensa. A cambio de no condenar a ninguno de los acusados a la pena de muerte le ofrecieron la vicepresidencia del Banco Hipotecario, el Banco de Crédito Agrícola o el de Crédito de la Construcción. Troncoso rechazó el soborno, «las penas que se pongan han de ser serias, dada la gravedad de los hechos», pero después, en febrero de 1971, la Auditoría de Guerra le abrió un sumario. En el interrogatorio acusó a Sánchez Bella, aunque el proceso no siguió adelante.

Los años que siguieron fueron los más agitados de la dictadura. ETA salió fortalecida al incorporar a centenares de jóvenes, muchos de ellos del PNV, atraídos por la imagen de una organización que respondía con violencia a la persecución del «pueblo vasco». Los conflictos se extendieron por todas las grandes ciudades y se radicalizaron por la dura represión de los cuerpos policiales, cuyos disparos dejaban a menudo muertos y heridos en las huelgas y manifestaciones. La violencia policial llegó también a las universidades, donde crecían las protestas y se multiplicaban las minúsculas organizaciones de extrema izquierda. La respuesta de las autoridades, con Carrero Blanco al frente, fue siempre mano dura y una confianza inquebrantable en las fuerzas armadas para controlar la situación. Para que no apareciera siempre el Gobierno como actor de la violencia, desde el servicio de inteligencia de Carrero se organizaron, con la ayuda de su amigo Blas Piñar, bandas parapoliciales, matones a sueldo y policías fuera de servicio, que aterrorizaban con impunidad y complicidad de las autoridades a sacerdotes progresistas, dirigentes sindicales y estudiantiles y libreros «rojos». La fiebre conspiranoica contra la subversión se apoderó de autoridades y jerarcas del Movimiento en aquellos años de quiebra de la paz de Franco.

El Caudillo estaba cada vez más alejado de los complejos y variados asuntos que esa década de desarrollo había provocado en la administración, en la economía y en la sociedad. La corrupción salió de nuevo a la luz a finales de marzo de 1972 y en esa ocasión el escándalo salpicó a su hermano Nicolás. La Comisión de Abastecimiento y Transportes (CAT) denunció la desaparición de cuatro millones de kilos de aceite de oliva almacenados como reserva estatal en los depósitos de la empresa Reace (Refinerías del Noroeste de Aceites y Grasas, S. A.) en Guixar, Vigo. La CAT había alquilado esos depósitos para guardar toneladas de aceite e intervenir de esa forma en el mercado y los precios de los productos básicos. Los responsables de la empresa, fundada en 1956 en Redondela, negociaban con el aceite a espaldas de los organismos públicos. Nicolás Franco era desde 1964 uno de los principales accionistas del consejo de administración. En el curso de las investigaciones judiciales aparecieron seis personas muertas. Los libros de contabilidad habían desaparecido y cuando se celebró el juicio, en octubre de 1974, presidido por Mariano Rajoy Sobredo, se anunció que el sumario se había perdido a causa de las reformas en la Audiencia de Pontevedra. Para que no se aireara el escándalo como en el caso Matesa, se dispuso por parte de los funcionarios de Información y Turismo una operación de control de la prensa y de encubrimiento para silenciar la relación de Nicolás Franco con los acusados del fraude. El juez no llamó a declarar al hermano del Caudillo.

Unos días antes de estallar ese escándalo, la familia Franco Martínez-Bordiú había vivido un momento extraordinario de felicidad, un regreso a aquella época de usos aristocráticos que tanto habían complacido a doña Carmen. En la tarde del 8 de marzo de 1972, se había celebrado en la capilla de El Pardo el enlace matrimonial de María del Carmen Martínez-Bordiú Franco con Alfonso de Borbón y Dampierre, primogénito de don Jaime y primo de Juan Carlos. En las invitaciones de boda y en la crónica del NO-DO de unos días después lo llamaban «Su Alteza Real», un título que no ostentaba. Franco entró a la celebración del brazo de su nieta, vestida por Balenciaga, el modista preferido en El Pardo; el novio, del de su madre, Emanuela de Dampierre, duquesa de Segovia; el príncipe Juan Carlos, con doña Carmen; y Sofía, con el infante Jaime de Borbón. Ofició la ceremonia el cardenal Vicente Enrique y Tarancón. Asistieron dos mil invitados, con representantes de las realezas europeas, entre ellos los príncipes de Mónaco, y la primera dama de Filipinas, Imelda Marcos, amiga de los Martínez-Bordiú.

Los novios fueron de luna de miel a las Bahamas y doña Carmen dio instrucciones a los sirvientes para que su nieta fuera tratada como una princesa, «Alteza», y le hicieran la reverencia. En las maquinaciones de la camarilla de El Pardo, Alfonso de Borbón había intentado que Franco le diera un título equiparable al de Juan Carlos, príncipe de Borbón, y tener derecho así a ser tratado de Alteza Real. Don Juan de Borbón, jefe de la familia real, se opuso y accedió a que se le concediera el título de duque de Cádiz. Doña Carmen y el marqués de Villaverde vieron en ese enlace la posibilidad de que hubiera una dinastía real dentro de la familia, de que Franco pudiera cambiar su elección del monarca sucesor. No lo consiguieron, pero trabajaron de firme para desprestigiar a Juan Carlos y a los ministros tecnócratas que lo apoyaban.

Franco cumplió ochenta años el 4 de diciembre, en medio de un creciente declive mental y físico. En junio del año anterior, el embajador de Estados Unidos, Robert C. Hill, le había comunicado a Nixon: «Recientemente ha empezado a tener ataques en los que le dan arcadas, su digestión falla y empieza a vomitar». Pasaba horas delante del televisor. Mostraba todos los síntomas externos del párkinson: inexpresividad facial, temblor de las manos, mirada fija, voz débil y monótona y rigidez corporal. Un anciano frágil, que contrastaba con aquellos años en que se destacaba su inagotable capacidad para el trabajo. En la grabación del último mensaje del año 1972 le pidieron repetir varias veces porque se equivocaba. Estuvieron presentes el ministro de Información, Sánchez Bella, y el director general de radio y TVE, Adolfo Suárez. En diferido, apareció ante la cámara de pie, decrépito, y finalizó con la habitual declaración de que seguiría «de servicio a España y a los españoles [...] el tiempo que Dios quiera».

La salud del Caudillo preocupaba a muchos y los amigos y amigas de doña Carmen le presionaban para que el Gobierno solucionara las tensiones políticas y sociales con mano dura. Creían que el ministro de Gobernación, Garicano Goñi, y el de Asuntos Exteriores, López-Bravo, eran débiles y desleales. En febrero de 1973, la Señora le dijo a Carrero que debería actuar frente a ellos. Garicano se oponía a las «medidas extremas e indiscriminadas» que reclamaban falangistas y generales «azules» como Tomás García Rebull y Carlos Iniesta Cano. La ruptura entre Garicano y el director de la Guardia Civil comenzó a fraguarse por las críticas de este al Gobierno por imponer «una conducta de paciencia y debilidad a nuestras fuerzas de orden público» que ocasionaba que «las masas llegan a agredir y desarmar a los guardias, seguras de que estos tienen instrucciones de no comportarse con energía».

El 2 de mayo, Garicano dimitió. En la carta de renuncia que envió al Caudillo se quejó de la protección que algunos ministros y militares daban a los Guerrilleros de Cristo Rey. Al día siguiente, Franco le pidió a Carrero que comenzara a formar la lista de ministros porque le iba a nombrar presidente del Gobierno. Las jefaturas de Estado y Gobierno se separaron por una ley que Franco firmó el 8 de junio. López-Bravo fue destituido y López Rodó perdió su poder e influencia en la política interior, pese a su incondicional fidelidad al Caudillo, y pasó al Ministerio de Asuntos Exteriores. También tuvo que abandonar el cargo Sánchez Bella, nombrado presidente del Banco Hipotecario, el lugar que le había ofrecido al capitán Troncoso en el intento de soborno en el proceso de Burgos. Carlos Arias Navarro sustituyó a Garicano en Gobernación y entraron también como nuevos ministros dos falangistas de línea dura cercanos a Girón, José Utrera Molina en Vivienda y Francisco Ruiz-Jarabo en Justicia. La influencia de los ultras de la que se había quejado Garicano se había impuesto. Carrero Blanco, que llevaba mucho tiempo controlando los asuntos cotidianos, no tenía ningún interés en introducir reformas.

Carrero era el preferido de Nixon y de la administración estadounidense, el hombre que garantizaba en España el orden y la estabilidad que tanto deseaban. Henry Kissinger se reunió con Carrero el 19 de diciembre en Madrid. La entrevista duró una hora, en presencia de López Rodó y del teniente general Manuel Díez-Alegría, jefe del Alto Estado Mayor. El nuevo secretario de Estado consideraba a la dictadura española menos represiva que las comunistas de los países de Europa Central y del Este y quería que la España de después de Franco fuera admitida en la OTAN.

El orden público fue una preocupación constante de Carrero desde el mismo momento en que se convirtió en consejero de Franco, un desvelo que creció en los años finales, cuando la proliferación de los incidentes violentos deterioró la imagen creada de un régimen pacífico que siempre lo mantenía. El día que lo asesinaron, Carrero Blanco iba a presentar un documento en la reunión de ministros en el que mostraba su obsesión por los grandes demonios de su amado Franco: el comunismo y la masonería. Eran, como se había repetido machaconamente desde la victoria en la guerra, los principales enemigos de España, infiltrados, tras el desarrollo y la modernización, en la Iglesia y en las universidades, en las clases trabajadoras y en los medios de información.

Frente a ellos, siempre quedaría «el espíritu de nuestro Movimiento, la virilidad, el patriotismo, el honor, la decencia...». Y la receta que ofrecía para atajar la infiltración del comunismo en la enseñanza se parecía mucho a la que ya habían aplicado con éxito los militares rebeldes y las autoridades franquistas durante la guerra y posguerra: «Hay que borrar de los cuadros del profesorado de la Enseñanza General Básica y de la Universidad a todos los enemigos del régimen y hay que separar de la Universidad a todos los alumnos que son instrumentos de subversión».

La respuesta era la represión, afrontar «una situación de guerra» con «moral de guerra». Hora de tomar medidas. Esa mentalidad de asedio, de resistencia a ultranza, murió el 20 de diciembre de 1973.

Capítulo 30

«EL ÚLTIMO LAZO QUE ME UNÍA AL MUNDO»

Henry Kissinger fue una de las últimas personas que vio vivo a Carrero Blanco. Sucedió a la altura del 104 de la calle Claudio Coello de Madrid: 75 kilos de dinamita explotaron al paso de un Dodge 3700 GT de color negro, que saltó por los aires, sobrepasó una altura de más de treinta metros y cayó en el patio interior de la residencia de los jesuitas de la iglesia de San Francisco de Borja. En el coche viajaban el presidente del Gobierno, su chófer, José Luis Pérez Mogena, y su escolta, el inspector del Cuerpo General de Policía Juan Antonio Bueno Fernández. Los tres fallecieron. El reloj del coche destrozado se paró a las 9 horas, 28 minutos y 40 segundos de la mañana del 20 de diciembre de 1973. Un comando de ETA había alquilado semanas antes un sótano en ese inmueble, excavado un túnel de siete metros bajo la calzada y colocado allí los explosivos.

Carrero iba a misa cada mañana en su coche, al mismo lugar, a la misma hora y siempre con la misma ruta, desde su domicilio en el número 6 de la calle Hermanos Bécquer hasta la iglesia de los jesuitas de la calle Serrano. Al acabar la eucaristía regresaba a su domicilio a desayunar antes de ir al palacio de Villamejor, en la avenida del Generalísimo, e incorporarse a su trabajo. Esa mañana fría y gris no completó la rutina de vuelta. Cuando se oyó la explosión, una lluvia de cascotes y una gran polvareda impedían ver el inmenso cráter abierto en la calzada. Durante las dos horas posteriores a la primera noticia, a Franco le dijeron que Carrero había muerto en una explosión de gas. Torcuato Fernández-Miranda, ministro secretario general del Movimiento y vicepresidente, informó al Caudillo a mediodía de que se trataba de un atentado político. «Estas cosas ocurren», le dijo Franco en bata, enfermo de gripe, cuando lo recibió en El Pardo. El general Iniesta mandó a sus hombres que sometieran a subversivos y manifestantes «sin restringir en lo más mínimo el uso de las armas de fuego», aunque Fernández-Miranda, tras consultarlo con Díez-Alegría, le obligó a retirar la orden.

Cuando Kissinger, que había volado a París tras reunirse con Carrero, fue informado, transmitió su pésame a López Rodó: «Mi consternación es todavía grande después de la agradable e interesante entrevista que mantuve ayer». El atentado sorprendió a los miembros del equipo del secretario de Estado y a sus agentes de seguridad, que desconocían la preparación de esa trampa mortal. El día antes de entrevistarse con Carrero, Kissinger, que llegó a Madrid procedente de Lisboa, había mantenido breves entrevistas con Franco en El Pardo y con el príncipe Juan Carlos en la Zarzuela. La muerte del almirante complicaba la transición pausada que la administración estadounidense había previsto para España.

El 21 de diciembre, el príncipe Juan Carlos presidió, en nombre del jefe de Estado, el cortejo fúnebre a lo largo de la avenida del Generalísimo. Minutos antes de la salida del féretro de la Presidencia del Gobierno, el cardenal arzobispo de Madrid, Vicente Enrique y Tarancón, ofició un responso en la capilla ardiente. Al abandonar el palacio, varias decenas de personas intentaron lincharle. Gritaban «Asesino», «Fuera obispos rojos», «Tarancón al paredón», «Todos a la cárcel de Zamora». Los policías lo rodearon y lo condujeron a un coche con escolta. En la comitiva, además de todas las autoridades y principales mandos militares, figuraban Gerald Ford, vicepresidente de Estados Unidos, y Marcelo Caetano, presidente del consejo de ministros de Portugal. El teniente general Iniesta Cano y José Antonio Girón de Velasco vieron juntos el paso del cortejo. Y en el cementerio de El Pardo, el príncipe, vestido con uniforme de la Armada, arrojó tierra sobre el féretro del almirante.

Franco no acudió a la capilla ardiente en el salón de baile del palacio de Villamejor. En el consejo de ministros de ese día lloró, como hizo en varias ocasiones al día siguiente, y le concedió el título de duque de Carrero Blanco. El sábado 22 de diciembre, amaneció sin haber podido dormir en toda la noche y le comentó a su ayudante Antonio Urcelay, uno de los asiduos en las reuniones con doña Carmen: «Urcelay, me han cortado el último lazo que me unía al mundo». Después asistió al funeral en el templo de San Francisco el Grande. Llegó en el coche con Juan Carlos, vestido de uniforme de capitán general, con brazalete negro, y entró en la iglesia bajo palio, cuyos varales portaban religiosos de la comunidad franciscana. Asistieron la viuda y los cinco hijos del almirante. Durante la misa, en el momento de dar la paz, Franco se reclinó sobre el cardenal Tarancón, «llorando como un niño», pero el ministro de Educación, Julio Rodríguez, le dio la espalda.

La sombra de la camarilla de El Pardo se hizo desde ese momento mucho más alargada. Doña Carmen y Cristóbal Martínez-Bordiú se tomaron especial interés en impedir el ascenso de Fernández-Miranda. La desaparición de Carrero y la debilidad física y mental de Franco aceleraron el proceso de descomposición del Régimen, que tenía profundas raíces en los conflictos de poder entre sus jerarcas. El Caudillo quiso nombrar presidente a otro almirante, su viejo amigo Pedro Nieto Antúnez, compañero de pesca y de cartas, e incluso así se lo transmitió antes de Navidad. Pero doña Carmen, el doctor Gil y el capitán Urcelay le presionaban para que cambiara de parecer y eligiera a Carlos Arias Navarro, ministro de Gobernación, amigo de la Señora e invitado habitual en El Pardo desde que en febrero de 1957 Camilo Alonso Vega lo llamara para ocupar la Dirección General de Seguridad. «Nos van a matar a todos como a Carrero. Hace falta un presidente duro. Tiene que ser Arias. No hay otro», le dijo doña Carmen a su esposo. El 28 de diciembre, Franco comunicó formalmente al falangista Alejandro Rodríguez de Valcárcel, presidente de las Cortes y del Consejo del Reino, que Arias Navarro sería el sucesor de Carrero y el 31 apareció el nombramiento en el *Boletín Oficial del Estado*.

Arias Navarro, de sesenta y cinco años, tenía un largo y extenso currículum de represor, desde su paso como auditor de guerra de Málaga tras la conquista de la ciudad en febrero de 1937 por las tropas de Franco, hasta la Dirección General de Seguridad y el Ministerio de Gobernación. En febrero de 1965, sustituyó como alcalde de Madrid a José Finat y Escrivá de Romaní, conde de Mayalde, y permaneció en el cargo, en años de desarrollismo y corrupción inmobiliaria, hasta que en junio de 1973 lo llamó Franco para que ocupara el puesto del «blando» Garicano Goñi.

Arias anunció su Gobierno el 23 de enero de 1974. Eliminó a López Rodó y a los tecnócratas, incluidos más de 150 cargos designados por ellos, con lo que ponía punto final a más de quince años de presencia del Opus Dei al frente de los principales ministerios y mantuvo a dos significados políticos del Movimiento que entraron meses antes con Carrero: José Utrera Molina como ministro secretario general del Movimiento y Francisco Ruiz-Jarabo en el Ministerio de Justicia. En la toma de posesión de Utrera lo acompañaron tres antiguos secretarios generales —Fernández-Cuesta, Arrese y Solís—, su padrino Girón de Velasco y los generales Iniesta y García Rebull. A López Rodó, como era habitual cuando los ministros de Franco de larga trayectoria se iban, le dieron un puesto de embajador. Sus preferencias eran Washington o Lisboa, y así se lo comunicó a Pedro Cortina Mauri, nuevo ministro de Asuntos Exteriores, pero, ya sin la estrella y protección de Carrero, acabó en Viena. Toda su extensa carrera al lado de Franco, de casi dos décadas, había estado dedicada a legitimar la dictadura, a mantenerla viva incluso después de la muerte del jefe, su deseado «franquismo sin Franco», el «después de Franco, las instituciones» que acuñó el falangista Jesús Fueyo Álvarez, designado por Utrera director del Instituto de Estudios Políticos para emprender el rearme ideológico del Movimiento. Era inevitable que Franco muriera, pero con instituciones fuertes el franquismo sobreviviría.

Las medidas aperturistas que Arias Navarro anunció en su solemne discurso en las Cortes el 12 de febrero se quedaron en una declaración de intenciones, en una nota aislada sin continuidad. El aperturismo verbal se lo comió muy pronto la represión con la que tuvo que hacer frente al desarrollo vertiginoso de conflictos, al incremento del terrorismo y al desafío abierto de la oposición política, del sindicalismo y de los nuevos movimientos sociales. Al mismo tiempo, la crisis internacional provocada por la subida galopante de los precios de petróleo puso fin a los años de milagro económico y prosperidad.

Apenas dos meses después de formar el Gobierno, su imagen estaba ya muy empañada por el arresto domiciliario del obispo de Bilbao, Antonio Añoveros, tras su homilía en favor del respeto y uso de la lengua vasca, leída en todas las parroquias de la diócesis el domingo 24 de febrero, y la ejecución a garrote vil del anarquista catalán Salvador Puig Antich y del alemán Georg Michael Welzel, «Heinz Ches», acusados de haber dado muerte a un policía y a un guardia civil. Poco después llegó el 25 de abril en Portugal, con la Revolución de los Claveles, un golpe de Estado protagonizado por una parte de la oficialidad del ejército de tierra, harta de la guerra colonial interminable en África.

La primera reacción de Arias ante la homilía, «grave atentado a la unidad nacional», fue desterrar al prelado de la diócesis de Bilbao. Añoveros y Tarancón negaron al Gobierno el derecho a expulsar a un obispo sin la autorización de la Iglesia y el presidente de la Conferencia Episcopal amenazó con excomulgarlo si dictaba esa orden. Ante el grave riesgo de una ruptura pública con el Vaticano y la Iglesia católica española, Franco obligó a Arias Navarro a dar marcha atrás. Los jerarcas del búnker, aquellos que defendían el sistema de valores impuesto a sangre y fuego por los vencedores de la guerra, aumentaron su profundo rencor a Tarancón por haber humillado de esa forma al Régimen.

Arias no pudo aplicar la mano dura con Añoveros, pero pocos días después cumplió las ansias de venganza de los grupos más ultras con la ejecución el 2 de marzo de Puig Antich y Heinz Ches. Franco, pese a las protestas internacionales y peticiones de clemencia, se negó a conmutarles la pena capital. Murieron a garrote vil, Puig Antich en la cárcel Modelo de Barcelona y Heinz Ches en la de Tarragona, un método que todavía había utilizado la jurisdicción civil en los años cincuenta y la militar en los sesenta. El último agarrotado por lo civil fue Santiago Viñuelas Mañero, en noviembre de 1959 en Palencia, acusado de violación y asesinato. A partir de ese momento, todas las condenas a muerte fueron emitidas por consejos de guerra, con el fusilamiento como método habitual, aunque el 3 de diciembre de 1966 se ejecutó con garrote vil en Madrid al joven Jesús Ríos, de veintitrés años, acusado del asesinato del guardia civil Valerio Barriga Cudero. Dos mujeres fueron ejecutadas con garrote vil en los años cincuenta: Teresa Gómez Rubio, el 16 de febrero de 1954 en Valencia, por triple asesinato por envenenamiento; y Pilar Pradas Santamaría, el 19 de mayo de 1959, también en Valencia, por la muerte de su señora con matahormigas.

Las noticias que el 25 de abril de 1974 llegaron del vecino Portugal sembraron inquietud y desconcierto entre los dirigentes franquistas. La dictadura más longeva de Europa occidental, gran aliada de Franco desde el verano de 1936, que construyó durante décadas instituciones duraderas y un aparato administrativo y coercitivo, el Estado Novo, se desmoronó en unas horas. Los militares sublevados pusieron a salvo en un blindado a Marcelo Caetano, trasladado a Madeira y exiliado después a Brasil, donde murió en 1980. Había pasado cuarenta años al lado de Salazar, desde que entró a colaborar en 1929 en el Ministerio de Hacienda. Su amigo López Rodó estuvo con él en un viaje por distintas ciudades portuguesas en la Semana Santa de 1974, pocos días antes de la Revolución de los Claveles. El 1 de mayo de 1977 le escribió desde

Río de Janeiro: «Aquí voy viviendo melancólicamente y trabajando. Perdí todo cuanto tenía en Portugal».

Cuando cayó la dictadura portuguesa, la tiranía de la Junta de los Coroneles en Grecia tocaba también a su fin. Los gobiernos de algunos países nórdicos europeos, ante las denuncias de torturas de los exiliados y de las que procedían del interior, elevaron quejas ante el Consejo de Europa, pero la dictadura recibió el apoyo estratégico de Estados Unidos. Pese a ese amparo, la represión, la ausencia de una amplia base popular y la ineptitud de la Junta causaron su caída. En noviembre de 1973, los militares aplastaron el movimiento con tanques y causaron al menos cuarenta víctimas mortales en la noche del 17. La protesta coincidió con la crisis económica internacional que sumergió a Grecia en una creciente agitación social y con un grave conflicto con Chipre, utilizado por la Junta de los Coroneles como recurso nacionalista para atraer a la población.

Tras la masacre estudiantil, Papadópoulos fue derrocado por un golpe del sector más ultraderechista de su régimen. La Junta entró en bancarrota. Su sustituto, Dimitrios Ioannides, exjefe de la policía secreta, se vio involucrado en el intento del asesinato de Makarios III, primado de la Iglesia ortodoxa y presidente de Chipre. Cinco días después, el 20 de julio de 1974, Turquía invadió Chipre. Ioannides llamó a una movilización militar general, pero los jefes del ejército no respondieron. Ahí acabaron siete años de dictadura brutal e ineficaz. El 8 de diciembre de ese año, el 69 % de la población votó en un referéndum contra la restauración de la monarquía de Constantino II, que había sido destituido de su cargo por Papadópoulos en junio del año anterior. Los jefes que habían dado el golpe de Estado en abril de 1967, Papadópoulos, Makarezos, el general de brigada Pattakos, Ioannides y otros militares de la Junta de los Coroneles, fueron juzgados y condenados a muerte, pena conmutada después por cadena perpetua.

Esos cambios en la suerte de los dictadores en Portugal y Grecia coincidieron con la primera enfermedad grave de Franco. El 9 de julio, ingresó en el hospital madrileño que llevaba su nombre debido a un ataque de tromboflebitis en la pierna derecha que su médico personal, Vicente Gil, atribuyó a las muchas horas que había permanecido sentado ante el televisor durante la Copa Mundial de Fútbol. Una hemorragia digestiva empeoró su estado, puso en alerta al padre Bulart, que le dio la extremaunción, y a Arias Navarro, que activó el artículo 11 de la Ley Orgánica para que Juan Carlos asumiera de forma interina la jefatura del Estado. En esos días críticos, Franco perdió al médico que le había servido durante cuarenta años por una pelea con el marqués de Villaverde en el pasillo del hospital: «Médicos hay muchos, Vicente; pero yernos, solo hay uno», le dijo doña Carmen cuando lo despidió. Lo sustituyó el doctor Vicente Pozuelo, exalférez provisional, que puso al Caudillo grabaciones de marchas militares —«Soy valiente y leal legionario»— para animarlo. Su salud mejoró y a mitad de agosto viajó en avión a Santiago, con doña Carmen, su hija, la duquesa de Cádiz y algunos de sus nietos y bisnietos. En el trayecto hasta el pazo de Meirás fue objeto de «grandes aclamaciones» por el numeroso público que se agolpaba en la carretera. Todo volvió a la normalidad. El 2 de septiembre decidió reasumir sus funciones de jefe de Estado.

Nadie a su alrededor abandonaba todavía la nave. Cuando Utrera Molina le advirtió sobre la amenaza liberal, Franco lo tranquilizó con su habitual fe en el poder armado: «No olvide que, en último término, el Ejército defenderá su victoria». En España no se iba a repetir el abril portugués ni la caída y encarcelamiento como en Grecia del dictador y de sus adictos. En unas «notas con apuntes sobre la situación política y social de España en julio de 1974», López Rodó hacía un preciso resumen del milagro que el orden, el desarrollo y la desmovilización habían conseguido:

> Hoy por hoy, parece que la mayoría del pueblo español está sosegado, no creo que se sienta oprimido, goza de un creciente bienestar, ha visto en una década pasar de la penuria a un nivel de vida aceptable;

varios millones de españoles han accedido a la propiedad de su vivienda y de otros bienes de consumo duradero: el SEAT 600 y la TV. Todo ello son factores de estabilidad y crean un sentido conservador poco propicio al salto en el vacío de una revolución o de un cambio de Régimen.

El vaticinio de López Rodó sobre las escasas opciones de la revolución en España podía ser verosímil, pero la administración estadounidense estaba muy preocupada, tras lo ocurrido en Portugal y Grecia, por la posible expansión del comunismo en los países mediterráneos. Gerald Ford aterrizó en España el 31 de mayo de 1975. Había llegado a la vicepresidencia en Estados Unidos en diciembre de 1973 por la renuncia de Spiro Agnew, acusado de beneficiar a empresarios amigos, y a presidente en agosto de 1974 tras la dimisión de Richard Nixon por el escándalo Watergate. Era el tercer presidente del país amigo, los tres republicanos, que viajaba a Madrid a estar unas horas con Franco.

El ritual de bienvenida fue el mismo que en 1959 y 1970. Al llegar a Barajas, Ford y su esposa fueron recibidos «por el jefe del Estado y señora». Recorrieron después en coche descubierto las principales calles de Madrid «en presencia de un público numerosísimo». En la tarde de ese mismo día, Ford acudió al palacio de El Pardo para entrevistarse media hora con Franco. Las esposas se reunieron en un salón contiguo con otras damas. Por la noche, en el palacio de Oriente, el matrimonio Franco ofreció una cena de gala, a la que asistieron los príncipes de España. Al día siguiente por la mañana, Franco y doña Carmen acudieron al aeropuerto para despedir a los «ilustres visitantes».

En la reunión en El Pardo, en la que estuvieron presentes Arias Navarro, Pedro Cortina Mauri y Henry Kissinger, Ford le dijo que acababa de estar en un encuentro de la OTAN en Bruselas en la que había detectado «una creciente comprensión de la importancia de España en toda la situación general de Europa». Franco le dijo que los países más grandes, Estados Unidos, entendían eso bien, al contrario que «los más pequeños, «víctimas de su propio sectarismo», «infiltrados por comunistas». «Estoy molesto —siguió Ford— por la creciente fuerza de los partidos comunistas y su actividad política en algunos países europeos», especialmente en Portugal. Franco le dio la razón y agradeció que Estados Unidos, pese a «la maliciosa campaña» de prensa que sufría, fuera un «poderoso aliado» de España. En la reunión de la OTAN de unos días antes, el canciller alemán, el socialista Helmut Schmidt, le había mostrado a Ford su inquietud por el apoyo estadounidense a Franco: «No te puedes permitir aliarte con el régimen equivocado».

El canciller alemán miraba al futuro: «La etapa de Franco está llegando a su final». Franco había sido aclamado Caudillo a los cuarenta y tres años. En diciembre de 1974 cumplió ochenta y dos. Había muchos fieles todavía dispuestos a defender sus privilegios, presentes en el ejército, en las Cortes, en el Consejo Nacional del Movimiento, en los sindicatos verticales, en los consejos de administración de las empresas públicas y en los medios de comunicación. En sus declaraciones decían que la continuidad de las instituciones, de las estructuras del poder, era lo mejor para la nación. En el mensaje de fin de año, el último de su vida, Franco ya no mencionó su firmeza y voluntad de servir a España y pidió a Dios que les concediese «todo lo que honestamente se puede desear, unidad, convivencia y paz».

El terrorismo golpeó fuerte en septiembre de ese año, con doce víctimas mortales y 73 heridos por la explosión de una bomba en la cafetería Rolando, cercana a la Dirección General de Seguridad, en el atentado más sangriento de ETA hasta la muerte de Franco. En los seis primeros meses de 1975, ETA y el recién creado Frente Revolucionario Antifascista y Patriótico (FRAP), de inspiración marxista-leninista, mataron a once miembros de las fuerzas del orden público, varios manifestantes murieron por disparos de la policía y aumentaron las detenciones y denuncias por torturas. El Tribunal de Orden Público, creado en diciembre de 1963, tramitó en 1974 y 1975 miles de procedimientos, más que en todos los años anteriores de su funcionamiento. Los conflictos y el temor que suscitaba la muerte de Franco agitaron en esos últimos años el búnker, con las acciones violentas de sus organizaciones neofascistas, para defender las esencias, bloquear las medidas «aperturistas» y denunciar a los «infiltrados», «traidores», «en la administración o en las esferas de poder», como José Antonio Girón escribía en *Arriba* el 28 de abril de 1974, que soñaban «con que suene la vergonzante campanada para la liquidación en almoneda del Régimen».

En agosto de 1975, un consejo de ministros celebrado en el pazo de Meirás aprobó una nueva ley antiterrorista que restableció los consejos de guerra sumarísimos y se aplicó con carácter retroactivo a once miembros de ETA y FRAP, entre ellos dos mujeres embarazadas, acusados del asesinato de tres policías. La condena a muerte provocó una masiva huelga general en el País Vasco, enérgicas protestas en el exterior y peticiones de clemencia de notables personajes como el papa Pablo VI, don Juan, la reina Isabel II o el mandatario ruso Leónidas Breznev. El Caudillo ejerció el derecho de gracia sobre seis de los condenados y aprobó la sentencia de los cinco restantes, fusilados el sábado 27 de septiembre. Varios países retiraron de España a sus embajadores.

Unos días después, el 1 de octubre, Franco escenificó por última vez el rito que había iniciado en la plaza de Oriente en diciembre de 1946. Aclamado por decenas de miles de personas, lució todas sus insignias militares y con doña Carmen a su derecha y los príncipes Juan Carlos y Sofía a su izquierda, con voz débil y temblorosa, revivió a los enemigos que siempre había tenido en su defensa heroica de la patria: «Todo lo que en España y en Europa se ha armado obedece a una conspiración masónica-izquierdista de la clase política, en contubernio con la subversión comunista-terrorista en lo social, que si a nosotros nos honra, a ellos les envilece». Hacía justamente treinta y nueve años que había sido elevado a la jefatura del Estado por sus compañeros de armas.

El Caudillo, que apareció en el balcón del palacio apergaminado, tembloroso y demacrado, recibió la extremaunción el 25 de octubre, tras una serie de paros cardíacos menores, y pidió a su hija que se hiciera cargo de su «testamento político» y se lo pasara a Arias Navarro «cuando yo falte». El 3 de noviembre, afectado de peritonitis, fue operado en un improvisado quirófano en El Pardo y trasladado poco después, con insuficiencia renal, a la Residencia Sanitaria de La Paz, donde se le colocó una colección de máquinas, tubos y goteros; también le llevaron a la habitación un manto de la Virgen del Pilar, por la que siempre mostró una especial devoción, y la reliquia del brazo de santa Teresa.

En mayo de 1925, el rey Alfonso XIII le había regalado una medalla de la Virgen y le había pedido que la llevara siempre «pues ella, tan familiar y española, seguramente te protegerá». El brazo de santa Teresa formó parte de la atribución de las victorias de Franco, en su guerra y en su paz, a la protección sobrenatural. Durante la ocupación de Málaga en febrero de 1937, un soldado del ejército de Franco halló la mano izquierda de la santa en la maleta abandonada del coronel republicano José Eduardo Villalba. La mano, conservada en un relicario de plata y alhajada con varios anillos, había sido sustraída del convento de las carmelitas descalzas de Ronda. Tras un acto de desagravio, la reliquia fue entregada al Generalísimo, quien a partir de ese momento se sintió siempre guiado por la «Santa de la Raza».

La agonía duró varios días, con disparatadas intervenciones del marqués de Villaverde frente al equipo médico que le trataba, decenas de mandatarios en los pasillos del hospital y colas de penitentes fuera y ante el palacio de El Pardo. En la noche del 19 de noviembre, a petición de su hija, le retiraron los tubos y goteros. Murió oficialmente a las 5.25 de la madrugada del jueves 20 de noviembre de 1975, el mismo día y mes en que había sido fusilado José Antonio Primo de Rivera y que Franco decretó día de luto nacional desde 1938. La causa de la muerte, según el parte oficial:

> Enfermedad de Parkinson. Cardiopatía isquémica con infarto de miocardio anteroseptal y de cara diafragmática. Úlceras digestivas

agudas recidivantes con hemorragias masivas reiteradas. Peritonitis bacteriana. Fracaso renal agudo. Tromboflebitis ileo-femoral izquierda. Bronconeumonía bilateral aspirativa. Choque endotóxico. Paro cardiaco.

A las diez de la mañana Arias Navarro, entre sollozos, leyó en televisión su testamento político, de un «hijo fiel de la Iglesia» que solo había tenido por enemigos «aquellos que lo fueron de España». Franco había muerto.

NOTA FINAL

Las biografías de grandes personajes siempre plantean el problema de cómo ajustar al individuo, que se mueve en la alta política, en procesos históricos largos y complejos. El caso de Franco confirma esa dificultad, pero es al mismo tiempo especialmente singular. El héroe en las campañas de Marruecos, general de brigada a los treinta y tres años, primer director de la Academia General Militar, era elogiado en semblanzas periodísticas y crónicas de sociedad, pero nadie le dedicó una biografía antes de julio de 1936. Su imagen, pública y privada, se recompuso cuando ascendió a la cumbre del poder político y militar durante el golpe de Estado y la guerra civil y lo afianzó tras el derrumbe de los fascismos y la bendición de Estados Unidos. Con esa concentración de poder desde octubre de 1936, necesaria tras la conversión de una sublevación militar en guerra y para conseguir la ayuda militar y financiera de la Italia y la Alemania nazi, comenzó su soberana y absoluta autoridad como Caudillo y emisario de la divina providencia. Un líder carismático que no basaba su autoridad en la sucesión o elección, sino en sus supuestas dotes excepcionales de mando como guerrero y cruzado de la victoria. Su extraordinario poder hasta 1945, en tiempos de dominio fascista en Europa, evolucionó hacia un autoritarismo más común hasta su muerte.

Parece evidente que Franco fue una parte indispensable de ese largo proceso, con un papel absolutamente central en las decisiones que afectaron a millones de españoles. Pero lo que he propuesto en estas páginas no es una biografía convencional en la que el individuo o fuerzas impersonales, estructuras sin identificar, determinan la historia. La he escrito después de muchos años de investigación dedicados a su dictadura, la violencia y los debates sobre fascismo y autoritarismo. Franco no fue la causa de todo lo que pasó en España desde 1936 hasta 1975, ni la consecuencia inevitable, una especie de predestinación por la que todas sus acciones estaban ya asignadas para acabar como sucedieron.

Sabemos mucho sobre Franco, más que sobre cualquier otro personaje de la historia contemporánea de España. El reto, ya metidos en el siglo XXI, cincuenta años después de su muerte, es usar su biografía para ampliar nuestra comprensión de esos procesos históricos tan complejos de guerra, revolución, dictadura y políticas de exclusión y exterminio, no para concentrar el foco en su vida privada y personalidad. El desafío consiste en cómo combinar la visión microscópica de la historia de España con la telescópica de Europa y el mundo y difundirla de forma precisa y atractiva más allá del estrecho mundo de historiadores y académicos especializados.

La lectura, en las aulas o fuera de ellas, es una fuente indispensable del conocimiento. Esta biografía tiene dos grandes ambiciones. La primera, que los lectores comprendan que la historia es una herramienta que conduce por muchas calles y direcciones, ilumina acontecimientos que solo se entienden a través de la indagación seria y minuciosa en las fuentes. La segunda, que frente a lo que muchos creen amparados en el uso político de la historia desde el presente, el juicio sobre la maldad o bondad de los personajes del pasado no es un concepto histórico. El autoritarismo nunca es una bendición; la persecución de cientos de miles de personas no es el precio que hay que pagar para salvar a una nación en un momento de extraordinario peligro. Todo lo que entra en la categoría de «Franco hizo también cosas buenas» lo estaban haciendo en ese momento las democracias más avanzadas de Europa, sin necesidad del legado de destrucción que habían dejado el golpe de Estado, la guerra civil y la larga época de miseria, hambre y represión. La función de la historia es comprender las fuerzas políticas, sociales y culturales que configuraron el ascenso al poder y las decisiones tomadas por Franco durante cuatro décadas. Tiene que ser posible, cincuenta años después, volver la vista a ese pasado y no buscar solo aprobación o condena. Conseguir eso sería una buena recompensa para esta biografía y para mis enseñanzas como historiador.

AGRADECIMIENTOS

En diciembre de 2021 el Weiser Center for Europe and Eurasia de la University of Michigan me ofreció el honor de ser Distinguished Professor durante el curso académico 2022-2023. Fue el mejor regalo de Navidad, una invitación a disfrutar de la investigación y de la escritura de la historia. En Ann Arbor, en una de las más prestigiosas instituciones académicas del mundo, encontré lo que tantas veces he vivido en las universidades estadounidenses: libre acceso a bibliotecas y archivos, tiempo para pensar, colegas para compartir conocimientos y excelentes condiciones materiales. La persona que lo hizo posible fue la profesora Geneviève Zubrzycki, directora del Weiser, y a ella le debo una inmensa gratitud. Todo fue muy fácil allí gracias a Gitta Kohler, Gosia Kowalczyk, Susan Barrera, Arina Bustillos, Derek Groom y a la generosa financiación de Ronald y Eileen Weiser.* En Barbara Álvarez encontré la guía perfecta para localizar cientos de libros y documentos. Con Geoff Eley intercambié ideas y trabajos sobre dictaduras y dictadores.

Desde hace años, Carmen Esteban está detrás de la edición de mis libros en Crítica, de los que cuida hasta el último detalle. Le ayuda, y muy bien, Raquel Reguera. En la corrección del manus-

* La investigación se ha beneficiado también del apoyo del Gobierno de Aragón al grupo de investigación H24. Agradezco a la Universidad de Zaragoza la concesión de permisos y licencias siempre que los he necesitado.

crito participaron Joaquín Arias y Fernando Rodríguez Santamaría. Carlos Gil Andrés ha sido, una vez más, el lector sabio y crítico que necesito. En mi camino recorrido como historiador siempre me he sentido deudor de José Álvarez Junco y Paul Preston, maestros y amigos de batallas e ilusiones de renovación. Sus biografías dedicadas a Alejandro Lerroux y a Francisco Franco constituyen guías impagables para pensar y escribir historia. Espero haber sabido expresar en este libro todo lo que me han enseñado.

Viena, noviembre de 2024

FRANCO, ESE HOMBRE: COMENTARIO BIBLIOGRÁFICO

Esta indagación en la vida de Francisco Franco aparece tras un buen número de biografías ya publicadas que siempre he tenido en cuenta en mis investigaciones y enseñanzas a lo largo de los últimos cuarenta años. Winston Churchill declaró en una ocasión que encontrarse con Franklin D. Roosevelt «era como abrir tu primera botella de champán». Resulta difícil imaginar que alguien pudiera decir eso de Franco. Y el comentario que Adolf Hitler le hizo a Benito Mussolini tras la entrevista que mantuvo con el Caudillo en Hendaya el 23 de octubre de 1940, poco entusiasta, lo corrobora: el *Führer* preferiría, antes que tener que verse otra vez con Franco, que le sacasen «tres o cuatro muelas».

Churchill, Roosevelt, Hitler o Mussolini son solo cuatro de los personajes contemporáneos de Franco en su primera etapa en el poder. Para aumentar mi comprensión de los pasajes más importantes en la vida del Caudillo decidí ampliar el foco y leer biografías de los hombres que él conoció, saludó o influyeron en sus decisiones en cuatro décadas. Como la mayoría de ellas están escritas por competentes historiadores, grandes especialistas en las estrechas conexiones entre las acciones de los individuos y las estructuras, no solo he incorporado conocimientos empíricos, sino también enfoques historiográficos y narrativos sobre la personalidad, el carisma, el culto y el poder.

Sobre todos esos temas es ejemplar la biografía de Hitler de Ian Kershaw, *Hitler (1) 1989-1936* y *Hitler (2) 1936-1945* (Península, Barcelona, en 1999 y 2002, respectivamente), más de dos mil páginas dedicadas al líder que dejó una huella más profunda y siniestra en la Europa del siglo XX. Kershaw ha aportado además enfoques interpretativos muy sugerentes sobre otros dirigentes políticos, entre los que incluye a Franco, en *Personalidad y poder. Forjadores y destructores de la Europa moderna* (Crítica, Barcelona, 2022). De las diversas biografías sobre Stalin, el hombre que se enfrentó a Hitler y dirigió otro régimen de terror, he utilizado, por su provocadora perspectiva, *La corte del zar rojo* (Crítica, Barcelona,) de Simon Sebag Montefiore. Antes de que Kershaw y Montefiore escribieran esas biografías, la obra monumental de Alan Bullock fue un modelo de creatividad y narración: *Hitler and Stalin. Parallel Lives*, Alfred A. Knopf, Nueva York, 1991 (edición en castellano: *Hitler y Stalin, vidas paralelas*, Plaza & Janés, Barcelona, 1994). Una aproximación reciente a algunas de esas dictaduras en Frank Dikötter, *How to be a Dictator. The Cult of Personality in the Twentieth Century*, Bloomsbury, Nueva York, 2019 (traducción al español: *Dictadores*, Acantilado, Barcelona, 2023).

Mussolini, de R. J. B. Bosworth (Península, Barcelona, 2003) ofrece ideas y material muy notable acerca de un personaje sobre el que han corrido ríos de tinta. También Luisa Passerini, *Mussolini imaginario. Storia de una biografia, 1915-1939* (Laterza, Roma-Bari, 1991), y la trilogía de Antonio Scurati *M. El hijo del siglo*; *M. El hombre de la providencia*; y *M. Los últimos días de Europa* (Alfaguara, Madrid, 2020, 2022 y 2023). Recomiendo asimismo la breve introducción de Andrzej Garlicki, *Jósef Pilsudski, 1867-1935* (Scholar Press, Aldershot, 1995), y la sugerente obra de Thomas Sakmyster, *Hungary's admiral on horseback. Miklós Horthy, 1918-1944* (East European Monographs, Boulder, 1994). Horthy publicó sus memorias en húngaro en Buenos Aires en 1953 (primera edición en inglés en 1957 y en español en AHR, Barcelona, 1955), aunque hay una edición comentada por Andrew L. Simon, que es la que yo he usado, *Admiral Nicholas Horthy: Memoirs* (Simon Publications, Safety Harbor, Florida, 2000). Pocos días después de la sublevación militar en España, el general Ioannis Metaxás dio un golpe de Estado el 4 de agosto en Grecia y se presentó también como un salvador de la patria. He obtenido buena información de P. J. Vatikiotis, *Popular Autocracy in Greece 1936-1941. A Political Biography of General Ioannis Metaxas* (Frank Cass, Londres, 1998).

Pocos personajes hubo en el siglo XX tan fascinantes como Winston Churchill. Sus muchas vidas, en la esfera pública y privada, están excelentemente resumidas por Martin Gilbert, *Churchill. A Life* (Henry Holt and Company, Nueva York, 1991). También en Andrew Roberts, *Churchill. La biografía* (Crítica, Barcelona, 2019). Disfruté, y disfruto mucho siempre que la reviso, con Doris Kearns Goodwin, *No Ordinary Time. Franklin and Eleanor Roosevelt. The Home Front in World War II* (Simon & Schuster, Nueva York, 1994). De los muchos retratos que existen sobre Dwight D. Eisenhower, el primer presidente estadounidense en llegar a España en visita oficial, he seguido el de Jean Edward Smith, *Eisenhower in War and Peace* (Random House, Nueva York, 2013).

Las relaciones entre Franco y António de Oliveira Salazar aparecen detalladas en varias ocasiones en mi biografía. Hay una buena introducción para los años treinta en Alberto Pena Rodríguez, *Salazar y Franco. La alianza del fascismo ibérico contra la España republicana: diplomacia, prensa y propaganda* (Trea, Gijón, 2017); y para todo el período en el que coincidieron en el mando, Juan Carlos Jiménez, *Franco y Salazar. La respuesta dictatorial a los desafíos de un mundo en cambio, 1936-1968* (Sílex, Madrid, 2019). La historia de los siete encuentros entre los dos dictadores está detallada en Maria Inácia Rezola, «The Franco-Salazar Meetings: Foreign policy and Iberian relations during the Dictatorships (1942-1963)» (*e-journal of Portuguese History*, vol. 6, n.º 2, invierno de 2008). También he seguido a Manuel Loff, *Salazarismo e Franquismo na Época de Hitler* (Campo de Letras, Oporto, 1996);

Fernando Rosas, *Salazar e os fascismos. Ensaio breve de história comparada* (Tinta-Da-China, Lisboa, 2019); y António Costa Pinto, *Salazar's Dictatorship and European Fascism. Problems of Interpretation* Social Science Monographs, Boulder, Distributed by Columbia University Press, Nueva York, 1995.

La biografía de Paul Preston, *Franco. Caudillo de España* (Penguin Random House, primera edición en Grijalbo,1993, actualizada en 2015), está a la altura de las mejores biografías aquí comentadas y se nutre de esa tradición capaz de combinar rigor empírico, creatividad, solidez argumental y elegancia narrativa. Mil páginas ejemplares, difíciles de superar. Preston aporta en la última edición un apéndice, «Una reflexión posterior. Biografiar a Franco» (pp. 859-873), un repaso por los diferentes períodos y maneras de abordar las vidas del Caudillo. En el mismo año, Enrique Moradiellos hizo un amplio examen a biografías y análisis de su dictadura, «Franco y el franquismo en tinta sobre papel: narrativas sobre el régimen y su caudillo», en Julián Casanova (ed.), *Cuarenta años con Franco* (Crítica, Barcelona, 2015). En las páginas que siguen aparecerán algunas de ellas debidamente citadas, siempre que hayan aportado ideas o material para este libro, pero destaco ya las que más he utilizado, especialmente las publicadas en los últimos años.

El ensayo biográfico de Juan Pablo Fusi, *Franco. Autoritarismo y poder personal* (El País, Madrid, 1985) fue la primera síntesis que, tras la muerte del dictador, trataba de alejarse, con criterio historiográfico, tanto de la hagiografía de sus partidarios como de la denuncia de sus opositores. Sobre los mitos forjados durante décadas trató Alberto Reig Tapia, *Franco «caudillo»: mito y realidad* (Tecnos, Madrid, 1995). Poco antes de la aparición de la biografía de Preston, el hispanista estadounidense Stanley G. Payne, autor de varias aproximaciones al franquismo y a los fascismos, publicó *Franco, el perfil de la historia* (Espasa Calpe, Madrid, 1992), donde resaltaba su papel de «modernizador definitivo del país». Ya en este siglo, el medievalista y político franquista

Luis Suárez, con libre acceso a los documentos custodiados por la Fundación Francisco Franco, intentó difundir ecuanimidad en su voluminoso *Franco* (Ariel, Barcelona, 2005). El libro de Suárez y los dos volúmenes de Ricardo de la Cierva, *Francisco Franco: un siglo de España* (Editora Nacional, Madrid, 1973) fueron las últimas y más destacadas aportaciones de la historiografía franquista desde el mundo académico, hasta que apareció años después *Franco. Una biografía personal y política*, de Stanley G. Payne y Jesús Palacios (Espasa, Madrid, 2014), vendida como biografía académica, seria, rigurosa y objetiva. En los años cincuenta, fue popular el ejercicio propagandístico de Luis de Galinsoga (con la colaboración del teniente general Franco Salgado), *Centinela de Occidente (Semblanza biográfica de Francisco Franco)* (AHR, Barcelona, 1956).

Aunque solo estudiaba la figura de Franco en los años de la guerra, la obra de Javier Tusell, *Franco y la guerra civil* (Tusquets, Barcelona, 1992) fue la primera en incorporar nuevo material archivístico y papeles privados de algunos de sus más estrechos colaboradores. El notable avance que se ha hecho en los últimos veinticinco años, con el uso de nuevas fuentes y nuevos enfoques, siguiendo las amplias pistas abiertas por la biografía de Preston, está bien representado, por orden cronológico de aparición, por Gabrielle Ashford Hodges, *Franco. Retrato psicológico de un dictador* (Taurus, Madrid, 2001); Francisco Sevillano, *Franco. «Caudillo» por la gracia de Dios, 1936-1947* (Alianza, Madrid, 2010); Laura Zenobi, *La construcción del mito de Franco. De jefe de la Legión a Caudillo de España* (Cátedra, Madrid, 2011); Antonio Cazorla, *Franco. Biografía del mito* (Alianza, 2015); Ángel Viñas, *La otra cara del Caudillo. Mitos y realidades en la biografía de Franco* (Crítica, Barcelona, 2015); Enrique Moradiellos, *Franco. Anatomía de un dictador* (Turner, Madrid, 2018); Matilde Eiroa San Francisco, *Franco, de héroe a figura cómica de la cultura contemporánea* (Tirant Humanidades, Valencia, 2022); y Javier Rodrigo, *Generalísimo. Las vidas de Fran-*

cisco Franco, 1892-2020 (Galaxia Gutenberg, Barcelona, 2022). Estudios muy útiles y documentados sobre la dictadura se deben a Carme Molinero y Pere Ysás, *La anatomía del franquismo: de la supervivencia a la agonía, 1945-1977* (Crítica, Barcelona, 2008); Borja de Riquer, *La dictadura de Franco* (Crítica/Marcial Pons, Barcelona, 2010); y Nicolás Sesma *Ni una, ni grande, ni libre. La dictadura franquista (1939-1977),* (Crítica, Barcelona, 2024).

En diferentes momentos de la biografía he utilizado prensa, revistas y fotos de las agencias, además de múltiples noticias e imágenes sacadas del NO-DO y otras fuentes audiovisuales, que no reproduzco de nuevo en este comentario bibliográfico. Tampoco cito muchas de las referencias documentales y bibliográficas que aparecen en mis investigaciones anteriores sobre el siglo XX español y europeo, especialmente los libros relacionados con la guerra civil y la revolución, la violencia, los fascismos, las dictaduras, los conflictos sociales, el anticlericalismo y la Iglesia católica. He consultado el catálogo de los 27.490 documentos microfilmados de la Fundación Francisco Franco, 1.818 páginas, cuya copia se conserva en el Centro Documental de la Memoria Histórica de Salamanca.

Prólogo: Francisco Franco, llamado el Caudillo

El relato del juramento de Juan Carlos y el funeral de Franco sigue la crónica de *La Vanguardia*, 22, 23 y 25 de noviembre de 1975 y la edición especial de NO-DO del 24 de noviembre. La relación entre Franco y esos dictadores latinoamericanos, en Katia Figueredo, «Francisco Franco y Fulgencio Batista: complicidad de dos dictadores en el poder (1952-1958)» (*Tzintzun, Revista de Estudios Históricos*, n.º 64, julio-diciembre de 2016); y Matilde Eiroa y M.ª Dolores Ferrero, «Rafael L. Trujillo y Francisco Franco: de los vínculos históricos a los compromisos coyunturales» (*Iberoamericana*, XVI, 61, 2016). La correspondencia entre Pinochet y Franco, en Mario Amorós, *Pinochet. Biografía militar y política* (Ediciones B, Barcelona, 2019).

Información sobre los ministros de Franco, en Equipo Mundo, *Los 90 ministros de Franco* (Dopesa, Barcelona, 1970); Amando de Miguel, *Sociología del franquismo. Análisis ideológico de los Ministros del Régimen* (Euros, Barcelona, 1975); y Paul, H. Lewis, *Latin Fascist Elites. The Mussolini, Franco, and Salazar Regimes* (Praeger, Westpoint, Connecticut, 2002). Sobre las procuradoras, y la participación de la mujer en política durante la dictadura, Inmaculada Adrián Gálvez, «Las procuradoras a Cortes. Una aproximación prosopográfica a las élites políticas femeninas del franquismo», *Otras voces, otros ámbitos: Los sujetos y su entorno. Nuevas perspectivas de la historia sociocultural,* coord. por Vicent Bellver Loizaga, Francesco D'Amaro, Isabel Molina Puertos, Jorge Ramos Tolosa (Universitat de València, 2015). «Modelo y ejemplo de gran familia española», en Vicente Sánchez Biosca, «¡Qué descansada vida! La imagen de Franco, entre el ocio y la intimidad», en *Archivos de la filmoteca: revista de estudios históricos sobre la imagen* (n.º 42-43, 1, 2002). Hitler y las mujeres, en *Las conversaciones privadas de Hitler* (Crítica, Barcelona, 2020). Carmen Franco y la corrupción, en Jesús Palacios y Stanley G. Payne, *Franco, mi padre. Testimonio de Carmen Franco, la hija del Caudillo* (La Esfera de los Libros, Madrid, 2008). La frase de Churchill sobre el juicio de la historia en John Charmley, «Churchill: The Gathering Storm», https://www.bbc.co.uk/history/worldwars/wwtwo/churchill_gathering_storm_01.shtml

PRIMERA PARTE: «SIN ÁFRICA, YO APENAS PUEDO EXPLICARME A MÍ MISMO»

Las diferentes declaraciones y testimonios de Carmen Franco sobre su padre están sacadas de Jesús Palacios y Stanley G. Payne, *Franco, mi padre.* La cita sobre borrar el siglo XIX pertenece a un discurso en el Ayuntamiento de Baracaldo, 21 de julio de 1950, en *Pensamiento político de Franco. Antología, selección y sistematización de textos por Agustín del Río Cisneros* (Servicio Informativo Español, Madrid, 1964). Lo de «me hice hombre» en la Academia de Toledo fue una confesión de Franco al periodista Luis Moreno Nieto en octubre de 1973, reproducida por Rogelio Baón, *La cara humana de un Caudillo. 401 anécdotas* (San Martín, Madrid, 1975) y también se lo dijo Carmen Franco a Jesús Palacios y Stanley G. Payne, *Franco, mi padre.* La información sobre Carmen Polo, en Paul Preston, *Palomas de guerra. Cinco mujeres marcadas por el enfrentamiento bélico* (Plaza & Janés, Barcelona, 2001). La cita de Manuel Azaña, en «¡Todavía el 98!», en *Plumas y palabras*, Madrid, 1930 (edición en Crítica en 1976).

Las referencias a Horthy están sacadas de Thomas Sakmyster, *Hungary's admiral on horseback. Miklós Horthy, 1918-1944.* El suspenso de Hitler en la Academia de Bellas Artes de Viena y su vida ociosa e indolente en aquellos años, en Ian Kershaw, *Hitler (1) 1989-1936.*

La difusión del sentimiento imperialista, «mezcla de nacionalismo, militarismo y racismo», en Konrad H. Jarausch, *Out of Ashes. A New History of Europe in the Twentieth Century* (Princeton University Press, Princeton, 2015). Las raíces del africanismo aparecen analizadas en Daniel Macías Fernández, *Franco «nació en África». Los africanistas y las campañas de Marruecos* (Tecnos, Madrid, 2019). Franco escribió allí *Marruecos, diario de una bandera* (Pueyo, Madrid, 1922), con prólogo del teniente coronel Millán-Astray. Los artículos publicados por Franco en la *Revista de Tropas Coloniales* entre los años 1924 a 1928 fueron compilados por la Fundación Nacional Francisco Franco en 1986: *Papeles de la guerra de Marruecos. Diario de una bandera. La hora de Xauen. Diario de Alhucemas.* La cita de Melchor Fernández Almagro, en *Historia del reinado de D. Alfonso XIII* (Montaner y Simón, Madrid, 1933), vol. II; la de Ramón J. Sender, en *Imán* (Destino, Barcelona, 1994); la del conde de Romanones, en *El ejército y la política* (Renacimiento, Madrid, 1920).

Stalin a Truman, en Simon Sebag Montefiore, *La corte del zar rojo.* Sobre la Academia General Militar de Zaragoza y los años que Franco pasó allí Fernando Martínez Baños, «La Academia General Militar (1927-1931). Su historia», *Cuadernos de Aragón*, n.º 26, 2000. La cita de Miguel Maura, en *Así cayó Alfonso XIII: de una dictadura a otra* (Ariel, Barcelona, 1966). Siempre que se citan diálogos o conversaciones con su primo Pacón proceden de Francisco Franco Salgado-Araujo, *Mis conversaciones privadas con Franco* (Planeta, Barcelona, 1976), una de las pocas fuentes sobre la intimidad familiar del Caudillo, aunque publicada tras su muerte. Otros dos testimonios muy citados por los biógrafos de Franco, que tampoco vieron la luz en vida del dictador, son los de Ramón Serrano Suñer, *Entre el silencio y la propaganda. La historia como fue* (Planeta, Barcelona, 1977); y Laureano López Rodó, *La larga marcha hacia la monarquía* (Noguer, Barcelona, 1977).

El testimonio de Gil-Robles, en *No fue posible la paz* (Ariel, Barcelona, 1968). La reconstrucción de Franco de sus actuaciones durante la República y su versión sobre los días que siguieron a las elecciones de febrero de 1936, en *Apuntes personales del Generalísimo sobre la República y la Guerra Civil*, ordenados y transcritos por Luis Suárez Fernández (Fundación Nacional Francisco Franco, 1987). Lo que le dijo Franco a Manuel Azaña cuando este lo envió a Canarias, en Joaquín Arrarás, *Franco* (Librería Santarén, Valladolid, 1939). El encuentro de Franco con los generales el 8 de marzo, en «Copia de los documentos facilitados por el teniente coronel don Emilio Fernández Cordón, referentes a la preparación y desarrollo del Alzamiento Nacional» (75 páginas), Servicio Histórico Militar, armario 31, legajo 4, carpeta 8 de la sección «Zona Nacional», de donde proceden también las instrucciones firmadas por Mola.

El escrito de José Antonio Primo de Rivera desde la cárcel Modelo de Madrid, en José Carlos Mainer, «La construcción de Franco. Primeros años» (*Archivos de la Filmoteca: revista de estudios históricos sobre la imagen»*, n.ᵒˢ 42-42, 1, 2002). Las declaraciones de su hermana Pilar, en *Nosotros, los Franco* (Planeta, Barcelona, 1980). El papel activo de Franco en la preparación de la sublevación y en la trama civil han sido actualizados por Ángel Viñas, *La conspiración del general Franco y otras revelaciones acerca de una guerra civil desfigurada* (Crítica, Barcelona, 2012), quien mantiene la tesis de que Balmes fue asesinado por orden de Franco en *El primer asesinato de Franco. La muerte del general Balmes y el inicio de la sublevación* (Crítica, Barcelona, 2022). He sacado información también de Mercedes Cabrera, *Juan March (1880-1962)* (Marcial Pons, Madrid, 2011). El discurso de Hitler en Ian Kershaw, *Hitler (1) 1989-1936.* La reacción de Stalin a la noche de los cuchillos largos, en Simon Sebag Montefiore, *La corte del zar rojo.*

Segunda parte: «Ponéis en mis manos a España»

Mola y las funciones de la Junta de Defensa en el discurso radiado del 13 de septiembre de 1936, reproducido en Emilio Mola, *Obras completas* (Santarén, Valladolid, 1940). Ángel Viñas inició ya el camino, a finales de los años setenta, de una exhaustiva investigación sobre la ayuda de los fascismos en la sublevación y durante la guerra en *La Alemania nazi y el 18 de julio* (Alianza, Madrid, 1977). Revisó y amplió esa investigación en *Franco, Hitler y el estallido de la guerra civil* (Alianza, Madrid, 2001). Más reciente, Pierpaolo Barbieri, *La sombra de Hitler: el imperio económico nazi y la Guerra Civil española* (Taurus, Madrid, 2015). La estrecha relación política e ideológica entre Franco y Hitler en Carlos Collado Seidel, *España, refugio nazi* (Temas de Hoy, Madrid, 2005).

Javier Rodrigo ha actualizado las investigaciones sobre la influencia de Italia en *La guerra fascista. Italia en la Guerra Civil española* (Alianza, 2016). El telegrama de Giral a Blum y la respuesta de este, en Enrique Moradiellos, *El reñidero de Europa. Las dimensiones internacionales de la guerra civil española* (Península, Barcelona, 2001). La cita de Norman King, en Enrique Moradiellos, *La pérfida Albión. El gobierno británico y la guerra civil española* (Siglo XXI, Madrid, 1996); la de Yanguas Messía, en Enrique Moradiellos, «El mundo ante el avispero español: intervención y no intervención extranjera en la guerra civil», en Santos Juliá (coord.), *Historia de España de Menéndez Pidal*, tomo XL (Espasa Calpe, Madrid, 2004).

Todas las referencias a Gomá, Pla y Deniel y la cruzada proceden de mi libro *La Iglesia de Franco* (Crítica, Barcelona, 2005), donde aparecen citadas las fuentes. El reclutamiento y movilización de los carlistas, en Javier Ugarte, *La nueva Covadonga insurgente. Orígenes sociales y culturales de la sublevación de 1936 en Navarra y el País Vasco* (Biblioteca Nueva, Madrid, 1998). El «Informe acerca del levantamiento cívico-militar de España en julio de 1936», firmado en el Balneario de Belascoain (Navarra) el 13 de agosto de 1936, procede de *Archivo Gomá. Documentos de la Guerra Civil. 1: Julio-Diciembre de 1936*, edición de José Andrés-Gallego y Antón M. Pazos (CSIC, Madrid, 2001). La carta de Gomá a P. W. Ledóchowski, en Alfonso Álvarez-Bolado, *Para ganar la guerra, para ganar la paz. Iglesia y Guerra Civil: 1936-1939* (Universidad Pontificia de Comillas, Madrid, 1995). La posición del general Cabanellas ante el nombramiento de Franco procede de su hijo Guillermo Cabanellas, *La guerra de los mil días* (Grijalbo, Barcelona, 1973, vol. 1). «Ponéis en mis manos a España», en José Emilio Díez, *Colección de proclamas y arengas del Excmo. Sr. General D. Francisco Franco* (Carmona, Sevilla, 1937).

La batalla de Madrid (Crítica, Barcelona, 2007) y *De Madrid al Ebro. Las grandes batallas de la guerra civil española* (Galaxia Gutenberg, Barcelona, 2021), de Jorge M. Reverte, han sido fuente de información para la evolución de la guerra. Una buena síntesis, en Gabriel Cardona, *Historia militar de una guerra civil* (Flor del Viento, Barcelona, 2006). También José Andrés, *Vicente Rojo. Retrato de un general republicano* (Tusquets, Barcelona, 2006). Lemas y abundantes ejemplos de labor propagandística republicana pueden verse en el documental de 1936 *Defensa de Madrid*, con dirección de Ángel Villatoro y producción de Socorro Rojo Internacional, reproducido en «La guerra filmada» (Filmoteca Española, Ministerio de Cultura, 2009). Franco a Emilio Faldella y Roberto Cantalupo en Paul Preston, *Franco.* La tesis de que Franco quería una guerra larga para exterminar al enemigo, formulada por Dionisio Ridruejo, fue ampliamente documentada por Paul Preston en su biografía *Franco*, una interpretación que han respaldado entre otros Enrique Moradiellos y, desde la historia militar, Gabriel Cardona, de quien está sacado lo de «domesticar» a los generales (*Historia militar de una guerra civil*, p. 147). Militares franquistas niegan esa tesis y alaban la estrategia de Franco (por ejemplo Rafael Casas de la Vega, *Franco militar*, Fénix, Madrid, 1995) y otros, que simpatizaron poco con él, como Carlos Blanco Escolá, abundan, como el título de uno de su libros indica, en *La incompetencia militar de Franco* (Alianza, Madrid, 2000). Tampoco sostiene la teoría de la guerra larga Jorge M. Reverte, *El arte de matar. Cómo se hizo la Guerra Civil española* (RBA, Barcelona, 2009). Discusión reciente sobre la forma de conducir la guerra de Franco en Miguel Alonso Ibarra y Luis A. Ruiz Casero, «El mito de la "guerra lenta"». Revisitando un axioma historiográfico» (*Historia Contemporánea*, 74, 2024). La información sobre los bombardeos en el frente de Aragón en José María Maldonado, *Aragón bajo las bombas* (Gobierno de Aragón, Zaragoza, 2011).

Hay sugerentes aproximaciones a varios de los principales actores y acontecimientos en Carlos Gil Andrés, *Españoles en guerra. La guerra civil en 39 episodios* (Ariel, Barcelona, 2019). La frase de José Luna sobre Falange aparece en Javier Tusell, *Franco en la Guerra Civil. Una biografía política*, de donde procede asimismo la idea de Farinacci y la advertencia de Von Faupel sobre Hedilla. Resulta también muy útil Joan Maria Thomàs, *Lo que fue la Falange* (Plaza & Janés, Barcelona, 1999); y más reciente, *Los fascismos españoles* (Ariel, Barcelona, 2019). He usado también Pilar Primo de Rivera, *Recuerdos de una vida* (Dyrsa, Madrid, 1983), de quien tomo la información sobre su visita a Carmen Polo para interceder por Hedilla. El alivio de Von Faupel, en Paul Preston, *Franco.* Hitler y el avión en *Las conversaciones privadas de Hitler*.

La declaración de Göring ante el Tribunal Militar Internacional de Núremberg, en *Nuremberg Trial proceedings*, vol. 9, Eighty-First Day, 14 March, 1946, The Avalon Project, *Documents in Law, History and Diplomacy*, Yale Law School: https://avalon.law.yale.edu/imt/03-14-46.asp

La cita de Areilza, en Gonzalo Redondo, *Historia de la Iglesia en España 1931-1939*, tomo II, *La guerra civil 1936-1939* (Rialp, Madrid, 1993). Sobre Gernika, Xabier Irujo, *Gernika, 26 de abril de 1937* (Crítica, Barcelona, 2018). Entrevista de Franco y Gomá, la «Carta colectiva del Episcopado español» y la intercesión de Gomá ante Franco en *La Iglesia de Franco.* El asesinato de los sacerdotes vascos en Mikel Aizpuru (dir.), *El otoño de 1936 en Guipúzcoa. Los fusilamientos de Hernani* (Hernaniko Udala, Irún, 2017).

El retrato de Franco por el agente británico en Enrique Moradiellos, «El general apacible: la imagen oficial británica de Franco durante la Guerra Civil», en Paul Preston (ed.), *La República asediada* (Península, Barcelona, 1990). La cita de Álvarez Arenas, en Ronald Fraser, *Recuérdalo tú y recuérdalo a otros. Historia oral de la guerra civil española* (Crítica, Barcelona, 1979, tomo II). Francisco Lacruz, *El Alzamiento, la revolución y el terror en Barcelona* (Librería Arysel, Barcelona, 1943).

Manuel Azaña y «la Desbandá», en «Carta a Ángel Osorio», en *Obras completas III*, edición de Juan Marichal (Oasis, México, 1967). La cita de O'Dowd Gallagher, corresponsal de *The Daily Express*, está sacada de Paul Preston, *El final de la guerra. La última puñalada a la República* (Debate, Madrid, 2014), de donde procede también la cita de Zugazagoitia. Las declaraciones de Franco a la agencia Havas, en Matilde Eiroa San Francisco, «Palabra de Franco. Lenguaje político e ideología en los textos doctrinales», en Carlos Navajas Zubeldia y Diedo Iturriaga Barco (eds.), *Coetánea*, Actas del III Congreso Internacional de Historia de Nuestro Tiempo (Universidad de la Rioja, Logroño, 2012). Las citas de Churchill y Roosevelt sobre el pacto de Múnich, en Dominic Tierney, *FDR and the Spanish Civil War: Neutrality and Commitment in the Struggle that Divided America* (Duke University Press, Durham, Carolina del Norte, 2007).

Tercera parte: «Castigo que Dios impone a una vida torcida, a una historia no limpia»

La información básica sobre el desfile de la victoria procede del documental del *Noticiario Español* emitido por TVE en la serie de programas «La guerra filmada», 2006, disponible en RTVE Play y en la edición de todos los programas en cuatro DVD (Filmoteca Española, 2009). La ceremonia en la iglesia de Santa Bárbara, en Giuliana Di Febo, «Franco, la ceremonia de Santa Bárbara y la "representación del nacionalcatolicismo"», en Xavier Quinzá Lleó y José J. Alemany (eds.), *Ciudad de los hombres. Ciudad de Dios. Homenaje a Alfonso Álvarez Bolado, S. J.* (Universidad Pontificia de Comillas, Madrid, 1999).

La exhumación de José Antonio Primo de Rivera, en Luis E. Togores «Los tres entierros de José Antonio Primo de Rivera» (*La Razón*, 6 de octubre de 2022). La vida en El Pardo, en *La Señora de El Pardo*, de Ramón Garriga (Planeta, Barcelona, 1979). La información sobre *Raza* procede de Magí Crusells, «Franco, un dictador de película: nuevas aportaciones a *Raza*», *La biografía fílmica* (actas del Segundo Congreso Internacional de Historia y Cine, coordinado por M. Gloria Camarero Gómez, 2011); y José María Caparrós Lera y Magí Crusells, *Las películas que vio Franco (y que no todos pudieron disfrutar). Cine en El Pardo, 1946-1975* (Cátedra, Madrid, 2018).

La información sobre los gobernadores civiles, en Borja de Riquer, *La dictadura de Franco.* La cita de Franco sobre la milicia aparece en Ángel Viñas, *La otra cara del Caudillo.* El «Viva la guerra» de Hitler, en Ian Kersaw, *Hitler (2) 1936-1945.* La Ley de Responsabilidades Políticas, en Julián Casanova y Ángela Cenarro (eds.), *Pagar las culpas. La represión económica en Aragón (1936-1945)*, (Crítica, Barcelona, 2014). Los campos de concentración en Javier Rodrigo, *Cautivos: campos de concentración en la España franquista, 1936-1947* (Crítica, Barcelona, 2005). La participación de la policía de Franco en la represión en Pablo Alcántara, *La secreta de Franco. La Brigada Político-Social durante la dictadura* (Espasa, Madrid, 2022).

El testimonio de Samuel Hoare está sacado de su *Ambassador on Special Mission* (Collins, Londres, 1946). Los versos a la sonrisa de Franco, en Julio Rodríguez-Puértolas, «Fascismo y poesía en España» (*Spanish Language and Literature*, 65, 1982). La tragedia del hambre, en Miguel Ángel del Arco «Corrupción en el franquismo: el fenómeno del "gran estraperlo"» (*Hispania Nova*, Revista de Historia Contemporánea, n.º 16, 2018); y *Los «años del hambre». Historia y memoria de la posguerra franquista* (Marcial Pons, Madrid, 2020). Un buen análisis general en Carlos Barciela (ed.), *Autarquía y mercado negro. El fracaso económico del primer franquismo, 1939-1959* (Crítica, Barcelona, 2003); y su pionero estudio «Fraude fiscal y mercado negro durante el primer franquismo» (*Hacienda Pública Española/Review of Public Economics*, n.º extra 1, 1994). La comunicación de Pereira a Salazar, en Javier Tusell, *Franco y la guerra civil.* La reunión de Horthy y Hitler, en Thomas Sakmyster, *Hungary's admiral on horseback.*

Stalin, la «partida de póquer» y el tratado de no agresión, en Simon Sebag Montefiore, *La corte del zar rojo.* Mussolini y el error tipográfico, en R. J. B. Bosworth, *Mussolini.* El informe de Beigbeder, en Javier Tusell, *Franco, España y la Segunda Guerra Mundial: entre el Eje y la neutralidad* (Temas de Hoy, Madrid, 1995). El informe del general Martínez Campos, en Javier Tusell y Genoveva Queipo de Llano, *Franco y Mussolini. La política española durante la II Guerra Mundial* (Planeta, Barcelona, 1985). La «absoluta falta de preparación» de Italia para entrar en la guerra, en R.J.B.

Bosworth, *Mussolini.* Las anotaciones de Joseph Goebbels, en *The Goebbels Diaries 1939-1941*, editado por Fred Taylor (Penguin Books, Londres, 1982) y *The Goebbels Diaries*, 1942-1943, editado por Louis P. Lochner (Geenwood Press Publishers, Westpoint, Connecticut, 1970). El informe de Wilhelm Canaris, en Enrique Moradiellos, *Franco.* La carta de Mussolini a Hitler, en Paul Preston, *El gran manipulador* (Ediciones B, Barcelona, 2008). La entrevista de Hitler y Franco, en Paul Preston, *Franco.* El informe de Carrero Blanco, en Enrique Moradiellos, *Franco.* Hitler sobre Serrano Suñer en *Las conversaciones privadas de Hitler.*

Sobre los sobornos he seguido a Ángel Viñas, *Sobornos: de cómo Churchill y March compraron a los generales de Franco* (Crítica, Barcelona, 2021); Paul Preston, *Un pueblo traicionado. España de 1874 a nuestros días: corrupción, incompetencia, política y división social* (Debate, Barcelona, 2019); Joaquín Armada Díaz, «Los sobornos de Churchill» (*Historia y Vida*, 574, 2013); Peter Day, *Los amigos de Franco. Los servicios secretos británicos y el triunfo del franquismo* (Tusquets, Barcelona, 2015); y Luis Horrillo Sánchez, *El espionaje británico y Franco. Desde Hendaya hasta Torch* (Prensas de la Universidad de Zaragoza, Zaragoza, 2024).

La primera reacción de Stalin a la invasión de la Unión Soviética de las tropas alemanas y las de Churchill, Roosevelt y Mussolini proceden de Simon Sebag Montefiore, *La corte del zar rojo;* Doris Kearns Goodwin, *No Ordinary Time;* y R. J. B. Bosworth, *Mussolini.* La carta de Hitler a Mussolini sobre la posteridad, en *Hitler e Mussolini. Lettere e Documenti* (Milán, 1946), citado en la introducción de Hugh Trevor-Roper a *Las conversaciones privadas de Hitler.*

Sobre la División Azul, Xavier Moreno Juliá, *La División Azul. Sangre española en Rusia, 1941-1945* (Crítica, Barcelona, 2015); Jorge M. Reverte, *La División Azul. Rusia, 1941-1944* (RBA, Barcelona, 2011); y Xosé M. Núñez Seixas, *Camarada invierno: experiencia y memoria de la División Azul (1941-1945)* (Crítica, Barcelona, 2017). También, Stanley G. Payne, *Franco y Hitler: España,*

Alemania, la Segunda Guerra Mundial y el holocausto (La Esfera de los Libros, Madrid, 2008). La información sobre el duque de Alba, en Juan Avilés Farré, «Un Alba en Londres: la misión diplomática del XVII duque (1937-1945)» (*Historia Contemporánea*, 15, 1996). Japón y Pearl Harbour, en Eri Hotta, *Japón 1941. El camino a la infamia: Pearl Harbour* (Galaxia Gutenberg, 2015). El informe de Carrero Blanco a Franco, en Enrique Moradiellos, *Franco.*

Para los sucesos de Begoña he seguido a Antonio Marquina, «El atentado de Begoña» (*UNISCI Discussion Papers*, n.º 36, octubre de 2014). Todas las observaciones de Galeazzo Ciano aparecen en sus *Diarios 1937-1943* (Crítica, Barcelona, 2003). Firmó la introducción el 23 de diciembre de 1943 en la celda 27 de la cárcel de Verona. Fue fusilado el 11 de enero de 1944. Hoare y sus impresiones tras visitar a Franco en El Pardo, en *Ambassador on Special Mission.* Hitler sobre Serrano Suñer, en *Las conversaciones privadas de Hitler.*

Sobre las vidas y muerte de los principales dirigentes nazis Ferran Gallego, *Todos los hombres del Führer: la élite del nacionalsocialismo (1919-1945),* (Debolsillo, Barcelona, 2008). De la caída de esas dictaduras y dictadores he tratado recientemente en *Una violencia indómita. El siglo xx europeo* (Crítica, Barcelona, 2020). Encuentros de Franco y Salazar, en Maria Inácia Rezola, «The Franco-Salazar Meetings».

Cuarta parte: «Yo no haré la tontería que hizo Primo de Rivera. Yo no dimito; de aquí al cementerio»

La frase de Stalin al mariscal Zhúkov, en Simon Sebag Montefiore, *La corte del zar ruso.* Palabras de Carrero a Franco, en «España ante la situación actual del mundo» y «Notas sobre nuestra situación actual en el Mundo», 12 de abril de 1945. Archivo General de la Universidad de Navarra, fondo Carrero Blanco, serie «Política Internacional», citado en Enrique Moradiellos, *Franco.* La definición de Franco sobre «democracia orgánica», en *Pensamiento político de Franco. Antología, selección y sistematización de textos por Agustín del Río Cisneros*, 1964. Existe una versión posterior, con prólogo de José Solís Ruiz (Ediciones del Movimiento, Madrid, 1975, dos tomos). La carta de Franco a Rigoberto Doménech se conserva en el Archivo Diocesano de Zaragoza y la conocí gracias a la profesora Ángela Cenarro. La anotación de lord Alanbrooke, en Robert O. Paxton y Julie Hessler, *Europe in the Twentieth Century* (Wadsworth, Boston, 2012).

Lequerica y Franco sobre la ONU, en Paul Preston. *Franco.* Las «Notas sobre la situación política» de Carrero, 29 de julio de 1945, en Archivo General de la Universidad de Navarra, fondo Carrero Blanco, serie «Política Internacional», citado en Enrique Moradiellos, *Franco.* La idea del alto funcionario del Foreign Office sobre que Franco no representaba ninguna amenaza, en Enrique Moradiellos, *Franco frente a Churchill. España y Gran Bretaña durante la Segunda Guerra Mundial* (Península, Barcelona, 2005). La información sobre la plaza de Oriente procede de Carlos Fernández Barallobre, «1946. La enorme manifestación de la Plaza de Oriente del 9 de diciembre», Fundación Nacional Francisco Franco, publicado el 9 de diciembre de 2023. La visita del rey de Jordania, en Matilde Eiroa San Francisco, «El pasado no es suficiente. Temáticas y conflictos en los encuentros de Franco con los líderes árabe-musulmanes», *Miscelánea de estudios árabes y hebraicos. Sección Árabe-Islam*, vol. 62, 2013. Franco a Kindelán, en Enrique Moradiellos, *Franco.*

El discurso del 17 de julio de 1945 ante el Consejo Nacional, en *Pensamiento Político de Franco.* La ayuda de Perón y el viaje de Evita, en Raanan Rein, «Un salvavidas para Franco. La ayuda económica argentina a la España franquista (1946-1949)» (Anuario del IEHS, VUJ, Tandil, 1993). Para comprender el peronismo y las diferencias entre Europa y América Latina, Federico Fichelstein, *Del fascismo al populismo en la historia* (Taurus, Madrid, 2019). También he utilizado Felipe Pigna, *Evita, realidad y mito* (Destino, Barcelona, 2013).

Sobre la masonería conviene ver la amplia obra de José Antonio Ferrer Benimelli. Una introducción, en *La masonería* Alianza, Madrid, 2019. De Ferrer Benimelli procede la definición de Franco de la masonería como «una sociedad perniciosa»: «Franco contra la masonería» (*Historia 16*, 15, 1977). He utilizado la documentada obra de Javier Domínguez Arribas, de quien procede la información sobre Gerardo Salvador Merino, «La utilización del discurso antimasónico como arma política durante el primer franquismo (1939-1945)» (*Hispania*, vol. LXVI, n.º 224, septiembre-diciembre de 2006); y *El enemigo judeo-masónico en la propaganda franquista (1936-1945),* (Marcial Pons, Madrid, 2009). También Paul Preston, *Arquitectos del terror. Franco y los artífices del odio* (Debate, Barcelona, 2022). La represión de las mujeres acusadas de masonas en María José Turrión García, *El franquismo contra la masonería femenina* (Marcial Pons, Madrid, 2022). Sobre Juan Puyol y el antisemitismo, Paul Preston, *El holocausto español. Odio y exterminio en la guerra civil y después* (Debate, Barcelona, 2011).

Noticia sobre Hans Lazar, en Sergi Vich Sáez, «Hans Lazar, el altavoz de Hitler en la España de Franco», *La Vanguardia*, 9 de enero de 2022; y Miguel Rivas Venegas, «"Contra la Horda. Por la nueva Europa". Corresponsales españoles en la Alemania nazi», *Comunicación y espectáculo:* actas del XV Congreso de la Asociación de Historiadores de la Comunicación, coord. por Helena Lima, Ana Isabel Reis, Pedro Costa, 2018. He seguido a Carlos Collado Seidel, *España, refugio nazi*; a José María Irujo, *La lista negra. Los espías nazis protegidos por Franco y la Iglesia* (Aguilar, Madrid, 2003); Antonio Samuel Almeida y Miguel Á. Betancor León, «El profesorado de los colegios alemanes en España al servicio del Tercer Reich (1933-1945): un estudio de caso» (*HSE – Social and Education* History vol. 10, n.º 2, octubre de 2021); y Marició Janué i Miret, «Relaciones culturales en el "Nuevo Orden": la Alemania nazi y la España de Franco» (*Hispania*, vol. LXXV, n.º 251, 2015). También Ismael Fuente Lafuente, «León Degrelle, la última reliquia del franquismo, escribe sus memorias en Madrid» (*El País*, 14 de diciembre de 1982). La investigación más detallada y reciente sobre ese tema, en José Luis Rodríguez Jiménez, *Bajo el manto del Caudillo: Nazis, fascistas y colaboracionistas en la España franquista* (Alianza, Madrid, 2024).

La visita de Franco a Portugal, en Clara Sanz Hernando y Clara Cabrera, «Franco en Portugal: la revitalización de los mitos franquistas para romper el cerco internacional» (*Trípodos*, n.º 44, 2019). Churchill al Gobierno laborista y Truman sobre Franco, en Paul Preston, *Franco.* La cita de Foxá sobre Cuba, en Nicolás Sesma, *Ni una, ni grande, ni libre.* Los pactos con Estados Unidos, en Ángel Viñas, *En las garras del águila. Los pactos con Estados Unidos, de Francisco Franco a Felipe González (1945-1995),* (Crítica, Barcelona, 2003). Detalles de la negociación, en Eduardo Martín de Pozuelo, «Cuando Franco negoció la instalación de bases norteamericanas» (*La Vanguardia*, 16 de agosto de 2021). La adaptación de *Raza* a los nuevos tiempos, en Alfonso del Amo, *Catálogo general del cine de la guerra civil* (Cátedra/Filmoteca Española, Madrid, 1997). «Al fin he ganado la guerra civil», en Enrique Moradiellos, *Franco.*

El relato de la boda de Carmen Franco Polo con Cristóbal Martínez-Bordiú está basado en la crónica de *ABC* del 11 de abril de 1950 y en la del NO-DO del 17 de abril. El comentario de Muñoz Grandes sobre el efecto negativo de esa boda en los Franco, en Francisco Franco Salgado-Araujo, *Mis conversaciones privadas con Franco*, anotación del 16 de agosto de 1956.

El enriquecimiento de los Martínez-Bordiú a partir de esa boda, en Mariano Sánchez Soler, *Villaverde. Fortuna y caída de la casa Franco* (Planeta, Barcelona, 1990); y Ramón Garriga, *La Señora de El Pardo.* Sobre el pazo de Meirás, Carlos Babío Urkidi y Manuel Perez Lorenzo, *Un pazo, un caudillo, un expolio* (Fundación Galiza Sempre, A Coruña, 2017). Los sueldos, cuentas corrientes y enriquecimiento de Franco, en Ángel Viñas, *La otra cara del Caudillo* y «Hambre, corrupción y sobornos en el primer franquismo (1939-1959)», en Borja de Riquer, Joan Lluís Pérez Francesch,

María Gemma Rubí i Casals, Lluís Ferran Toledano González, Oriol Luján Feliu (dir.), *La corrupción política en la España contemporánea: un enfoque interdisciplinar* (Marcial Pons, Madrid, 2018).

La aristocracia y las decisiones en las cacerías, en Andrew Sinclair, *The Last of the Best. The Aristocracy of Europe in Twentieth Century* (Weidenfeld and Nicolson, Londres, 1969). Información y detalles sobre las de Franco, en Luis Alonso Tejada, «Las cacerías del franquismo» (*Historia 16*, 37, 1979). También en Ramón Garriga, *La Señora de El Pardo.* El *Azor* como remanso de tranquilidad para Franco, en Rogelio Baón, *La cara humana de un Caudillo.* He utilizado también Carlos Arévalo, «La historia del Azor y del Azorín», *El CronistaCultural.* Sobre las comidas en las cacerías sigo el testimonio de José Luis Fernández, uno de sus cocineros, «Platos asturianos para Franco» (*La Nueva España*, 24-10-2010). A Hitler no le gustaba la caza, en *Las conversaciones privadas de Hitler.*

Franco y su afición al cine, en José María Caparrós Lera y Magi Crusells, *Las películas que vio Franco.* Stalin y el cine, en Simon Sebag Montefiore, *La corte del zar ruso.* He prestado atención al documentado estudio de Vicente Sánchez Biosca y Rafael Rodríguez Tranche, *NO-DO. El tiempo y la memoria* (Cátedra, Madrid, 2006).

Una precisa introducción a la economía en los años de posguerra, en Jordi Catalán, «Franquismo y autarquía, 1939-1959: enfoques de historia económica» (*Ayer*, 46, 2002). He usado también para esos años José Larraz, *Memorias* (Real Academia de Ciencias Morales y Políticas, Madrid, 2006). La cita de Benjamin Welles, en *Spain: The Gentle Anarchy* (Pall Mall Press, Londres, 1965). Franco y los medios internacionales, en Álvaro de Diego González, «El general Franco ante los reporteros extranjeros. La Oficina de Información Diplomática y las entrevistas al dictador (1958-1969)» (*Revista de Estudios Políticos*, 195, 2022).

Sobre los tecnócratas, el Opus Dei y la modernización he seguido a José Casanova, *Public Religions in the Modern World*, The

University of Chicago Press, Chicago, 1994 (traducción al español en PPC, Madrid, 2000) y «The Opus Dei Ethic, the Technocrats and the Modernization of Spain» (*Social Science Information*, 22, 1, 1983). La frase de Sardá sobre la estabilización, en Elena Cavaliere, «¿De quién fue la idea del Plan de Estabilización?», Sesenta Aniversario del Plan de Estabilización de 1959 (Jornada en homenaje a Joan Sardá, sucursal del Banco de España en Barcelona, 3 de octubre de 2019). La investigación más reciente y original sobre aquellos años de tecnócratas es la de Anna Catharina Hofmann, *Una modernidad autoritaria. El desarrollismo en la España de Franco (1956-1973),* (PUV, Valencia, 2023).

La cita de Agustín de Foxá sobre las ruinas, en Vicente Sánchez Biosca y Rafael Rodríguez Tranche, *NO-DO.* El discurso de Franco en la inauguración del pueblo nuevo de Belchite, en «Discursos y mensajes del Jefe del Estado» (Fundación Francisco Franco: http://www.generalisimofranco.com/Discursos/discursos/1954/00018.htm). Para la inauguración del Valle de los Caídos sigo la crónica del NO-DO, n.º 848A, 6 de abril de 1959. Resulta muy útil Mónica Vázquez Astorga, «Las fiestas en el primer franquismo: celebraciones para conmemorar aniversarios históricos de la Guerra Civil» (*Artigrama*, 37, 2022). Sigo también la investigación de Manuel Palacio Arranz, «Francisco Franco y la televisión» (*Archivos de la filmoteca: revista de estudios históricos sobre la imagen*, n.º 42-43, 2, 2002). El relato de la visita de Eisenhower lo reconstruyo a partir de la crónica aparecida en NO-DO, 21 de diciembre de 1959. La carta de Carrero Blanco a Castiella, en Ángel Viñas, *La otra cara del Caudillo.*

Quinta parte: «Las enfermedades en las naciones duran siglos y las convalecencias decenios»

La frase con la que comienza la quinta parte la pronunció Franco en la inauguración de la IX Legislatura de las Cortes Españolas, 17 de noviembre de 1967, en *Pensamiento político de Franco.* El accidente de caza, en Eduardo Martín de Pozuelo, «El accidente que marcó la sucesión de Franco» (*La Vanguardia*, 27 de agosto de 2021). Información también en la serie de documentos desclasificados de espionaje y diplomacia de Estados Unidos durante la dictadura, en *La Vanguardia*, 14 de agosto de 2005. El Caudillo y la concentración de la Hermandad Nacional de Alféreces Provisionales, en Paul Preston, *Franco.* El Caudillo y el «contubernio de Múnich», en Luis Suárez, *Franco.* Franco y Jruschov sobre Grimau, en Eduardo Palomar Baró, «El chequista Julián Grimau» (Boletín de la Fundación Nacional Francisco Franco, n.º 108).

Franco y el turismo, en Lorién Jiménez Martínez, «La construcción política del turismo durante el franquismo», tesis doctoral inédita dirigida por Miguel Ángel Ruiz Carnicer, Universidad de Zaragoza, 2014. Franco y los mensajes de fin de año que no escuchaba nadie, en Rogelio Baón, *La cara humana de un Caudillo.* Franco de vacaciones y su vida privada, en Vicente Sánchez Biosca, «¡Qué descansada vida! La imagen de Franco, entre el ocio y la intimidad». Resulta útil también, publicada en esos *Archivos*, Ángel Quintana, «Y el Caudillo quiso hacerse hombre. La retórica épica e iconográfica en *Franco, ese hombre*».

La transformación de ciudadanos en administrados, en Anna Catharina Hofmann, *Una modernidad autoritaria.* Franco y la superación del sufrimiento de la Guerra de Liberación en el mensaje de fin de año de 1959. Sobre las inauguraciones como icono del desarrollismo, Vicente J. Benet, «Franco, NO-DO y las conquistas del trabajo» (*Archivos de la filmoteca: revista de estudios históricos sobre la imagen*, n.º 42-43, 2, 2002). Análisis del crecimiento económico de esos años, en Francisco Comín, «Sector público y crecimiento económico en la dictadura de Franco» (*Ayer*, 21, 1996). Sobre José Banús, Ana Tudela y Antonio Delgado, «Franco, Banús y un lugar al margen de España» *Datadista/Playa burbuja*, 3 de diciembre de 2017). Impulso a las corridas de toros, en José Luis González Fernández, «Toros y política en el siglo XX: Una pasión correspondida» (*Historia Contemporánea*, 68, 2022).

Cavestany y la contrarreforma agraria, en Carlos Barciela, «La contrarreforma agraria y la política de colonización del primer franquismo, 1936-1959», en Ángel García Sanz y Jesús Sanz Fernández (coords.), *Reformas y políticas agrarias en la historia de España (desde la Ilustración al primer franquismo),* (Ministerio de Agricultura, Madrid, 1996). La frase de José Solís Ruiz sobre Franco, en Enrique Moradiellos, *Francisco Franco. Crónica de un caudillo casi olvidado* (Biblioteca Nueva, Madrid, 2002). La cita del discurso de López Rodó en las Cortes, en Nicolás Sesma, *Ni una, ni grande, ni libre.* La cita de Franco sobre las nuevas generaciones, en *Pensamiento político de Franco.* El documento de la Dirección General de Seguridad de 1966, en Carme Molinero y Pere Ysás, *La anatomía del franquismo. De la supervivencia a la agonía, 1945-1977.*

Acción Católica, Franco y la filosofía de la historia antimoderna, en José Casanova, *Public Religions in the Modern World.* Reflexiones de Franco sobre Asturias y la JOC, en *Manuscritos de Franco* (Otero, Madrid, 1990; procedentes de la Fundación Nacional Francisco Franco, seleccionados por Luis Suárez); también *Documentos inéditos para la Historia del Generalísimo Franco* (Fundación Nacional Francisco Franco, 4 tomos, 1992-94). Los principales discursos de Franco (pronunció más de setecientos), en *Mensajes y discursos del Jefe del Estado*, (Publicaciones Españolas, Madrid, cinco volúmenes (1955, 1960, 1964, 1968 y 1971). Todos los mensajes de fin de año de Franco pueden verse en https://www.ersilias.com/mensajes-de-final-de-ano-de-francisco-franco/

Informe de López Rodó a Carrero Blanco de julio de 1968 y amistad entre Marcelo Caetano y López Rodó, en Anna Catharina Hofmann, *Una modernidad autoritaria.* La exreina Victoria Eugenia a Franco y el informe de Carrero Blanco a Franco, en Enrique Moradiellos, *Franco.* Por qué no quería nombrar a don Juan se lo dijo Franco a Francisco Franco Salgado-Araujo, *Mis conversaciones privadas con Franco*, 11 de octubre de 1969.

Las denuncias de Dionisio Martín Sanz sobre el caso Matesa, en Anna Catharina Hofmann, *Una modernidad autoritaria.* El informe de Carrero a Franco sobre el caso, en Nicolás Sesma, *Ni una, ni grande, ni libre.* Más información en Fernando Jiménez, «El caso Matesa: un escándalo político en un régimen autoritario», en *Historia y política: ideas, procesos y movimientos sociales*, n.º 4, 2000. La preocupación de Estados Unidos por el futuro sin Franco, en Álvaro de Cózar y Gonzalo Cabeza, «Los audios de Nixon» (*El País*, 9 de junio de 2020, transcripción de las grabaciones de la Casa Blanca sobre el final de Franco, la dictadura y su sucesión). Información sobre Vernon A. Walters, en su *Silent Missions* (Doubleday & Co, Nueva York, 1978). «Estamos en guerra» de Carrero Blanco, en Anna Catharina Hofmann, *Una modernidad autoritaria.*

Análisis del Sumarísimo 31/60, 1970, en Gaizka Fernández Soldevilla y José Francisco Briones Aparicio, «El franquismo ante el proceso de Burgos», *Araucaria. Revista Iberoamericano de Filosofía, Política, Humanidades y Relaciones Internacionales*, año 22, n.º 44, segundo semestre de 2020. La información sobre las penas de muerte, en Almudena Portal González, «Las muertes del régimen de Franco entre 1952 y 1975», *Aportes*, 85, año XXIX, 2, 2014; Daniel Sueiro, *Los verdugos españoles* (Alfaguara, Madrid, 1971); y Pedro Oliver Olmo, *La pena de muerte en España* (Síntesis, Madrid, 2008). También F. Javier López Jiménez, «Los expedientes personales de penas de muerte conmutadas», Archivo General Militar de Guadalajara, marzo 2017.

El relato de la boda de María del Carmen Martínez-Bordiú y Alfonso de Borbón-Dampierre está basado en la crónica del NO-DO del 20 de marzo de 1972. La carta de renuncia de Garicano Goñi, en Diego Palacios Cerezales, «Un blando en Gobernación: las políticas de orden público de Tomás Garicano Goñi», *Memoria y Civilización*, 26 de febrero de 2023. Sobre Carrero Blanco, Javier Tusell, *Carrero. La eminencia gris del régimen de Franco* (Temas de Hoy, Madrid, 1993); y José Antonio Castellanos López, *Carrero Blanco. Historia y memoria* (Catarata, Madrid, 2023). La muerte de Carrero Blanco y su funeral tuvieron números especiales del NO-DO que he seguido en mi narración. El cese de López Rodó y su puesto de embajador, en Anna Catharina Hofmann, *Una modernidad autoritaria.* López Rodó escribió una necrológica de Caetano: «"In memoriam" Marcelo Caetano» (*Anales de la Real Academia de Ciencias Morales y Políticas*, n.º 58, 1981). Gerald Ford, Franco y Helmut Schmidt, en documentos desclasificados, Cadena Ser. También Miguel González y Tereixa Constenla, «Los papeles secretos de la diplomacia franquista sobre la revolución portuguesa» (*El País*, 12 de mayo de 2024). Resumen de López Rodó del «milagro español», en Anna Catharina Hofmann, *Una modernidad autoritaria.* El viaje de Gerald Ford, en NO-DO, 9 de junio de 1975. Información sobre el TOP, en Juan José del Águila, *El TOP. La represión de la libertad (1963-1977),* (Planeta, Barcelona, 2001). Sobre la ultraderecha en esos años finales, José Luis Rodríguez Jiménez, «La división de la clase política en el tardofranquismo», en Carlos Navajas y Diego Barco Iturriaga (eds.), *Crisis, dictaduras, democracia.*

CRONOLOGÍA

INFANCIA Y JUVENTUD

1892

Francisco Franco nace el 4 de diciembre en El Ferrol (La Coruña). Es el segundo hijo del matrimonio de Nicolás Franco Salgado-Araujo, general de la armada, y María del Pilar Bahamonde.

1898

La pérdida de Cuba y Filipinas le provoca una gran conmoción ya desde pequeño.

1903

Muere Paz, su hermana más pequeña.

1907

Su padre abandona el hogar, dejando a María del Pilar sola con sus cuatro hijos: Nicolás, Francisco, Pilar y Ramón.

Tras salir de El Ferrol, el 29 de agosto Franco ingresa con catorce años en la Academia Militar de Infantería de Toledo, donde entablará amistad con Juan Yagüe Blanco, Emilio Esteban-Infantes, Camilo Alonso Vega y su primo hermano Francisco Franco Salgado-Araujo, «Pacón».

1910
Tras sufrir durante tres años un calvario de novatadas y burlas debido a su escasa estatura, su aspecto aniñado y su voz aguda, acaba su formación en junio con el n.º 251, de una promoción de 312 cadetes.

El 13 de julio, ingresa en el cuerpo de oficiales del ejército con el grado de alférez y en agosto se lo destina al Regimiento de Zamora n.º 8, en El Ferrol.

CARRERA MILITAR

1912
El 17 de febrero, consigue su propósito de que lo trasladen al norte de África.

En abril, se lo destina a Melilla, al Regimiento de África n.º 68, y el 13 de junio, apenas tres meses después, es ascendido a teniente.

1913
El 15 de abril, se pone a las órdenes del general Berenguer en el Regimiento de Fuerzas Regulares Indígenas, donde combate junto con mercenarios moros.

El 12 de octubre, se le concede la Cruz al Mérito Militar por sus victorias contra los insurgentes.

1914
Su carrera militar va a buen ritmo: el 1 de febrero es nombrado capitán por sus méritos de guerra en la batalla de Beni Salem (Tetuán).

1916
En junio, resulta herido en la toma de El Biuzt, combate por el que recibe la Cruz de María Cristina.

1917

El 28 de febrero, es ascendido a comandante por su acción en El Biutz y, poco después, trasladado a Oviedo, ciudad en la que conoce a Carmen Polo durante una romería estival.

1920

En verano, el teniente coronel José Millán-Astray le ofrece el puesto de segundo jefe de la recién creada Legión Española. Franco acepta ponerse al mando de la Primera Bandera legionaria y vuelve a África.

1921

Durante el desastre de Annual, defiende Melilla frente a los cabileños de Abd el-Krim. Su acción le proporciona tanta popularidad como condecoraciones.

1923

El 13 de septiembre, se produce el golpe de Estado que da pie a la dictadura de Primo de Rivera. Franco se mantiene al margen, ya que no comparte la idea de retirar las tropas de África.

El 22 de octubre, Franco se casa con Carmen Polo en la iglesia ovetense de San Juan el Real. Ese año es ascendido a teniente coronel y nombrado gentilhombre de cámara de su Majestad. El rey le concede el mando de la Legión, tras morir en combate el teniente coronel Rafael Valenzuela.

1925

En febrero, recibe los galones de coronel y otra medalla militar por sus numerosas acciones y combate en Marruecos.

El 8 de septiembre, dirige con éxito la ofensiva conjunta con las tropas francesas en el desembarco de Alhucemas.

1926

El 3 de febrero, con treinta y tres años, asciende a general de brigada: deja así la Legión y se traslada a la Península para comandar la Primera

Brigada de la Primera División de Madrid. En total, salvo momentos puntuales, ha estado destinado en África más de diez años y medio. Todos sus ascensos son por méritos de guerra.

En septiembre, nace su hija, Carmencita («Nenuca»).

1928

En enero, se traslada a Zaragoza para ocupar el puesto de director de la nueva Academia General Militar. Como profesores elige a antiguos compañeros suyos en África que tendrán un papel destacado en la sublevación de julio de 1936, al igual que muchos alféreces cadetes formados por ellos, que tras ser ascendidos a tenientes, lucharán junto a Franco en la guerra.

1931

Tras las elecciones municipales del 12 de abril, la caída de la monarquía y la proclamación de la Segunda República dos días después, Franco mantiene la cautela. Pero en junio Manuel Azaña decreta el cierre de la Academia General Militar, y Franco realiza un duro discurso de despedida el 14 de julio que le vale una reprensión del ministro de la Guerra que queda anotada en su hoja de servicios.

1932

El 5 de febrero, Franco es nombrado gobernador militar de La Coruña, el primero de una serie de puestos en los que apenas supera el año.

En agosto, no secunda la Sanjurjada, la insurrección militar contra la República.

1933

Se lo nombra comandante militar de las Islas Baleares.

1934

En marzo, a propuesta de Diego Hidalgo, ministro de la Guerra del Partido Radical de Alejandro Lerroux, Franco asciende a general de división.

En octubre, dirige el despliegue de tropas contra la insurrección revolucionaria en Asturias, que consigue aplacar con una dura y sangrienta represión.

1935

Tras recibir la Gran Cruz del Mérito Militar, vuelve a África como jefe superior de las fuerzas de Marruecos.

El 17 de mayo pasa a ser jefe del Estado Mayor Central, a pesar de la oposición de Alcalá-Zamora, presidente de la República que advierte que «los generales jóvenes son aspirantes a caudillos golpistas».

GUERRA CIVIL

1936

En febrero, tras la victoria electoral del Frente Popular, Franco cesa en la jefatura del Estado Mayor y en marzo se traslada a las islas como comandante general de Canarias, algo que él considera un destierro. Antes de partir, se reúne con los generales Mola, Orgaz, Villegas, Fanjul, Rodríguez del Barrio, García de Herránz, Varela, González Carrasco, Ponte, Saliquet y el teniente coronel Valentín Galarza para acordar «un alzamiento que restableciera el orden», encabezado por el general Sanjurjo.

El 4 de julio, el empresario Juan March financia el avión que trasladará a Franco de Tenerife a Marruecos para ponerse al frente de las tropas congregadas allí para la sublevación.

El asesinato de Calvo Sotelo precipita los acontecimientos y, el 18 de julio, Franco vuela a Marruecos a bordo del Dragon Rapide y se inicia el golpe militar contra la República en las guarniciones de Melilla, Ceuta y Tetuán. En los siguientes días, la insurrección se extiende por la Península de manera desigual: fracasa en las ciudades más pobladas, pero triunfa en lugares estratégicos. Se suceden los arrestos y fusilamientos. Como consecuencia, el golpe militar de Estado deriva en una guerra civil.

La nueva situación obliga a Franco a resolver el problema de trasladar las tropas de África a la Península, e incluso a solicitar ayuda a Hitler y Mussolini —quien ya había suministrado aviones meses antes—. El envío de aviones alemanes e italianos permite a Franco eludir el bloqueo naval que ejerce la marina de la República en el Estrecho.

Franco se traslada primero a Sevilla y después, tras el avance las columnas africanas por Extremadura en agosto, a Cáceres. Para finales de septiembre ya estará a las puertas de Madrid.

El 1 de octubre, Franco es nombrado Generalísimo y jefe del Estado, tras la decisión de un grupo selecto de militares con protagonismo importante en la sublevación de julio. Días después se traslada a Salamanca, donde planea el ataque a Madrid a través de tres frentes. La batalla en la capital se solapará con la de Málaga.

1937

Comienzan a construirse las bases del régimen franquista. En enero, Franco crea Radio Nacional de España, para impulsar su causa mediante la propaganda. A comienzos de febrero, las tropas franquistas, con la importante ayuda de las columnas motorizadas italianas, ocupan Málaga.

El 19 de abril, unifica por decreto a Falange y los carlistas en una sola entidad política nacional, Falange Española Tradicionalista y de las JONS, que se convertirá en su brazo político. Cuenta ya también con el apoyo de destinados miembros de la Iglesia, como el cardenal Gomá. Ese mismo mes, la Legión Cóndor bombardea localidades del País Vasco, como Gernika, provocando una de las muestras más espeluznantes del horror de la guerra civil.

1938

El 30 de enero, Franco nombra su primer Gobierno, repartiendo los ministerios en un estudiado equilibrio entre militares, carlistas, falangistas y monárquicos.

El 9 de marzo, promulga el Fuero del Trabajo, la primera de las Leyes Fundamentales del franquismo.

En abril, se promulga la Ley de Prensa, que elimina la libertad de información, instaura la censura previa y convierte a los medios en un instrumento de propaganda de los poderes del Estado.

Entre julio y noviembre tiene lugar la batalla del Ebro, la más cruenta y larga de toda la guerra, donde la República pierde la mayor parte de sus tropas.

El 18 de julio, Franco es nombrado capitán general del Ejército y la Armada, cargo hasta entonces reservado al rey.

El 21 de diciembre, Franco decreta la eliminación de los símbolos masónicos de los cementerios.

Se adopta un nuevo escudo de armas de España, con el águila de san Juan, simbología de los Reyes Católicos y el lema «Una, grande, libre».

1939

Tras la batalla del Ebro, la República queda profundamente debilitada. En enero, el ejército de Franco toma Tarragona y Barcelona.

El 9 de febrero, Franco aprueba la Ley de Responsabilidades Políticas, con efectos retroactivos desde el 1 de octubre de 1934, para perseguir a los que «contribuyeron a crear o a agravar la subversión de todo orden de que se hizo víctima a España» y a partir del 18 de julio de 1936 «se hayan opuesto o se opongan al Movimiento Nacional con actos concretos o con pasividad grave». Incluye tanto a republicanos como comunistas y masones. Un 9,5% de los ciudadanos sufren la fuerza de esa justicia.

El 10 de febrero, entra en vigor una ley que institucionaliza la depuración de los funcionarios públicos, y otra posterior, de agosto, asigna el 80% de estos empleos a mutilados, excombatientes, excautivos y familiares de las víctimas del terror rojo.

También en febrero, las tropas franquistas entran en Gerona, llegan unos días después hasta la frontera francesa y Gran Bretaña y Francia reconocen oficialmente al Gobierno de Franco. Al día siguiente, 27 de febrero, Manuel Azaña, exiliado ya en territorio francés, dimite como presidente de la República. Juan Negrín resiste hasta el 6 de marzo. A finales de ese mes, las tropas franquistas entran en Madrid, ya sin oposición.

El 17 de marzo, Franco firma con Salazar el Tratado de Amistad y de No Agresión entre España y Portugal.

El 1 de abril, Radio Nacional anuncia la caída del «Ejército rojo» y el fin de la guerra. Decenas de miles de ciudadanos tienen que exiliarse, mientras se suceden los desfiles de la Victoria por todo el país. En el de Madrid, el 19 de mayo, Franco recibe la ansiada Gran Cruz Laureada de San Fernando y se inicia el cambio del nomenclátor de las principales ciudades.

La Legión Cóndor alemana, las tropas italianas fascistas y los viriatos portugueses regresan a sus países entre mayo y junio.

En mayo, ante la escasez de alimentos, se crean las cartillas de racionamiento, destinadas a paliar el hambre que sufre la población.

En junio, Franco anuncia una política de autarquía basada en el modelo fascista, que llevará a congelar los gastos en obras públicas, sanidad y vivienda. El dinero se invertirá en pagar los créditos de guerra.

El 9 de agosto, entra en vigor la Ley de Jefatura del Estado, que concede a Franco el poder supremo para dictar leyes de carácter general. El Caudillo forma un Gobierno donde los militares afines (Muñoz Grandes, Serrano Suñer, Beigbeder, Yagüe…) ocupan seis de los trece ministerios. Queda instaurada así la dictadura.

La Ley de 29 de septiembre de 1939 asigna a Falange los bienes de los «sindicatos marxistas y anarquistas», el patrimonio que habían acumulado durante décadas gracias a las cuotas de sus afiliados.

El 9 de noviembre, se restablece la financiación estatal de la Iglesia, abolida por la República.

A finales de 1939 y comienzos de 1940, hay más de 270.719 presos, de los cuales 23.232 son mujeres. Existen más de cien campos de concentración estable con medio millón de prisioneros de guerra en espera de ser clasificados, reeducados y castigados. Otros 90.000 están recluidos en más de un centenar de Batallones de Trabajadores y casi 50.000 en los Batallones Disciplinarios de Soldados Trabajadores, condenados a trabajos forzosos y humillaciones.

DICTADURA: LA POSGUERRA Y LOS AÑOS DE REPRESIÓN

1940

España sobrevive en un régimen de autarquía. Se inicia una época de inflación y carestía, marcada por la represión, el desabastecimiento y el hambre, que hacen crecer el mercado negro (estraperlo) y las epidemias. Mientras, Franco se acerca al fascismo italiano y al nacionalsocialismo alemán.

El 25 de enero, se crean las Comisiones de Exámenes de Penas, destinadas a controlar a los presos que quedan en libertad vigilada, mediante informes favorables de las autoridades políticas, militares y eclesiásticas.

El 1 de marzo, se aprueba la Ley de Represión de la Masonería y el Comunismo.

El 7 de marzo, Franco dispone que todos los bienes constitutivos del antiguo patrimonio de la Corona pasen a formar parte del patrimonio nacional, y fija su residencia en el palacio de El Pardo.

El 9 de marzo, se restaura el calendario de fiestas religiosas suprimidas por la República, desde la Epifanía a la Navidad, y se remarcan las de carácter tradicional de la «verdadera» España (el Dos de Mayo, 12 de octubre...) y las de glorificación de la dictadura (días de la Victoria, del Alzamiento, del Caudillo...); todas al servicio de las ideas de imperio, nación, raza y religión.

Ese mismo mes, se reorganiza la Guardia Civil, con la expulsión de cinco mil guardias fieles a la República, y se crea la Policía Gubernativa, compuesta por el Cuerpo General de Policía y la Policía Armada y de Tráfico, donde se integran excombatientes leales al Caudillo.

Desde la Delegación Nacional de Información y de Investigación, una serie de informantes y matones, junto con el cuerpo paramilitar de Falange, actúan como policía paralela, delatan y abren expedientes a miles de ciudadanos sospechosos de ser detractores del nuevo régimen. La Iglesia también forma parte del aparato delator. Se establece así una gran represión, basada en la política del miedo de los vencidos y la obediencia ciega.

El 1 de abril, comienza a construirse el Valle de los Caídos.

El 26 de abril, el Ministerio de Justicia decreta la «Causa General informativa de los hechos delictivos y otros aspectos de la vida en la zona roja desde el 18 de julio de 1936 hasta la liberación».

Comienza la construcción de pantanos y canales, y el Instituto Nacional de Colonización crea a partir de este año casi trescientos pueblos, la mayoría apodados «del Caudillo» en Extremadura, Andalucía y Aragón, convirtiendo regiones de secano en tierras de regadío.

El 23 de octubre, Franco se entrevista con Hitler en Hendaya. El alemán no acepta sus exigencias, por lo que España mantendrá una posición «no beligerante» en la segunda guerra mundial.

1941

El 10 de marzo, Franco firma un decreto para la reconstrucción de las iglesias parroquiales dañadas en la guerra. También llega a un acuerdo con el Vaticano para la designación de obispos, los nombramientos eclesiásticos y el mantenimiento de los seminarios y las universidades dependientes de la Iglesia.

El 29 de marzo, el Gobierno franquista apueba la Ley de Seguridad del Estado.

En mayo, Galarza sustituye a Serrano Suñer como ministro de la Gobernación, y se nombra a Luis Carrero Blanco subsecretario de Presidencia.

En julio, Franco envía a la División Azul en apoyo a las tropas alemanas.

El 6 de noviembre, se crea el Patronato de Protección a la Mujer, cuyo objetivo era «la dignificación moral de la mujer, especialmente de las jóvenes, para impedir su explotación, apartarlas del vicio y educarlas con arreglo a la religión católica».

1942

El 5 de enero, se estrena *Raza*, película para glorificación de los valores religiosos y patrióticos del franquismo basada en un guion del propio Franco, que firma como Jaume de Andrade.

El 12 de febrero, Franco y Salazar acuerdan en Sevilla el Bloque Ibérico para «salvaguardar la paz e inviolabilidad del territorio peninsular».

El 24 de febrero, Franco tiene conocimiento de la muerte de su padre: ordena a la Guardia Civil que se haga cargo del cadáver, pero no va al funeral y prohíbe a la amante de su padre asistir al funeral.

En julio, se desarma el cuerpo paramilitar de la Falange, y se modifica la Ley de Responsabilidades Políticas, ante la imposibilidad de tramitar todos los expedientes de los represaliados. El 17 de julio, se promulga la Ley Constitutiva de las Cortes.

El 3 de septiembre, Franco renueva su Gobierno: destituye a su cuñado, Serrano Suñer, para nombrar a Gómez-Jordana ministro de Asuntos Exteriores. El general Carlos Asensio Cabanillas asume el Ministerio del Ejército y el auditor militar Blas Pérez González, el de Gobernación. Franco se encarga a partir de ese momento de la presidencia de la Junta Política de Falange.

El 17 de diciembre se crea el NO-DO, noticiario sobre las informaciones del régimen y el Caudillo, de obligada exhibición en las salas de cine.

1943

El 17 de marzo, se inauguran las Cortes, hechas a la medida del dictador.

En septiembre, se anuncia la retirada de la División Azul, si bien un grupo de dos mil voluntarios apodado la Legión Azul permanecerá ayudando a la Alemania nazi hasta marzo de 1944.

El 1 de octubre, Franco abandona la posición de «no beligerante» y restablece «la estricta neutralidad» de España en la segunda guerra mundial.

1944

En febrero, Estados Unidos deja de suministrar petróleo a España.

En julio, se crea la Guardia de Franco, que en dos décadas alcanzará los ochenta mil miembros.

En agosto, muere el ministro de Exteriores Francisco Gómez-Jornada, que es sustituido por José Félix de Lequerica, de pensamiento filonazi.

En octubre, republicanos, comunistas y maquis que aún permanecen activos impulsan una operación para ocupar el Valle de Arán, pero son rechazados en apenas diez días por el general Yagüe.

OSTRACISMO INTERNACIONAL

1945

Franco da protección y ayuda a escapar a altos cargos nazis y fascistas, como Léon Degrelle y Otto Skorzeny, que huyen tras la segunda guerra mundial. Pero se ve forzado a repatriar a Francia a Pierre Laval, jefe del Gobierno de Vichy.

En marzo de 1945, Juan de Borbón se pronuncia en el Manifiesto de Lausana, en el que reniega del franquismo y exige la restauración monárquica en su persona.

El 17 de julio, anuncia en un discurso al Consejo Nacional de Falange que España será «reino» tras un necesario período de adaptación. Pretende asegurarse así la lealtad de los monárquicos.

El 18 de julio, Franco renueva su Gobierno y refuerza el nacionalcatolicismo, ampliando a los ministros de corte más religioso y desplazando a los más inclinados a Alemania: Fernández-Ladreda se convierte en ministro de Obras Públicas y Martín-Artajo sustituye a Lequerica al frente de Asuntos Exteriores. Ese mismo día se publica el Fuero de los Españoles.

El 22 de octubre, Franco aprueba una Ley de Referéndum, cuarta de las Leyes Fundamentales, que permitirá consultar a los españoles lo que el Caudillo estime conveniente.

Estados Unidos retira a su embajador, que ya no regresará hasta seis años después.

1946

Comienza la Guerra Fría y el mapa de Europa se reconfigura tras la segunda guerra mundial. Franco se queda cada vez más aislado al perder a sus aliados del Eje, como Italia, donde el 2 de julio se vota en contra de la monarquía y se instaura la República.

En febrero, don Juan de Borbón se instala en Lisboa y, el día 28, Francia cierra la frontera con España y finaliza las relaciones económicas entre ambas naciones.

El 9 de diciembre, se celebra la primera concentración ciudadana en la plaza de Oriente en apoyo de Franco, un baño de masas y una hábil campaña de prensa contra la confabulación extranjera que ataca la soberanía nacional. Tres días después, las Naciones Unidas aprueban la resolución 39, por la que se excluye a España de todos los organismos internacionales alegando que el franquismo fue impuesto por la fuerza. Todos los países miembros retiran a sus embajadores. Para contrarrestarlo, se empiezan a acuñar las nuevas monedas con la efigie de Franco y la leyenda «Caudillo por la gracia de Dios».

1947

El 31 de marzo, se publica la Ley de Sucesión de la Jefatura de Estado, quinta Ley Fundamental, que define a España como «un Estado católico, social y representativo que, de acuerdo con su tradición, se declara constituido en Reino». La Jefatura del Estado corresponderá «al Caudillo de España y de la Cruzada, Generalísimo de los Ejército, Don Francisco Franco Bahamonde». Franco se atribuye la capacidad de otorgar títulos nobiliarios.

El 7 de abril, don Juan de Borbón denuncia la ilegalidad de la ley en el Manifiesto de Estoril.

Ese mismo mes, Ley de Seguridad del Estado se sustituye por la Ley de Represión del Bandidaje y el Terrorismo, que endurece las penas contra quienes resisten en la guerrilla contra el franquismo.

El 6 de julio, la Ley de Sucesión de la Jefatura de Estado se somete a referéndum, aprobándose con un 93% de los votos.

En agosto, Evita Perón visita España, prometiendo la ayuda de Argentina para paliar la crisis económica y la hambruna que sufre España tras ser excluida del Plan Marshall.

En noviembre, el presidente estadounidense Harry Truman, que busca aliados estratégicos ante la Guerra Fría, se opone a que la ONU siga condenando a España y evita que le imponga nuevas sanciones.

1948

En marzo, Francia reabres las fronteras.

En abril, se decreta el fin del estado de guerra: en total, han sido nueve años de terror, de justicia militar arbitraria y consejos de guerra sumarísimos en los que se ejecuta a cerca de cincuenta mil personas y se confiscan numerosos bienes privados.

En mayo y junio, Franco firma acuerdos comerciales con Francia y Gran Bretaña. Poco a poco, se rompe el ostracismo internacional, aunque Estados Unidos se opondrá a que España entre en la OTAN, que se creará en abril de 1949.

El 25 de agosto, Franco y Juan de Borbón se reúnen a bordo del *Azorín* en el golfo de Vizcaya y acuerdan que el príncipe Juan Carlos, de diez años, se eduque en España bajo la tutela del dictador.

DEL AISLAMIENTO AL PLAN DE ESTABILIZACIÓN

1949

Franco intensifica sus relaciones con el mundo árabe e invita a España a Abdalá I de Jordania, que llega el 9 de septiembre.

El 22 de octubre, Franco visita Portugal, su último viaje al extranjero como jefe de Estado, donde es nombrado doctor *honoris causa* en la Universidad de Coímbra.

A finales de año, en mitad de una gran crisis económica el gobierno argentino suspende el protocolo Perón-Franco, firmado el año anterior. Franco busca entonces la protección de Estados Unidos, mostrando su apoyo para frenar el comunismo con ocasión de la guerra de Corea, en plena Guerra Fría. Los préstamos de la administración Truman no tardan en llegar, mientras se realiza una labor mediática para borrar el apoyo de Franco a Hitler y Mussolini. El trabajo diplomático y los sobornos repartidos en Washington por Lequerica pronto darán sus frutos.

1950

El 1 de abril, Carmen Franco Polo contrae matrimonio con el médico Cristóbal Martínez-Bordiú. El nuevo marqués de Villaverde y su familia amasarán en poco tiempo una fortuna con varias empresas de negocios, especulación inmobiliaria, intereses bancarios y licencias de importación-exportación. La familia Franco intensifica su vida social, con cacerías y encuentros a los que asisten aristócratas y empresarios afines.

El 4 de noviembre, la Asamblea General de las Naciones Unidos revoca la condena al franquismo, aprueba el regreso de los embajadores a Madrid y el ingreso de España en la Organización de Alimentación y Agricultura (FAO).

El 27 de diciembre, Estados Unidos envía a su nuevo embajador.

1951

La crisis económica y la inflación durante más de una década causan estragos en la población española.

En marzo, se produce una huelga de tranvías en Barcelona debido a la subida del coste del billete. Los barceloneses llaman al boicot y dejan de utilizar el transporte público, lo que logra la anulación de la medida. El éxito conlleva una extensión de la huelga al sector industrial, que es duramente reprimida.

Para calmar los ánimos, el 18 de julio, Franco remodela su Gobierno y sitúa a Luis Carrero Blanco al frente del ministerio de la Presidencia. El nuevo gobierno inicia una cierta apertura hacia el exterior, y Franco va alejándose de las decisiones del día a día y se centra más en los actos como jefe de Estado.

1952

Se pone fin a las cartillas de racionamiento.

Comienzan las visitas a España de varios reyes de la Liga Árabe.

En mayo, se celebra en Barcelona el XXXV Congreso Eucarístico Internacional, que muestra las buenas relaciones entre el franquismo y la Santa Sede. Acuden representantes católicos de 77 países y el cardenal Francis Spellman llega a afirmar que «todo el mundo en España quiere a Franco».

1953

En agosto, se firma un concordato con la Santa Sede que reafirma el nacionalcatolicismo: se declara la confesionalidad del Estado, ratifica a Franco el derecho de presentación de obispos, obliga a España a hacerse cargo de las necesidades económicas del clero y determina que en las escuelas la enseñanza se ajustara a los principios del dogma y de la moral de la Iglesia católica.

En septiembre, se firman los Pactos de Madrid, un acuerdo de defensa entre Estados Unidos y España: los norteamericanos conceden ayuda económica y militar, así como la oportunidad de adquirir grandes cantidades de materias primas norteamericanas y alimentos básicos a precios reducidos. En diez años, la ayuda de Estados Unidos alcanzará los 1.688 millones de dólares y, a cambio, España le permitirá la construcción de cuatro bases militares estadounidenses: Torrejón de Ardoz, Morón de la Frontera, Rota y Zaragoza. Franco firma en secreto acuerdos que implicaban una sumisión de España a la estrategia defensiva de Estados Unidos, cediendo una parte importante de la soberanía.

1954

En mayo, la Universidad de Salamanca nombra a Franco doctor *honoris causa* en Derecho Canónico.

El 9 de junio, visita España el dictador dominicano Rafael Leónidas Trujillo.

El 28 de diciembre, en la finca Las Cabezas (Cáceres) del conde de Ruiseñada, don Juan se ve obligado a aceptar la propuesta de Franco de que el príncipe Juan Carlos sea educado en las tres academias militares.

1955

En mayo, Franco inaugura la nueva fábrica de SEAT; dos años después comienza a fabricarse el Seat 600, que motorizará a la clase media española.

El 8 de diciembre, España es admitida en la ONU como miembro de pleno derecho.

1956

En enero y febrero, se producen enfrentamientos en la Universidad de Madrid entre los defensores de elecciones libres en el Sindicato de Estudiantes Universitarios (SEU) y los falangistas. Para frenar la oposición estudiantil y las múltiples detenciones de jóvenes, Franco reacciona cerrando la universidad el 11 de febrero y destituyendo a dos ministros.

Como consecuencia de la entrada en la ONU, el 7 de abril Franco se ve obligado a aceptar la descolonización de los territorios en el norte de África con la Declaración Conjunta Hispano-Marroquí.

Franco nombra a Laureano Pérez Rodó secretario técnico de la Presidencia, con el encargo de modernizar los órganos estatales y liberalizar la economía.

1957

El 22 de febrero, Franco realiza nuevos cambios en el Gobierno: es la llegada al poder de los «tecnócratas», un grupo de ministros vinculados al Opus Dei y encargados de impulsar la economía, con Alberto Ullastres en Comercio y Mariano Navarro Rubio en Economía al frente.

En agosto se inicia la guerra de Ifni, último conflicto colonial, que se oculta a la población y que durará hasta el año siguiente.

En octubre, el escritor republicano en el exilio Juan Ramón Jiménez recibe el Premio Nobel de Literatura, un duro golpe para el franquismo. Ese mismo mes, se produce la gran riada de Valencia, con el desbordamiento del río Turia.

1958

Aunque siguen prohibidas, reaparecen las huelgas de trabajadores en Asturias y Cataluña. El 14 de marzo, Franco suspende el Fuero de los Españoles y declara el estado de excepción durante cuatro meses, en los que se detiene y condena a numerosos mineros asturianos.

En abril, se promulga la Ley de Convenios Colectivos, que autoriza a los empresarios a determinar los salarios y condiciones de trabajo y a negociar con los trabajadores, aunque dentro de la Organización Sindical franquista.

En junio, España finaliza la guerra con Marruecos, entregándole la zona de Cabo Juby. Pero mantendrá la provincia de Ifni hasta 1969 y el Sáhara español hasta 1976.

El 15 de septiembre, y a instancias del secretario de Estado estadounidense, España entra en el Fondo Monetario Internacional (FMI) y en el Banco Mundial, que aconsejan un plan de estabilización de la economía.

1959

En marzo, se trasladan los restos de José Antonio Primo de Rivera a la cripta del Valle de los Caídos, que se inaugura el 1 de abril. Durante los meses previos se han llevado hasta allí los huesos de miles de personas enterradas en los cementerios madrileños de Carabanchel y de La Almudena y en fosas comunes de otras provincias.

El 21 de julio de 1959, apareció el Decreto de Nueva Ordenación Económica, conocido como Plan de Estabilización, y la peseta comienza a cotizar en el mercado de divisas.

En diciembre, Dwight D. Eisenhower aterriza en España: es el primer presidente de Estados Unidos y primero de un país democrático en visita oficial.

Comienza a fomentares el turismo nacional en las localidades costeras, lo que hace crecer el sector servicios.

EL DESPEGUE ECONÓMICO

1960

A pesar de las reticencias de los falangistas y del propio Franco, que se resistía a renunciar a la autarquía y a devaluar la peseta, los planes de los tecnócratas comienzan a dar sus frutos. Es el inicio del «milagro económico» español. A finales de año, se ha evitado la bancarrota y el PIB se sitúa en el 0,5%.

1961

Las medidas económicas adoptadas hacen que el PIB continúe subiendo hasta el 3,7%.

El sector agrario va cediendo lugar a la industria y los servicios, con una gran reconversión de trabajadores hacia estos sectores.

Comienza la motorización, el boom de los electrodomésticos y el consumo de masas, promovidos por medidas como las compras a plazos.

El 24 de diciembre, Franco es operado tras sufrir un accidente de caza cuando el cañón de sus escopeta estalla y le hiere la mano izquierda. A partir de entonces, pasará grandes períodos de vacaciones.

1962

En mayo, el príncipe Juan Carlos se casa con Sofía de Grecia.

Continúan las huelgas mineras en Asturias y crece el sentimiento antifranquista en la Universidad. En junio, la oposición al régimen se concreta en Alemania en el IV Congreso del Movimiento Europeo, que reúne a antifranquistas con notable presencia de monárquicos y católicos. Es el famoso «Contubernio de Múnich». Franco reacciona suspendiendo el Fuero de los Españoles y enviando al exilio a Dionisio Ridruejo y José María Gil-Robles, por haber participado en el congreso.

Como consecuencia, el 10 de julio, Franco reajusta el Gobierno y coloca a Manuel Fraga Iribarne al frente del Ministerio de Información y Turismo.

El incremento del PIB parece imparable y alcanza el 7%.

1963

Las relaciones entre Franco y Salazar se enfrían: Portugal ya no considera a España un socio útil en el escenario internacional para el mantenimiento de las colonias.

El 20 de abril, se produce un gran rechazo internacional del régimen tras la ejecución del político comunista Julián Grimau. La muerte de este se produce en mitad del Concilio Vaticano II, con el papa Juan XXIII reclamando la defensa de los derechos humanos y la libertad política y de expresión. Franco reacciona creando en mayo el Tribunal de Orden Público, por el cual los condenados son juzgados por lo civil, no militarmente, y se sustituye el fusilamiento por el garrote vil como método de ajusticiamiento. El 17 de agosto los anarquistas Francisco Granado y Joaquín Delgado fueron ejecutados en la cárcel de Carabanchel.

1964

Se celebran con gran pompa los Veinticinco Años de Paz.

En julio, se inauguran los estudios de Prado del Rey de Televisión Española.

En noviembre, se estrena la película *Franco, ese hombre*, que muestra una imagen del Caudillo menos bélica y más familiar y paternalista. Se pone en marcha el primer plan de desarrollo.

1965

Se producen grandes disturbios universitarios en Madrid y Barcelona, que llevan a la expulsión de sus cátedras a Enrique Tierno Galván, Agustín García Calvo y José Luis López Aranguren.

Se produce una nueva remodelación del Gobierno: Juan José Espinosa San Martín es el nuevo ministro de Hacienda y Faustino García-Moncó el de Comercio, entre otros.

1966

El 18 de marzo, se promulga la nueva Ley de Prensa, redactada por Fraga, que elimina la censura previa, dejando la responsabilidad en periodistas y medios.

El 22 de noviembre, Franco aprueba la Ley Orgánica del Estado y la designación de un sucesor a título de rey, que se somete a referéndum el 14 de diciembre, con un resultado favorable del 95,9%.

1967

Dentro de las medidas aperturistas de los nuevos ministros y en consonancia con el Concilio Vaticano II, el 28 de junio se aprueba la Ley de

Libertad Religiosa. A pesar de que se permite la libertad de culto, las religiones no católicas quedan restringidas a autorización y al cumplimiento de una serie de normas.

El 21 de septiembre, el almirante Luis Carrero Blanco es nombrado vicepresidente del Gobierno, lo que para muchos garantiza la continuidad del franquismo. Se abre el debate sobre el sucesor de Franco.

1968

El 5 de enero, el príncipe Juan Carlos cumple treinta años, la edad establecida en la Ley de Sucesión para poder gobernar.

El 5 de abril, se aprueba la Ley de Secretos Oficiales, que permite al Gobierno limitar la libertad de prensa mediante la declaración de asuntos de «materia reservada». También se modifica el Código Penal para que los directores de medios de comunicación puedan ir a la cárcel si incumplen las leyes.

En octubre, Guinea obtiene su independencia.

La banda terrorista ETA, fundada en 1959, comienza a matar.

1969

El 24 de enero, se producen grandes revueltas universitarias y Franco decreta el estado de excepción en todo el territorio nacional. En junio, Ifni pasa a ser territorio de Marruecos.

En julio, se renueva el Pacto Ibérico con el nuevo Gobierno portugués y el 22 de ese mes, Franco nombra a don Juan Carlos como su sucesor con el título de «príncipe de España». Las Cortes refrendan el nombramiento.

En verano, estalla el escándalo Matesa, que muestra la corrupción de altos cargos del régimen, y que obliga a la sustitución de trece ministros el 29 de octubre. El resultado es un Gobierno «monocolor», formado exclusivamente por conservadores vinculados al Opus Dei.

ÚLTIMOS AÑOS DE FRANCO

1970

El príncipe Juan Carlos asiste al funeral de Salazar en representación del jefe del Estado.

En octubre se produce una visita fugaz del presidente Richard Nixon, que se entrevista con Franco, Carrero Blanco y don Juan Carlos.

Creces las huelgas y los conflictos laborales, y el franquismo reacciona con una gran represión, sobre todo en el País Vasco, donde se llevan a cabo «juicios ejemplares», como el proceso de Burgos, un consejo de guerra contra miembros de ETA iniciado el 3 de diciembre.

El 17 de diciembre, Franco se da un baño de masas en una manifestación de afirmación nacional llevada a cabo en la plaza de Oriente. La presión internacional, de la Iglesia y de intelectuales y abogados consigue que las penas de muerte de los condenados en el proceso de Burgos sean conmutadas por cadena perpetua. Pero la imagen del franquismo se ve muy tocada tanto dentro como fuera de España.

1971

El 26 de enero, Juan Carlos devuelve la visita a Estados Unidos, asistiendo a una entrevista con Nixon en la Casa Blanca.

Durante el año, se producen más de 1.500 huelgas, sobre todo en País Vasco, Barcelona, Asturias, Madrid, Sevilla y Granada, que incluyen varios fallecidos, lo que lleva a la aprobación de una nueva Ley Sindical.

El 3 de diciembre, es nombrado arzobispo de Madrid el cardenal Tarancón, que defiende el fin del nacionalcatolicismo, lo que supone una traición para el franquismo y la ultraderecha. Su presidencia de la Conferencia Episcopal Española estará llena de disputas con los franquistas.

1972

Se pone en marcha el último de los planes de desarrollo.

En marzo, un nuevo caso de corrupción salpica a Nicolás Franco, por lo que se ordena la destrucción de pruebas y un férreo control de la prensa para protegerlo.

El 8 de marzo, Franco ejerce de padrino de boda de su nieta María del Carmen Martínez-Bordiú Franco con Alfonso de Borbón y Dampierre.

El 4 de diciembre, Franco cumple ochenta años y ya muestra en el mensaje de fin de año todos los síntomas externos del párkinson.

1973

En mayo, Franco encarga a Carrero Blanco que forme Gobierno porque le va a nombrar nuevo presidente, y el 8 de junio se aprueba una ley que separa las jefaturas de Estado y Gobierno. El presidente estadounidense Kissinger se entrevista con Carrero, al que considera el mejor hombre para tomar el legado de Franco.

En octubre, comienza la crisis mundial del petróleo, que afecta al último plan de desarrollo y hará que en los dos siguientes años se multipliquen las movilizaciones obreras.

El 20 de diciembre, un atentado con dinamita perpetrado por ETA acaba con la vida de Carrero. Se abre una gran crisis en el régimen franquista.

El 31 de diciembre, Franco nombra presidente del Gobierno a Carlos Arias Navarro.

1974

El 23 de enero, Arias Navarro anuncia su Gobierno, que elimina a López Rodó y a los tecnócratas, poniendo fin a quince años de ministros del Opus Dei. Aunque en su investidura del 12 de febrero en las Cortes anuncia medidas aperturistas, todo se queda en una declaración de intenciones, debido a la crisis del petróleo, el aumento del terrorismo, el sindicalismo y los nuevos movimientos estudiantiles y sociales.

En marzo, sin embargo, se produce el gesto más significativo de que nada va a cambiar: la ejecución a garrote vil del anarquista catalán Salvador Puig Antich y del alemán Georg Michael Welzel, «Heinz Ches», a pesar de las protestas nacionales e internacionales.

Poco a poco, el régimen franquista se va quedando aislado. El 25 de abril, cae la dictadura portuguesa tras la Revolución de los Claveles y el

20 de julio, en Grecia se pone fin a la Junta de los Coroneles. El fin de ambas dictaduras tras la movilización social inquieta al régimen franquista.

El 9 de julio, Franco ingresa en el hospital por una tromboflebitis en la pierna derecha, complicada con una hemorragia digestiva, y el príncipe Juan Carlos asume de manera interina la jefatura del Estado hasta el 2 de septiembre.

ETA continúa con sus atentados: el 13 de septiembre, asesina a doce personas e hiere a más de ochenta con una bomba en pleno centro de Madrid.

La presión de los sectores más ultras del franquismo consigue que Pío Cabanillas sea destituido, lo que desata una oleada de dimisiones solidarias entre cargos de la administración.

1975

Se multiplican los atentados con víctimas mortales de las bandas ETA y FRAP. El Tribunal de Orden Público tramita más de mil procedimientos contra terroristas y se restaura la jurisdicción militar y los consejos de guerra.

En marzo, Arias Navarro remodela su Gobierno tras la dimisión de Licinio de la Fuente, que deja el Ministerio de Trabajo tras no lograr que se apruebe el derecho a la huelga, que a pesar de las movilizaciones obreras sigue sin estar reconocido ni regulado.

El 31 de mayo, el presidente Gerald Ford visita a Franco en Madrid, pero dedica más tiempo a don Juan Carlos, preparando el futuro.

En agosto, se abre el Registro Nacional de Asociaciones y se aprueba una nueva ley antiterrorista que restablece los consejos de guerra sumarísimos y que se aplica con carácter retroactivo a once miembros de ETA y FRA. La condena a muerte, incluso para dos mujeres embarazadas, desata una huelga general en el País Vasco y la indignación internacional. Franco ejerce el derecho de gracia sobre seis de los condenados y aprueba la sentencia de los cinco restantes, fusilados el 27 de septiembre. El papa Pablo VI condena las ejecuciones y quince embajadores europeos abandonan el país.

El 1 de octubre, Franco escenifica su última muestra de apoyo popular en la plaza de Oriente para alertar de la «conspiración masónica-izquierdista» de la política y la «subversión comunista-terrorista» de los movimientos sociales.

El 25 de octubre, tras una serie de paros cardíacos menores, Franco recibe la extremaunción y el día 30 traspasa sus poderes a don Juan Carlos.

El 3 de noviembre, le operan por una peritonitis y permanece ingresado por insuficiencia renal, rodeado de reliquias. Mientras, el príncipe Juan Carlos hace frente a la Marcha Verde en el Sáhara Occidental, iniciada por Marruecos tres días más tarde, decidiendo que España se retire de la colonia.

Finalmente, Franco muere en el Hospital de La Paz de Madrid el 20 de noviembre a causa de una peritonitis que le provoca fallos multiorgánicos.

El presidente Arias Navarro comunica la muerte en Televisión Española a las diez de la mañana: «Españoles, Franco ha muerto». Fue enterrado tres días después en el Valle de los Caídos.

ÍNDICE ONOMÁSTICO Y ANALÍTICO

ÍNDICE DE CONCEPTOS

ÍNDICE

Tercera parte

«Castigo que Dios impone a una vida torcida, a una historia no limpia»

Cuarta parte

«Yo no haré la tontería que hizo Primo de Rivera. Yo no dimito; de aquí al cementerio»

Quinta parte
«Las enfermedades en las naciones duran siglos y las convalecencias decenios»